安县年鉴

AN XIAN NIAN JIAN

2015

《安县年鉴》编纂委员会　编

方志出版社
Publishing House of Local Records

图书在版编目（CIP）数据

安县年鉴. 2015 / 《安县年鉴》编纂委员会编. —北京：方志出版社，2016.2
ISBN 978-7-5144-1959-7

Ⅰ. ①安…　Ⅱ. ①安…　Ⅲ. ①安县-2015-年鉴
Ⅳ. ①Z527.14

中国版本图书馆 CIP 数据核字（2016）第 046270 号

安县年鉴(2015)

编　者：《安县年鉴》编纂委员会
责任编辑：罗　滔
出 版 人：冀祥德
出 版 者：方志出版社
　地址　北京市朝阳区潘家园东里 9 号（国家方志馆 4 号）
　邮编　100021
　网址　http://www. fzph.org
发　行：方志出版社发行部
　电话　（101）67110500
经　销：各地新华书店
印　刷：成都勤德印务有限公司
开　本：889×1194　1/16
印　张：18
字　数：498 千
版　次：2016 年 2 月第 1 版　2016 年 2 月第 1 次印刷
印　数：0001~1000 册
ISBN 978-7-5144-1959-7　定价：198. 00 元

2014 年 8 月 1 日，市委书记罗强（右二）到安县高川乡视察墩秀路抢通情况。

2014 年 5 月 9 日，绵阳市人民政府市长林书成（右一）与省上领导视察安县工业园。

2014 年 4 月 9 日，县委书记、花荄工业园区党工委书记廖雪梅（左二）到工业园区调研。

2014 年 11 月 25 日，县人大主任梁建（左一）视察全县《娱乐场所管理条例》贯彻落实情况。

2014 年 1 月 2 日，县政协主席张忠贵（左三）调研第三产业发展情况。

2014 年 8 月 11 日，县委副书记李昊天（左二）到创业服务中心调研。

2014 年 12 月 28 日，县委副书记钟思亮（左一）参加西南科技大学城市学院安县主校区奠基仪式。

2014 年 12 月 23 日，县委常委、纪委书记赵奎（左二）到清泉镇白果村检查农村三资管理情况。

2014 年 2 月 20 日，县委常委、政法委书记朱元光（左一）率队到西昌市参观学习网格化服务管理。

2014 年 1 月 21 日，县委常委、副县长党海燕（右二）节前慰问老干部。

2014 年 7 月 24 日，县委常委陈本志（左一）接待上海中坤投资（集团）有限公司运营总监刘青一行，在安县进行考察。

2014 年 3 月 19 日，县委常委、组织部部长胡斌（左二）陪同省上领导到塔水镇调研。

2014 年 9 月 23 日，县委常委、总工会主席刘胜军（右五）检查秀水粮食仓储工作。

2014 年 4 月 11 日，县委常委任晓军（右二）组织召开重点项目推进现场协调会。

2014 年 5 月 7 日，县委常委、宣传部部长王刚（右一）到安县特殊教育学校指导工作。

2014 年 12 月 30 日，县人大副主任王勇军（右一）在秀水一小调研。

2014 年 4 月 5 日，县人大副主任唐坚（中）到乐兴检查加油站安全工作。

2014 年 4 月 2 日，县人大主任，副主任彭明礼（右一）调研一大渠水利工作。

2014 年 12 月 18 日，县人大副主任于功春（右一）到沸水镇调研工作。

2014 年 7 月 20 日，副县长詹勇（中）在永河镇调研血防工作。

2014 年 8 月 13 日，副县长任文治（中）调研企业。

2014 年 4 月 29 日，副县长许红（右一）检查酒店节前安全工作。

2014 年 4 月 28 日，副县长、公安局局长岳兵（左二）开展节前安全大检查。

2014 年 4 月 3 日，副县长衡国钰（右三）核查小麦条锈病。

2014 年 11 月 21 日，副县长邓金华（右二）检查川磷化工安全生产情况。

2014 年 4 月 14 日，县政协副主席、县统战部部长李凯（左一）在基层检查农业生产情况。

2014年12月28日，县政协副主席金红（右二）在基层慰问群众。

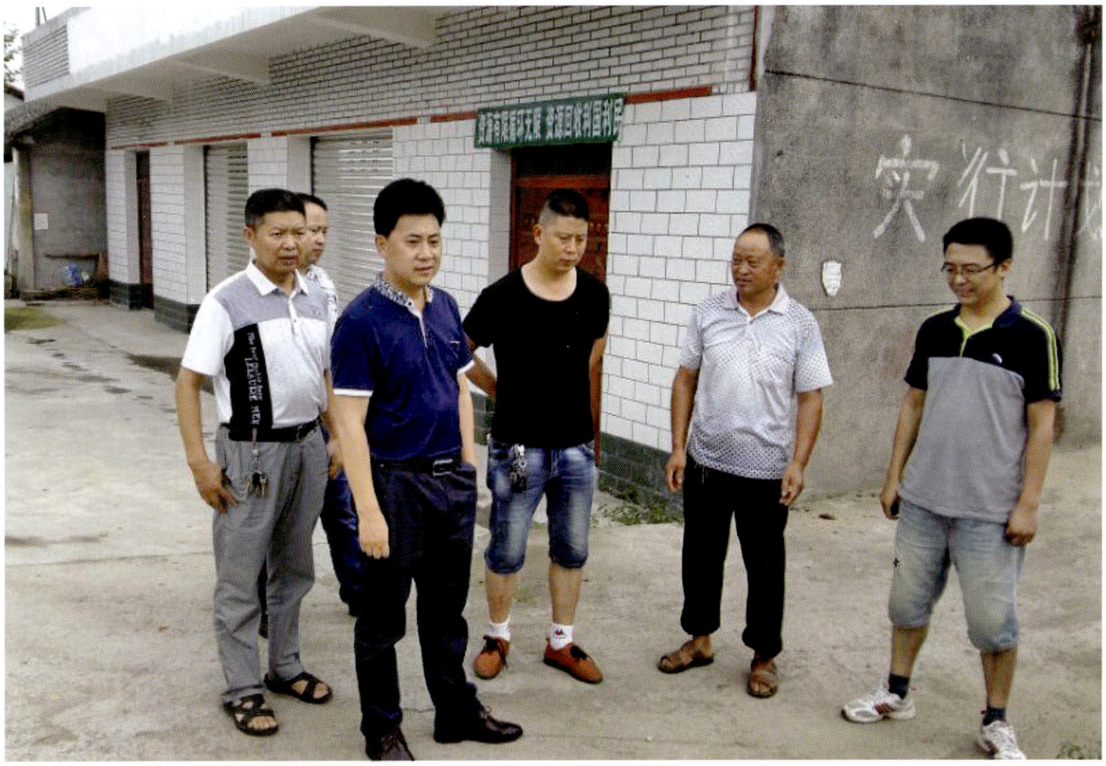

2014年7月，县政协副主席唐虎（左二）在基层检查工作。

2014 年 2 月，安县银河化学公司电化学法处理含铬废水项目正式投入试运行。该项目建设包括污水、回用水处理两套系统，日处理废水 5000 吨，回用水全部实现循环利用。

2014 年 10 月 14 日，总投资超过 1 亿元的界牌过境段物流通道建设工程（地下隧道）及其出口接线工程通车。

2014 年 3 月 24 日，中央电视台经典节目《乡村大世界》走进安县拍摄现场。

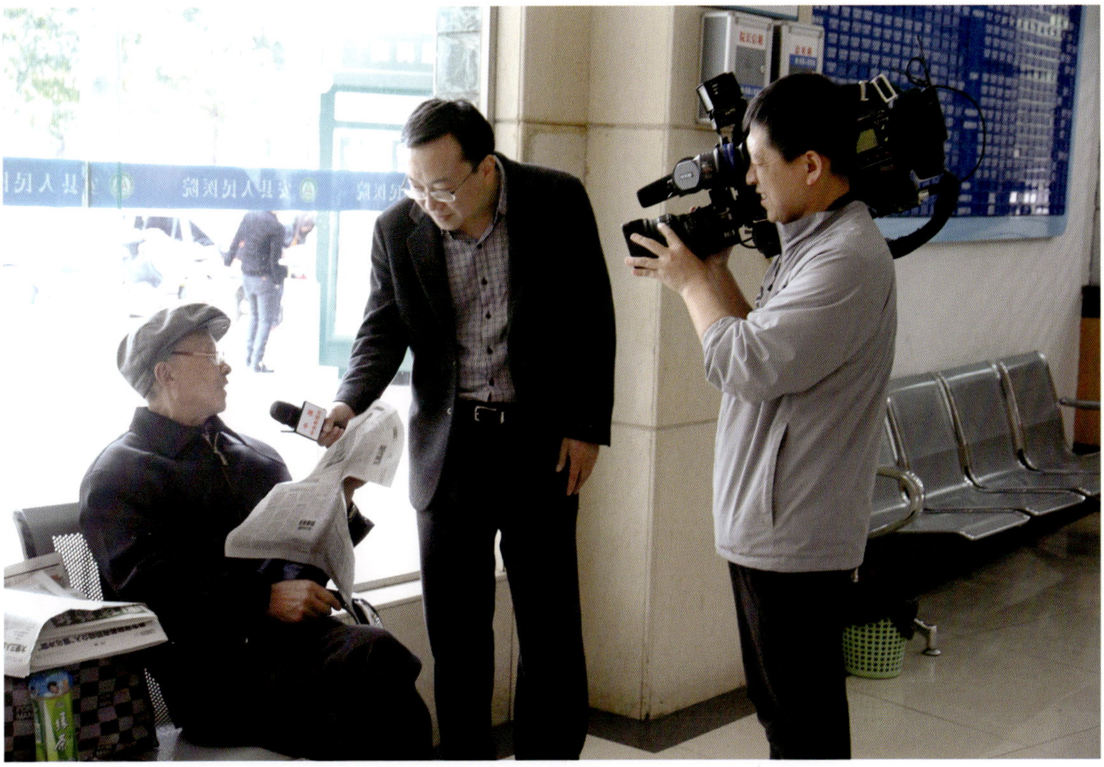

2014 年 4 月 3 日，中央电视台“走基层”栏目组采访安县公立医院改革工作。

2014 年 5 月 28 日，县惠民帮扶中心、民生办到黄土、睢水敬老院看望、慰问老人，为敬老院 59 名老人送去慰问金和节日慰问品。

2014 年 3 月，安县被省绿委命名为“四川省绿化模范县”，图为 2014 年安县义务植树现场。

2014 年 11 月，塔水镇野巴堰上游堤防工程竣工。

2014 年 3 月 13 日，县委宣传部《乡村大讲堂》流动课堂深入塔水镇七里村现场授课。

2014 年春，6 万尾鲈鱼苗投放白水湖水库。

2014 年 3 月 9 日，安县举办第二届“罗浮山温泉杯”环山环湖自行车公开赛，来自全国 28 个省市自治区 124 个地市州 136 个车队的 665 名选手参赛。

编辑说明

一、《安县年鉴》是安县人民政府主办，安县地方志办公室主编的综合性年鉴，每年出版一卷。其宗旨是翔实全面、系统、准确地记载上一年度安县国民经济和社会发展的新情况，为各级领导机关和部门进行决策、制定发展规划提供依据；为科研和教学工作提供新信息；为在安县进行各种投资经营、商贸服务活动提供权威信息；为国内外各界人士了解和研究安县提供参考，促进安县与全国各地的交流合作；为奋力谱写“中国梦”的安县篇章、与全国同步全面建成小康社会而服务。

二、从1993年起出版的《安县年鉴》（内部版）是本年鉴的前身。2015年，按省、市地方志办公室要求，《安县年鉴》开始公开出版。随着经济发展和社会进步，本年鉴新增了部分栏目和类目，并按出版要求，收录了贴近实际、贴近群众、贴近生活的内容，并优化了框架体例设计和内容编排，更有利于读者查阅使用。本年鉴选用翔实统计资料和全局性照片，更直观地反映了安县经济社会各项建设成就和发生的变化。

三、本年鉴编纂坚持以邓小平理论、“三个代表”重要思想和科学发展观为指导，记载安县经济社会发展的进程，突出安县的特点和优势，突出当年的主要举措、成就、经验和问题，精选材料和典型图片，把宏观和微观结合起来，把对某个方面的叙述与对典型的解剖结合起来，把文、表、图结合起来，力求生动、宏观地以事实和数据说话。

四、本年鉴的体例基本上采取栏目、类目、分目、条目的梯级编辑法，内容尽可能条目化。全书设23个栏目：（1）图片专辑，（2）特载，（3）大事记，（4）自然·生态，（5）政治，（6）法治，（7）武装，（8）农业，（9）工业，（10）交通·邮政，（11）贸易，（12）金融·保险，（13）财政·税收，（14）综合管理，（15）科学，（16）信息化建设，（17）教育·体育·文化，（18）旅游，（19）社会生活，（20）园区工作，（21）乡镇概况，（22）领导名录和先进，（23）附录。

五、本年鉴所用统计资料由安县统计局提供，正文中数据由各部门提供。因统计口径等原因，凡相关部门所用个别数据与“统计资料”中的数据不尽一致时，以《安县国民经济与社会发展统计公报》和统计资料表格数据为准。

《安县年鉴（2015）》编纂委员会

《安县年鉴（2015）》编辑部

目 录

法　治

武　装

农　业

工　业

交通・邮政

贸　易

金融・保险

财政·税收

综合管理

科 学

信息化建设

教育·体育·文化

旅 游

社会生活

园区工作

乡镇简况

领导名录和先进

附　录

特　载

中共安县委员会工作报告

——在县委十一届八次全体会议第一次会议上

中共安县县委书记　廖雪梅

（2015 年 2 月 4 日）

同志们：

下面，我受县委常委会委托，向全会作工作报告。

刚刚过去的 2014 年，在市委、市政府的坚强领导下，县委团结带领全县广大干部群众，全面贯彻落实党的十八大，十八届三中、四中全会和省委十届四次、五次全会及市委六届六次、七次全会精神，紧扣“稳中求进、好中求快”工作基调，按照“坚定一个目标、把握两个机遇、推进四化同步、实施七项要务”工作思路，积极深化改革和扩大开放，突出投资拉动和创新驱动，着力改善民生和夯实保障，扎实开展党的群众路线教育实践活动，“五位一体”幸福安县建设取得新突破。全年实现地区生产总值 102.5 亿元，同比增长 9.2%；规模以上工业总产值 166.05 亿元，工业增加值增长率 13%；公共财政预算收入 4.81 亿元，同比增长 8.22%；全社会固定资产投资 93.1 亿元，同比增长 6.1%；社会消费品零售总额 48.03 亿元，同比增长 13.3%；城镇居民人均可支配收入 23089 元，同比增长 9.7%；农民人均纯收入 10901 元，同比增长 13.3%。全县三产比例为 25.13∶51.94∶22.93。

一年来，我们围绕中央、省委、市委的重大决策部署和全县核心要务，集中力量抓了以下几方面工作。

第一，坚持狠抓落实，重大决策部署有效贯彻。始终把保证政令畅通作为重中之重，确保中央、省委、市委各项重大决策部署在安县落地生根、落实见效。重点领域改革扎实推进。研究确定经济、政治、社会等 10 个方面重点改革任务，落实到 36 项具体改革内容中，扎实推进金融国企改革、政府机构改革、农村“多权同确”等改革工作。率先启动扩权强镇改革试点，对秀水镇、塔水镇、桑枣镇 3 个首批试点镇下放权限 102 项。依法行政水平全面提升。建立依法治理领导机构 359 个，将 7 大项 111 个小项工作任务落实到具体单位。开展县委常委会会前学法 3 次、县委中心组专题学法 10 次，开设科干班法制课 2 期、村（社区）干部法制培训 8 期。推行法律顾问制度，深化“阳光司法”活动，实施人民陪审团“倍增计划”。安县获得全国“六五普法”中期先进县称号。同城化发展有序推进。紧紧围绕“绵安同城化”发展目标，扎实推进绵阳科技城集中发展区建设安县相关工作和安县撤县设区工作。主动对接集中发展区总体规划优化县城总规，完成科技城大道一期工程建设安县区域的征地拆迁工作。扎实做好撤县设区汇报协调、宣传调研、风险评估、材料送审等工作，申报材料已上报市政府。

第二，坚持城乡共荣，县域经济平稳较快发展。大力统筹转方式调结构稳增长，加快推动“四化同步”发展。新型工业化迈上新台阶。落实 29 名县级领导联系指导全县 100 个重点项目和企业建设，安排 1500 万元专项资金鼓励工业企业发展。建成 10000 余平方米创业服务中心，已入驻企业 63 户、创业商会 1 户。大力推进“500 亿园区”建设，工业园区入驻企业 158 户，吸纳产业工人 2.31 万余人。全县规模企业达 81 户，亿元以上企业达 29 户，科技型中小企业达 277 户。全年共签约项目 31 个，到位资金 59.8 亿元。新型城镇化呈现新气象。加快推进县城旧城区改造、水韵风情街等重点项目建设，淘金大道东外线等三条市政道路建设进展顺利。实施差异化、个性化分类发展，18 个乡镇因地制宜建设工贸型、商贸型、旅游型特色城镇。全县城镇化率达 43.17%。不断繁荣以县城为核心的区域商业圈，全县商贸规模企业达 136 家，高端商住房地产企业达 25 家。农业现代化取得新成效。巩固提升绵安、辽安新农村示范片建设成果，“花城果乡”“七里示范片”“猕猴桃走廊”等产业片蓬勃发展，建成幸福美丽新村4个。加快培育农业经营主体，全县专合组织达213个，农业产业化龙头企业达35户。落实农民增收“一把手”责任制，通过“三品一标”认证42个，转移农村劳动力就业11.7万人次。全年实现农业总产值42.4亿元。旅游品牌化开创新局面。围绕“休闲养生养老”主题，重点做强“温泉旅游”核心品牌，罗浮山温泉旅游度假区品质升级，白水湖自然生态园区签订开发协议；同步做优“花城果乡”休闲旅游品牌，成功举办“中国春社·睢水踩桥”“环山环湖自行车公开赛”。全年接待游客368.2万人次，实现旅游总收入31.06亿元。

第三，坚持以人为本，群众幸福指数持续提高。把改善民生和维护稳定作为头等大事，确保群众共建共享改革发展成果。民生事业切实改善。整合资金实施“十项民生工程”、办好17件民生实事，县本级民生投入达1.18亿元。狠抓就业服务，新增城镇就业4175人。实施精准扶贫，扶持农村扶贫对象6527人。全县各项社会保险参保覆盖面达38.31万人次，新农合参合率连续五年实现100%。安县通过义务教育发展基本均衡县省级督导评估。血吸虫病防治工作通过国家传播阻断达标验收。秀水人口计生中心站被国家卫计委评为群众最满意基层计生服务机构。社会治理不断加强。推行社会稳定风险评估和“621”群众工作机制，开展“大接访大下访大走访”活动，“大调解”体系调解成功率达93.1%。推进社区网格化管理服务，抓好网络理政工作，努力把矛盾化解在基层。扎实抓好安全生产、食品药品监管、防汛度汛等系列工作，全年没有发生较大及以上安全事故。安县被评为“全省维护社会稳定先进县”。文化水平有效提升。积极培育和践行社会主义核心价值观，充分发挥“三馆一站”作用，实施文化惠民工程，开展群众文化活动120余场次。中央电视台第七频道《乡村大世界》3月走进安县。话剧小品《石榴树下》荣获“四川省首届农民艺术节暨民间艺术节”戏剧类一等奖。生态建设纵深推进。加强城乡环境综合整治，深化“小流域”及农村面源污染治理，依法关停污染企业7家，秸秆综合利用率达95%。实施“三大林业”工程，完成一般造林1.2万亩。安县被评为“四川省绿化模范县”。千佛山自然保护区晋升为国家级自然保护区。

第四，坚持从严治党，组织队伍保障全面夯实。以开展党的群众路线教育实践活动为统揽，全面加强党建和党风廉政建设。教育实践活动取得实效。在733个基层党组织中强化集中学习教育，创新开展“我给书记写封信”“走基层·村村行”等活动，强力实施“9+3+4”正风肃纪，重点整治公车私用和超配、干部走读和借用等问题，扎实开展收受红包礼金、庸懒散浮拖等“五项专项整治”。切实抓好建章立制和整改落实，全县各级党组织共废止制度30项、完善698项、新建645项，完成整改任务1546项。县委班子专题民主生活会得到魏宏省长和罗强书记充分肯定，活动始终走在全省前列。基层组织建设扎实推进。推行“三级双向联述联评联考”制度，分类建设服务型基层党组织。采取“三票一考两承诺”的模式，选优配强村（社区）带头人队伍。切实保障党建投入，村（社区）工作经费分别达到3万元和5万元。推行“1+3”软弱涣散党组织帮扶机制，16个后进村党支部全部转化升级。指导完善“双培双评双控”和“全程结构制分类量化积分”机制，党员教育管理进一步规范。干部队伍素质稳步提升。鲜明“三严三实”要求和“五好干部”标准，严格执行干部选拔任用和监督管理各项制度。实施优秀年轻干部人才递进培养计划，储备科级后备干部307名，评选安县第一届优秀人才21名。实施干部素质提升工程，完成6批300余名科级领导干部专题培训，8期1300余名党务工作者、村（社区）干部和后备干部的整体轮训。探索实施《安县乡镇（县级部门）科级领导班子及科级领导干部考核评价办法》。党风廉政建设成效明显。认真落实“两个责任”，与全县18个乡镇和65个部门签订承诺书，县委常委负责指导所联系乡镇和部门的党风廉政建设工作。推行“一把手上廉政党课”，开展廉洁教育培训13期1915人次。开展“效能季后晒”“政务环境万人评”等活动，打造“安州清风”特色品牌。保持惩治腐败高压态势，全县各级纪检监察机关共受理群众信访举报

333件次，立案查处65件。

同志们，回顾一年来的工作，在宏观经济下行压力加大、保民生保稳定形势严峻的背景下，全县经济呈现出平稳较快发展的良好势头，广大群众生产生活条件不断改善，党建及党风廉政建设全面加强，这样的成绩既可喜可贺更来之不易。能够取得这样的成绩，是市委、市政府坚强领导的结果，是全县上下团结拼搏、苦干实干的结果，也离不开社会各界的支持帮助和积极参与。在此，我谨代表县委常委会，向全县广大党员干部群众，向各民主党派、工商联和社会各界人士，向所有关心支持安县发展的同志们、朋友们，表示衷心的感谢并致以崇高的敬意！

在肯定成绩的同时，我们也要清醒地认识到，全县经济社会发展仍然面临着不少困难和挑战。当前，发展不足仍是主要问题，经济结构不优、质量不高、效益不好，缺乏大的支撑项目，经济继续保持平稳较快发展压力很大，全面深化改革尚在破题，全面推进依法治县任重道远，改善民生、社会稳定、扶贫帮困、安全生产等任务依然繁重，党员干部队伍的观念、能力、作风、状态仍然存在不少差距。十八大以来，以习近平同志为总书记的党中央准确把握经济发展规律、社会治理规律和党的建设规律，作出了我国经济发展进入新常态的重要战略判断，作出了协调推进全面建成小康社会、全面深化改革、全面依法治国、全面从严治党“四个全面”的重大战略部署。省委认真贯彻中央精神，提出了经济发展新常态的新特征和新要求，分别出台了同步全面建成小康社会、全面深化改革、全面深入推进依法治省、全面推进从严治党四个《决定》。市委紧跟中央、省委的战略判断和决策部署，不仅明确经济发展进入新常态，而且指出各项工作同时进入新常态，要求必须强化问题导向，主动认识新常态、适应新常态、引领新常态，牢牢把握各项工作主动权，坚定决心抓发展，凝心聚力促提升。

面对新趋势、新部署、新要求和新机遇，我们要切实把思想和行动统一到中央、省委、市委的重大战略部署上来，真正做到观念上适应、认识上到位、方法上对路、工作上得力。2015年，全县工作的指导思想是：以邓小平理论、“三个代表”重要思想、科学发展观为指导，认真学习习近平总书记系列重要讲话精神，全面贯彻落实中央、省、市系列重要会议精神，坚持科学发展主题，把握稳中求进基调，主动适应经济发展、社会转型、作风建设新常态，按照“坚定一个目标，把握两个机遇，突出三个重点，加快四化同步”的工作思路，更加注重统筹城乡、创新驱动，进一步解放思想、真抓实干，真正以改革的思路转方式调结构、用法治的思维促和谐保稳定、靠发展的成效惠民生聚民心，努力推动全县经济社会持续健康发展。全县经济社会发展的主要预期目标是：力争实现地区生产总值增长8%以上；规模工业增加值增长10.5%以上；公共财政预算收入增长5%以上；全社会固定资产投资完成50亿元以上；社会消费品零售总额增长12.3%以上；旅游总收入增长10%以上；城镇居民人均可支配收入增长11%以上；农民人均纯收入增长12.5%以上。

确定以上指导思想和预期目标，既紧密结合中央、省、市对于新常态的分析研判，又综合考虑安县实际和干群期许。虽然其中个别指标压力很大，但通过努力都是能够完成的。围绕实现这些目标，全县各级各部门要强力推进以下九个方面的重点工作。

一要强力推进绵安同城化，切实构建城乡一体化格局。想到才能做到，我们自己对安县的发展定位和标准首先要高。要紧紧抓住科技城集中发展区建设和撤县设区“两个机遇”，主动把安县发展放到成德绵经济带和科技城建设中去思考、去定位、去推进。一是积极融入科技城集中发展区建设。加强对接和协调，争取中央、省委支持科技城建设的系列政策在安县落地，争取科技城重点项目向安县片区布局延伸。配合做好启动区基础设施建设特别是科技城大道一期工程建设，加快实现安县与科技城互连互通。二是稳妥推进撤县设区工作。按照撤县设区工作程序，扎实做好汇报协调、资料报送等相应工作。加大对当前工作进展、市上支持政策、对安县的影响和促进等信息的宣传力度，加强风险评估和矛盾化解，营造群策群力、和谐互动的社会氛围。三是加快推动城乡统筹发展。积极对接科技城集中发展区总体规划，推动市县之间、县内城乡

之间多规有机融合、衔接配套。围绕成兰铁路、科技城（北川）通航产业园建设，加快形成新的城镇功能圈。进一步完善“四纵两横一环外加两条生命通道”县域交通新体系，加快基本农田及重点水利项目建设，努力改善群众生产生活条件。围绕“业兴、家富、人和、村美”目标，加快建设幸福美丽新村，带动农村面貌整体提升。

二要强力推进新型工业化，切实增强经济核心竞争力。工业经济始终是现阶段安县经济发展的重要支撑，要进一步鲜明“举全县之力加快工业发展”导向，切实构建以工业园区为主战场、相关部门乡镇积极配合、各级各部门大力支持的工业发展格局。一是加快工业园区转型升级。实施园区机制体制改革，推行权责明晰、精干高效、自主灵活的服务管理新模式，不断提升园区要素集聚、功能配套、综合服务能力。进一步完善优化工业产业规划，促进与科技城集中发展区产业优势互补。强化“一区多园、一园一主业”格局，扎实推动企业和项目向园区集中，力争实现工业总产值183亿元以上，营业收入、税收均增长10%以上。二是提升工业企业质量效益。全力推动汽车零部件、医药食品等主导产业集中集聚集约集群发展，支持优质企业、潜力项目、纳税大户做大做强，促使新引进企业加快落地建设、投产运营。推动凯江工业集中发展区技改升级，鼓励干河子沿线工业企业淘汰落后产能，走内涵式发展道路。三是全面增强服务保障水平。建好创业服务中心，抓好科技型中小企业发展，力争新注册科技型中小企业100户以上。进一步完善县级领导、县级部门联系服务重点企业和项目制度，落实“联席会议”“并联审批”等服务机制，切实营造重视、关心、支持企业发展尤其是本地优质企业发展的浓厚氛围。

三要强力推进新型城镇化，切实打造县域发展新引擎。在“四化同步”构架中，新型城镇化是其他三化的载体和平台。要始终坚持以人为核心推动新型城镇化，持之以恒地改造旧城，拓展新城，加强管理，提高质量。一是加快建设川西北最秀美县城。围绕“滨水安县·美丽花城”目标，加快推进危旧房棚户区改造，加快建设水韵风情街、西科大城市学院等重点项目，切实提升城市人居环境质量。抓紧建设淘金大道东外线等三条市政道路，尽快完善“四纵四横一环”市政路网。切实提升现代城市管理水平，推行“数字城管”，大力整治市容秩序、违法建设、环境卫生等关键节点。二是集约发展特色小城镇。加大因地制宜、分类指导力度，突出地域文化、资源禀赋和产业基础，支持18个乡镇分类打造工业重镇、商贸大镇、农业示范镇及生态旅游名镇。抓好秀水镇、塔水镇、桑枣镇建设国家、省、市试点镇工作，着力完善服务功能、提升环境风貌。抓好农业转移人口市民化，促进城乡基本公共服务常住人口全覆盖。三是大力发展城市服务业。调整优化城镇产业结构，加快发展金融、物流、商贸等生产性服务业和社区、家政、养老等生活性服务业，切实扩大就业规模，增强就业吸纳能力，为农民进城提供条件。重点支持商业综合体建设，建好电商平台，加快繁荣以县城为核心的区域商圈。

四要强力推进农业现代化，切实提升农户致富增收实效。现代农业既是集约高效产业，也是生态低碳产业，更是解决“三农”问题的金钥匙。安县本就是农业大县，我们要坚持以抓工业的思路抓农业，加大工业反哺农业、城市支持农村力度，努力推动稳粮增收、提质增效。一是积极推进农业结构调整。加快现代农业、现代畜牧业、小农水重点县建设，切实巩固全国粮食生产大县地位。围绕“四区三轴”发展格局，做大水稻制种、中药材、魔芋、蔬菜等特色产业，支持生猪、水产、蛋肉鸡等养殖基地提档升级，盘活辽安现代农业科技示范园。大力发展农产品精深加工，延长产业链，打造供应链。二是大力培育农业经营主体。积极发展多种形式适度规模经营，支持专业大户、专合组织、家庭农场、农业企业加快发展。推广“七统一分”“联建联养”等产业发展模式和“反租倒包”“土地入股”“利润返还”等利益联结机制，加快构建集约化、专业化、组织化、社会化相结合的新型农业经营体系。三是不断拓宽农民增收渠道。推行农民增收“一把手”负责制，落实支农惠农政策，实施助农增收举措，确保农民直接、充分、持续受益。积极打造“三品一标”产品，打包整合特色农产品开拓市场，努力提升产品竞争力和附加值。构建农产品质量安全监管检测体系，争创国家农产品质量安全县。

五要强力推进旅游品牌化，切实培育新的经济增长点。旅游产业是充满活力的朝阳产业，关联度高、涉及面广、带动性强。在当前经济下行压力巨大的严峻形势下，要成功追赶甚至超越周边县市区的发展势头，关键要依靠旅游产业异军突起，切实带动现代服务业快速发展，真正开启县域经济转型升级的加速引擎。一是重点打造温泉旅游品牌。围绕“休闲养生养老”主题，整合利用存量资产引进一批有实力的养生养老项目。提升罗浮山温泉旅游度假区整体接待能力，推动白水湖自然生态园区尽快落地实施，做好千佛山景区旅游开发筹备工作。二是同步做优乡村旅游品牌。启动“花城果乡”争创国家A级景区工作，打造辽安路和晓坝至千佛山乡村旅游带，实现景区旅游与乡村旅游的互补互助。加强对乡村酒店及农家乐的规范指导和检查监管，努力提升游客满意度。三是不断完善要素配套。积极参与各类交流推介会议和宣传营销活动，办好“中国春社·睢水踩桥”“环山环湖自行车公开赛”，建好智慧旅游平台。深度开发特色餐饮、土特商品和旅游产品，完善旅游专线道路、景区支线公路及多语种交通标识系统。

六要强力推进重点领域改革，切实释放活力增强动力。经济新常态表面上是增长速度的换挡，本质是增长动力的转换。我们要按照中央、省、市部署，狠抓各项改革政策的制定和改革措施的落地，通过改革进一步解放思想、解放和发展社会生产力、解放和增强社会活力，最大限度释放改革红利。一是改革创新体制机制。认真总结“十二五”规划的实施情况，科学编制好“十三五”规划。深化经济体制改革，扎实推进金融财税、行政审批、民营经济、国有资产和国有企业等改革任务。深化行政管理体制改革，完成新一轮政府机构改革，推进社会事业改革。深化人力资源体制改革，建设人才优先发展试验区。二是切实抓好改革试点。围绕实施国家、省、市改革试点，推进农村产权“多权同确”，启动建立农村产权交易中心，完善“三资”代管中心运行机制。全力做好小型水利工程改革、中医“治未病”预防保健服务改革、公立医院综合改革、社会信用体系建设等改革试点工作。争取更多中央、省、市改革试点。三是积极推进扩权强镇。2015年是我县扩权强镇试点全面启动之年。作为安县首批改革试点，桑枣镇、秀水镇、塔水镇和授权部门要加强协作、加强配合、加强指导，全力确保各项下放权限依法、规范、有效实施，真正提升乡镇自我管理和自我发展能力，为扩权强镇全面推开提供好的经验和借鉴。四是不断加强开放合作。实施更加积极主动的开放合作战略，强化招商引资“全县一盘棋”格局。加大中央、省、市项目资金争取力度，实施以商招商、沿链招商，更加注重项目的科技含量和发展潜力。积极参加西博会、科博会和省市招商活动，加强与院所、高校等机构深度合作。开展“向存量资产资源要效益”行动，加大闲置低效利用土地清理力度，促进签约项目尽快开工、开工项目尽快竣工、竣工项目尽快达产。

七要强力推进法治安县建设，切实营造平安和谐社会。法治是一个地方走向现代化的必然选择，是培育公民意识、激发理性动力的最佳方式。只有大力推进法治建设，我们的发展才能富有生命力，社会才能和谐稳定。一是加强民主法治建设。完善法制宣传教育机制，做好“六五”普法迎检工作。支持人大依法行使职权、政协依法履行职能、政府依法行政、司法机关公正司法，鼓励民主党派、工商联及工会、共青团、妇联等人民团体及社会组织依照法律和各自章程开展工作，促进全民知法守法用法。二是全面推进依法行政。进一步简政放权，推动政府职能向创造良好发展环境、提供优质公共服务、维护社会公平正义转变。推行法律顾问、法律清单等制度，落实党务政务公开公示、政务服务首问负责等制度，切实提高服务质量和效率。三是积极推进公正司法。支持配合司法体制改革，优化司法职权配置，确保审判机关、检察机关依法独立公正行使职权。大力推进阳光司法、司法为民，规范自由裁量权，完善办案责任制，提高司法公信力。四是切实改进社会治理。围绕“社会治理体系和治理能力现代化建设”目标，大力推行社会稳定风险评估、领导干部下访接访、“大调解”等工作机制，抓好社会网格化服务管理和网络理政工作，落实涉法涉诉信访依法终结制度，抓好基层自治，深化平安创建，加强“双超”治理，有效预防和坚决遏制较大及以上安全事故。

八要强力推进民生事业发展，切实保障群众安居乐业。发展为要，民生为本。越是在新常态下，越是要高度关注和切实改善民生，真正以造福于民的实际成效取信于民。一是大力实施民生工程。狠抓“十项民生工程”，办好教育实践活动中承诺的民生实事。扎实推进教育卫生、就业促进、扶贫解困、社会保障水平持续提升，争创国家义务教育发展基本均衡县，完善医疗卫生服务体系，健全城乡均等的公共就业创业服务体系，健全覆盖城乡的社会保障体系和临时救助制度，深化建档立卡精准扶贫。二是切实促进文化繁荣。加快建设公共文化服务体系，争创全国文化先进县。突出社会主义核心价值体系引领，广泛开展中华优秀传统文化宣传教育活动，整合用好各类公共文体设施，深入实施文化惠民工程，大力发展文化事业，支持发展文化产业，切实抓好文化市场监管。三是强力建设生态文明。以四川省生态文明县建设为抓手，深化“小流域整治”、污染企业整治、秸秆禁烧及综合利用，推进大气污染、水环境污染、重金属污染、固体废弃物污染、农村面源污染等治理活动常态化。开展生态造林、退耕还林和封山育林，科学治理和避让地质灾害。巩固提升四川省绿化模范县和千佛山国家级自然保护区建设成果。四是积极争创文明城市。围绕绵阳市巩固全国文明城市契机，全面启动安县创建四川省文明城市工作。县委成立领导小组，宣传部牵头落实具体工作，各级各部门齐抓共管，将创建工作与依法治县、环境整治、社会治理等工作统筹实施，加快形成与科技城同城化发展相匹配的文明程度和文明水平。

九要强力推进从严治党治吏，切实构建风清气正的政治生态。做好改革发展工作，关键在党、关键在干部、关键在干部的能力素质和精神状态。我们要将思想建党和制度治党紧密结合，从严从实抓好干部队伍的思想教育、选拔任用、管理监督和纪律约束。一是着力强化思想武装。充分利用党委中心组学习、周五下午学习日等平台，学好用活中国特色社会主义理论体系和习近平总书记系列重要讲话精神，增强干好本职工作的“看家本领”。严肃党内政治生活，按照教育实践活动的标准开好民主生活会和组织生活会。将从严要求干部与关心关爱干部结合起来，真正激发干部职工干事创业的激情与活力。二是切实建好基层组织。强化“书记抓、抓书记、一级抓一级”党建工作责任制，推行“三级双向联述联评联考”制度，推动基层服务型党组织建设全面进步、全面过硬。落实党建经费正常增长机制，实施党的组织“两个覆盖”，加强村（社区）两委班子建设，加强党员培养教育和管理监督。三是切实强化制度执行。严格执行民主集中制和“一核心三党组”制度及个人重大事项报告制度，切实增强各级领导班子的领导力、执行力和凝聚力。完善落实干部选拔任用、管理监督、函询诫勉、考核评价等系列制度，多措并举匡正选人用人风气。坚持用制度管权管事管人，真正做到制度面前人人平等、执行制度没有例外。四是深入推进作风建设。严格执行中央八项规定和省委、市委关于加强作风建设的相关要求及党的各项纪律，坚决纠正有令不行、有禁不止行为。巩固和拓展教育实践活动成果，继续开展“我给书记写封信”“走基层·村村行”“记民情日记”活动，抓好“9 + X”正风肃纪和“五项专项整治”，决不允许问题回潮、“四风”反弹。五是坚定不移惩治腐败。牢固树立持续作战、长期作战思想，把守纪律讲规矩摆在更加重要的位置，认真落实党风廉政建设“两个责任”。更加注重源头治理，推行“个性化”考核机制，努力实现“抓早抓小、治病救人”。始终保持零容忍态度和高压严查态势，深化纪检监察体制改革，加大案件查办力度，强化案件治本功效，推动形成风清气正、崇廉尚实、干事创业、遵纪守法的政治生态，真正用党风廉政建设的实际成效取信于民、赢得民心。

同志们，在经济发展、社会转型、作风建设的新常态下，协调推进全面建成小康社会、全面深化改革、全面依法治县、全面从严治党“四个全面”工作，真正实现安县又好又快发展，既是历史和时代赋予的重大责任，也是大家为官一任造福一方的光荣使命。让我们在市委、市政府的坚强领导下，继续团结带领全县广大干部群众，坚定信心、兴利除弊，凝心聚力、苦干实干，共同为加快建设“五位一体”幸福安县而努力奋斗！

安县人大常委会工作报告

——在安县第十七届人民代表大会第四次会议上

安县人大常委会主任　梁　建

（2015年4月15日）

各位代表：

我受县第十七届人大常委会委托，向大会报告工作，请予审查。

县第十七届人大三次会议以来，在中共安县县委的领导下，县人大常委会深入贯彻党的十八大、十八届三中、四中全会精神，紧紧围绕全县工作大局，坚持服务大局不动摇、履职尽职不懈怠、创新进取不停步，始终把促进公平正义、增进人民福祉作为全部工作的出发点和落脚点，认真结合党的群众路线教育实践活动，充分发挥了人大特点和优势，依法履职行权，为促进全县经济社会健康平稳发展和推进民主法制建设进程做出了积极贡献。主要做了以下工作。

一、围绕科学发展，着力推动“五位一体”幸福安县建设

促进全县经济健康平稳发展。常委会组成人员多次深入园区、乡镇、部分重点企业、重大项目建设工地视察调研，就工业强县、园区发展、城乡统筹、产业支撑等提出意见建议。审议了县人民政府关于安县2014年上半年国民经济和社会发展计划执行情况的报告，提出了加快推进与绵阳科技城同城化发展、促进城乡统筹和“两化”互动发展等审议意见。联系支持浮生御温泉酒店、昊昇三农、绿植农业、嘉利亚工业、洪发车辆配件、成州量具等13个重点项目跟踪、落地、建设、协调以及协办绵阳元泰机械制造科技型中小企业1户。

加强财政预算监督。审议了县人民政府关于2013年县级财政决算和2014年上半年财政预算执行情况的报告，审查批准了2013年县本级财政决算，并提出强化预算管理、优化支出结构、强化非税收入的征收等审议意见。审议了县人民政府关于2013年县级财政预算执行和其他财政收支审计工作情况的报告，要求强化审计成果的运用，加大对查出问题的整改力度，提高审计监督的质量和实效。

推动城市建设和管理。为促进城市和环境改善，推动文明城市建设，常委会组成人员和部分人大代表多次深入街道社区、市政基础设施建设工地开展视察和调研，先后作出了《关于同意采用融资招商模式建设安县县城淘金大道东外线等新建市政道路工程的决定》等项决定。

促进文化教育事业健康发展。为促进娱乐业步入健康有序的轨道，审议了县人民政府贯彻执行《中华人民共和国娱乐场所管理条例》情况的报告，要求严格监管和积极疏导，努力有效带动第三产业发展。为确保全县义务教育阶段素质教育的良好发展态势，听取了县人民政府义务教育阶段素质教育开展情况的报告，提出了规范课程设置，深化课程改革，强化教学管理，提升教学水平，突出办学特色，打造平安校园、人文校园等建议和意见。

推进“三农”工作。为提升我县农业现代化水平，增加农民收入，听取了全县农村土地流转情况的报告，建议加强农村土地流转政策及法律法规宣传力度，强化管理服务，加大扶持力度，发展规模经营。组织驻县市人大代表对全县新农村建设工作进行了视察。为推进贫困农村同步实现全面小康，配合市人大常委会对全县农村扶贫开发工作进行了视察调研。

重视环境保护和生态文明建设。为推进我县震后林业生态修复的进度，确保生态文明建设目标的实现，进一步提升国土绿化效益，听取了全县震后生态恢复情况的报告，要求县人民政府及相关部门要加大生态建设领导，建立修复长效机制，科学制定近期、中期、远期规划，坚持林业“三效益”，巩固生态修复成果。为加快我县生态县建设步伐，审议了《安县生态县建设规划》调整情况的报告，作出了同意调整《安县生态县建设规划》的决定。审议和测评了县环保局办理县人大常委会专项工作评议意见情况的报告。

二、围绕以人为本，着力推进民生改善

关注安全生产和食品安全。为进一步营造我县安定有序的生产环境，审议了贯彻执行《中华人民共和国安全生产法》情况的报告，提出了要完善安全生产监管机制，强化安全生产考核，加强安全生产保障力度等方面的审议意见，审议和测评了审议意见办理情况的报告。为全面提升我县的食品安全水平，提高监督实效，审议和测评了县食品药品监督管理局办理人大常委会专项工作评议意见情况的报告。

推进民生改善。为了推动全面建设小康社会的步伐，审议了县人民政府关于农民增收情况的报告，提出了大力调整农业产业结构，加强农村基础设施建设，加强农民技能培训促进农村劳动力转移，落实兑现强农惠农富民政策等意见。审议和测评了审议意见办理情况的报告。

推动养老事业发展。深入县社会福利中心、乡镇敬老院、日间照料中心视察，审议了县人民政府养老服务体系建设情况的报告，提出了将养老服务体系建设着力点放在“保基本”上，统筹规划，量力而行，分步实施，全面推进的建议和意见。审议和测评了审议意见办理情况的报告。

关爱妇女儿童。深入县妇女儿童中心、婚姻登记中心、儿童友好家园视察，听取县人民政府妇女发展纲要和儿童发展纲要执行情况的报告，提出优化环境，推动妇女参政议政、扩大妇女就业比例、提高妇女儿童合法权益的建议和意见。

依法做好群众信访工作。截至去年年底，共受理人民群众来信来访66人次。加强对信访反映问题的调查了解和催办督办，推动了群众合理诉求的解决。

三、围绕依法治县，着力推进法治安县建设

加强规范性文件备案审查。对县人民政府及其办公室报送的25个2013年规范性文件进行了审查，未发现问题，决定备案。对乡镇人大主席团报送的2013年规范性文件进行审查发现1个问题并责令整改。对县人民政府及办公室报送的5个2014年上半年规范性文件进行了审查，未发现问题，决定备案。

强化司法监督，促进公正司法。深入公安技术大楼、公安特巡警大队、乡镇派出所、刑侦中队、交警中队及村、社区、企业警务室进行视察，审议了公安工作情况报告，提出加强矛盾纠纷排查化解，创新社会管理，加大打击力度，提高群众安全感和满意度等建议和意见，审议和测评了审议意见办理情况的报告。重视普法教育工作，倡导全社会树立尊重法律、信仰法律、敬畏法律的观念，形成崇尚法治的良好氛围。组织部分组成人员和人大代表旁听法院庭审工作，要求法检两院进一步提高司法队伍素质，提高办案质量，积极化解矛盾纠纷，维护社会公平正义。

开展专项评议政府工作部门工作。不断创新监督方式，拓宽监督渠道，以促进政府及各职能部门改进作风、提高效能为出发点，在听取12个政府工作部门书面报告和13个政府工作部门专题工作开展情况报告后，通过常委会票决，对县发改局和统计局工作开展情况进行了专项评议。两个评议组先后深入园区、乡镇、村、社区和企事业单位调查了解，召开评议会，作出评议意见，督促限期整改存在的问题，有力地推进了政府工作部门的工作。

推进行政效能建设。深入到部分乡镇和部门进行了行政效能视察，听取了行政效能监察情况的报告，要求进一步加强研究，加强指导，努力将行政效能监察工作向规范化、法制化轨道迈进。

坚持依法履职行权。一年来，共依法召开8次县人大常委会会议，17次主任会议，听取和审议“一府两院”贯彻执行法律法规情况2项、工作情况报告13项，作出决定、决议7个，提出审议意见5次，主任会议纪要6次，任免国家机关工作人员33人。

四、围绕联系群众，着力做好代表工作

努力拓宽履职渠道。坚持代表列席常委会会议和参加有关活动制度，认真听取代表建议意见，保障代表参与权、表达权、监督权。结合党的群众路线教育实践活动，通过走访、召开座谈会、参加代表小组活动等形式，加强与代表的沟通与联系，广泛征求代表的意见和建议。积极健全代表履职情况登记制度，开通代表履职平台，先后组织241人次代表参与常委会组织的执法检查、视察、调研和人

大常委会、法检两院以及政府工作部门、机关单位的各种工作评议会和法院案件庭审会等活动。

代表活动载体有力。继续深入开展人大代表“五个一”活动。全县1249名市、县、乡镇人大代表在调研走访的基础上共提出意见、建议1686条，撰写调研文章260篇，反映社情民意2385条。全部转交同级政府及相关部门在法定时限内办理（答复）完毕，代表满意率达95%以上。

提高建议办理质量。县第十七届人大第三次会议期间，代表共提出意见、建议和批评90件。会后，常委会办事机构及时对建议进行整理和分类，交县政府办理，县政府定期不定期地对建议办理情况进行督查和通报。常委会组织部分组成人员和代表，深入各承办单位，采取走访、座谈、实地察看等方式，对代表建议办理情况进行跟踪督办。90件代表建议（含24件转作建议办理的代表议案）中有84件在法律规定时限内办理完毕，有6件因客观条件限制暂时无法解决，承办单位及时向代表作了回复。代表满意率达到92%，基本满意率8%。

加强基层人大联系指导。坚持邀请乡镇人大主席列席人大常委会会议和参与常委会重要活动，重视对乡镇人大主席的培训和交流学习，开展履职能力提升培训，召开专题工作经验交流会议，加强同乡镇人大的联系，科学细化考核细则，努力增强乡镇人大工作的责任感。

创新人大工作试点。为适应新形势下代表工作新特点、新任务，积极探索提高代表行权履职、参与管理国家事务的综合素质和能力，充分发挥代表在监督“一府两院”工作、推动经济社会发展进程中的重要作用，县人大常委会根据有关法律规定，结合代表工作实际，在全县18个乡镇人大主席团开展以代表履职评价（评议）机制、代表履职退出机制、代表履职保障机制和代表履职激励机制为主要内容的创建代表履职机制试点工作，以此促进代表作用的发挥更加充分。

五、围绕作风转变，着力加强自身建设

教育实践活动成效明显。根据中央、省、市要求和县委部署，扎实开展党的群众路线教育实践活动，认真学习党的十八大、十八届三中、四中全会精神，通过学习教育，进一步坚定理想信念、强化群众观念、增强反对“四风”的自觉性；通过开展专题调研，分析解决突出问题，有效提升了人大工作科学化水平；通过开展“走基层、村村行”“访民情”等“接地气”活动，与人民群众联系更加紧密；通过边学边查边改，着力形成制度成果，形成作风建设的长效机制。同时，严格落实中央“八项规定”，清理腾退超标办公用房，规范领导干部公务用车，坚持从紧从严控制接待标准和办公开支，自觉做到厉行节约、廉洁从政。

强化党风廉政建设。认真贯彻执行党风廉政建设责任制和领导干部廉洁自律各项规定，严格执行中央八项规定和省市相关规定，大力开展理想信念和廉洁从政教育，深入推进反腐倡廉建设，以构建教育、预防和惩治体系为重点，进一步完善常委会各项工作规范13项，切实加强对机关干部的监督，坚持用制度规范干部的从政行为，永葆党的先进性。

扎实做好联系帮扶工作。常委会领导经常深入联系乡镇桑枣镇、秀水镇、乐兴镇、高川乡、沸水镇开展走基层、访民情工作。常委会组成人员和机关干部多次到桑枣镇石佛村调研，走访、慰问困难群众，帮助联系村加快发展，改善环境。

各位代表，过去一年，常委会各项工作取得了新的成绩，这是县委正确领导和对人大工作高度重视的结果，是常委会组成人员、全体人大代表和人大工作者共同努力，“一府两院”、社会各界大力支持的结果。在此，我谨代表县人大常委会向所有关心、支持、帮助人大工作的领导和同志们表示衷心感谢！

回顾过去一年的工作，我们清醒地认识到，常委会的工作与宪法和法律赋予的职责及人民群众的期望和代表的要求相比还存在着一定的差距，主要是在监督选题上需要进一步突出重点，监督实效的增强需要进一步探索好的方式，保障和服务代表履职的能力需要进一步提高，推动群众关注的热点难点问题的解决需要进一步深入。对此，我们将努力探索工作新方式、新途径，切实加以解决。

各位代表：

党的十八届四中全会通过了《中共中央关于全面推进依法治国若干重大问题的决定》，县人大常委会将深入学习贯彻落实党的十八届四中全会精神，在中共安县县委的坚强领导下，紧紧围绕全县工作大局，依法履行宪法和法律赋予的职责，进一步加强工作监督和法律监督，充分发挥人大代表作用，密切与人民群众的联系，扎实有效地开展人大各项工作，大力推进依法治县进程。重点做好以下工作：

一、抓大事、谋大局，行使重大事项决定权有新高度

围绕全县经济社会发展的重点任务和人民群众普遍关注的突出问题，听取和审议专题工作报告，适时就事关我县改革发展稳定的重大事项作出决议、决定。围绕全县重点工作部署，组织常委会组成人员和部分人大代表进行视察和调研。常委会各委室要围绕县人大常委会审议决定重大事项的内容，结合各自实际，组织开展有关调研活动。通过视察和调研，深入了解情况，总结工作经验，分析存在问题，提出建设性意见和建议，推进全县重点工作。

二、换思路、强措施，监督工作有新力度

敢于和善于监督，主动加强同“一府两院”的联系和沟通，寓监督于支持之中，推动“一府两院”依法行政，公正司法。推进依法治县工作，进一步增强使命感、责任感和紧迫感，切实提高常委会班子和常委会组成人员抓法治工作的意识和能力，始终把推进依法治县工作牢牢放在心上、紧紧抓在手上，扎实推进依法治县工作，为加快科学发展、富民强县和全面建成小康社会进程做出应有的贡献。做好规范性文件备案审查工作，严格执行监督法和有关规范性文件备案审查的规定，加强备案审查工作，要求县人民政府及其办公室和乡镇人大按规定向县人大常委会报备规范性文件，做到有件必备、有错必纠，切实维护国家法制统一。加强对人民群众反映强烈的问题的监督，突出对告状难、执行难、赔偿难、错案不纠等问题的监督。采取转办、交办、督办，听取专题工作报告等方式，督促司法机关依法公正办案。加强人大信访工作，坚持“分别受理、综合分析、统一交办、定期反馈、严格督查”的工作原则，切实做好信访工作。选择重点信访案件，进行跟踪督办，督促有关机关予以纠正处理，提高信访办理质量和效率。

三、讲原则、重程序，任免工作有新推进

坚持对新任命人员实行任职资格审查、法律知识考试、任前表态发言、任后宣誓和接受询问等制度，进一步完善任免工作程序，严格依法行使人事任免权。继续开展政府工作部门专项评议工作，促进“一府两院”及其工作部门认真履行职责，依法行政和公正司法。

四、抓培训、强素质，代表工作有新作为

加强和规范代表在闭会期间的活动，认真组织代表开展专题调研和集中视察活动，继续深入开展人大代表“五个一”活动，巩固活动成果。总结代表履职评价（评议）、退出、保障和激励机制试点工作经验，在全县推广。切实做好代表联系、服务和保障工作，为代表切实履行职务、充分发挥代表作用创造条件。加强和改进代表建议督办工作，选取群众关注度高的代表建议进行重点督办，提高代表建议办理质量。加强对乡镇人大工作的联系和指导，召开好乡镇人大工作例会，及时通报常委会工作情况，组织研讨乡镇人大工作，解决好乡镇人大工作中遇到的新情况、新问题，确保乡镇人大各项工作平衡有序推进。坚持邀请乡镇人大主席列席常委会会议，参与常委会重要活动。进一步完善绩效考核办法，增强乡镇人大工作的责任感。

五、定制度、严要求，自身建设有新提高

加强常委会和机关制度建设。改进和完善常委会议、执法检查、专题调研视察工作程序和机关工作制度，不断提高工作质量和效率。加强跟踪检查和督促整改，抓好审议意见的落实。加强对外学习和联系，密切同市人大常委会和兄弟县区人大常委会的联系和沟通，自觉接受上级人大工作监督和指导。加强人大工作理论研究和人大宣传工作，建立法制讲座制度，坚持常委会会前学法制度，努力提高常委会组成人员的法制水平和履职能力。加强人大机关干部队伍建设，进一步提高人大干部素质，重视干部培养和选拔使用，关心干部职工的工作和生活，调动人大干部工作积极性。继续抓好包村和配合全县中心工作，内强素质，外树形象，树立人大机关新形象。

各位代表，让我们更加紧密地团结在以习近平同志为总书记的党中央周围，在县委的坚强领导下，以饱满的工作热情、务实的工作态度、廉洁高效的工作作风，艰苦奋斗，扎实工作，为推动安县经济社会健康平稳发展而共同奋斗。

政府工作报告

——在安县第十七届人民代表大会第四次会议上

安县人民政府代理县长　李昊天

（2015年4月15日）

各位代表：

现在，我代表县人民政府，向大会报告政府工作，请各位代表审查。

2014年工作回顾

2014年，面对复杂严峻的经济形势和艰巨繁重的改革发展稳定任务，在县委的坚强领导下，在县人大、县政协的监督支持下，我们认真贯彻上级决策部署，正确把握发展大势，积极应对复杂局势，着力稳增长促改革调结构惠民生，较好完成了县十七届人大三次会议确定的主要目标任务，各项工作取得新成绩。全县地区生产总值突破百亿大关，达到102.47亿元、增长9.2%，规模工业增加值增长13%，全社会固定资产投资93.1亿元、增长6.1%，社会消费品零售总额48.03亿元、增长13.3%，地方公共财政预算收入4.81亿元、增长8.21%，城镇居民可支配收入23089元、增长9.7%，农民人均纯收入10901元、增长13.3%。

这一年，我们围绕培育产业，提质增效，促进了转型升级。积极应对经济增长下行压力，加大结构调整力度，努力实现经济转型发展，三次产业结构调整为25.1 ：52.0 ：22.9。

现代工业平稳发展。完成规模工业总产值166.05亿元、增长14.17%，24户重点工业企业实现税收2.43亿元。实施工业技改项目81个，完成工业性投资37.66亿元、增长15.8%。工业项目加快建设，广都仓储、中信实业等15个工业项目竣工投产。支柱产业不断壮大，汽车及零部件、医药食品、精细化工产业实现产值124.14亿元，占全县规模工业产值的74.77%。中小微企业培育成效显著，“4+3”战略性新兴产业[1]加快发展，新增规模工业企业10户。工业园区完成基础设施投入4亿元，核心区实现产值83.97亿元、增长19%，占全县规模工业产值的50.57%，成为工业经济主引擎。

现代农业提质增效。完成农业总产值42.4亿元、增长4.3%，实现粮食总产量24.68万吨，出栏生猪36万头。省级现代农业、现代畜牧业重点县建设积极推进，建成规模种植基地15个，创建省、市标准化规模养殖示范场6个。绵安、辽安新农村示范片建设成果不断巩固提升，七里村示范片及猕猴桃走廊建设有序推进。“三品一标”[2]新增认证23个，创建为四川省农产品质量安全监管示范县。新增市级龙头企业3个、家庭农场39家、农民专业合作社60个，圣康蛋鸡、金花蔬菜被评为国家示范社，巴蜀渔都被评为全国休闲渔业基地。农民收入实现较快增长，被评为全省农民增收工作先进县。

旅游开发成效显著。浮生御温泉度假村投入运营，蓝澳岛酒店主体竣工。白水湖自然生态园区签订开发协议，罗浮山古海湾国际文化旅游城项目招商工作有序推进。新增农家乐、乡村酒店10家，“花城果乡”富民效应明显。成功举办“中国春社·睢水踩桥”“环山环湖自行车公开赛”和“路亚”垂钓精英比赛等活动。成功承办绵阳市旅游发展大会和大九寨新环线旅游区域合作交流会，参加第二届中国温泉养生旅游产业博览会，在成都举行罗浮山温泉养生体验活动。全年接待游客368.2万人次，实现旅游总收入31.1亿元、增长41.18%。

三产发展后劲增强。完成服务业增加值23.49亿元、增长9.7%。汇星商业广场、花城酒店、好农国际物流中心等项目有序推进，长虹世纪城等20个配套商业网点建设进展顺利，新增限上商贸企业[3]60家。全省农村社会化服务体系示范县建设扎实推进，新改建“新网工程”[4]网点25个。积极推

进电子商务发展，新建电商平台121个，其中企业网站86个、网店35个。深化农村信用体系建设，评定信用户37948户、信用村122个、信用乡镇7个。全县金融机构存贷款余额分别达132.6亿元、80亿元，小微企业贷款余额27.8亿元，提供贷款担保余额4.7亿元。

这一年，我们围绕改革创新，积极作为，激发了发展活力。认真落实国家、省、市和县委关于深化改革的各项举措，创新体制机制，实施充分开放合作，发展活力持续增强。

重点改革不断深化。撤县设区宣传调研、风险评估、材料送审报送工作基本完成。新一轮政府机构改革顺利推进，工商、质监划归地方管理，事业单位分类改革步伐加快。财税体制改革不断深化，“营改增”[5]试点企业196户。工商登记制度改革成效明显，新增个体工商户1755户、各类企业458户。对国有企业决策经营层实行社会化选聘。农村改革稳步推进，农村土地承包经营权确权登记颁证基本完成，依法规范流转土地10.4万亩，农房、农村集体建设用地和宅基地确权登记颁证有序推进。

创新能力持续提升。组建汽车镁合金及轻质材料研发中心，与西南科技大学共建“青年创业实践基地”，建成10000余平方米的创业服务中心，入驻企业63户。新注册科技型中小企业108户，实现专利申请量180件、授权量80件。银河化学进入上市准备期。银河化学、好医生药业获批国家级企业技术中心，银河化学“安剑”商标被评为中国驰名商标，好医生药业等3户企业3个产品被评为四川名牌产品。

开放合作取得进展。实施更加积极主动的开放合作战略，充分利用“西博会”“科博会”等平台，签约项目31个，到位资金59.8亿元，西科大城市学院、纳川管材等一批重大项目落户安县。争取上级专项资金11.1亿元，报批回土地指标5452亩。实现外贸自营出口2845万美元、增长5%。科技城集中发展区建设安县区域相关工作有序推进。辽安对口合作不断深化，新建安县创业商会、成都安县商会，外事侨务、对台工作不断加强。

这一年，我们围绕统筹城乡，加速建设，改善了发展条件。围绕绵安同城化发展，着力构建现代城镇体系，加快基础设施建设，提升环境承载能力，全县城镇化率提高到43.17%。

城镇建设力度加大。加快编制《安县城市总体规划（2013—2030）》，完成《河东新区控制性详细规划及城市设计》等规划编制。成功争取国家开发银行危旧房棚户区改造专项贷款，花荄棚户区改造加快推进。完成银河大道、文星小区1—8巷、文星街和晋兴街人行道改造。县城第二条污水管网工程进展顺利。淘金大道东外线、文星大道南段、滨江西路南段启动对外招商。秀水、桑枣被列为全国重点镇，塔水被列为省级重点镇，完成了3个镇场镇总体规划和控制性详细规划修编，争取省、市资金1790万元，加快推进集镇改造。依法整治违法建设52宗19149平方米，“门前五包”[6]责任制严格落实，城市管理水平不断提升。深化城乡环境综合治理，建成6个乡镇垃圾中转站，生活垃圾无害化处理率不断提高，城乡环境更加干净整洁。

基础设施加快改善。成兰铁路（安县段）建设加快推进，全年完成投资7.58亿元。迎新大桥竣工通车，新建道路防护栏135公里。茶北路和50公里村道项目加快建设，新建机耕道305公里。新晋升国省干道165公里，打造标美示范路60公里。成功争取中央财政小型农田水利重点县项目。草溪河水库完成22个专题报告。整治堤防20公里、塘堰157口，修复水毁工程195处。新改建提灌站207处。新增农村天然气用户4600户。实施农村电网工程项目85个，改造高低压线路642公里，新改建工业电力线路10.6公里。“宽带乡村”[7]项目顺利推进，新建基站200个、宽带接入端口2.5万个。新改建广电网络线路500公里。

生态环境不断趋好。依法关停利衡化工、保定造纸等7户污染企业，凯江流域工业企业转型升级有序推进，主要污染物减排任务全面完成，单位地区生产总值能耗下降3%。秸秆禁烧成效明显，综合利用率不断提高。加强饮用水源地环境监管，饮用水水质达标率100%。创建生态村12个、生态家园800个。迎新污水处理站开工建设，秀水、塔水污水处理站顺利启动。治理水土流失面积11平方公里、新建沼气589口。整理土地4.03万亩，新增耕地2900亩。地质灾害防治工作得到加强，矿产资源管理不断规范。县城建成区绿地覆盖率37%，全县森林覆盖率39.44%，获评四川省绿化模范县，千佛山自然保护区晋升为国家级。

这一年，我们围绕改善民生，统筹兼顾，推动了和谐发展。切实保障和改善民生，统筹推进各项社会事业，有效创新社会管理，人民群众更好地共享发展成果。

民生保障持续提高。县本级民生投入1.18亿元，“十项民生工程”[8]深入开展，19件民生实事、137个民生项目全面完成。发放各项惠民补贴1.5亿元，实施农村公共服务运行维护项目1000个。新增城镇就业4175人，农村劳动力转移就业12.7万人，城镇登记失业率控制在3.92%以内。各项社会保险参保达38.31万人次，发放社会保障卡18.23万张，办理老失地农民养老保险[9]5884人，发放城乡居民基础养老金5502万元。城乡低保标准分别提高到350元和180元，发放低保资金3061.5万元、困难群众医疗救助金785.7万元。建成保障性住房578套，发放个人住房公积金贷款4850万元、廉租住房补助345户。解决3.6万人安全饮水。新开通公交线路3条，发放爱心、老年公交卡3478张。2013年“7·9”洪灾灾毁农房重建完成。扶贫攻坚深入推进，6527名农村扶贫对象脱贫解困，移民安居乐业。

社会事业协调发展。教育教学质量稳步提高，高考上线人数首次突破千人大关，义务教育均衡发展通过省级督导评估。群众体育和竞技体育协调发展，成功举办第五届县运会。深化医药卫生体制改革，国家基本药物制度在基层医疗机构实现全覆盖，县级公立医院取消药品加成，新农合参合率100%，血吸虫病防治达到国家传播阻断标准。人口计生政策全面落实，人口自然增长率2.66‰，秀水人口计生服务站被评为全国最满意基层站。中央电视台《乡村大世界》走进安县，话剧《咱们的牛校长》获四川省“五个一工程”[10]奖，“舞动安州”等系列文化活动深受群众好评，睢水被评为“四川省民间文化艺术之乡”。国防双拥、民族宗教、妇女儿童、防震减灾、新闻外宣、红十字会、青少年、残疾人、地方志、社科联、文联、工会、粮食、物价、消防、气象、档案、人防、防邪、老龄、慈善、邮政、保密、保险、烟草和盐业等工作取得新进步。

社会管理不断创新。依法治县工作全面展开，法律援助工作不断深入，被评为全国“六五”普法中期先进县。健全社会稳定风险评估制度和大调解工作体系，完善领导干部大接访长效机制，网络理政全面推进，一批信访积案和矛盾纠纷得到有效化解。严格食品药品安全监管。持续开展打非治违、隐患排查专项整治，集中开展安全生产大检查，全面建成市级安全社区，新建省级安全社区1个，道路交通安全综合整治成效显著，“双超”[11]治理扎实开展，关闭非煤矿山13家，煤矿关退工作有序推进，实现38年无重大森林火灾，安全生产形势总体向好。深化“平安安县”建设，组建应急调度中心，天网二期暨应急指挥中心加快建设，社区网格化服务管理机制初步形成，社区治理“六岗合一”[12]模式成功试点，开展反暴恐综合演练，依法防范和严厉打击各类违法犯罪活动，人民群众安全感明显增强。

这一年，我们围绕自身建设，转变职能，提高了服务水平。

深入开展党的群众路线教育实践活动，围绕为民务实清廉主题，认真查摆和整改“四风”等方面存在的突出问题，扎实开展“庸懒散浮拖”专项整治，作风建设和制度完善成效明显。严格执行中央“八项规定”和国务院“约法三章”，“三公”经费下降8%，严格公务用车管理，完成超标办公用房清理，政风、行风和社会风气焕然一新。法治政府建设全面推进，严格重大决策合法性审查，积极推行法律顾问制度，有力推进行政权力依法规范公开运行，政府施政行为不断规范。深化行政审批制度改革，取消行政审批事项50项，率先启动扩权强镇改革试点，大力推进政务公开，强化政务便民服务，政府工作效率和透明度不断提高。自觉接受县人大的法律监督、工作监督和县政协的民主监督，全年办理人大代表建议意见90件，政协提案94件，满意和基本满意率100%。招投标、公共资源交易行为进一步规范，土地招拍挂、项目评审等制度严格落实，强化行政监察和审计监督，严肃查处违纪违法案件，政府廉政建设全面加强。

各位代表！回顾2014年的工作，我们深切感受到，成绩的取得极为不易。这是县委坚强领导的结果，是县人大、县政协监督支持的结果，是全县人民团结一心、克难奋进的结果。在此，我代表县人民政府，向给予我们支持和监督的各位代表，向全县人民，向关心帮助安县发展的各界人士表示衷心的感谢！

在肯定成绩的同时，我们也清醒地看到：我县传统产业竞争力不强，新兴产业尚在培育，部分企业经营困难，工业提速乏力；支撑发展的重大项目不足，实体经济发展的土地、资金要素制约加重；财政收支矛盾突出，民生改善、社会治理、安全生产、环境保护任务依然艰巨；政府职能转变还不到位，依法行政和廉政建设还有待加强。对此，我们一定高度重视，下决心认真解决。

2015 年工作安排

今年是全面完成“十二五”规划的收官之年，改革发展任务艰巨繁重。做好今年的政府工作，必须主动适应我国经济发展新常态的要求，深刻认识和全面把握新常态下速度变化、结构优化、动力转换的本质特征，立足县情实际，找准工作结合点和着力点，在抢抓机遇、科学发展中把握工作的主动权。坚持以追求质量、注重效益、稳健发展适应速度变化，坚持以新型工业化、新型城镇化、农业现代化、旅游品牌化“四化同步”推进结构优化，坚持以深化改革、开放合作、创新驱动加快动力转换，使全县经济社会发展更有质量、更有效益、更有活力、更有后劲。

今年政府工作的总体要求：以邓小平理论、“三个代表”重要思想、科学发展观为指导，认真学习习近平总书记系列重要讲话精神，全面贯彻落实中央、省、市系列重要会议和县委十一届八次全会精神，坚持科学发展主题，把握稳中求进基调，主动适应经济发展、社会转型、作风建设新常态，按照“坚定一个目标，把握两个机遇，突出三个重点，加快四化同步”[13]工作思路，更加注重统筹城乡、创新驱动，进一步解放思想、真抓实干，真正以改革的思路转方式调结构、用法治的思维促和谐保稳定、靠发展的成效惠民生聚民心，努力推动全县经济社会持续健康发展。

今年全县经济社会发展主要预期目标建议：地区生产总值增长 8% 左右，规模工业增加值增长 10.5% 左右，全社会固定资产投资达到 50 亿元左右，社会消费品零售总额增长 12.3% 左右，旅游总收入增长 10% 左右，地方公共财政预算收入增长 5% 左右，城镇居民人均可支配收入增长 11% 左右，农民人均纯收入增长 12.5% 左右，城镇登记失业率控制在 4% 以内，人口自然增长率控制在 4‰以内，全面完成“十二五”规划节能减排目标任务。

一、更加注重改革开放，积蓄发展后劲，着力激发发展动力

坚持以改革创新释放发展活力，狠抓开放合作发展，深入推进“项目引进落地实施年”，不断增强县域经济发展内生动力。

推进重点领域改革。积极稳妥推进撤县设区。完成新一轮政府机构改革、事业单位分类改革。深化预算管理改革，实施全面规范、公开透明的预算制度，依法清理规范税收等优惠政策。推进投融资体制改革，探索实行政府和社会资本合作 PPP 模式，加大政府购买公共服务力度。深化国有企业改革，支持投控公司、富腾公司做大做强。深化金融体制改革，引导有条件的民间资本依法设立中小银行，规范发展融资担保机构，支持县信用联社改制为农村商业银行。深入推进农村改革，6 月前全面完成农村土地承包经营权确权登记颁证，加快农房、农村集体建设用地、宅基地和小型水利工程等农村产权确权颁证，组建农村产权交易中心和“三资”代管中心[14]，依法规范做好土地承包经营权流转。加快教育文化、医药卫生、食品药品等社会事业改革。

提升开放合作水平。围绕主导产业、战略性新兴产业和现代服务业发展，突出以商招商、产业链招商，积极参加“西博会”“科博会”，引进一批关联度高、带动力强的重大项目，促进项目集聚和产业集群，力争引进项目 15 个，到位资金 48 亿元以上。完善科技创新体系，大力实施创新驱动发展战略，加快发展“4 + 3”战略性新兴产业，完善创业服务中心平台建设，发展科技型中小企业 100 户。全方位推进与辽宁的对口合作，加强与成渝经济区、天府新区的对接合作，全力配合科技城集中发展区启动区基础设施建设，做好科技城大道一期工程建设安县区域相关工作。加大重点出口企业扶持力度，实现外贸出口2700万美元。

全力突破重大项目。深化县级领导、县级部门联系重点项目和企业制度。继续做好成兰铁路（安县段）建设配合服务工作，启动安县车站市政及交通规划工作，做好花荄至安县车站快速通道前期工作。7月前完成茶北路建设。强力推进草溪河水库前期工作。力促纳川管材、杰兴机械等20个工业项目开工建设，加快长虹培训中心、西科大城市学院、好农国际物流中心等项目建设。积极开展“向存量资产资源要效益”行动，下大决心清理低效利用土地，下大力气盘活存量资产资源。加强调研、集思广益，深入研判国家、省、市为推动新常态下经济持续健康发展各项政策措施，准确把握安县发展阶段性特征，主动衔接全面建成小康社会各项目标，科学编制“十三五”规划。

二、更加注重转型升级，夯实产业基础，着力提高发展质量

准确把握经济走势，主动适应新常态，着眼稳健增长，全力提升经济运行水平，努力促进三次产业协调发展。

加快新型工业化步伐。加强经济运行监测，积极做好要素保障协调服务，全力促进工业经济稳定增长，力争实现工业总产值186亿元、增长12%。积极支持华晨汽车做大做强，培育鑫祥环保、秦川恒远等发展壮大，促进汽车及零部件产业加快发展，实现产值24亿元。支持好医生药业做大做强，着力加快九州通医药、天江药业等培育，围绕中国魔芋地理标志产品发展壮大食品产业，实现医药食品产业产值55亿元。加快推进凯江流域工业企业转型升级，支持银河化学、启明星磷化工等做大做强，实现精细化工产业产值63亿元。加快银河化学年产10万吨碳化法红矾钠、好医生药业小分子活性化合物等技改项目建设，完成工业性投资39.5亿元。支持中联水泥、朗迪塑胶等优势企业加快发展。力促新一美、天捷新能源等22个在建项目竣工投产，新增规模工业企业8户。全面加快工业园区基础设施建设，完善生活性、生产性功能配套，不断提升服务保障、综合承载和集聚发展水平。

加快农业现代化进程。实现农业总产值43亿元。全面完成省级现代农业、现代畜牧业重点县建设任务。种植粮食作物60万亩以上、油菜20万亩，新建粮油高产创建基地7个，实现粮食产量24.7万吨以上。新建中药材、魔芋标准化基地7个，发展中药材16.5万亩、水稻制种4万亩、蔬菜12.5万亩、魔芋4万亩、水果5.5万亩。提升辽安现代农业科技示范园种植水平和示范效应。加快推进标准化适度规模养殖，提升现代化养殖水平，出栏生猪36万头。新增“三品一标”认证10个，启动创建全国农产品质量安全监管示范县工作。加快培育新型农业经营主体，新增农民专业合作社40个、家庭农场100家、种养大户100家、新型职业农民500人。强化农业科技和信息服务，加强农业实用技术培训。扎实做好重大动植物疫病防控。全面落实强农惠农政策，做好“一事一议”财政奖补和政策性农业保险工作。

加快旅游品牌化发展。积极接受九环东线旅游辐射，在罗浮山景区打造以温泉疗养为核心，集生态养生、休闲娱乐、特色餐饮、土特产品展销、文化艺术体验等多功能于一体的主题度假小镇。积极推进白水湖自然生态园区、罗浮山古海湾国际文化旅游城等落户建设。坚持“农旅结合、文旅融合”，启动“花城果乡”创建国家A级景区，积极推进晓坝五福、齐心至沸水枫香乡村旅游基础设施建设，力争新增农家乐或乡村酒店5家以上。积极开展多种形式的旅游宣传营销，继续办好“环山环湖自行车公开赛”，抓好智慧旅游平台建设，推广精品旅游线路，开通绵阳至罗浮山景区旅游公交专线，力争实现旅游总收入34亿元以上。

加快现代服务业培育。围绕旅游业发展和新型城镇化建设，着力加快第三产业发展，积极构建现代服务业体系，力争服务业增加值增速达到9%以上。改造提升商贸流通、交通运输、餐饮服务等传统服务业，大力发展现代金融、现代物流、科技服务等生产性服务业，积极发展教育培训、家政服务、法律服务等生活性服务业，加快繁荣以县城为核心的区域商业圈。深入推进“新网工程”网点建设，健全农村流通网络，构筑城乡现代流通体系。全面实施“1133”[15]电商工程，引导发展本土电商平台，

强力推进电子商务发展。加强市场监督管理，切实维护消费者权益。

三、更加注重品质提升，追求生态宜居，着力统筹城乡发展

紧紧围绕撤县设区，着力统筹融合，努力打造优美宜居的新城、新镇、新村，加快推进以人为核心的新型城镇化。

全面加强县城建设。积极对接科技城集中发展区空间布局、产业发展、城市建设等规划，全面完成《安县城市总体规划（2013—2030）》报批工作，做好县城控制性详细规划编制工作。加快汇星商业广场、花城酒店等城市综合体建设，力争年内建成并投入运营。规范用好国家开发银行危旧房棚户区改造专项贷款，大力推进花荄棚户区改造，开工建设保障性住房300套。积极引入社会资金参与淘金大道东外线、文星大道南段和滨江西路南段建设。完成县城第二条污水管网建设，6月底前开工建设清溪污水处理厂技改扩容项目。强化城市管理，深入开展违法建设专项整治，推行“数字城管”[16]，试行环卫作业市场化服务，完善“门前五包”责任制，加强网格化管理，消除城市管理死角和盲区，提高城市管理精细化水平。

加快推进镇村建设。加快重点镇建设，秀水发挥传统优势，建设新型工贸城镇；桑枣突出自然优势，建设旅游集镇；塔水抢抓机遇，打造全省百镇建设新亮点；其他各乡镇根据资源环境承载力，优化宏观布局，搞好微观治理，促进协调发展。力争汛期前完成梓潼、晓坝、青安渡大桥改建和方碑大桥建设，9月底前完成省道105线安县段改造。加快猕猴桃走廊道路和50公里村道建设，打造桑河路景观绿化带18公里。及早开工建设白河供水工程。实施好中央财政小型农田水利重点县项目，新建沟渠150公里、塘堰160口、蓄水池30口，除险加固水库3座，治理中小河流2公里。加快打造“七里示范片及猕猴桃走廊”“桑枣玫瑰花园”“雎水环湖碧荷园”示范片，力争建成幸福美丽新村30个，推动“物的新农村”和“人的新农村”建设齐头并进。

持续推进生态建设。狠抓节能减排，严格控制高污染、高耗能企业准入，大力淘汰落后产能。积极推进大气污染防治，抓好秸秆禁烧和综合利用，加大城区扬尘污染治理，力争空气质量优良率达到85%。推进以干河子为重点的小流域综合治理，加强农业面源污染、畜禽养殖污染、重金属污染和固体废弃物污染防治。加快秀水、塔水乡镇污水站建设运行。开展“清洁四源”[17]行动，创建省级生态乡镇2个、市级生态村10个。大力推进流域“河长制”[18]，落实最严格的水资源管理制度，促进水环境不断改善。加强地质灾害防治，治理水土流失面积7平方公里。高度重视森林防火工作，新增造林面积1700亩，巩固提升四川省绿化模范县和千佛山国家级自然保护区建设成果。深化城乡环境综合治理，健全农村垃圾收运管理长效机制，着力塑造清洁化、秩序化、优美化的城乡环境新形象。

四、更加注重以人为本，持续改善民生，着力建设幸福安县

围绕民生福祉，健全基本公共服务体系，加强和创新社会管理，努力让改革发展成果更多更公平地惠及全县人民。

全面强化民生保障。深入实施“十项民生工程”，办好20件民生实事。完善促进创业就业政策，新增城镇就业4100人，农村劳动力转移就业12万人。扩大社会保险覆盖面，实现各项保险参保人数达38.5万人次。适时启动机关事业单位养老保险工作。扎实抓好食品药品安全监管，保障群众饮食放心、用药安全。加强低收入对象收入核定和动态管理，推动社会救助精准化、法律援助便利化，编织好困难群众基本生活保障网。积极引入社会资本，加快养老服务体系建设，推进医疗养老一体化发展。大力发展慈善事业，做好残疾人保障工作。加大扶贫连片开发力度，扎实开展精准扶贫，力争脱贫5000人以上。认真做好移民后期扶持工作，稳步提高移民致富能力。

加快发展社会事业。坚持以社会主义核心价值观为引领，积极创建四川省文明城市。优化教育资源配置，在县城新建一所小学。加强特色学校创建，扎实推进素质教育，争创国家义务教育发展基本均衡县。积极推进文化事业繁荣发展，完善公共文化服务体系，大力实施文化惠民工程，加强文化遗产、民族文化保护和传承，争创全国文化先进县。深入

实施全民健身计划，广泛开展群众性文化体育活动。完善医疗卫生服务体系，加快建设绵阳市区域医疗分中心。提升新农合保障水平，加强新农合基金监管。扶持中医药产业发展，巩固血吸虫病防治传播阻断达标成果。着力提升计生服务水平，提高出生人口素质，促进人口长期均衡发展。推动档案馆数字化建设。关心和支持工会、共青团工作，做好妇女儿童发展纲要中期评估迎检工作。加强国防、民兵预备役和人防建设，做好新闻外宣、民族宗教、外事侨务、对台、工商联、统计和地方志等工作，推动各项事业全面发展。

着力加强社会治理。坚持以法治为引领，深入开展“六五”普法，扎实推进“法律七进”活动。创新社会治理方式，进一步健全社会稳定风险评估制度和大调解工作体系，全面推进网格化服务管理，依法引导群众诉求，有效预防化解各类社会矛盾纠纷。进一步加强应急管理体系建设，提高保障公共安全和突发事件应急处置能力。严格落实安全生产责任，建立隐患排查治理动态监管体系，深化道路交通安全综合整治，强化人员密集场所、建筑工地、危化品、特种设备和消防等重点行业领域安全监管，积极创建国家、省级安全社区，加快推进安全生产标准化建设，着力夯实安全生产基层基础。继续推进“平安安县”建设，抓好“天网”二期建设，强化社会治安防控体系建设，依法严厉打击违法犯罪，不断提高群众的安全感和满意度。

五、更加注重依法行政，切实转变作风，着力政府自身建设

新的一年，我们将始终坚持把法治放在心中，始终在法治的轨道上工作，促进全县政府系统规范行政、高效行政、廉洁行政。

严格规范行政，建设法治政府。加快建立权力清单、责任清单和负面清单，积极运用法治思维和法治方式推进政府工作。健全依法决策机制，规范重大行政决策程序，建立重大决策终身责任追究制度和责任倒查机制。深化行政执法体制改革，大力推进综合执法，着力增强公务员守法意识，推进公正文明执法。主动接受人大法律监督、工作监督和政协民主监督，强化行政监察和审计监督，高度重视社会监督和新闻舆论监督，深化政务公开，加强网络理政，确保行政权力依法规范运行。

切实高效行政，建设服务政府。切实巩固和拓展党的群众路线教育实践活动成果，大力治理“庸懒散浮拖”等不良现象，努力打造政治坚定、能力过硬、作风优良、勤勉尽责的人民公仆队伍。正确处理政府与市场关系，推进政府职能向提供公共服务、营造公平市场环境转变，更好地服务民生、推动发展。深入推进行政审批制度改革，全面清理和规范行政许可事项，进一步推进扩权强镇试点。加强电子政务建设，拓展政务服务功能，推进并联审批、网上审批，让群众少跑路、少受累。

真正廉洁行政，建设廉政政府。坚决落实从严治党、从严治政各项规定，严格落实党风廉政建设“两个责任”[19]，健全廉政风险防控体系。严格控制“三公”经费支出，稳妥推进公务用车改革，严格财政资金分配、重大项目审批、国有资产和公共资源交易等监管，从源头上预防和减少腐败现象发生。深入开展损害群众利益突出问题专项治理，坚决纠正部门和行业的不正之风，坚持以零容忍态度惩治腐败，严肃查处各类违纪违法案件，努力让人民群众从政府工作和服务中感受到新风正气。

各位代表！身处转型升级的发展时代，站在改革创新的历史潮头，我们责任重大、使命光荣。让我们在中共安县县委的坚强领导下，进一步解放思想、改革创新、开拓进取、扎实工作，为圆满完成本次大会确定的各项目标任务，为全县人民过上更加幸福美好的生活而努力奋斗！

名词解释

1. “4+3”战略性新兴产业：是指绵阳市重点发展的新兴产业。“4”即信息安全及下一代互联网、新能源汽车、节能环保装备、航空与燃机，“3”即北斗卫星导航、新一代显示技术、3D打印及机器人产业。

2. 三品一标：即无公害农产品、绿色食品、有机食品、农产品地理标志。

3. 限上商贸企业：是指一定规模以上的商业企业。具体为：(1) 批发业（包括外贸企业）：年商品销售总额在2000万元以上（包括2000万元，下同），同时年末从业人员在20人以上；(2) 零售业：年商品销售总额在500万元以上，同时年末从业人员在60人以上；(3) 住宿业：星级饭店或旅游饭店；（4）餐饮业：年营业总收入200万元以上，同时年末从业人员40人以上。

4. 新网工程：即新农村现代流通服务网络工程。是全国供销合作总社为健全农村市场体系，发展适应现代农业要求的流通产业而实施的一项民生工程。

5. 营改增：是指将以前缴纳营业税的应税项目改成缴纳增值税。

6. 门前五包：是指包卫生、包秩序、包立面、包绿化、包文明。

7. 宽带乡村：是“宽带中国”战略的重要组成部分，主要为加快农村宽带网络建设，着力缩小城乡宽带基础设施建设差距，提升农村信息化水平。

8. 十项民生工程：是指就业促进、扶贫解困、民族地区帮扶、教育助学、社会保障、医疗卫生、百姓安居、民生基础设施、生态环境、文化体育等十项民生工程。

9. 老失地农民养老保险：是指根据《四川省人民政府办公厅关于被征地农转非人员参加基本养老保险有关问题的通知》（川办函〔2009〕302号）精神，对在2009年12月31日前签订征地协议的失地农民办理的养老保险。

10. 五个一工程：是由中宣部设立的奖项，指一部好的戏剧作品，一部好的电视剧（或电影）作品，一部好的图书（限社会科学方面），一部好的理论文章（限社会科学方面），一首好歌。四川省“五个一工程”奖是由省委宣传部评定。

11. “双超”治理：是指运输车辆超限超载治理工作。

12. “六岗合一”模式：是指将“交通管理、社会治安、消防安全、城乡环境综合治理、社区网格化管理、社区矫正”六项工作进行整合的社区治理新模式。

13. 坚定一个目标，把握两个机遇，突出三个重点，加快四化同步：是县委2015年工作思路。一个目标是指“五位一体”幸福安县，两个机遇是指“国家科技城军民融合集中发展区建设”战略机遇和“安县撤县设区”历史机遇，三个重点是指“深化改革”“依法治县”“从严治党”，四化同步是指“新型工业化” “新型城镇化”“农业现代化”“旅游品牌化”同步推进。

14. “三资”代管中心：指由乡镇人民政府成立的“资金、资产、资源”代理服务监督管理机构。

15. “1133”电商工程：即建立一个电子商务产业园区，建立一个县级电商运营中心，建成三个电商平台服务企业，建成300个村（社区）电商服务站［首期目标100个，分批次覆盖所有行政村（社区）达到300个］。

16. 数字城管：是指综合运用现代数字信息技术，以数字地图和单元网格划分为基础，通过信息共享、协同工作，构建起沟通快捷、责任到位、处置及时、运转高效的城市管理新机制。

17. 清洁四源：是为进一步加强农村环境污染防治的环境保护专项整治行动，主要包括清洁家园、清洁水源、清洁田园、清洁能源。

18. 河长制：即由各级党政主要负责人担任“河长”，负责辖区内河流的污染治理。“河长制”的目的是为了保证河流在较长的时期内保持河清水洁、岸绿鱼游的良好生态环境。

19. 两个责任：是指十八届三中全会提出的落实党风廉政建设责任制，党委负主体责任，纪委负监督责任，制定实施切实可行的责任追究制度。

政协第十三届安县委员会常务委员会工作报告

——2015 年 3 月 2 日在政协第十三届安县委员会第四次会议上

安县政协主席　张忠贵

各位委员，同志们：

我受政协第十三届安县委员会常务委员会委托，向大会报告工作。请予审议，并请同志们提出宝贵意见。

2014 年工作回顾

2014 年是安县加快推进与绵阳科技城同城化发展的关键之年。一年来，在中共安县县委的坚强领导和市政协的大力指导下，县政协高举中国特色社会主义伟大旗帜，紧紧围绕全县工作大局，认真履行工作职能，各项工作取得了新的成效，为全县经济发展和社会稳定做出了积极贡献。

一、服务发展协商议政，协商民主取得新进步

县政协不断创新协商形式、丰富协商内容、提高协商质量，积极推动人民政协协商民主的探索与实践。

协商议政突出重点。政协常委会围绕“五位一体”幸福安县建设，认真组织全委会议集中协商、常委会议专题协商、主席会议重点协商、专委会对口协商。三次全会上，委员们积极撰写提案、进行大会发言、开展联组讨论，为安县的发展谏诤言、献良策。围绕助推工业强县兴县，委员们提出加大政策扶持、建立企业正负面清单评价制度、搭建政企沟通平台的建议；围绕推进我县农业上档升级，提出规范农产品标准化生产、健全农产品检测体系、用好产业发展资金的建议；围绕提升我县财政实力，提出提升服务业比重、提升招商引资实效、抓好项目建设、完善税源培植扶持政策的建议；围绕农村饮用水安全，建议健全农村水厂管理制度、加强卫生监督、加大区域水污染源监管和水源地保护力度。提出意见和建议 100 余条，得到县委、县政府高度重视和积极采纳。

探索协商民主途径。常委会坚持“党政所需、群众所盼、政协所及”，协商议题紧紧围绕党政中心“命题”，围绕发挥优势“审题”，围绕群众关注热点“破题”，既尊重多数人的意愿，又照顾少数人的合理诉求，凝聚各方智慧，吸纳不同意见。重点对撤县设区、第三产业发展、沿山乡镇生态环境保护、农民增收等议题开展协商，对义务教育均衡发展开展专题议政，形成了切实而有深度的报告。根据《县委关于进一步加强人民政协工作的实施意见》，县政协先后制定了《县政协常委会工作规则》《县政协提案工作规则》《县政协专门委员会与县政府有关部门对口联系制度》等七项制度，对加强协商民主提供了重要的制度保障。

二、围绕中心建言献策，助推发展做出新成绩

积极对接全县工作重点，紧扣县委提出的推进“四化同步”、加强“五项建设”和实施“七项要务”，充分运用调研、视察等方式支招建言、献计出力，为安县科学发展、加快发展履职尽责。

助推绵安同城化。围绕绵阳科技城军民融合集中发展区建设，选取撤县设区作为重点调研课题，从“有利于经济社会发展、提高行政管理效能、改进民生和促进社会和谐稳定”的原则出发，充分听取县级部门、乡镇负责人、干部职工、离退休老干部、民营企业家、人大代表、政协委员和基层群众等各方意见，专程赴涪城、南溪、龙泉驿、夹江等地学习考察，形成了《关于安县撤县设区的调研报告》，客观分析了撤县设区的长远利益和短期影响，提出的 14 条有针对性对策建议，县委、县政府高度重视并予以采纳。

助推新型工业化。常委会专题调研全县工业经济提质增效，提出“抓好主导产业和大企业培育、抓好企业节能减排、推进产业结构升级、破解企业融资难题、开展闲置和低效利用土地清理、加强园区入驻企业监管考核”等建议，积极助推产业转型升级。配合市政协专题调研科技型中小企业发展，提出“为科技型中小企业发展完善政策导向、提供法治保障环境、营造便捷的融资环境”等7条建议，并向市委、市政府专题建言。

助推新型城镇化。对我县第三产业发展进行专题调研，提出加强第三产业发展规划、培育特色商业街、发展现代物流、发展连锁商业、电子商务等11条建议，县委书记廖雪梅专门批示“此调研报告客观反映了我县第三产业状况，所提建议也具有启发性，速请县委办转发乡镇、县级部门参阅”。组织委员督办“加大城乡环境综合治理投入，建立健全长效机制”、“增设城市公交车专门泊位”等重点提案，为城市管理水平提升建言献策。

助推农业现代化。围绕“农业增效、农民增收、农村繁荣”总体目标，组织委员开展促进农民增收专题调研，提出加大财政扶持、用活土地政策、建立健全科学技术培训机制等6条建议，受到县委高度重视。对“加强土地承包经营纠纷仲裁体系建设，助推农村土地承包经营权有序流转”进行调研，提出“加强农村土地调解仲裁工作规范化建设、加强仲裁人员培训、搭建农村土地承包经营流转配套服务综合平台”等6条建议，在市政协专题议政会上发言。

助推旅游品牌化。围绕“休闲养生养老”主题，以完善旅游服务产业水平为导向，组织委员开展“温泉旅游”品牌、做优“花城果乡”城市近郊休闲旅游品牌、推动旅游文化资源深度融合发展视察调研，积极为打造“休闲养生养老”旅游品牌建言献策。组织督办“规范乡村旅游标牌”“加速发展安县旅游业及配套设施建设”“加大我县非物质文化遗产保护与传承”等重点提案。

三、拓宽渠道注重效果，民主监督取得新成效

坚持把维护人民群众根本利益作为履行职能的出发点和落脚点，组织委员深入调查研究，积极撰写提案，推进民主监督。

狠抓提案办理。高度重视提案工作，坚持主席会议成员督办、提案委牵办、部门承办和委员参办的工作格局，通过完善协商联办、视察督办、跟踪促办等行之有效的办理形式，推进提案落实。全年共征集委员提案100件，审查立案94件，办复94件，办复率100%，委员满意和基本满意率达100%。发挥提案的基础性、经常性作用，在清泉镇探索实践“百姓提案”活动，面对面倾听百姓心声，实打实解决民生难题。

推动民主监督。推荐20名委员担任县政府、纪委、法院、检察院和公安、国土、卫生、司法等政府部门的特邀监督员和政风行风评议员，重点就民主推荐、依法行政、纠风治乱等开展民主监督。切实将民主监督贯穿于提案、视察、调研和反映社情民意信息等经常性工作之中，有效推动改进会风文风、加强效能建设等各项工作。参与各类规划评审会、论证会等活动21场次，进一步增强了民主监督实效。

四、改善民生履职为民，促进和谐做出新贡献

进一步强化群众观念，紧紧围绕人民群众最关心、最直接、最现实的利益问题履行职能、发挥作用，大力助推民生改善，积极维护社会和谐稳定。

全心全力惠民生。组织开展“沿山乡镇生态环境保护”调研，提出加强矿山开采及小水电站管理和治理、实施山区群众生态移民等8条建议，得到县委、县政府主要领导充分肯定。开展“成兰铁路安县段地质环境保护”调研，提出重视铁路沿线小流域综合治理、加强工程建设的生态环境和地质环境管理等5条建议，在市政协对口协商会上发言。组织开展义务教育均衡发展调研并专题协商，建议增加县城教育资源总量，新建1所小学和1所中学，加强山区和边远乡镇学校建设，加大农村教师培训，建立校际教学联盟，力促义务教育均衡发展。开展“农村公共卫生服务体系建设”考察，提出“加强农村公共卫生服务基本建设和管理、加强卫生人才队伍建设”等6条建议。开展“公共文化服务体系建设管理情况”视察，提出“完善公共文化服务体系管理机制、增加文化建设投入”等5条建议。

齐心协力促和谐。充分发挥“协调关系、汇聚力量、建言献策、服务大局”作用，组织委员开展“全县妇女儿童发展工作”视察，提出“加大扶持救助力度、加强就业技能培训、促进妇女创业就

业”等建议。配合市政协专题调研全县社科普及工作，形成“关于推进社科普及工作的对策建议”，并在市政协界别协商会上发言。组织督办“推进城区网络化服务管理建议”“加强县城治安管理防范”“加大特殊困难群众救助”“关爱农村空巢老人”“加强居民小区物业管理”等重点提案。县政协主席、副主席定期到信访和群众工作局集中接访，认真办理群众来信来访21件次；积极参与稳定工作和重点信访积案化解，协助县委、县政府做好群众工作，有力维护了全县和谐稳定的良好局面。

尽心竭力办实事。深入开展“走基层．村村行”活动，县政协主席、副主席分别深入联系乡镇、村、社区调研，促进基础设施建设、农村产业发展、困难群众帮扶。组织政协机关干部为沸水镇水晶村困难户帮种帮收，改善居住、生活条件，捐赠水泥帮助水晶村改善沟渠、塘堰等农村基础设施，新建硬化沟渠1500余米，当地群众多年的愿望得到实现。鼓励和引导政协委员投身公益事业。李代全等委员热心公益事业，长期关爱帮扶贫困学生、留守儿童、孤寡老人、环卫职工，去年共捐资捐款40余万元。各界委员在各自岗位上用实际行动为群众做好事、办实事，促进社会和谐。

五、凝聚力量突出主题，团结民主呈现新气象

常委会始终坚持高举爱国主义、社会主义旗帜，突出团结和民主两大主题，努力为经济社会发展凝聚智慧和力量。

加强合作共事。加强与民主党派团结合作。组织开展“同心联谊，双向交友”活动，广泛结交党外朋友。帮助民进安县支部调整领导班子、建立基层组织，帮助绵阳市农工民主党筹建安县支部，确保民主党派组织建设有活动、有阵地、有经费。加强与新经济组织联系联络。确立了对口联系非公有制企业制度，深入42家非公有制企业走访、座谈、调研，举办3次非公有制经济代表人士培训班；加强县工商联总商会建设，新建安县创业商会、成都安县商会；动员花荄商会为沸水镇三合村捐款5万元，资助贫困学生11名。注重民族团结、宗教和谐。通过争取项目资金，重点扶持塔水回民聚居地的肉牛养殖业发展和改善散杂居少数民族地区基础设施建设，带动当地经济发展，促进了民族团结稳定。进一步加强宗教条例法规政策的宣传学习，开展以“教风”为主题的和谐寺观教堂创建和法律进寺观教堂活动，打击非法传教和抵御宗教渗透。

深化联谊工作。以“共建和谐社区，我为社区做贡献”为抓手，深入推进和创新统战工作进社区。建立花荄镇益昌社区“同心服务示范点”，民进安县支部与花荄镇益昌社区“结对子”，开展共创和谐社区和帮扶活动。继续加强与台胞、台属联系，全年接待台商来访3批次。加强涉台宣传教育，协助黄埔军校同学会安县联络组开展活动，看望慰问困难台胞台属30户，慰问驻秀水的台湾援建同胞22人次。全力做好台湾援建秀水民兴中学运动场馆项目的服务工作，到位援建资金310万元。积极开展对外交流联谊，先后接待辽宁省政协和船山区、东坡区、中江县、三台县、北川县等地政协，深化交流合作。

六、改进作风提升能力，自身建设迈上新台阶

常委会切实加强自身建设，扎实开展以“为民务实清廉”为主题的党的群众路线教育实践活动，改进工作作风，提升工作能力。

践行群众路线。认真学习十八届三中、四中全会和习近平总书记系列重要讲话精神，组织开展群众观点教育11次。党组成员积极参加教育实践活动“六带头、六带动”集体承诺，率先垂范，政协县级领导干部分别走访了6个联系乡镇，36个联系村（社区），收集“四风”突出问题13条、群众切身利益问题5条，服务群众“最后一公里问题”3条、群教活动意见建议112条；看望困难户130户，解决实际困难47件，提供帮扶物资折价5.6万元。召开专题民主生活会，县政协党组用整整一天时间，认真查摆“四风”问题，严肃开展批评和自我批评。强化整改落实，坚持废、改、立并举，紧扣活动中收集和梳理出来的43个问题，制定了《县政协党组班子教育实践活动整改落实方案》，提出领导班子整改措施13项、班子成员个人整改措施40项、制度建设9项，逐一明确“任务书”“时间表”“路线图”和整改责任人。截至去年年底，政协党组已落实班子整改措施11项，落实班子成员个人整改措施40项，建立健全制度7项。另外，还有2项党组班子整改措施和2项制度建设正在进行。

开展界别活动。探索发挥界别作用的方法和途径，调动界别履职积极性，推动以界别委员为基础的政协联络组工作，政协16个联络组分别组织界别委员就成兰铁路睢水站建设、交通物流、城市规划、企业创新、服务业发展、工业企业发展、农业产业化、教育均衡发展、农村环境治理、乡村旅游等开展调研视察，提交联名提案7件。组织医卫界委员深入沸水镇、千佛镇开展“送医送药送卫生”活动。

加强文史宣传。充分发挥政协文史存史、资政、团结、育人作用，配合市政协开展抗战史料和市政协成立30周年文稿、图片征集。加强政协宣传工作，连续八年被评为“全省政协新闻宣传工作先进单位”，并再次在省政协新闻宣传工作会上作交流发言。

搞好机关建设。推进学习型、服务型、创新型、廉洁型、节约型机关建设，严格公务用车、公务接待管理和干部作风建设；深入开展党风廉政教育，认真落实党风廉政建设“一岗双责”，杜绝违规违纪行为发生。

各位委员，过去的一年，县政协常委会围绕中心谋划工作、对接重点积极履职，工作实效提升、社会效应增强。这是县委进一步加强领导的结果，是市政协大力指导的结果，是县政府关心支持的结果，是全县各级各部门和社会各界密切配合的结果，是政协各参加单位和广大委员共同努力、团结合作的结果。在此，我代表县政协常委会向所有关心、支持政协工作的各位领导、同志们、朋友们表示衷心的感谢并致以崇高的敬意!

在肯定成绩的同时，我们也清醒地认识到存在的不足。主要表现在：履职建言的质量和效果有待进一步提升；实施协商民主的途径和方式有待进一步探索；联络组的活动单一，工作方式方法有待进一步创新；个别委员履职责任感和主动性有待进一步增强；提案质量和办理质量有待进一步提高。对此，我们将认真研究、努力改进。

2015年工作建议

2015年是全面深化改革的关键之年，是全面推进依法治国的开局之年，也是加快绵安同城化发展和“五位一体”幸福安县建设的至关重要一年。县政协工作的总体要求是：深入学习贯彻中共十八大、十八届三中、四中全会和习近平总书记系列重要讲话精神，在中共安县县委的坚强领导下，坚持团结和民主两大主题，把握“国家科技城军民融合集中发展区建设”战略机遇和“安县撤县设区”历史机遇，紧紧围绕县委“坚定一个目标，把握两个机遇，突出三个重点，加快四化同步”工作思路，积极履行政治协商、民主监督、参政议政职能，充分发挥人民政协协商民主重要渠道作用，为努力推动安县经济社会持续健康发展贡献智慧和力量。

一、推进协商民主，履行三大职能

围绕中心，服务大局，是人民政协履行职能必须遵循的原则。认真开展政治协商。要抓住制度机制建设这个根本，协助县委起草《加强社会主义协商民主建设的实施意见》和召开县委政协工作会议，研究制定协商民主年度工作计划、专题协商、对口协商、界别协商、提案办理协商工作制度。要认真开展各种形式的民主协商，及时向县委报送协商的意见建议，积极促进协商成果的转化落实，切实发挥人民政协作为协商民主重要渠道作用。扎实推进民主监督。积极探讨履行民主监督职能的有效方法和途径，推进民主监督的组织化、程序化。强化对委员提案办理落实情况的跟踪督办，促进委员提出的意见和建议在经济社会发展的实践中得到充分体现。加强对工业园区发展、城市建设与管理、房地产市场、现代农业、旅游业、民生工程、机构改革职能转变、公路超限超载等工作视察，增强民主监督的实效性。积极做好参政议政。围绕推进新型工业化、农业现代化、新型城镇化、旅游品牌化、促进重大项目建设、优化发展环境、强化服务功能、加快商贸物流扩张、改善基础设施建设、提升县域综合水平和树立以人为本理念、强化司法为民服务等课题深入开展调查研究。按照全县阶段性工作重点，适时开展调研视察活动，组织委员外出考察学习，不断提升参政议政水平。

二、坚持履职为民，着力关注民生

要把维护最广大人民群众的根本利益作为政协开展工作的出发点和落脚点，体现在履行职能的各项工作中。坚持服务民生，围绕教育、医疗、交通、治安、社会保障等与人民群众切身利益密切相关的重点领域，开展视察调研活动，继续为“改善民生、促进民和、确保民安”做深入细致的工作。强化履职为民理念，积极引导政协委员投身改善民生的具体实践，主动参与社会服务活动，力所能及地帮助群众解决生产生活中的现实困难和问题。切实发挥政协提案在改善民生中的积极作用，努力拓宽反映社情民意的渠道，更加直接、畅通地反映群众的意见和呼声。协助党委政府做好协调关系、理顺情绪、化解矛盾、凝聚人心的工作，发挥好党委政府联系群众的桥梁、纽带作用。

三、发扬团结民主，促进社会和谐

要始终坚持团结和民主两大主题，加强合作共事。要加强同各民主党派、工商联、无党派人士的团结合作，更好地发挥他们在政协工作中的重要作用。切实做好民族宗教工作，努力促进民族团结、宗教和睦和社会稳定。调动各人民团体的积极性，充分反映基层群众的呼声愿望。加强同港澳台、海外侨胞、民族宗教界人士以及新的社会阶层的联系和团结，调动一切积极因素，巩固最广泛的爱国统一战线，凝聚社会各方力量，努力促进社会和谐。开展联谊交流，充分发挥政协组织优势和人才优势，进一步加强与工商联、人民团体和社会各界人士的联谊交往。大力开展招商引资活动，鼓励和支持广大委员、社会各界人士积极投身经济社会建设，努力促进我县经济社会持续健康发展。加强与市内外、省内外政协组织的联系，促进工作交流，为展示安县、宣传安县、推动安县发展做出贡献。

四、加强自身建设，提升工作水平

加强自身建设，是提高政协履行职能水平的重要保证，也是人民政协事业不断发展的内在需要。要加强常委会建设，增强常委会组成人员的政治意识、大局意识、责任意识和表率意识，提高政协工作的整体水平；要加强专委会组织建设，密切各专委会之间的协作和配合，落实专委会与部门对口联系制度，充分发挥好专委会的基础作用；要加强联络组工作，指导创新工作方式方法，切实增强工作活力和实效，支持各个联络组开展调研视察活动；要加强委员队伍建设，组织政协委员认真学习中共十八届三中、四中全会精神以及习近平总书记系列重要讲话精神，学习人民政协理论知识，积极参加全国、省、市政协培训，提升委员素质和履职能力；要加强政协机关建设，努力建设学习型、创新型、务实型、责任型、和谐型政协，真正打造一支政治坚定、作风优良、学识丰富、业务熟练的干部队伍，促进我县政协工作不断迈上新台阶。

各位委员、同志们！新形势肩负新使命，新常态催生新作为。让我们更加紧密地团结在以习近平同志为总书记的中共中央周围，在中共安县县委的坚强领导下，在市政协的大力指导下，同心同德、真抓实干，以更加务实的工作作风、更加饱满的工作热情，为加快建设“五位一体”幸福安县而努力奋斗！

大事记

2014 年大事记

1 月

1 日　第三次全国经济普查工作正式开展入户调查。普查内容包括全国二、三产业发展规模和布局情况，全面更新覆盖国民经济各行业的基本单位名录库、基础信息数据库和统计电子地理信息系统等。副县长任文治深入一线调研并向部分企业作政策宣传。

7 日　市委宣讲团“党的十八届三中全会精神”报告会在县工人文化宫举行。市委宣传部副部长王晓刚作了《准确把握全面深化改革的指导思想、总体目标和基本原则》的报告，报告从经济、政治、文化、社会、生态文明体制和党的建设制度改革等方面，对党的十八届三中全会精神进行全面而深入的阐释。县上领导以及各部门、各乡镇党员干部共600 多人聆听了报告。

9 日　合肥万博集团西南科技大学城市学院主校区建设项目签约仪式在安县举行，此举标志着西科大城市学院正式落户安县。

是日　由县卫生、公安、食品药品监督管理局等部门组成的联合执法组在县城城区及部分乡镇开展专项整治药店非法行医、擅自坐堂行为。

10 日　省农业厅农产品质量安全监管处调研员黄泽林带队调研安县农产品质量安全监管工作。调研组一行先后到兴仁乡农产品质量安全检测服务站、谷雨合作社农产品可追溯生产示范基地以及乐兴镇红心猕猴桃基地等地，详细了解农产品质量安全监管等工作情况，并对安县近年来狠抓农产品质量安全监管工作的做法和取得的成绩表示肯定。

是日　市人大常委会主任蒋仁富、副市长王瑜分别带队深入安县企业、社区、医院等地，看望慰问全县困难党员、残疾人、农村贫困户、优抚对象和困难职工。

14 日　市委“走基层”第四指导组到安县检查指导工作。指导组一行先后到乐兴镇民生村、界牌镇青安社区警务室、花荄镇益昌社区、花荄镇派出所和县信访局等地，实地察看“走基层”活动开展成效情况，现场查阅相关台账。县委副书记钟思亮，县委常委、县政法委书记朱元光分别汇报了全县“走基层”活动开展情况。指导组对安县“走基层”活动的开展给予高度评价。

16 日　省水利厅厅长冷刚、省农水局局长王华一行深入到塔水镇七里村开展“走基层”活动。冷刚一行先后考察了中小河流治理项目塔水场镇堤防工程和七里村水利建设情况，听取塔水场镇堤防工程和七里村水利建设规划思路和建设现状相关情况汇报，并和七里村群众进行亲切座谈。冷刚要求安县要建好七里村“双水源”饮水工程，构成完整的水网、路网，大力推动整村产业发展。县上领导廖雪梅、李昊天、刘胜军、衡国钰参加当天活动。

是日　中共安县县委十一届五次全委（扩大）会议召开，县四大班子领导参加会议。会议听取全县各党（工）委书记党建工作专项述职，通报2013年党建工作开展情况，并对全县2013 年度县委及各党委、基层党建工作履职尽责情况、各乡镇领导班子运行情况和乡镇党政正职履职情况进行民主评议。市委党建办主任余洪泉对安县基层党建工作给予肯定。

22 日　江西省赣州市农业和粮食局、赣州市信丰县、兴国县有关负责人到安县，就农村土地承包经营权确权登记试点工作进行考察学习。安县2011年被确定为全国和省级农村土地承包经营权确权登记试点县后，采取“先期试点、区域推进、全面铺开”方式，首先在秀水镇、迎新乡等地开展先期试点和区域推进工作，已基本完成。考察团一行采取观看演示、图片展以及座谈等方式，学习开展农村土地承包经营权确权登记试点工作的步骤、登记方式以及试点效果，并认为安县的做法和经验值得借鉴和学习。

26 日　安县举行新春团拜会，县四大班子领导、县委政府决策咨询委员会领导与全县离退休老干部、企业家及社会人士欢聚一堂，共庆佳节。

27 日　安县人武部党委第一书记任职暨班子调整命令宣布大会召开。会议宣读了成都军区命令和绵阳军分区党委党内任职决定：任命廖雪梅为安县人武部党委第一书记；刘海平为安县人武部政治委员。会上新任命同志作了发言，绵阳军分区党委书记、政治委员唐炼为其颁发任职证书。

是月　全县2013年抽样检测的水产品质量安全全部合格。

2月

5日　县委常委、常务副县长党海燕到生物礁国家地质公园管理处以及晓坝、高川等乡镇看望春节值班人员。

7日　县委书记廖雪梅到县城乡规划建设和住房保障局调研，并到一环路大桥、民安住宅小区、洋马路规划沙盘展厅等地，详细了解近年来县城建设情况及未来发展规划。

8日　中共安县县委十一届六次全体（扩大）会议召开，县四大班子领导、县委政府决策咨询委员会领导及县级各部门、各乡镇负责人参加会议。县委书记廖雪梅代表县委常委会作县委2013年工作报告。会议分组讨论并审议了县委2013年工作报告和《县委2014年工作要点（草案）》，并表决通过了县委常委会2013年工作报告决议（草案）。

是日　安县2014年工业发展工作会召开。会议讨论了《关于鼓励科技创新与加快科技型企业发展的若干政策》和《关于加快工业经济发展的意见》，县国土、住建、工信、发改、招商、质监等相关部门负责人就政策意见修改情况作了发言。县委书记廖雪梅在会上强调，要统一思想，提高认识，举全县之力发展工业。

11日　省农业厅总农艺师潘海平带队到安县，就小春田管以及大春备耕工作进行检查、督导，并对全县小春田管和大春备耕工作情况表示满意。

13日　省国土资源厅党委书记、厅长杨冬生查看安县地质灾害治理情况。详细查看高川乡新增地质灾害隐患点和因地质灾害造成的基础设施损害以及河道疏浚等情况，听取对地质灾害隐患采取的治理措施和地质灾害预防工作汇报，并就此项工作提出了希望。

18日　省农业厅副厅长涂建华考察安县2013年现代农业发展情况。涂建华一行先后到塔水镇七里村、兴仁乡长沟村山地土鸡养殖合作社、花城果乡等地，听取特色效益农业、畜牧养殖和水产养殖等方面的介绍，并充分肯定安县现代农业发展情况。

20日　塔水镇七里村博爱家园启动仪式暨七里村红十字会成立大会在七里村委会举行，标志着安县第二个博爱家园项目正式落户塔水镇七里村。

21日　安县党的群众路线教育实践活动工作会召开。大会学习了习近平总书记重要讲话精神，传达了中央、省、市群众路线教育实践活动决策部署。全县党的群众路线教育实践活动从1月开始，到9月基本结束，活动将通过学习教育、听取意见、查摆问题、开展批评、整改落实、建章立制等方式进行。县委书记廖雪梅对搞好此次教育实践活动提出了具体要求，县委常委、组织部部长胡斌对教育实践活动进行了安排，市委党的群众路线教育实践活动第五督导组第一组组长文久喜充分肯定了安县教育实践活动前期准备工作，省委党的群众路线教育实践活动第六督导组副组长、省政协办公厅巡视员赵勇对安县开展党的群众路线教育实践活动提出了希望。县四大班子领导、县级各部门主要负责人、乡镇负责人和全县副科级领导参加大会。

是日　安县召开2014年党风廉政建设工作会。县委常委、纪委书记赵奎传达了中央、省、市纪委全会精神，回顾总结了2013年安县党风廉政建设和反腐败工作情况，安排部署了2014年党风廉政建设工作。县委、县政府与县级部门和乡镇代表签订了2014年党风廉政建设责任书。县委书记廖雪梅强调，要深化思想认识，坚定将党风廉政建设和反腐败斗争进行到底的信心和决心。

23日　市委书记罗强到安县桑枣、乐兴、花荄等乡镇调研，强调要深入开展党的群众路线教育实践活动，为谱写伟大中国梦安县篇章做出新的更大贡献。

27日　在市县领导干部会议上，市委书记罗强汇报了全市群众路线教育实践活动开展情况，县委书记廖雪梅汇报了安县党建基本情况和群众路线教育实践活动开展情况。省委派驻市（州）教育实践活动第六督导组第一组组长，省政协副主席、秘书长高烽和省委派驻市（州）教育实践活动第六督导组组长傅志康分别就市、县开展的教育实践活动做了讲话。

3月

1日　安县4号公交线正式运行。该条公交线路的开通，不仅完善了全县城乡道路交通网，方便周边群众出行，更为全县城乡一体化发展起到积极推动作用。

3日　审计厅党组成员、机关党委专职书记陈代勇一行到塔水镇七里村看望慰问对口帮扶贫困户，并就七里村产业示范片区建设进行调研指导。

是日　县委书记廖雪梅带领安县党政代表团到中江县、三台县分别就新农村建设、工业经济发展等内容进行参观考察，县四大班子领导、县委政府决策咨询委员会领导参加活动。

5日　省统计局副局长黄国芹带队到安县调研第三次全国经济普查工作。调研组一行先后到绵阳市能士光宝电子有限公司、四川同一科技有限公司、国强特种门业有限公司、秦川恒远汽车有限公司和远景包装有限公司，实地察看企业生产车间，了解经济普查信息录入情况。黄国芹对安县第三次全国经济普查工作开展情况表示满意。

6日　省委组织部组织三处处长江彬一行到安县工业园区调研园区党建工作。县委常委、组织部部长胡斌向调研组一行作了“以‘大党委’制为统揽，以‘一化五联’为抓手，构建互融共进的园区党建工作新格局”的工作汇报，调研组对园区党建工作的特点和做法表示肯定。

是日　安县第十七届人民代表大会第三次会议在县工人文化宫隆重举行。会议由县委副书记钟思亮主持。会议听取县长作政府工作报告，县人大常委会主任梁建作人大常委会工作报告，县人民法院院长陶毅作法院工作报告，县人民检察院检察长张涛作检察院工作报告。会议还听取了安县2013年国民经济和社会发展计划执行情况及2014年计划草案的报告，听取了安县2013年财政预算执行情况和2014年财政预算草案的报告。

9日　绵阳市第三届乡村旅游节安县分会场启动仪式暨安县第二届“罗浮山温泉杯”环山环湖自行车公开赛举行。市委常委、宣传部部长张学民和县四大班子领导参加活动。

11日　副市长经大忠率市安监、消防、交警、公安、交通等部门检查安县安全生产工作。经大忠查看了马鞍山烟花爆竹仓库的烟花爆竹存放安全现状、仓库消防安全设施设备、安全制度、日常消防等工作开展情况，检查了银河精细化工工业园硫酸化工分公司的安防设施存放、安全知识教育培训情况，到睢水镇太平桥实地了解河堤、桥梁、道路等安全防范情况等，并对全县安全生产工作表示肯定。

12日　省林业厅副厅长郭亨孝到安县调研森林防火工作，并对林业工作提出了希望。

17日　安县2014年工作会在县工人文化宫召开。县委书记廖雪梅在会上要求，全县上下要以更加奋发的姿态、昂扬的斗志、饱满的激情，迅速掀起“稳中求进、好中求快”的工作热潮，集中力量抓好保民生、促稳定、谋发展三大核心工作，加快开创安县与绵阳科技城同城化发展新局面。县委副书记钟思亮，县委常委、常务副县长党海燕分别宣读了全县2013年度党建、宣传思想、人大、政协、维护社会稳定工作和2013年度经济社会发展工作先进集体、先进个人以及2013年度公民道德模范、见义勇为人物的表彰决定。县上领导廖雪梅、胡斌、任晓军分别与相关乡镇、部门和单位负责人签订了《党建工作目标责任书》《维护社会稳定工作目标责任书》《工业发展工作目标责任书》《安全生产工作目标责任书》。县四大班子领导、县委政府决策咨询委员会领导及县级部门、乡镇、重点企业负责人等600多人参加会议。

是日　张勇先进事迹报告会在县工人文化宫举行，县四大班子领导、县委政府决策咨询委员会领导及全县机关党员干部、乡镇群众代表共计600多人聆听报告。

19日　省委派驻市（州）教育实践活动第六督导组组长傅志康到塔水镇调研指导党的群众路线教育实践活动。

24日　县委书记廖雪梅接受中央电视台第七频道《乡村大世界》栏目组专访，就地域文化和历史人文、新农村建设和农民增收、生态文明建设与对外旅游名片、推进与科技城同城化发展等方面进行了阐述。

25日　省委督导组到安县督导党的群众路线教育实践活动开展情况。督导组先后到县人力资源和社会保障局、清泉镇、塔水镇七里村、花荄镇益昌社区，认真翻看各地民生诉求、困难群众和稳定工作“三本台账”，详细了解“走基层、解难题、办实事、惠民生”活动开展情况，听取相关负责人的情况介绍，并深入群众家中了解当地党委政府走基层工作落实情况。督导组对安县党的群众路线教育实践活动开展情况给予充分肯定。

31日　县计生局将安县首张单独两孩生育证发出。

4月

1日　省政府副秘书长陈越良到安县调研。陈越良指出，要把提高群众生产生活质量作为第一要务，整合资源和力量，不贪大求全，不铺张浪费，根据群众需要搞好新农村建设。

是日　安县举行学习贯彻省委十届四次全会精神宣讲报告会，邀请省委宣讲团成员、省直机关党校副巡视员陈学明作宣讲报告，县上主要领导、县级各部门、各乡镇负责人及全县科级领导干部共计600多人聆听报告。

2日　省防汛办主任谭小平到安县考察防汛工作。谭小平一行先后到高川乡608安置点、新桥村2组、干沟村2组，晓坝镇茶坪闸、桑枣镇中联水泥水毁堤防，详细了解了各地质灾害点治理情况，并对全县的防汛工作给予充分肯定。

4日　中共安县县委中心组（扩大）学习会在县工人文化宫召开。市委书记罗强到会指导并作《党的群众路线和群众观点的专题辅导报告》。罗强在报告中从深刻认识始终坚持群众路线的重要意义、高度重视群众工作中需要解决的问题及践行党的群众路线要始终坚定“三个自信”三个方面详细阐释了党的群众路线教育实践活动的丰富内涵和根本要求。省委派驻市（州）教育实践活动第六督导组副组长赵勇，市领导付康、董晓彬，以及廖雪梅等安县四套班子党员领导干部和党外副县级领导干部，县级实职正科级以上领导干部，乡镇、县级部门其他实职副科级以上领导干部等600多人参加会议。

11日　中共安县县委中心组学习（扩大）会召开。会上，县委副书记钟思亮，县委常委、纪委书记赵奎分别组织学习了习近平总书记在兰考县委常委（扩大）会议上的讲话精神和省委党的群众路线实践活动领导小组《关于在教育实践活动中学习弘扬焦裕禄精神践行“三严三实”要求的通知》文件精神；县委常委、政法委书记朱元光，县委常委陈本志，副县长岳兵结合中心组学习会内容进行交流发言。县委书记廖雪梅要求，与会人员要认真消化会议的学习内容，切实弘扬焦裕禄精神，认真践行“三严三实”的要求，努力为开展教育实践活动、推进作风建设树立新的标杆。县四大班子领导和各部门及乡镇负责人参加会议。

15日　由农业部全国农业技术推广服务中心副主任邓光联带领的“百乡万户调查”第十五调查组到安县调研。调研活动从4月15日开始至4月30日结束，主要对永河、塔水两镇的杂交水稻种植业发展情况、制种基地建设情况以及近年来中央强农惠农政策落实、备耕春管春防等情况进行调研。

是日　全省群众工作先进事迹报告会在安县工人文化宫举行，县四大班子领导，县级各部门、各乡镇负责人及全县实职副科级以上领导干部等600多人聆听报告会。

17日　省依法治省工作组对安县依法治县工作进行调研。工作组一行先后到沙汀实验中学和花荄镇联丰村进行现场调研，实地了解法律进机关、进学校、进社区等法律“七进”工作情况，调研组充分肯定了全县依法治县工作。

19日　农业部种子管理局局长张延秋到安县调研杂交水稻种植业发展和制种基地建设情况。张延秋一行先后到塔水镇双埝村、永河镇梓橦村、秀水镇柏林村，采用听汇报、座谈交流、走访制种农户等方式，了解杂交水稻种植业发展和制种农机服务情况，听取种植业提升工程及制种基地建设等相关介绍。并希望，要充分发挥资源优势、地域优势和特色产业优势，全力推进全县杂交水稻种植业更好更快发展。

21日　全省农发水保项目实用技术培训会在安县召开。来自各市州、区县的参训学员实地参观了安县农发水保项目科技示范园花荄镇联丰村和生态水保治理项目塔水镇七里村。

23日　省委第六督导组到安县督导检查党的群众路线教育实践活动。督导组详细了解镇村群教工作和各项活动开展以及党员走读和作风建设等情况，查阅相关资料，听取相关汇报，并对全县群众路线教育实践活动给予肯定。

是日　长江水利委员会副总工程师夏仲平带队检查安县中小河流治理项目。夏仲平一行查勘了塔水镇秀水河防洪治理工程现场，听取工程相关情况介绍，对全县中小河流防治工程各项工作开展情况给予肯定，对工程总体设计提出了意见和建议。

29日　农业部农药检测所副所长魏启文到安县开展“进农户、进工厂、进门店”“三进”调研活动。

5 月

5 日　省国税局党组书记、副局长刘建国检查指导安县国税局党的群众路线教育实践活动开展情况。

是日　省供销社总会计师郭云到安县调研。郭云到圣康蛋鸡专业合作社、好农国际物流中心等地，了解全县专业合作社发展、“新网工程”建设等方面情况，重点对全县农村超市对接、供销社社属资产盘活利用等工作进行了解，并充分肯定安县供销系统工作。

6 日　省就业局副局长李健到安县调研农村劳动力实名制登记工作。李健一行到县就业中心服务大厅，询问全县农村劳动力转移就业登记情况，重点了解大学生创业就业、农民工培训就业等工作，并充分肯定安县农村劳动力登记工作，认为此项工作措施有力、调查充分、资料完备。

7 日　省统计局普查中心主任王致富到安县调研经济普查工作，他要求继续抓好数据审核验收，确保经普数据质量。

7—8 日　辽宁省交通厅副总工程师郭向前一行到安县回访，考察灾后发展情况。郭向前一行首先到花荄镇花城果乡，了解全县灾后重建、区域经济发展等情况；到县城区友谊桥，考察场镇道路基础设施建设，并乘车察看辽宁大道和部分乡镇村道建设使用情况；又到肖家桥修复项目施工现场，询问桥梁修复工程施工进度，了解施工过程中遇到的困难和问题，并就具体修复方案进行交流。郭向前希望，辽安双方要继续加强对口合作，进一步增进辽安亲情，促进彼此发展。

9 日　省委副书记柯尊平带领全省县域经济工作会与会人员到安县参观考察。在好医生药业集团三期厂区，县委书记廖雪梅向与会人员介绍全县各项工作开展情况，并着重介绍坚持绵安同城、统筹推进县域经济科学发展的有关情况。在了解全县各项事业发展以及参观工业、农业产品后，柯尊平对安县近年来取得的成绩表示肯定。

是日，阿坝藏族羌族自治州红原县基层党建培训班 40 多名学员到安县参观学习。参观团先后到县人社局、民政局，参观各项基础设施建设，了解各单位党的群众路线教育实践活动以及基层党建工作开展情况；到花荄镇花城果乡了解新农村建设、乡村旅游发展情况；到四川圣康蛋鸡养殖专业合作社，了解养殖基地的运营发展模式及发展特色。参观团对安县产村相融、产村同步、一村一品的特色发展道路给予高度评价。

13 日　安县投资环境推介会在香港洲际酒店举行，这是首次到香港推介安县。县委书记廖雪梅接受了香港《大公报》《文汇报》等新闻媒体的采访。

16 日　国家林业局农村林业改革发展司司长刘拓带队调研安县集体林改工作。调研组一行到高川乡天池村，了解林下中药材种植、森林植被保护、林业专合组织发展等情况，并就如何最大化发挥集体林业改革效益、增强群众增收致富能力进行交流。

是日　省委副书记、省长魏宏指导全市党的群众路线教育实践活动开展情况，安县群教工作受到好评。

18 日　安县特殊教育学校揭牌仪式暨“助残日”活动在兴仁乡学校举行。安县特殊教育学校由中央资金投资 610 万元兴建，建筑面积 3680 平方米，学校于 2013 年 9 月正式运行启动，已有 28 名残疾儿童在校读书。

19 日　四川省 2014 年山洪地质灾害防御演练在安县举行。

20 日　省纪委第二纪检监察室主任李利华到安县调研案件检查工作。李利华一行到塔水镇七里村查看村级财务公开和重大项目实施等情况，县委常委、纪委书记赵奎介绍了全县基本情况和党风廉政建设、反腐败工作、案件检查工作等情况，乡镇、部门纪检干部以及村（社区）干部作了交流发言。李利华对安县纪检监察工作给予充分肯定。

是日　县委中心组第六次学习（扩大）会暨全县群教活动推进会召开，县四大班子领导参加会议。县委副书记钟思亮传达习近平总书记在兰考县委专题民主生活会上的讲话精神及群教活动的两个重要批示精神；传达全省群教活动推进会议精神及魏宏省长到安县指导群教工作的重要讲话和组织学习关于“三个大讨论”“六个基本判断”等相关内容的重要精神。县委常委、组织部部长胡斌传达全市群教活动推进会议精神，并安排部署全县群教活动相关工作。县委书记廖雪梅传达全省县域经济工作会会议精神。与会人员还观看了警示教育片《阳光下的“黑幕”》和《迟来的忏悔》。

28日　农业部畜牧业司司长王智才到安县调研畜牧产业发展情况。王智才要求，在做好畜种、饲料、防疫等工作的基础上，进一步提高畜禽企业管理水平，走“循环经济”和可持续发展之路。

是月　安县有3家企业获得“四川省著名商标”，分别是四川好医生制药有限公司“豪克”商标、四川省圣康蛋鸡养殖专业合作社“圣吉康”商标和四川绵樱鸭业有限公司“绵樱”商标。

6月

9日　按照《安县教育实践活动强化政风肃纪工作　切实解决“四风”突出问题“9+2”专项方案》的通知要求，对全县所有公务用车张贴“公务用车标识”。

9—10日　安县县委常委班子专题民主生活会召开。会议认真学习贯彻习近平总书记重要批示以及出席兰考县委常委班子专题民主生活会重要讲话精神，按照“照镜子、正衣冠、洗洗澡、治治病”总要求，聚焦“四风”查摆问题，以整风精神开展批评和自我批评，进一步明确了努力方向和整改措施。常委班子既从分管工作上相互指出问题，又能积极分担班子问题的责任，既有红红脸、出出汗的紧张和严肃，又有加加油、鼓鼓劲的宽松与和谐，取得了排排毒、治治病的良好效果。

12日　省委常委、常务副省长钟勉到安县调研。钟勉详细了解高川乡地质灾害避让搬迁居民安置情况，就安置群众家庭经济来源、小区管理模式及全县地质灾害防治工作与有关人员进行交流。并希望，各级各部门要认真总结以前及时预警预报、科学应急处置、成功疏散群众等经验和做法，努力确保全县人民群众生命财产安全，全面提升地质灾害防治水平。

14日　安县在睢水镇开展2014年“文化遗产日”、“中国春社·睢水踩桥”宣传展演活动。

17日　绵阳市“最美安监人”事迹报告会（安县专场）在县委党校举行。会上，荣获绵阳市“最美安监人”称号的5名报告团成员分别作了《兰辉先进事迹》及《责任和担当是最美》《坚守者的梦想》等事迹报告。

18日　省政协副主席杨兴平到安县视察地震灾区生态修复情况。杨兴平一行先后到高川乡塘房沟泥石流治理工程点和天池村雷家山龙大沟，实地参观地质灾害治理和自然生态系统修复工程，听取全县森林资源保护、生态修复和地质灾害治理等情况介绍，并对安县生态修复工作给予充分肯定。

是日　省食品药品监督管理局机关党委书记王勇调研安县食品药品监管工作。王勇一行先后到安县中学、好医生药业集团、新瑞食品商行等地，详细了解食品药品监管工作，并听取了全县2014年上半年食药监管工作的情况汇报。王勇希望，要严把质量关，努力推动全县食品药品监管工作再上新台阶。

19日　省纪委调研安县信访举报工作开展情况。县委常委、纪委书记赵奎汇报全县实名举报现状、做法及存在的问题，并提出关于进一步加强实名举报工作的建议，相关部门和乡镇分别介绍了各自实名举报工作开展情况。调研组希望，要进一步建立健全实名举报各项制度，加强案件督办力度，努力提升全县实名举报率，力争在全省信访举报工作中做出亮点、做出特色。

23日　安县高考本科上线人数首次破千人大关。全县高考本科上线达1019人，另有艺体考生上线96人，其中重点本科上线143人，增幅为47%，安县中学实验班重点本科上线率达95%，成绩创历史新高。

25日　省供销联社副主任王小刚到安县调研供销工作。王小刚一行先后到花荄惠安超市、圣康蛋鸡80万只青年鸡育雏中心、好农国际配送中心等地，了解企业发展情况，并听取县供销社负责人情况汇报。王小刚对安县供销社创新思路、整合资源、积极开展农产品流通网络体系建设工作给予充分肯定。

25—27日　省政府教育督导团评估组通过听取汇报、查阅资料、召开座谈会、现场检查学校、问卷调查、走访群众等方式，对安县义务教育均衡发展情况进行综合评估。此次评估共抽查义务教育阶段学校25所，召开座谈会7次，71人参加，发放问卷1062户。省政府教育督导团评估组在反馈督导评估意见中认为，安县达到义务教育发展基本均衡线要求。

是月　为了控制“小虫成大灾”，全国迁飞性害虫联合监测试验在33个省全面铺开，安县作为四川省唯一一个迁飞性害虫监测点，监测点建设工作进展顺利。

7月

2日　县委书记廖雪梅调研全县民族宗教工作。廖雪梅先后到花荄镇基督教奉安堂、感恩寺、塔水清真寺、秀水天主教、罗浮山道观等地，详细了解全县境内宗教活动开展、信教群众人数、教职人员等情况。廖雪梅要求，全县要高度重视民族宗教工作，切实提高教职人员素质，杜绝以宗教名义谋取个人利益的行为发生，加强对宗教活动、场所、教职人员等方面的规范管理，积极维护社会稳定。

7日　四川电视台公共频道《聚焦廉政》栏目报道了安县“我给书记写封信”活动的开展情况。在“我给书记写封信”活动中，县委书记收到来信超过400封，县级部门党（工）委及乡镇党委书记收到来信近1000封，所有信件都100%回复。

9日　省委办公厅综合二处处长熊运高到安县调研基层依法治理工作。熊运高一行到花荄镇文星社区了解全县社区“网格化”建设和“民主法治示范村”建设情况，听取了相关汇报。熊运高对安县基层依法治理工作取得的成效表示肯定。

16日　第四届中国诗歌节现当代诗歌朗诵会走进安县，来自省市电视台及诗词协会的艺术家与全县本土节目同台演出。

18日　市委副书记、市长林书成在安县调研时强调，要从全市经济发展和产业布局的大局着眼，始终坚持工业强县和创新驱动战略不动摇，积极发展壮大科技型中小企业，不断提升整体产业质量效益。

22日　省政协副主席王正荣调研安县县级公立医院改革工作。王正荣先后到县人民医院文化长廊、中医馆、住院区以及部分科室，详细了解医院文化氛围打造、设施设备、人才队伍建设、医保报销、基本药物制度和日常工作开展等情况，并听取相关汇报。王正荣指出，县人民医院无论从环境，还是设施设备、医疗技术上，都达到了县级医院水平。

是日　省农业厅植保站站长罗林明率省市检查组到安县检查大春病虫害防治工作。罗林明一行先后到花荄镇太平村、兴仁乡茶园村、塔水镇浮萍村、龙泉农机专业合作社等地，对水稻稻瘟病、纹枯病、稻飞虱、螟虫“两病两虫”发生情况进行现场抽样调查。罗林明认为，安县水稻大春病虫害防治工作扎实，对重点病虫害的监测预报准确、防治及时、效果明显。

24日　省委组织部副部长、老干局局长彭德秋调研安县老干部工作。彭德秋一行参观了老干部活动中心书画室、舞蹈教室、门球场等功能区，与参加活动的老同志亲切交流，听取老干部工作相关情况汇报。彭德秋指出，安县高度重视老干部工作，认真解决老干部关心的问题，工作有特色、有亮点。

25日　省农业厅督察组到安县开展农村土地承包经营权确权登记专项督查工作。督察组先后到睢水镇白河村、迎新乡对当地确权登记工作档案资料、数据录入、操作程序、工作进度等进行了解，详细询问当地农户对相关政策的了解情况，并查看相关资料。全县已基本完成迎新、永河、河清、晓坝4个乡镇37个村370个组24170户农户的确权登记，完成确权面积达81950亩，比原承包面积增加了21.6%，占全县应完成的14.6%。督察组对安县农村土地承包经营权确权登记工作表示满意。

30日　中共安县县委中心组第八次学习（扩大）会召开。会议总结了全县2014年上半年工作和安排部署下半年工作，通报了上半年全县民生工程实施、信访维稳工作、经济运行情况及下半年工作打算，并组织观看警示教育片《盘江大桥垮塌之“人祸”》，听取市文联党组原书记陈竖琴作的《执政党合法性的文化探讨与道德构建》专题辅导报告。

31日　安县农村合作经济联合会成立。会议审议通过《安县农村合作经济联合会章程（草案)》和《安县农村合作经济联合会会费管理办法（草案)》，选举产生县农合会第一届理事会理事、监事会监事。市县领导为农合会授牌授印。

8月

6日　省委常委、组织部部长、省委教育实践活动领导小组副组长兼办公室主任范锐平调研安县群众路线教育实践活动开展情况。他强调，要把从严务实贯穿群教活动的始终，深刨深挖接地气，打通服务群众“最后一公里”，真正让活动取得实效、取信于民。

11日　安县村（社区）基层组织建设培训班开班。培训为期三天，对全县各乡镇的村（社区）干部进行培训，培训课程主要包括村（社区）基层组织建设工作专题辅导、基层干部作风及基层财务管理等内容。

13 日　副市长郑蕾到安县调研信息化建设工作。郑蕾先后到塔水镇七里村、自胜机电有限责任公司、银都宝座一期等地，实地查看光纤入户、“两化融合”以及“三网融合”工作推进情况，询问用户使用情况，并对全县信息化建设工作所取得成效表示肯定。

19 日　市委书记罗强到安县花荄镇马安村调研。他要求，村两委要加强领导班子队伍建设，提升基层党支部战斗力，一步一个脚印带领全村老百姓致富奔小康。

是日　全县领导干部大会召开。会上，县委书记廖雪梅就全县非定向推荐拟提拔人选职数和资格条件作了说明，与会人员进行了投票推荐。廖雪梅指出，非定向推荐拟提拔人选是全市贯彻新的党政领导干部选拔任用条例的重要举措，要充分认识做好非定向推荐拟提拔工作的重要意义，认真做好非定向推荐工作，共同营造干事创业的良好环境。

21 日　省委第一督查组到安县督查安全生产工作。督查组一行先后到银河化学硫酸分公司、中联水泥，实地查看企业安全生产情况，查阅企业隐患排查台账，对企业员工进行安全生产问卷调查，并对全县安全生产中存在的问题提出了整改意见。

是日　省老干局副局长史可调研安县老干部工作。调研组一行参观了老干部活动中心门球场、舞蹈室、书画室等功能区，了解了老干部活动中心配套设施建设等情况，并认为安县高度重视老干部工作，思想政治建设和党支部建设抓得到位，活动阵地管理规范、保障到位，工作有特色、有亮点。

26 日　国际计划组织带领云南省玉溪市易门县和湖南长沙市长沙县妇联及相关工作人员到安县沸水镇儿童友好家园参观考察。沸水镇儿童友好家园服务覆盖 10 个村和 1 个社区 11000 多人，儿童约 1700 多人。考察组对沸水镇儿童友好家园给予高度评价。

29 日　司法部法制宣传司处长尹雪梅到安县调研普法教育和法制建设工作。尹雪梅一行在“全国法制示范村”花荄镇联丰村实地察看村法制建设和“六五”普法教育工作开展情况以及听取相关汇报，对安县普法教育和法制建设工作取得的成效表示肯定。

是日　绵阳市民生工程监督员暨民生干部专题培训到安县参观民生工程建设、管理和使用情况。与会人员先后参观了花荄镇红武村卫生室、花城果乡、保障性住房建设和管理及县图书馆四个民生工程项目，并对安县民生工程项目在“建、管、养、用”工作等方面给予充分肯定。

是月　安县被四川省体育局评为 2010—2014 年度“四川省群众体育先进单位”。

是月　安县农村劳动力和农村转移就业实名制入库两项指标全面完成。全县已录入“四川省就业服务管理信息系统”农村劳动力 23.6 万人，录入人数占农村劳动力总数的 100.21%，其中农村转移就业劳动力登记入库 12.2 万人，完成目标任务的 113.17%。

是月　住房和城乡建设部等 7 个部委共同公布了全国重点镇名单，安县桑枣、秀水两个乡镇入选。

9 月

1 日　省委组织部部务委员、干部二处处长陈冠松到安县调研。陈冠松一行参观了花荄镇联丰村、好医生药业集团和听取相关情况汇报，希望把握工业产业良好的发展态势，抓重点项目建设，不断提高人民生产生活水平。

3 日　省血防督导组到安县检查指导秋季血防工作。督导组一行到秀水镇长春村实地查看血防秋查工作开展情况，详细了解血防工作开展进度，听取相关工作汇报，并对全县血防工作提出希望。

5 日　省交通运输厅督察组到安县检查行政执法评议考核工作。督察组一行查看了县交通运输局标准化建设情况，听取了全县开展行政执法评议考核工作的情况汇报，并提出了工作意见和建议。

10 日　安县在县工人文化宫举行庆祝第 30 个教师节文艺展演暨表彰会。县委书记廖雪梅对全县教职员工致以节日的问候，并对各个学校所取得的成绩给予高度赞扬，一批优秀人民教师受到表彰。

15 日　绵阳市师德师风巡回演讲报告会在安县工人文化宫举行，全县 40 多所中小学、幼儿园和教育机构的 600 多名教师聆听了报告会。

16 日　四川省交通运输厅副厅长张琪率队调研安县农村公路建设。张琪一行现场查看塔水镇七里村生产生活和产业道路建设情况，听取农村公路规划建设汇报后，认为安县高度重视交通建设并取得可喜成绩，特别是全县发动群众加强农村公路建设的经验值得推广。

19日　省政府第三督导组检查安县安全生产工作。督导组一行先后到花荄加油站、科伦发豪包装厂、花荄客运站等地，检查安全生产整改问题落实情况，并提出意见和建议。

22日　白水湖水库枢纽除险加固工程通过由省水利厅和市县水利专家组成的验收组的竣工验收。

23日　安县召开重点企业座谈会。银河公司、中联水泥、好医生药业、启明星磷化工等28家企业负责人分别作了发言，重点汇报了1—8月企业生产经营、运行情况、存在的困难以及下一步工作打算，并对县委县政府相关工作提出了建议。

24日　省农业厅巡视员牟武俊一行到安县检查农产品安全和秋季动物疫病防治工作。牟武俊一行先后到花荄镇畜牧兽医站、正安生态养殖场、谷雨农产品经销专业合作社原料基地，实地了解管理运行情况，听取相关介绍，并提出希望。

25日　水利部督察组到安县督查2011—2013年国家农业综合开发水土保持项目建设与管理情况。督查组一行先后到花荄镇、乐兴镇、兴仁乡等地，对水保科技示范园、2012年坡改梯、2013年农发水保示范片等项目建设和管理情况进行现场核查，并鼓励企业、合作社、大户参与水保开发，进行统一规划和综合开发治理。

是日　省安监局督察组一行到安县检查安全生产工作。督察组一行先后到银河化学股份有限公司硫酸分公司、绵阳启明星磷化工有限公司等地，通过现场检查、查阅安全生产资料、与企业负责人座谈等形式，了解企业安全生产责任落实、制度的执行等情况。

30日　全国首个烈士纪念日，安县在烈士陵园举行“烈士纪念日”公祭活动，县四大班子领导参加活动，并向革命先烈敬献花篮。

10月

9日　市督导组到安县调研建立群团组织社会服务中心试点工作开展情况。调研组一行先后到沸水镇群团社区组织服务中心和妇女儿童活动中心，了解群团社区组织服务中心建设和社团组织服务工作开展情况，并给予高度评价。

9—16日　安县第五届运动会在安县中学开幕。此次运动会是全县自“5·12”大地震后举办的首届全民运动会，运动会共设包括田径、足球、乒乓球等在内的40个比赛项目，共有来自全县26支代表队1200多名运动员参赛。

14日　安县界牌物流通道下穿隧道正式建成通车。界牌物流通道下穿隧道段包括界牌过境段地下隧道工程项目和出口接线工程项目，全长1.25公里，其中隧道长930米，物流通道限速60公里/小时，是安县与绵阳连接的又一通道。

18日　安县党的群众路线教育实践活动总结大会在县工人文化宫召开。县委副书记钟思亮主持会议。县委书记廖雪梅客观总结全县教育实践活动取得的主要成效，深刻分析教育实践活动的基本经验，对巩固发展教育实践活动成果、推进从严治党、加强作风建设长效化、常态化进行全面部署。市委党的群众路线教育实践活动第五督导组第一组长文久喜指出，安县在党的群众路线教育实践活动中做到了规定动作不走样、自选动作有特色，活动达到预期目的，取得明显成效。省委党的群众路线教育实践活动第六督导组副组长赵勇充分肯定了安县在党的群众路线教育实践活动开展以来取得的成效。

是日　第二届中国（绵阳）科技城国际科技博览会集中签约仪式暨成果发布会举行。安县在科博会上签约5个项目，协议引资11.6亿元。

20—23日　省检查组到安县考核验收血吸虫病传播阻断达标工作。检查组分为查螺、资料查阅以及血吸虫病检查三个小组，对全县血吸虫病传播阻断达标工作进行考核验收，安县血吸虫病防治工作已达到传播阻断标准。

28日　省科技厅专家组对安县银河化学股份有限公司拟获省科技进步一等奖的“新一代红矾钠清洁化生产技术”项目进行现场考察。通过现场考察质询、听取汇报，专家组给予项目高度评价。

29日　省农业厅产业处副处长王波带领省考评组到安县，对拟创建“省级示范休闲农庄”的休闲农庄进行现场考评。全县共有一定规模的休闲农业点、农庄60多家，投资总额累计达到8000多万元，年营业收入超过3000万元，年接待游客突破40万人次。

是月　安县睢水镇被四川省绿化委员会授予“四川省绿化模范单位”荣誉称号。

11 月

1 日　安县城区公交正式启动实施公交 IC 卡智能付费系统，最大限度地方便百姓出行。

2 日　2014 年绵阳市旅游发展大会暨平武第二届白马王朗风情节在安县开幕。市委书记罗强在会上强调，全市各县市区要把旅游业发展放在重要位置来抓，强练内功突破区域资源桎梏，外抓市场加强对外交流合作，着力构建全市旅游“大龙头”发展格局，努力推动全市智慧旅游产业集群、集聚发展。安县在会上作了推介发言。

4 日　辽宁省政协副主席王松一行到安县回访，视察灾后发展情况。王松一行到花荄镇花城果乡，了解灾后重建、道路基础设施建设和乡村旅游发展情况，他希望辽安双方继续加强对口合作，进一步增进辽安亲情，促进双方共同发展。

5 日　国务院调研组到安县调研。调研组深入塔水镇七里村农户家中，认真听取他们的致富奔小康计划和遇到的现实困难，了解全县新农村建设开展情况，并就做好农村经济繁荣发展工作、如何把产业优势直接转化为群众收入进行了交流。

8 日　省农水局副局长庄耘天到安县检查指导农田水利建设工作。庄耘天一行实地察看了塔水镇七里村农田、水库、饮水工程等基础设施建设情况和听取相关汇报后，希望安县立足区位优势，以农田水利建设为基础，有力促进全县的现代农业产业发展。

11 日　省卫生计生委副主任杜波到安县调研督导卫生、计生重点工作。杜波一行先后深入到秀水镇中心卫生院、秀水镇计生站、县疾控中心、妇幼保健院、人口和计划生育服务中心等处进行实地察看，详细了解全县卫生、计生事业发展情况，并对安县卫生、计生工作取得的成绩给予充分肯定。

12 日　省安监局巡视员陈晓军率队督查安县安全生产大检查“回头看”和“六打六治”打非治违专项行动问题整改落实情况。陈晓军一行先后实地察看了花荄配气站、科伦发豪包装有限公司、英志新能源股份有限公司安全生产和问题整改落实情况，对全县安全生产问题整改落实情况表示肯定。

13 日　安县举行 2014 年反暴恐综合演练。来自公安局机关、巡特警、交警、派出所、消防、武警、民兵预备役等近 600 人组成的七个方阵，分别作了防暴队形展示、拳术与技能展示以及多部门、多警种联动开展的突发暴恐事件演示，充分展示了“人民卫士”斗志昂扬、坚忍不拔的精神面貌。

24 日　农业部农产品加工局到安县调研休闲农业发展情况。全县坚持“农旅结合、以农促旅，以旅强农”的发展模式，形成了“政府引导、农民主体、社会参与、市场运作”的休闲农业与乡村旅游发展新格局。调研组对安县休闲农业的发展给予充分肯定。

25 日　省环保厅到安县参观调研强制性清洁生产审核工作。调研组先后到秀水镇吉成皮革有限公司和金鸿饲料有限公司，参观各企业生产车间及生产环境，了解企业强制性清洁生产资金投入、废水废渣再循环利用以及强制性清洁生产审核实施等情况，并指出，安县企业在强制性清洁生产审核工作中的制度和管理办法值得借鉴和学习。

26 日　省、市（州）交通运输系统工会到安县参观。参观组到县交通运输局行政楼和顺达公路养护有限公司，参观了廉政文化建设长廊、公司工会活动室等，详细了解全县交通运输系统工会活动开展情况，并对此项工作给予高度评价。

是月　睢水镇被四川省文化厅命名为 2014—2016 年度“四川省民间文化艺术之乡”，是全县唯一获此殊荣的乡镇。

12 月

2 日　安县白水湖水库震损灾后恢复重建工程顺利通过竣工验收，标志着白水湖水库可正式投入使用。

8 日　中国人民解放军海军绵阳舰回访团到安县沙汀实验中学看望捐助的地震灾区贫困学生。

10 日　安县县委中心组第十次学习（扩大）会议召开，会议邀请市法制办主任赵开年作依法治国专题辅导报告。会议要求，全县要认真学习宣传贯彻党的十八届四中全会精神，深刻领会全面推进依法治国的重大现实意义和深远历史意义，不断夯实“平安安县”“诚信安县”的法治根基，为推进法治安县建设做出贡献。

17 日　省农业厅到安县考核现代畜牧业重点县建设工作。考核组一行先后到清泉瑞杰养殖场、金泉生态养殖有限责任公司等企业，实地查看现代畜牧业重点县建设项目，了解各企业发展现状和听取相关汇报，并对安县现代畜牧业重点县建设工作取得的成绩给予充分肯定。

19 日　省水利厅副厅长张强言到安县督导冬春水利项目建设。张强言一行先后到伍家碑水库、七里村、塔水中小河流治理工程等地，实地察看各项目的完成情况，了解工程建设管理体制、建设进度及下阶段计划安排，并对全县的冬春水利项目建设工作完成情况表示肯定。

24 日　水利部建管司副司长孙献忠率水利部专项督导组到安县检查指导农田水利基本建设工作。孙献忠一行深入塔水镇七里村农田水利示范区，详细了解七里村示范片农村安全饮水、农田灌排及产业发展等情况，听取相关汇报，并对全县农田水利基本建设工作成效表示肯定。

是日　中国作家协会副主席叶辛，以安县企业——绵阳中信集团有限公司特别文化顾问的身份，指导企业文化发展。

26 日　安县召开全县党员教育工作会。县委常委、组织部部长胡斌总结 2014 年党员教育和培训工作开展情况，分析新形势下党员教育工作面临的突出问题，并就下阶段工作作了安排部署。市委组织部党员教育中心主任张靖就党员教育的意义、途径、方法等内容向参会人员作了题为《党员教育工作我们永远在路上》的专题辅导。会议还对 2014 年度远程教育考核工作中取得优异成绩的基层远程教育站点管理员进行了表彰。

28 日　西南科技大学城市学院安县校区举行奠基暨开工典礼。县委书记廖雪梅参加仪式并代表县四大班子及全县人民，向西科大城市学院安县校区奠基暨开工仪式的隆重举行表示热烈祝贺，参加仪式的市县领导、投资方代表共同为西南科技大学城市学院安县校区项目奠基培土。

是月　安县高川乡甘沟村林兴聪家庭被四川省评选为“最美家庭”，这是绵阳市唯一获此殊荣的家庭。

是年　全县共实现地区生产总值 102.47 亿元，同比增长 9.2%。一产业实现增加值 25.75 亿元，同比增长 4.1%；二产业实现增加值 53.23 亿元，同比增长 11.3%；三产业实现增加值 23.49 亿元，同比增长 9.7%。三次产业比重为 25.1 ∶ 52.0 ∶ 22.9。全县实现农业总产值 42.40 亿元，同比增长 4.3%。完成规模以上工业总产值 166.05 亿元，同比增长 14.17%，完成工业销售产值 161.74 亿元，同比增长 17.41%，产销率达到 97.40%。全县完成全社会固定资产投资 93.10 亿元，同比增长 6.1%。完成社消零总额 48.03 亿元，同比增长 13.3%。全县实现财政总收入 14.03 亿元，同比增长 7.37%。国税完成收入 2.96 亿元，同比增长 11.82%；地税完成收入 5.17 亿元，同比增长 4.10%。金融机构各项存款余额为 132.6 亿元，同比增长 6.92%；各项贷款余额为 80.0 亿元，同比增长 10.97%。全县招商引资共计到位国内省外资金 37.5 亿元，同比增长 21%，外贸出口累计达到 2845 万美元，同比增长 5.0%。全县城镇居民可支配收入达到 23089 元，同比增长 9.7%；农民人均纯收入达到 10901 元，同比增加 13.3%，增速位于全市第一。

（张　琴）

自然·生态

概　述

【位置面积】　安县位于成都平原西北部，绵阳市西南，龙门山脉中段。地理坐标介于北纬31°32′—31°47′，东经104°05′—104°38′之间，东西长54.9公里，南北宽43公里，方围长217.9公里。东与江油市、涪城区接壤，北邻北川羌族自治县，西北与茂汶县毗邻，西南与绵竹市接界，南界罗江县。总面积1189平方公里。县政府所在地花荄镇。

【地形地貌】　全县地形呈不规则长方形。地形复杂多样，地貌差异大，处于四川盆地西北边缘，龙门山脉中段，与成都平原接壤地带。地势西北高，东南低，由西北逐渐向东倾斜。大致以桑枣、晓坝、沸水、睢水一线为分界，西北部为龙门山脉，属山区，地形切割强烈，相对高差较大，山脊海拔多在800—1200米之间，最高峰为大光包，海拔3047米，东南部地区为平坝、丘陵分布，地形开阔、平坦，相对高差较小，一般在50米左右。境内平坝占18.82%，丘陵占41.16%，山地占40.02%。

【地理气象】　安县属中亚热带湿润季风气候区，气候温和，四季明显，降雨充沛。由于山、丘、坝地貌差异，造成气象条件较为复杂。年平均气温16.3℃，每年平均降雨量1261毫米。降水主要集中在每年的7月、8月、9月三个月，是四川省有名的暴雨中心区之一。农业基础条件薄弱，气象灾害频繁，时常有干旱、冰雹、大风、洪涝和泥石流等自然灾害发生。

【历史沿革】　安县，汉为涪县地，晋置晋兴，益昌，西充国三县，唐建龙安，宋设石泉军，元称安州，明降州为县，始称安县，有1667年历史。清属绵州，民国2年（1913年）撤销绵州，安县属四川省第十三行政督察区，直至1949年12月25日，安县和平解放。1950年安县属川西行署区绵阳专区。1952年撤销行署区设四川省，安县属四川省绵阳专区。1968年改专区为地区，安县属四川省绵阳地区。1985年2月撤销绵阳地区，安县属四川省绵阳市辖至今。

【行政区划】　2014年，全县辖花荄、界牌、黄土、桑枣、秀水、睢水、沸水、晓坝、河清、永河、塔水、清泉、宝林、乐兴、千佛15镇，兴仁、高川、迎新3乡，234个行政村，27个社区，2330个村民小组。

【人口】　截至2014年12月31日，全县共有186932户，445793人，平均每户2.38人。总人口数比2013年增加了2865人，年增长率为6.47‰。总人口中：男性226822人，占总数的50.88%；女性218971人，占总数的49.12%，男女性别比为104：100。18岁以下的人口69173人，占总人口15.52%；18—35岁的93310人，占总人口的20.93%；35—60岁的197857人，占总人口的44.38%；60岁以上的85453人，占总人数的19.17%。农业人口373641人，非农业人口72152人。全县常住人口38.63万人，城镇化率达到41.46%。

【民族】　全县人口主要为汉族，清末民初有少数回族聚居花荄、塔水两地。新中国成立后因工作调动及婚姻，又迁入部分其他少数民族。特别是党的十一届三中全会以来，因务工、经商等造成了人口流动，到2014年统计，全县共有汉族、回族、羌族、藏族、苗族、满族、蒙古族、瑶族、壮族、土家族、维吾尔族等11个民族，其中汉族占总人口的99%以上。回族仍聚居花荄、塔水一带，羌族、藏族散居茶坪（千佛）、高川等地，其他少数民族散居各乡镇、场镇和秀水、界牌、宝林、清泉等移民区。

生态资源

国土资源

【概况】　安县土地调查面积1181.68平方公里，占全市的5.86%。截至2014年，全县耕地面积37914.55公顷，园地面积7102.99公顷，林地面积50313.40公顷，草地面积146.75公顷，城镇村及工矿用地10799.79公顷，交通运输用地2066.37公顷，水域及水利设施用地5509.62公顷，其他土地4314.87公顷。

（张明斌）

水资源

【概况】 安县位于四川盆地西北部，境内河流纵横、河网发达、水系众多，分布广泛，水质较为良好，径流总量多。地表水资源量为13.47亿立方米。地下水资源量3.19亿立方米。境外引水0.05亿立方米，过境水1.22亿立方米。合计17.93亿立方米。2014年全县总用水量1.83亿立方米，其中农业用水量1.62亿立方米，工业用水量0.07亿立方米，城镇生活用水总量0.05亿立方米，其他用水量0.09亿立方米。年均降雨量1261毫米，降雨集中在每年的6—9月。

【水资源管理】 强化最严格水资源论证，落实最严格的水资源管理制度，严把“三条红线”。开展“3·22”世界水日和“中国水周”宣传活动，并取得良好的效果。加强取水许可管理，强化水资源费征收、解缴、使用管理，做到应收尽收。

【节水型社会建设】 推动节水型社会建设，在县属大型企业中建立节水试点。同时加大宣传力度，促进全社会科学用水、文明用水和节约用水。通过山、水、田、林、路等农田水利建设项目的有效整合，新增蓄水能力20万立方米，改善灌溉面积0.83万亩，新增节水灌溉工程面积0.2万亩，新增除涝面积0.1万亩，新增节水能力18万立方米。

（王钰茹）

水文资源

【概况】 受地层岩性、地形地貌及构造的控制，县境内水文地质主要分为第四系松散堆积河卵砾层、孔隙潜水和红层区裂隙水以及山区岩溶水三大水文地质单元。其中，孔隙潜水主要分布在安昌河和干河子两岸坝区一、二级台阶地上，红层区裂隙水广泛布局在县境内龙门山前地带，山区岩溶水主要分布在县境内西北向山区一带。安县境内属桑洼汉第四次水系河。

【河流】 县境内河流主要有安昌河和睢水河（又名干河子），两条河流境内共长约120公里，安昌河为最大河流。安昌河由苏宝河和茶坪河两条支流在安昌镇南河桥汇合而成，向东南经黄土、花荄、界牌到绵阳注入涪江。睢水河发源于高川乡，向东南汇集白溪、秀水河二支流，经罗江注入凯江，汇入涪江。两条河流在山区地段，河谷深切，河床较窄，水流湍急，落差较大，是水利电力开发的主要地段。河床较宽的平坝地段既是粮食（水稻）的主要生产区，也是境内城镇及居民的主要分布区。全县河道总长度达232.7公里，流域面积1320平方公里，年均地表径流总量13.47亿立方米。各河流水量主要来源是雨水，其次是地下水，也有少量岩溶水补给，水质一般良好。

动植物资源

【概况】 安县划分为东南部盆中丘陵平坝植被地带和西北部盆地边缘山地植被地带。主要植被类型为亚热带常绿阔叶林（含针、阔混交林）。据安县林业区划和森林资源二类调查结果显示，树木有71科138属220种。但由于人为活动极其频繁，导致原始自然植被分布零散，常绿阔叶林多属人工栽培。海拔1500米以下属常绿阔叶林，森林组成有青杠栎树、楠木；海拔1500—2200米属常绿、落叶混交林带，常绿阔叶林以青杠占优势，落叶树以水青杠、珙桐为主；海拔2200—2500米属针阔混交林带，以冷杉、云杉为主。经济树木主要有：茶树、银杏、五倍子、桑树、核桃、板栗、枣皮、杜仲、黄檗、厚朴、黄连等。经初步调查，安县国家一级保护植物有珙桐，二级保护植物有银杏、杜仲、鹅掌楸、水青树等。

全县动物资源十分丰富，经初步调查统计，全县野生动物有1000多个品种，其中：兽类60余种，鸟类200余种，鱼类54种，家禽家畜51种。国家一级保护动物有大熊猫、金丝猴、牛羚等；二级保护动物有黑熊、小熊猫、林麝、马麝、猕猴、鸳鸯等；三级保护动物有斑羚、锦鸡等。（杨　光）

矿产资源

【概况】 安县已发现的矿产25种，具有开发价值的矿产12种，已探明有工业价值的矿产地50余处。

主要矿产有：石灰岩、白云岩、磷矿、煤、建筑用砂石、页岩、石英岩、重晶石、硫铁矿、地热等，还有具一定潜力的沙金、油气、石膏资源。

【矿产分布】 安县矿产资源以建材化工非金属矿产（石灰岩、白云岩、磷矿等）为主，石灰岩主要分布在高川、睢水、沸水、千佛、晓坝、桑枣6个乡镇，保有储量超过亿吨；白云岩主要分布在睢水、沸水、晓坝等乡镇，保有储量约5000万吨；磷矿集中分布在高川乡，保有储量约3000万吨；安县医疗热矿泉水具有储量丰富，水质好，价值较高等特点。

【矿产利用】 2014年全县开发利用矿产8种，矿山总数65个，其中大中型矿山3个。矿产资源利用以石灰岩、白云岩、砖瓦用页岩和磷矿为主。矿业经济总量与全县经济总量相互促进，同步增长，已成为推动全县经济蓬勃发展的重要动力。

全年全县办理采矿权延续变更登记7宗，通过拍卖方式出让采矿权2宗，注销采矿权15宗，共收取采矿权价款162.15万元。对辖区登记的采矿权，均按《四川省矿山地质环境恢复治理保证金管理办法》核收了矿山地质环境恢复治理保证金，同时为进一步规范管理，开展了辖区采矿权打桩定界工作。

（张明斌）

农业资源

【概况】 安县地处龙门山脉中段，由于地质构造的影响，以桑枣—晓坝—沸水—睢水一线，将县境截然分为西北山区及东南丘陵、平坝两大区域。西北山地为中低山地形，气候温凉雨量充沛，属于湿润性生物气候类型，高等植物生长茂密，种类繁多，形成自然植被覆盖度较好的自然景观。因此，这一地区主要为草被及森林植物覆盖的自然土壤。农耕地多分布于沿河谷两岸的缓坡地带，只占辖区面积的10%左右。东南侧为广阔的丘陵和河流冲积平坝，是安县的主要农耕区，该级耕地林地较少，丘陵树种以马尾松为主，较成片分布。安县在这种自然气候条件下，土壤的形成不仅与生物气候关系密切，还深受岩层母质的影响。因此，所形成的土壤种类较多，类型复杂。但是坝丘土壤类型的分布受岩层母质影响显著。在海拔1500米以下，山地土嚷在一定条件下受成土母质影响，在海拔1500米以上成土过程除与岩性有关外，在某种条件下，生物、气候起了主导作用，有较显著的垂直地带分布规律。

（王泽佳）

气　候

【气候特点】 2014年度气候较为正常。气温正常；降雨总量不足、强降雨天气过程偏少、降雨强度偏弱、洪涝灾害偏轻；降水偏少；强降温和异常高温天气较少；日照时数正常；汛期有4次大暴雨天气过程，7月特大暴雨灾害损失十分严重。

【温度状况】 年度平均气温16.5℃，偏高0.3℃。年极端最高气温35.7℃，年极端最低气温-2.8℃。冬季平均气温6.3℃，偏高0.1℃；春季平均气温17.4℃，属正常；夏季平均气温24.9℃，偏低0.3℃；秋季平均气温17.5℃，偏高0.2℃。全县入冬时间为2013年11月24日，入春时间3月11日，入夏时间5月23日，入秋时间9月16日。（年炎热日数45天，年酷热日数5天。）

【降水时空分布】 年度降水日数140天，年降水量952.6毫米，偏少19%。冬春1—4月降水持续显著偏少，出现了冬干连春旱。汛期5—9月降雨量787.3毫米，偏少17.8%。秋季9—11月降雨量100.2毫米，偏多50%。

年内共出现4次大暴雨天气过程，分别出现在7月9日-10日、7月23日-24日、7月31日-8月1日、8月7日-8月8日；其中7月9日-10日、7月31日-8月1日为特大暴雨，给安县造成严重洪涝和地质灾害，直接经济损失8000余万元。

【日照时数】 年日照时数959.6小时，与历年962.5小时基本持平。冬季日照时数偏多3成，春季、夏季日照时数与历年同期持平，秋季日照时数偏少2成。

2014 年安县气象站主要气象资料

年度平均气温（℃）	年度降水量（毫米）	年度日照时数（小时）	年度极端最高气温（℃）	年度极端最低气温（℃）
16.5	951.3	957.3	35.7	-2.8
年平均气温（℃）	年降水量（毫米）	年日照时数（小时）	年极端最高气温（℃）	年极端最低气温（℃）
16.5	952.6	959.6	35.7	-2.8

注：年度为上年 12 月至本年 11 月，年为本年 1—12 月，汛期为本年 5—9 月，冬季为上年 12 月至本年 2 月，春季为本年 3—5 月，夏季为本年 6—8 月，秋季为本年 9—11 月。

（刘宇峰）

环境保护

【总量减排】 2014 年，省政府责任书重点减排项目：一是四川省女娲建材有限公司水泥脱硝建设，共投入 690 万元，已建成并运行；二是绵阳市明生纸业有限责任公司淘汰落后产能，以新代老项目建设。三是安县保定纸厂、安县兴源造纸厂、安县红光造纸厂、安县塔水顺源纸厂、安县云峰造纸厂五家企业实施关停。市政府目标责任书重点减排项目：河清污水处理厂新建场镇污水处理实施已完成；县城污水处理厂扩建至 2 万吨/日已完成前期工作；对 14 家养殖企业项目加强日常监管，每个月对企业进行现场监察，要求企业按要求加强对养殖粪便进行雨污分流、干清粪及废弃物综合利用，完成了减排项目任务。

【环境规划及监测管理】 2014 年，县城空气质量二氧化硫、二氧化氮城区可吸入颗粒物年均值为 0.095 毫克/立方米，优良率为 98%，指标达到国家环境空气质量二级标准。5 条河流中市控出境断面 2 个，县控断面 6 个，出境断面达到地表水Ⅲ类标准要求。县城建成区及部分规划区域环境噪声≤55dB（A），达到规定标准。全年共出具监测报告 108 份，监测数据 3924 个。

【环保专项资金项目的监管】 全县共申报污染治理项目 2 家（待省厅组织专家评审后确定），省级下拨中央重金属污染治理资金 320 万元，项目已全面完工并通过验收。

【污染防治】 一是机动车污染防治。督促安州机动车检测有限公司建设环保检测线，已通过省环保厅验收；按照县政府要求，落实了机动车环保检验合格标志核发窗口布点工作，已发放环保标志 150 余个。二是重点污染源达标管理。全县共监察涉重金属企业 300 余次，严格落实企业相关责任，建立健全污染物产业量、排放量台账等，降低污染风险；开展化学品、持久性有机物等复合型、新型污染环境管理，加强存储和运输管理。三是固废和危废规范管理。按相关要求严格加强管理和控制危险废物的产生和转移，完成了银河公司新产生 5 万余吨铬渣的处理，接受外单位转移的铬渣 3000 余吨。四是强制性清洁生产和审核验收工作。督查 7 家企业完成清洁生产审核验收工作，3 家企业完成强制性清洁生产审核报告编制和评估。五是环境污染责任保险。积极引导和推动企业有序参加环境污染责任保险，有四川省银河化学股份有限公司等 8 家公司续保。

【农村环保和生态建设】 2014 年，按照国家级和省级生态县建设的各项指标要求，结合城市环境综合整治定量考核和农村环保工作，加强对饮用水源地一级保护区、二级保护区的环境监管力度，饮用水水质达标率 100%，始终把全县 12 个集中式饮用水源地作为监管对象。开展生态细胞创建工作，完成创建生态村 12 个，生态家园 800 个。加强农村环境综合整治，七里村农村联片治理方案已通过市局评审，省级以上生态工业园区建设工作已启动。

【环境法制宣教】 利用“6·5”世界环境日、科普宣传月为契机，以广播、电视、标语、横幅等多种形式加强宣传；积极参加县委、县政府组织的“科技三下乡”、纪委书记下基层等活动；参加 18 个乡镇的宣传活动，发放宣传资料 1 万余份、环保挂图 2000 余张；开展有奖知识问答、环保工作成果展览、组织专家医生义诊、分管副县长“6·5”主题讲话、电视台播放专题节目，现场接受群众的投诉和政策、法律法规、环保知识等方面的咨询，现场解答群众提出的各种环保问题。创建环境友好社区2个，创建了永河镇小学和河清镇小学2个环境友好学校，建立中小学校环境教育社会实践基地1个。

【核与辐射管理】 2014年，对辖区内的辐射工作单位和电磁技术利用单位进行全面监管，全年无辐射安全事故发生。县环保局每个季度配合市辐射安全管理科或单独对全县涉源单位进行检查并填写了检查记录，对涉源企业存在的不规范行为提出整改要求。对全县2家废旧金属熔炼企业提出了开展入炉前和出炉后放射性水平监测工作。

【干河子流域水环境综合整治】 工业企业污染源整治情况。一是减少企业废水排放量。督促银河、吉成皮革、向泰阳等6家涉重企业完成强制性清洁生产验收工作，其中向泰阳、金鸿饲料、路林化工、神龙饲料、明生纸业、川银化工落实生产废水循环使用，实现生产废水零排放；银河化学公司完成投资近4000万元电化学处理含铬废水工程建设并通过验收，实现废水回用率60%以上。二是淘汰落后产能和技术升级改造。督促秀水红光造纸厂、秀水保定纸厂和兴源造纸厂完成全厂关停；督促和指导安县明生纸业有限公司、绵阳迎新化工等11家企业淘汰了落后生产线。三是严格落实磷石膏综合利用要求：督促四家氢钙企业全部建成磷石膏综合利用生产线并投产，综合利用当年产生的磷石膏，消化磷石膏历史存量的20%以上。

【河道及沿岸用地综合整治情况】 一是完成干河子上游睢水道喜、高川泉水河道疏浚清淤工程，投入疏浚资金40余万元；全面落实干河子流域水毁堤防修复工程，修复水毁堤防1073米，堤基加固570米，加固护岸500米，投入水毁修复资金260余万元。二是取缔干河子河道内养殖行为10处，清理河道内堆放的垃圾、弃渣4处16吨，投入清理费用8万元。三是对干河子沿岸采砂点和洪灾损毁耕地组织实施复垦，争取资金800余万元。

【畜禽污染治理情况】 一是禁养区证照齐全的养殖场，通过要求减少饲养量，改进污染治理能力，实施污染物零排放，动物防疫条件证到期不予年审合格等措施，倒逼禁养区内3家证照齐全的养殖场主动停产，2家养殖场限养限排。二是圆满完成全县畜禽高热病防治工作，为减少病死畜禽打下基础。

【农村面源污染整治情况】 一是组织农药安全使用技术培训10次，培训510人次，发放资料720余份；开展低毒、低残留、高效新农药试验4个，试验新品种农药32个。二是开展农作物病虫害专业化统防统治11.8万亩和农作物病虫绿色防控技术推广应用3.2万亩。三是压点关闭沿线3家屠宰厂，全面清理了“三无”及污染物不达标排放的屠宰点。

【民生工程】 一是完成花荄镇、兴仁乡、黄土镇集中式饮用水源地建设，项目总投资140多万元，重点修建了饮用水源地围墙、地面硬化、绿化、标志牌、界桩、交通标识等，按照饮用水源地规范进行了综合整治。二是畜丰养殖场养殖业废物综合治理项目，总投资180万元，采用固液分离及沼气处理养殖废水，处理后的沼液作为肥料用于周边农田，提高污染物利用方式，有效改善农村环境质量。三是女娲建材有限公司降氮脱硝工程项目，配套建成一套非选择性催化还原法（SNCR）脱硝设施，降低水泥熟料生产线的NO_x排放浓度及总量，达到总量减排的目的。四是秸秆禁烧和综合利用工作，全县全年秸秆产生总量为43万吨，综合利用秸秆40.9万吨，秸秆综合利用率达95%。

【环保专项行动】 2014年，持续开展了整治违法排污企业保障群众健康环保专项行动。开展了大气污染防治专项检查、重点流域重污染行业水污染专项整治、“十大”专项执法检查，出动人员496人次，出动车辆220余台次，对全县排污企业应急预案修订、污染治理设施、在线监测设施运行情况进行细致全面排查。对绵阳金鸿饲料有限公司（硫酸分公司）做出了限期整改以及天樱食品和绵樱鸭业两家企业做出了限期整改和处以罚款的处罚决定，查处了水污染防治设施未建成、未经验收便投入生产的联丰养殖专业合作社，并对其实施了停止生产直至水污染防治设施建成并通过验收和处以罚款的决定。针对西南环境保护督查中心环境执法稽查发现工业园区相关问题，已对长虹电子部品、自胜、创翔和青山绿水等41家相关企业做出了限期整改和处以罚款的处罚决定。（张　毅）

政　治

中国共产党安县委员会

县委重要工作部署

【全县性工作部署】 2月8日，中共安县县委十一届六次全体（扩大）会议召开。会议分组讨论并审议了县委2013年工作报告和《县委2014年工作要点（草案）》，表决通过了《县委常委会2013年工作报告决议（草案）》。会议要求，要紧紧围绕县委、县政府总体安排部署，突出优势，打造亮点，做出特点。要切实做好收心工作，集中精力干事业，一心一意谋发展，雷厉风行抓落实，全力抓好经济“开门红”工作。

2月10日，安县县委印发《县委2014年工作要点》（安委发〔2014〕1号），对2014年全县工作进行了总体安排和部署。该要点提出了2014年县委工作的指导思想、总体要求和全县经济社会发展的主要预期目标。具体工作包括：一是坚持绵安同城，切实做好绵阳科技城集中发展区建设安县相关工作和安县撤县设区工作。二是坚持城乡共荣，加快推动县域经济转型升级。三是激发改革活力，着力优化经济社会发展环境。四是持续改善民生，努力提高人民群众幸福指数。五是加强党的建设，全面夯实改革发展坚强保障。

3月17日，安县2014年工作会议召开。会上，县委、县政府与有关部门和乡镇签订了2014年度相关目标责任书，安排部署了基层党建、党风廉政建设、工业及园区建设、城市规划建设、农业农村、旅游发展、维护社会稳定、安全生产等方面工作。会议要求，一要在审时度势中找准定位、明确方向，高度凝聚加快绵安同城化发展的思想共识。二要在真抓实干中找准重点、突破难点，抓好加快绵安同城化发展核心要务。三要在党的群众路线教育实践活动中提升素质、改进作风，努力建强加快绵安同城化发展的核心力量。

5月26日，中共安县县委十一届七次全体（扩大）会召开。会议强调，安县教育实践活动已进入“查摆问题、开展批评”环节，各级各部门要在思想上高度重视。要注意掌握程序，认真撰写对照检查剖析材料；要严格按照规定动作开展活动，深入开展批评；撰写对照检查材料立意要高，查找问题要一针见血；要认真开展好“回头看”活动，统筹推进全县各项事业发展。

7月30日，县委中心组第八次学习（扩大）会召开。会议总结了全县2014年上半年工作，安排部署了下半年工作。会议强调，一要把握重点，抓住关键，扎实推进经济社会发展各项工作。二要加快推进新型工业化、新型城镇化、农业现代化、旅游品牌化，扎实推动重点领域的改革，切实抓好民生稳定。三要抓班子、带队伍，努力夯实加快经济社会发展的组织和纪律保证。四要严格要求，确保教育实践活动善始善终，建强基础，着力提升干部队伍的活力与战斗力，整顿“四风”，推进改进作风常态化、长效化，严明纪律，抓好党风廉政建设和反腐败工作。

【工业企业工作部署】 1月21日，安县召开“迎新春·促发展”企业恳谈会。会议通报了安县2013年经济、社会发展以及工业、招商引资等方面的情况。企业代表围绕政策扶持、产业聚集、服务效能等方面提出了意见建议。会议要求，一是坚定信心、下定决心、加快发展。二是把握形势、主动作为、创新发展。三是遵章守纪、用好政策、加强合作。四是服务团队要坚定作为、热情服务、保障发展。

4月28日，安县创业服务中心挂牌暨入驻企业签约仪式成功举行。县委、县政府全力兴办创业服务中心，为广大科技型中小微企业提供一体化的综合服务平台和孵化基地。新成立的“安县创业服务中心”采用“一对一”“一站式”服务，为入驻企业提供“共享空间＋共享设施＋共享服务＋专业咨询＋投资风险评价”保姆式服务。

9月23日，安县重点企业座谈会召开。会议要求，企业家们要积极思考，转变发展模式，在严峻的经济形势中求生存求发展。要解放思想，加大营销力度，努力拓宽营销渠道。要加大创新力度，加强品牌建设，提高产品核心竞争力。要将安全生产和环境保护放在首位，确保企业又好又快稳步发展。

12月3日，安县工业园区·西科大团委“青年创业实践基地”校地合作签约仪式举行。仪式上，安县工业园区与西科大团委签订了“青年创业实践基地”校地合作协议并授牌。

【“三农”工作部署】 3月1日，全县农民增收工作推进会召开。会议强调，要正视差距，客观冷静地梳理前期工作中的问题和不足；要细化举措，扩宽农民增收渠道，切实解决农民增收问题；要深化农村改革，通过培育优势产业，优化农民增收基础；要狠抓落实，建立严格的考核机制，确保农民增收取得实效。

4月22日，安县县委、县政府印发《关于成立七里村及猕猴桃走廊示范片建设工作领导小组的通知》（安委〔2014〕44号），《通知》要求又好又快推进安县农业产业化发展，促进七里村及猕猴桃走廊示范片建设。《通知》还成立了相关领导小组，对职责进行了明确分工。

9月23日，安县县委、县政府印发《关于创新完善机制扎实推进农村扶贫开发工作的通知》（安委办〔2014〕65号）。《通知》对2014年至2020年农村扶贫工作主要任务目标提出了明确要求，对建立完善扶贫开发、精准扶贫、干部驻村帮扶、财政专项扶贫资金管理使用、金融服务和社会参与以及“五大扶贫工程”进行了安排部署。

【旅游发展工作部署】 3月9日，绵阳市第三届乡村旅游节安县会场开幕。此届乡村旅游节，安县重点开展第二届“罗浮山温泉杯”环山环湖自行车公开赛、“中国春社·睢水踩桥”“花城果乡”赏花系列活动、“最美女人花·畅享温泉季”春季旅游、安县首届乡村厨艺大赛和罗浮山庙会等十大系列活动。

11月2日，绵阳市旅游发展大会在安县召开。会议回顾了绵阳市近期旅游业发展情况，就下一步重点工作进行了安排部署。会议要求：一是更新理念，消除资源依赖症。二是注重特色，避免同质化发展。三是做响品牌，发挥辐射影响力。四是集聚发展，形成规模化效应。五是联动推进，构建大融合格局。

12月10日，大九寨新环线旅游区域合作工作交流会在安县召开，绵阳、广元、阿坝、甘肃陇南四地共商旅游发展大计。会上，业内专家对大九寨新环线旅游区域合作战略建言献策。绵阳、广元、阿坝、陇南四个合作市州共同签署了《大九寨新环线旅游区域合作框架协议》。

【招商引资工作部署】 1月21日，安县招商引资第一次项目评审会召开。会议通报了有关经济效益、土地供应等项目评审情况。会议要求，要立足节约用地，严格把好用地关。要立足效益分析，认真测算和分析。要立足程序，严格把好考察、评审关，招大引强，促进安县社会经济发展。

5月13日，县委、县政府在香港举办“四川省安县投资环境推介会”。县委书记廖雪梅在会上致辞，副县长任文治作了投资环境推介。本次推介会是安县在港澳地区首次举行的专场投资推介会，旨在全面加强安县对外宣传，深入推进安县与港澳地区的广泛合作，促进双赢、共谋发展。会上，县政府与香港利丰基业有限公司等3家港资企业签订合作协议。

8月10日，2014绵阳安县商业投资推介会在安县工人文化宫召开。会上，西南科技大学、省委党校的专家就安县全面融入科技城、打造商业副中心，以及成绵地区城市商业经济发展作了全面论述。华都九龙商团及部分商家代表就入驻安县发表了讲话。

【联系服务企业、项目工作部署】 2月20日，安县召开2014年投融资工作会。会议通报、讨论了2014年安县投融资工作。会议要求，要围绕重大项目，深入研究、共同探讨，努力完成目标任务；要相互协作、主动作为，抢抓时间节点，创造良好的投融资环境。

3月7日，安县县委、县政府印发《关于进一步做好县级领导县级部门联系重点项目和企业建设相关工作的意见》（安委办发〔2014〕11号），《意见》对主要任务和工作制度进行了安排，并对建立工作推进长效机制提出了明确要求。

4月16日，安县2014年银企对接会召开。会议安排部署了2014年银企对接工作。会议强调，面临新型工业化发展机遇，银企双方要牢牢把握机遇，以更加主动的姿态建立新型的合作关系，不断完善中小企业服务体系建设，着力打造良好的金融生态环境，推动双方共同发展。

8月29日，安县举行金融政策宣讲和银企对接活动。活动中，金融专家就金融机构组织架构、金融监管体系、金融市场化改革、货币信贷政策、金融服务产品与服务方式创新等进行宣讲。企业家们就融资中遇到的困难和问题向金融机构进行了现场咨询。现场签订了定向支持小微、“三农”企业融资金额2000万元的贷款协议。

【扩权强镇工作部署】 6月19日，县委书记廖雪梅主持召开“扩权强镇”座谈会。会议强调，要高度重视，深刻认识“扩权强镇”的重要性，努力寻找区域经济新的增长点；要增添措施，大力支持试点乡镇发展，为安县经济社会发展开创新局面。会议还听取了部分乡镇教育实践活动开展情况。

10月28日，安县扩权强镇改革试点工作启动会召开。会议强调，扩权强镇试点的前提是“扩”，必须坚定不移抓扩权。扩权强镇试点的目标是“强”，要以规划强镇为龙头，以产业强镇为导向，以功能强镇为目标，以改革强镇为动力，以干部强镇为途径，凝心聚力抓发展；扩权强镇试点的关键是“干”，必须加强组织领导，抓好落实。此次试点工作，14个县级部门共下放权限102项，涉及试点乡镇有秀水、塔水、桑枣。

【全面深化改革工作部署】 7月17日，安县县委召开县委十一届第39次常委会议。会议传达学习了习近平总书记在中央全面深化改革领导小组第一次会议上的讲话摘要，研究讨论了《县委全面深化改革领导小组2014年工作要点（讨论稿）》，并提出了修改意见。会议要求，一是全面深化改革要按照习近平总书记“蹄疾而步稳”的要求，进一步强化认识，以攻坚克难的决心和勇气，坚定不移地开展工作。二是在县委统一领导下，各专项小组要积极行动，强力实施各项举措；各牵头领导要及时召集相关部门认真研究，深入一线摸清情况，结合上级政策抓紧制定具体实施方案并有序推进工作。

7月24日，安县县委印发《县委全面深化改革领导小组2014年工作要点》。《要点》结合了中央、省、市深化改革主要精神，结合安县实际，明确了10大领域36项改革要点。并研究制定了改革要点责任分工，对36项具体改革要点进行细化分解，明确了牵头部门、协作部门和完成时限。

【法治安县建设工作部署】 4月9日，安县县委印发《关于印发〈推进依法治县建设法治安县实施方案〉的通知》（安委发〔2014〕7号）。《通知》对深入贯彻党的十八大和十八届三中全会精神，落实《四川省依法治省纲要》《法治绵阳建设实施方案》，推进依法治县加快建设法治安县进行了安排部署。

12月4日，“12·4”国家宪法日暨法治安县建设宣传周活动启动仪式在安县文化广场举行。启动仪式上，组织开展了“推进依法治县，建设法治安县”签名活动，全体公职人员齐唱国歌，并向宪法进行了庄重宣誓。

【安全生产工作部署】 10月23日，安县2014年第三季度安全生产工作会暨县安委会2014年第三次全体会议召开。会议要求，要切实加强领导，进一步强化安全生产责任意识，细化工作措施，积极落实各项安全管理制度；要切实加大隐患排查力度，不留死角、不走过场，确保全县安全生产形势持续稳定。会议通报了1月至9月全县安全生产形势，就新《安全生产法》进行了宣讲。

【十三五规划工作部署】 12月10日，安县“十三五”规划编制工作会召开。会议指出，当前安县正处于全面建成小康社会的关键时期和全面深化改革、加快转变经济发展方式的攻坚期。编制“十三五”规划，意义重大，全县必须高度重视、科学规划。

【群团工作部署】 10月29日，安县县委印发《关于进一步加强和改进新时期工会、共青团、妇联工作的意见》（安委发〔2014〕18号）。《意见》要求工青妇组织在新形势下建立健全群众诉求表达、矛盾化解调处、社会化维权、困难群众帮扶、项目推进、常态联动和工作绩效考评机制。

【城乡环境综合治理工作部署】 12月16日，全县城乡环境综合治理暨违法建设整治工作会召开。会议传达了全市城乡环境综合治理和违法建设整治工作会议精神。会议强调，要统一思想，提高认识，切实增强环境治理和违法建设整治的责任感和紧迫感。要痛下决心，夯实基础，坚决打好环境治理和违法建设攻坚战、持久战。要严密组织，快速行动，彻底整治眼前暴露出来的问题，全面改善城乡人居环境。

【党的群众路线教育实践活动工作部署】 2月21日，安县党的群众路线教育实践活动工作会召开。会议传达了市委关于群众路线教育实践活动的总体要求、目标任务、方法步骤、重点举措。会议要求，一是要充分认识开展群众路线教育实践活动的重大意义。二是要准确把握教育实践活动的指导思想、目标要求和重点任务。三是要清醒看到教育实践活动的紧迫性和必要性。四是要突出思想理论武装，加强思想政治建设。

5月20日，县委中心组第六次学习（扩大）会暨全县群教活动推进会召开。会议传达了全省县域经济工作会议精神，要求各级各部门认真组织学习贯彻省委书记王东明在会上的讲话。会议对第二阶段群教活动进行了安排，强调要认真学习领会习近平总书记在兰考县委专题民主生活会上的讲话及群教活动的两个重要批示等精神，认真筹备开好民主生活会各项工作。会议还组织观看了警示教育片《阳光下的“黑幕”》和《迟来的忏悔（一）》。

6月9日至10日，县委常委班子召开党的群众路线教育实践活动专题民主生活会。会上，县委书记廖雪梅代表县委常委班子作了对照检查，每位常委进行了个人对照检查，开展了严肃认真的相互批评。

6月20日，全市专题民主生活会现场推进会在安县召开。会议指出，安县县委常委班子专题民主生活会质量高，符合习近平总书记在指导兰考常委班子专题民主生活会上的重要讲话精神。会议要求，召开一个高质量的专题民主生活会，会前准备要充足，重点要做到精神吃透、谈心谈透、问题找透、思想到位。

10月18日，安县党的群众路线教育实践活动总结大会在县工人文化宫召开。会议要求，要深刻学习中央、省、市关于党的群众路线教育实践活动相关会议精神，狠抓作风建设，从严治党。要深刻把握教育实践活动中形成的基本经验，以更高的要求推进从严治党。要深刻把握推进从严治党的着力点，以更严的措施，提升管党治党的水平。要进一步抓好整改落实，推动作风建设常态化、长效化。要抓好“五个结合”，把活动中激发出来的工作热情转化为全面深化改革。

【党的建设工作部署】　4月25日，安县组织工作会议在县工人文化宫召开，会议对2014年全县组织工作进行了安排部署。会议强调，要坚定“与绵阳科技城同城化发展”目标，抓好绵阳国家科技城军民融合集中发展区建设安县相关工作，进一步推动“四化同步”。要进一步提升教育、医疗等公共服务水平，加快事业发展的核心力量。要突出“创建基层服务型党组织”主题，扎实推进基层党的建设。要着眼扩大服务覆盖面，加强基层党员干部队伍建设。

11月12日，安县基层党组织建设工作会、贯彻四川省落实巡视整改暨党的群众路线教育实践活动整改深化工作会、县委党建领导小组工作会打捆召开。会议强调，要以落实责任制为关键，全力推进党建工作落地见效；要认真贯彻全省落实巡视整改暨党的群众路线教育实践活动整改深化工作会议精神，全力抓好整改工作，努力巩固和拓展教育实践活动成果。

12月16日，安县县委督导工作总结暨整治“庸懒散浮拖”工作推进会召开。会议指出，县委督导组在群教活动期间始终坚持从严从实、深入一线、率先垂范，成效显著，值得肯定。会议强调，要始终严把听取意见关，深入查找和剖析问题，解决群众迫切需要解决的问题；要始终严把整改落实关，明确责任主体，结合各单位实际抓整改和建章立制；要认真学习和领会中央的各项方针政策，坚持以身作则，坚持问题导向；要进一步认清形势，认真研究解决作风建设问题，并对问题进行全面梳理和整改。

【党风廉政建设工作部署】　2月21日，安县召开2014年党风廉政建设工作会。会议传达了中央、省、市纪委全会精神，与乡镇、县级部门签订了2014年党风廉政建设责任书。会议要求，一是要深化思想认识，坚定将党风廉政建设和反腐败斗争进行到底的信心和决心。二是要强化权力制约，以改革创新精神加强反腐倡廉工作。三是要严明党的纪律，增强党的公信力、凝聚力和战斗力。四是要强化作风建设，以真抓实干的党风带政风促民风。

7月21日，安县召开落实“两个责任”推进正风肃纪工作会议。会议要求，要深化认识，科学明责，增强落实“两个责任”的自觉性；要勇于担当，正确履职，增强落实“两个责任”的实效性；要立查立改，正风肃纪，增强落实“两个责任”的针对性；要落实考评，严格问责，增强落实“两个责任”的严肃性。（县委办）

县委办公室工作

【概况】　县委办公室属全额拨款单位，设有综合科、秘书科、信息科、行政科4个内设机构。其中：挂靠机构3个［政研室、机要局（密码管理局）、保密办（保密局）］；部门管理行政机构2个（督查办、防邪办）、事业机构1个（信息化办公室），办公室共有机关行政编制31名，机关工勤人员事业编制7名。

【服务决策水平提升】 紧紧围绕县委中心工作和热点难点问题，撰写优质文字材料200余篇。严格落实2名文件专管员做好公文处理，确保“零失误”“零差错”。进一步精简文件简报，下半年文件比上半年下降35%。认真抓好党内规范性文件制定和备案审查，报送市委备案13份。积极做好《中办通讯》《秘书工作》征订学用工作，订阅覆盖面达到100%。深入基层开展调查研究，配合23名县级领导组建21个改革发展重大课题调研小组，撰写完成《安县开展扩权强镇改革试点的调研与思考》等调研报告24篇。编发《调查与研究》共计10期，编写上报各类信息620余条。编辑《安州信息专刊》4期，出版《安县工作动态》月刊12期，向全县科级领导提供《安州信息》36期，准确全面地为领导提供信息服务。

【综合协调能力增强】 加强对上沟通协调，及时把握全市重大决策部署。主动加强联系，积极做好县四大班子领导协调工作。切实加强与乡镇、县级部门的沟通对接，掌握全面情况。深入18个乡镇和32个县级部门开展业务工作检查指导。12批次抽调各单位党委办公室24人到县委办轮训。坚持以“用心换您微笑”理念，顺利承办魏宏省长到安县检查指导相关活动、全市教育实践活动推进会和全市旅游发展大会等重要会议活动，协助绵阳第二届科博会对口接待攀西经济区来宾280余人。认真落实各项制度规定，做到财务收支、办公用房、车辆管理规范化、制度化。切实做好县委总值班室24小时值班工作，督促18个乡镇及县级重点部门24小时昼夜值班。扎实做好网络理政工作，认真做好“县委书记信箱”群众来信的回复工作，全年收到并回复信件302封。

【督查督办成效显著】 积极探索科学可操作的目标考核机制，牵头做好2014年度全县各单位的目标任务考核工作，及时对全年目标任务细化、分解和下达，督促各单位更加主动积极地开展工作。充分发挥办公室督查督办职能作用，积极做好市委、市政府下达目标任务的监控工作。全年共组织200余人次开展各类督查50余次、现场督查30余次，承接（办）上级批示专项督查30余件；编制《督查通报》35期、《督查专报》3期，督查督办市委书记批示的交办件10余件，确保了市县各项重大决策部署得到贯彻落实。

【保密、防邪、机要、信息化等工作实现新突破】 组织召开全县保密工作培训会，切实做好汛期和十八届四中全会等重要时段密码通讯保障工作。加强防邪警示教育，加大敏感时期、重点区域防控力度，实现“零进京、零聚集、零插播”目标。严格落实机要工作“两个确保”要求，保证了秘密安全和通讯畅通。规范电子政务建设和信息安全保障工作，加强安县政务网建设，全年传播各类信息近2000条。（县委办）

纪律检查与行政监察

【“两个责任”落实到位】 按照落实“两个责任”要求，把“一岗双责”写进《县委常委分工》，对全年党风廉政建设工作任务进行分解和细化；2014年，县委常委会专题研究党风廉政建设工作8次，听取党风廉政建设专题汇报并组织研讨工作18次，在全县大会上对反腐倡廉工作提要求、作安排12次；县委、县纪委领导到乡镇、部门调研党风廉政建设工作120余次，开展节日期间廉洁过节、上下班及值班情况等检查14次，暗访抽查乡镇138个次、县级部门178个次；拉网式开展落实中央、省、市关于作风建设相关规定情况专项检查5次，查出并纠正6个方面问题共计608条；对抓责任制不落实、干部纪律涣散的3个乡镇、6个党政主要领导进行了诫勉谈话，对4名违反工作纪律的人员给予了党纪、政纪处分。

【加强干部群众廉洁教育】 把反腐倡廉教育纳入县委党校教育培训必修课程，开展干部廉洁教育培训13期，培训1915人次；实施“农村基层干部学习教育年”活动，在乡镇、村社区两级开展《农村基层干部廉洁履行职责若干规定》专题学习180余场次，开展农村基层干部任前廉政教育，向234个村27个社区新任村、组干部发放《致全县农村（社区）两委干部的公开信》3400余份；组织学习《忏悔实录Ⅱ》等系列警示教材并撰写读后感言，分层组织观看《阳光下的“黑幕”》《迟来的忏悔》

等廉政警示片，受教育干部达到6000余人次；在元旦、春节、国庆等重大节日前通过文件、短信等形式进行廉洁提醒；对全县新提拔干部开展任前廉政谈话、廉政知识测试99人，对群众有反映的干部进行诫勉谈话6人、函询4人；开展送廉政春联到基层、新年廉政书画展、“反四风，树新风”主题征文等活动；利用公益广告、电视电台、LED电子屏、城市公交等载体，多渠道、多形式开展“扬安州清风、树和谐正气”反腐倡廉宣传教育，全县党风廉政建设工作的社会影响力进一步提升，风清气正的廉洁氛围进一步浓厚。

【健全预防腐败机制】 制定出台《安县惩防体系2013—2017实施办法》和推进方案，大力推动“积极预防、系统治理”工作机制建设，努力为广大党员干部构筑一个“不想腐、不能腐、不敢腐”的三维立体防线；着力推动重点领域系统防腐治腐工作，规范农村“三资”管理，成立“三资”代管中心，完善管理制度，对乡镇村财分管领导、“村账镇管”代管人员、乡镇内部审计人员开展集中培训，对全县234个村、27个社区会计人员进行专业培训，促进正确履职；完善和巩固村级“三务”公开机制，通过季度抽查与半年集中检查相结合的形式，加大对村级“三务公开”情况的检查指导；对执行村级零接待、公共事业运行经费使用等工作开展集中检查5次；对群众反映较多、涉及资金项目较多、检查中发现问题较多的35个村账目进行了抽查，经初核立案21件；广泛推进“村级事务点题专述”工作机制，通过“百姓点题，干部述职”，解决干部述职主题不明、内容空泛现象，进一步强化群众监督。

【信访举报和案件查处】 2014年，共受理群众信访举报331件次，同比增长222%，办理上级领导批示的信访件36件，办结率95%，办结“网络问政”信访件8件，满意率100%；全县立案查处65件，同比增长51%，挽回经济损失160余万元，同时，为42名受到不实举报的党员干部澄清了问题，有效调动和保护了党员干部改革创新、干事创业的积极性。持续开展“案发地民主生活会”，推行重大典型案件通报制度，将近年来安县发生的案例制作成展板，在县政务服务中心、乡镇便民服务中心、卫生院、村委会等人员密集场所进行案件查处成果展览，促进惩治成果向预防成果有效转化。

【强化正风肃纪】 以党的群众路线教育实践活动为契机，聚焦“四风”，重点开展“9+3+4”专项整治行动，着力解决干部赌博、“三资”管理不规范等4个方面的“地方病”；616名副科级以上领导干部带头做出杜绝“走读”承诺，对现有6个单位超配6名副科级领导干部和11名在企业兼职的党政领导干部进行了清理；在秀水、塔水等乡镇开展扩权强镇试点，将102项行政审批权力下放；全县共受理并办结行政审批和公共服务件66555件，平均办结时限1个工作日，办理提速99.97%。

【强化纪检干部履责保障】 全年通过召开电视电话会议、专题工作会议、片区会议等方式培训基层纪检干部共计12次；组织全县114名纪检干部到中组部全国干部培训基地进行业务能力培训；抽调纪检干部到省、市纪委挂岗锻炼4人次，到省、市纪委参与办案17人次；抽调部门及乡镇纪检干部跟班办案230余人次；出台《安县纪检监察机构全覆盖方案》，通过增设纪检监察岗位职数、联合派驻纪检监察机构方式，实现派驻机构全覆盖；清理退出议事协调机构，保留或继续参与18个，撤销或不再参与74个，精简率达80.4%；建立“八项规定”定点联系检查制度，定人定责，提升履职意识；完善纪委委员重大事项参议、重大活动参与等日常工作机制，以制度保障纪委委员切实发挥监督作用；修订完善《安县基层纪检监察干部办案津贴绩效考核办法》，开展纪检监察机关“灯下黑”专项整治，用铁的纪律打造过硬队伍。

【创新工作成效显著】 为全县18个乡镇67个部门量身定制个性化责任110项，重点解决廉洁文化宣传缺位、基层干部廉政意识薄弱等5类突出问题；创新实行“AB岗”+“二级备岗”模式，构建起“服务事项全集中、服务人员全到位、服务方式多样化、服务对象全覆盖、服务时间全天候”全方位便民服务平台；全县377辆公务用车均按规定张贴公车标示，公车私用、乱用等违规行为得到有效遏制。其中，党风廉政建设个性化考核、规范公车管理、纠正“四风”服务群众、农业合作社建起纪检“哨所”等工作被《人民日报》《中国纪检监察报》《四川日报》、四川电视台《聚焦廉政》栏目、《廉政瞭望》、省纪委网站等多个媒体报道。

（郭 彬）

组织工作

【扎实组织开展党的群众路线教育实践活动】 作为安县党的群众路线教育实践活动的牵头抓总和组织指导单位，在省、市、县委的坚强领导下，县委组织部把扎实开展活动作为首要政治任务，坚持问题导向，突出开门开放，发扬“认真”精神，在733个党组织、21726名党员中分层分茬分类深入实施“我给书记写封信”、“走基层·村村行”等七项活动。活动期间，安县的一些做法和成效，得到省级领导的肯定性批示3次，被中央、省、市采用信息41篇，被中央、省、市主流媒体专题采访报道20余次。其中县委班子专题民生生活会得到魏宏省长的高度肯定，塔水镇党委班子、乐兴镇青龙村党支部班子的专题民主生活会和专题组织生活会也先后得到省委、市委领导的充分认可。活动基本结束时，广大群众对全县活动的总体评价满意度达99.68%，解决“四风”问题评价满意度达99.35%。

【科学规范干部考察评价选任机制】 构建以《安县科级领导班子和领导干部差异化考核评价办法(试行)》为核心，定期研判与即时研判相结合、分类分层与横向纵向对比相结合、“官察”与“民意”相结合、综合研判与结果运用相结合的“一核心四结合”综合分析研判制度，考核研判分科级领导班子、乡镇、县级部门主要负责人、其他科级领导干部四个层次分别进行，按目标绩效考核得分、上级(全委扩大会)评价得分、职工会民主测评得分等项目比例构成的分数量化班子及干部，完善了干部“优上劣下”的实现途径。

【战略性储备优秀年轻干部人才】 按照《科级后备干部选拔培养管理办法》，通过资历和实绩量化、民主推荐、党委（党组）会议推荐和单位主要负责人推荐等程序，共推选出正科级后备干部120名，副科级后备干部187名，并建立科级后备干部信息库实施动态管理。启动“安县优秀年轻干部人才递进培养计划”，面向“80后”优秀年轻干部遴选了83名科级培养对象，并纳入科级后备干部管理。开展“经历补缺与能力提升”行动，选派5人赴藏区挂职锻炼，推荐11名优秀年轻干部参加全市第二批“百人计划”到市级机关挂职锻炼。采取“党校理论+高端培训+实地锻炼”方式，对45名“80”后副科级培养对象进行了为期3周的集中培训，并针对年轻干部基层工作经验欠缺、联系服务群众能力不足等突出问题，将学员分成小组安排到全县14个后进村（社区）进行了为期一周的社会实践调查。

【启动新一轮素质提升工程】 围绕全县发展战略和全面深化改革的总体部署，启动新一轮干部素质提升工程，对全县干部培训需求进行深入摸底，并制定了《安县2014年干部培训计划》。共完成中央、省、市各类调训96人次；依托各级党校、高校、专业培训机构，通过“请进来、走出去”的方式，共计5000余人次参加培训。举办2014年安县领导干部“统筹城乡、两化互动”和“新型工业化”2期专题培训班，分4批次安排全县35名县级领导干部和153名正科级岗位领导干部，分别到清华大学和深圳大学进行为期一周的学习培训。

【从严监督管理干部】 按照市管干部有关事项报告制度，完成了47名市管干部的个人事项有关报告。建立健全了干部监督联席会议制度，对6名单位主要负责人进行了任中、任期经济责任审计，强化“一把手”和关键岗位干部的监督管理，加大对“一把手”执行“三重一大”决策制度情况的监督力度。按照中央《关于严禁超职数配备干部的通知》和《关于进一步规范党政领导干部在企业兼职（任职）问题的意见》，对全县科级领导干部和科级非领导职数配备情况以及机关事业干部在企业兼职（任职）情况进行了全面清理和规范。

【加快创新创业人才汇聚地建设】 出台了《关于加快实施创新驱动战略加快安县创新创业人才汇聚实施意见》，结合《安县鼓励创新创业与加快科技型企业发展的意见》等系列政策，先后到高校、企业、商会进行宣传和推介。注重发挥安县工业园区的辐射作用，建立中小企业创业园、汽配园等创新创业孵化基地，利用清理的1.3万平方米行政办公用房打造安县创业服务中心，吸引优秀人才和团队入驻，2014年有高新技术企业和研发团队12个，专业技术研发人才突破200人。加大人才引进选拔。建立“安县工业园区实用人才信息库”，出台了《加强和改进优秀人才选拔管理工作的意见》，积极组织企业参加各类人才招聘会、大中专毕业生见面

会，并启动第一届安县优秀人才评选工作，表彰企业经营、农业农村、文化艺术等九类优秀人才共20名。（强广思）

党建工作

【强化党建责任】 先后召开党建领导小组会4次，县委常委会9次专题听取和研究部署基层组织、作风建设等工作。抓述职考核。推行“三级双向联述联评联考”制度，按30%一类、60%二类、10%三类分类确定党（工）委党建工作等次，并将结果在适当范围公开，真正将党建工作的“软任务”变成“硬指标”。

【提升基层党建服务水平】 建强三支服务队伍，深入开展机关“一学二讲三评四公示”“机关服务品牌”活动，健全村（社区）干部养老保险、薪酬等正常增长机制，创新推行和实施“主题式党组织生活”模式、IPTV党员现代远程教育培训工程。优化三项服务平台。创新组织设置，采取社区“功能分区”、园区“一化五联”、深化“621”群众工作机制，固化“我给书记写封信”、“百姓提案”等制度，建立健全“党代表工作站”“党代表接访日”和县乡村三级便民服务体系，无缝提供“便民五项服务”和群众事务党员干部全程代理服务。深入开展“一重三线”党建特色示范带建设，进一步完善“精品党建”项目化管理、基层减负提效等制度，全面推行乡镇“三资”管理中心建设，积极构建村（社区）网格化管理体系，深入开展“9+3+4”专项整治、“万人评风”和效能“季后晒”活动，重点解决行政效能和干部作风等问题。

【构建党员发展质量评估体系】 坚持“控制总量、优化结构、提高质量、发挥作用”党员发展“十六字”方针，将党员发展质量控制关口前移，坚持两级预审制，党（工）委主要负责对党员结构和发展对象具体情况进行监控，县委组织部对各党（工）委发展党员数量、队伍结构、发展程序把关预审，对不符合党员发展规划或年度党员发展计划，以及通过调查走访，对群众反映有问题的，坚决不予审批，并对所在党支部提出警告。共发展新党员457名，35岁以下党员313名，大专以上学历的党员202名，专业技术人员92名，农牧渔民124名，农民工77名。

【推进党员分类积分制管理新模式】 探索推行“基础性积分+加分项目积分-扣分项目积分”的动态积分模式。根据党员实际情况，将党员分为两级四类，由各基层党支部结合“双报到”制度的相关内容，建立“党员活动积分记录卡”，将党员学习教育、履行义务、参加村（社区）活动及服务群众情况详细记录，并针对不同类型的党员，设立“党员风采星”。对照《党员日常行为积分细则》、“双报到”积分内容，通过党员民主评议、群众评议和支部评议的方式，进行“双报到”评分，对党员分类设岗管理，公开量化管理考核，实现了组织评价有依据、党员创优有动力。全县1883名流动党员全部纳入积分管理体系进行管理。

【继续探索实施“大党委”模式】 坚持“五联一化”工作模式，实现党的组织和工作对工业园区企业全覆盖。探索“三联”工作机制，坚持机制联建，从组织联设、代表联选、运转联督三个方面着手，在试点镇河清镇建立以镇村建环卫中心主任任书记，镇机关支部和社区支部书记任副书记，驻镇企事业单位党支部书记任委员的社区大党委组织架构；坚持工作联抓，从问题联商、任务联办、考核联评三个方面着手，每季度召开一次大党委委员会形成“季度工作清单”，由社区大党委对各党支部进行百分制量化考核，对考核等次为“一般”和“较差”的单位党组织，扣减其年度党务政务目标考核分并取消推先评优资格；坚持服务联动，通过扶贫帮困、文化事业、志愿服务等工作的共联共办，促进社区各项事业和谐发展。目前，全县27个社区全部实行了“大党委”制，23个社区实现了数字化管理。

【全线深化“新四村”建设】 深度融合“扶贫攻坚”、“新农村建设示范点”等活动，创新推行“1+3”帮扶机制，对16个后进村（社区）党组织，分别由一名县级领导具体联系，由一个县级部门具体帮扶，选派一名优秀年轻干部作“第一书记”，县财政拨付10万元专项帮扶资金，通过部门结对帮、干部蹲点扶和优化载体推，在促其转型升级中补好“新四村”建设的短板。目前，全县60%的行政村建成“新四村”、10%的行政村建成“新四村”示范村，各村（社区）村规民约健全，16个后进基层党组织全面转化升级，提前达到2015年的预定目标。

（强广思）

宣传工作

【理论学习与培训】 制定《中共安县县委关于进一步加强和改进党委（党组）中心组学习的意见》，确定周五理论“学习日”，集中开展11次30余个专题中心组学习，学时达22天。邀请省委、市委宣讲团作专题报告9场次，县内宣讲团作形势政策辅导报告200余场，发放理论书籍资料21000余册，形成有影响力调研文章56篇。

【对外宣传】 圆满完成睢水踩桥、乡村旅游节、第二届环山环湖自行车赛、《乡村大世界》走进安县、创业服务中心成立、群众路线教育实践活动、集中整治“庸懒散浮拖”、烈士纪念日、第一个宪法日等系列活动新闻通稿及采访报道。

出台《关于进一步加强和改进对内对外新闻宣传报道的实施意见》，先后接待中央、省、市媒体40多批次、100多人次到安县实地采访。在中央，省，市报刊刊发新闻460余篇，在网络登载宣传报道820篇（条），在《绵阳日报》开设21期县域新闻专版，报送《绵阳党政参考手机报》信息600多条，编发《今日安县》手机报300余期。

【文化基础设施建设】 落实公共服务专项资金297万元，完成1个省级示范乡镇综合文化站（睢水站）的打造及17个乡镇文化站和54个村级综合文化室提升，农村广播覆盖率达95%以上。建设农村公益电影固定放映点5个，年放映农村公益电影2808场次。建成农家书屋234个、社区书屋25个，“三馆一站”常年坚持免费对外开放。

【沙汀文艺奖评选】 完成第三届沙汀文艺奖评奖工作，举办各类培训交流30余期，出版作品14部。联合30多家部门开展“四下乡”活动，接受咨询7.8万余人次，发放宣传资料21万余份，义诊2516人次。

【影视文化建设】 牵头筹办“花城春色”2014年迎新春群众文艺晚会，协助完成环山环湖自行车公开赛及CCTV－7《乡村大世界》走进安县节目拍摄、专场演出的组织工作。联合主办群众健身广场舞广场诗歌诵读比赛及首届群众音乐会等大型活动10余场次。开展“幸福中国梦·社区大舞台”等活动120余场次。承办第四届中国诗歌节现当代诗歌朗诵会安县专场，组织4万余人观看电影故事片《兰辉》48场次。

【出版发表文艺作品】 出版“精神家园”丛书（第三辑）11部、《安县文艺》2期、《安州诗词》第十四辑；28件文学作品在国内文学刊物发表，市级以上展览21件作品获奖。方言话剧《咱们的牛校长》获“五个一”工程奖优秀作品奖，话剧小品《石榴树下》获四川省“群星奖”戏剧类一等奖，版画《高原阳光》入围第十二届全国美展并获四川省优秀作品奖。

【网络理政】 组建约380人的网络舆情处置队伍，落实网络新闻发言人，建立各类政务微博52个，官方ID 81个。引导回复和处置各类舆情252件，形成《安县网络舆情专报》180多期，舆情分析报告11期；正确应对和处置重特大网络舆情12起；召开网上信访第三方评价会3次。建立网络理政平台4类13个。收到转办信件142件，群众直接来信522件，人民网地方领导留言板12件，至年底已全部办结。注册官方认证账号“安县播报”，在网站、微博、论坛、帖吧等发表各类报道534篇，运用自媒体发表各类报道1306篇。

【精神文明建设】 制定《关于推进志愿服务制度化的实施意见》，建成志愿者工作站388个，标准化工作站2个，开展活动352次。新建文化大院2个，新增十星级文明户950户。遴选典型代表、身边好人、道德模范、优秀志愿者26名。广泛设立“好人榜”，张贴“我们的价值观”宣传招贴画900张，打造社会主义核心价值观广场1处。公益宣传3000余条（块），创作公益视频广告10件。开办道德讲堂46期，公民道德宣传教育活动195次。

【主题宣传活动】 学习宣传贯彻党的十八届三中、四中全会等中央、省、市重要会议精神的形势教育达80场次，形势政策教育报告会11场。上报思想动态信息12篇，撰写思想政治创新案例《“兜底”政策与蝉花精神》。围绕大局、大事和大势举办舆情业务培训2次，及时收集、编写报送网络舆情和社会舆情信息900余条，被各级采用200余条。

（席珍奎　刘小林）

统战工作

【民主党派工作】 开展县级部门对口联系民主党派、工商联和民主党派、工商联联系服务社区工作。采取“面对面”“结对子”等形式，帮助扶持困难群众，为社区居民开展力所能及的帮助。针对社区实际，开展“民主党派结对共建和谐社区”“文化进街”“科技赶场”“法律下乡”“科普惠民”“扶贫济困”“捐资助学”等形式多样的专项活动，丰富“进社区、送服务”的内涵。

【非公有制经济领域统战工作】 2014 年为绵阳市广通电缆有限责任公司解决企业生产和生活用水问题；企业融资难问题；帮助企业顺利完成资产登记。创办领办中、小科技型企业工作落到实处，创办绵阳金麦穗现代农业科技有限公司。

【民族宗教工作】 在宗教活动场所继续开展以“教风”为主题的“创建和谐寺观教堂”活动和“法律进寺观教堂”活动。协调 10 万元资金，解决了罗浮山飞鸣禅院用水困难问题。向省上争取 20 万元项目资金，用于塔水清真寺排危和秀水天主教堂输电线路改造。协调解决安县基督教堂旧房拆迁补偿资金。进一步加强宗教场所管理，重点加强了宗教场所财务监督管理，聘请专业会计统一代理宗教场所的会计事务。开展宗教场所专项治理工作，制止了千佛镇莲花寺、观音庙违规建设行为；协调处理了安县雍峙寺、河清普济寺违规修建寺庙问题。引导安县宗教界开展慈善公益活动，全县宗教场所捐资 5 万元用于帮扶贫困群众。为化解宗教场所的矛盾纠纷，维护社会和谐稳定，结合全县宗教特点，于 2014 年 11 月 13 日成立了安县宗教场所纠纷人民调解委员会。调解室设在县委统战部。

【海外统战工作】 接待台商来访 3 批次。看望慰问困难台胞台属 30 户，做好台胞援建秀水民兴中学运动场馆项目的服务工作，至年底已到位援建资金 310 万元，确保项目顺利开工。 （彭 瑶）

目标督查

【概况】 县督查办负责市委、市政府和县委、县政府重要文件、重要会议决议、决定和重大决策、重要工作部署贯彻落实情况的督查。负责市委、市政府和县委、县政府领导同志重要指示、批示及上级领导机关交办的有关事项落实情况的督查。负责市委、市政府下达的重点督办事项、临时交办督办事项以及县委、县政府交办督办事项、重要工作督办事项落实情况的督查督办。负责市委、市政府下达目标的分解、落实、检查、考核工作。负责县委、县政府重要工作目标，县级部门工作目标的制定、审核、下达、检查、考核、奖励工作；负责县级部门获奖审定、奖励承办工作；负责县委、县政府领导同志临时交办、要求纳入目标考核的工作目标的分解、下达、检查、考核工作。负责县委、县政府领导同志交办的其他事项的落实。

2014 年，县督查办共组织开展各类督查 50 余次，现场督查 30 余次，专项督查 5 件，印发《督查通报》30 期次、《督查专报》3 期次。

【完善目标绩效管理】 修改完善目标绩效管理办法，向全县各级各部门征集 2014 年考核工作意见和建议，深入乡镇、县级部门调研目标绩效考核工作；组织到经开区学习交流目标绩效管理的经验和做法，结合安县实际，出台《安县 2014 年乡镇和县级部门目标绩效考核管理办法（试行）》。进一步改革和完善了目标考核体系，确保目标绩效管理更加科学合理。

【科学制定目标】 县督查办结合市县确定的目标任务，会同县级目标监控部门对全县 2014 年经济社会发展主要目标任务、党务政务目标任务、县级部门目标、乡镇目标进行研究，出台《安县 2014 年目标任务》。并针对各乡镇、县级部门实际工作情况，细化到每个乡镇和县级部门。先后草拟并印发了《2014 年乡镇目标绩效考核表》《2014 年县级部门目标》等一系列文件。

【加强重点工作督查】 组织到县级部门和各乡镇督查办公用房清理、公务用车标识张贴等工作，积极对分解办理重点企业困难和问题、高川乡新桥村堆放铁建洞渣处理、春、秋季血吸虫病防治、凯江流域环境治理、道路交通安全、秸秆禁烧、人大代表和政协委员提案办理情况、科技型中小企业发展、农村土地确权颁证、新农合筹资等县委、县政府重点工作进行专项督查，确保了各项中心重点工作按时间节点顺利推进。

【加强对“稳增长促改革调结构惠民生”政策措施落实情况的督查督办】 每月以现场查阅资料、实地看点等方式对全县各级各部门完成落实情况开展专项督查。并积极开展自查，建立台账，为全县全面落实国家、省、市“稳增长促改革调结构惠民生”政策措施提供了有力保障。 （林长俊）

政策研究

【加强调查研究】 2014年分别向县级领导、各乡镇、县级各部门广泛征求征集调研课题，梳理各类课题50余个，精选重点调研课题22个，并分别制定调研计划，设计调研方案，落实责任分工，创新务实开展调研工作。撰写理论调研报告5篇，被市级刊物采用4篇，编辑《调查与研究》12期。

【强化智力服务】 围绕全县经济社会发展的根本性、战略性问题，以及群众反映的热点、难点问题，深入基层，深入实际，先后开展了县域经济、扩权强镇、农村现状等专题研究，其中，《安县县域经济发展战略思考》《安县农村现状调查》等研究成果作为会议资料供全县干部职工学习。《安县扩权强镇的调查与思考》《安县服务业发展的调查与思考》等调研建议被县委、县政府采用并实施。全年完成研究课题10个，提出意见建议30余条，协助市委政研室完成生态强市研究、深化改革等课题3个，编辑出版《2013年安县重点调研课题汇编》一书，供全县领导干部学习交流。

【推进深化改革】 全面承担县委全面深化改革领导小组办公室工作责任。组织开展深化改革“大学习、大讨论”活动，下发《习近平关于全面深化改革论述摘编》等参考读物。结合安县改革实际，全面梳理深化改革各领域的具体内容，按照工作领域职责，成立10个深化改革专项小组，并对领导小组办公室、改革专项小组的职责分工和工作规则进行了明确细化，完善了机构设置、职责任务、工作机制等制度。制定出台《县委全面深化改革领导小组2014年工作要点》，明确10大领域36项改革要点。细化分解具体实施改革任务110项，明确了牵头部门、协作部门和完成时限。建立改革工作联系机制，落实由各专项改革小组牵头单位办公室主任为联络员，定期收集汇总本专项小组改革动态，《安县“五项重点”深化财政预算绩效管理制度改革》《统一公务用车标识　积极推进公车改革》等信息被《绵阳改革动态》采编，市委副书记张锦明等市级领导对安县改革工作作出批示。2014年，已完成的改革任务78项，按计划逐步推进的32项。

【推进扩权强镇】 自2014年10月在桑枣镇、秀水镇、塔水镇启动扩权强镇改革试点工作以来，14个县级部门仔细梳理授权事项并依法下放权限102项，县级相关责任部门与3个试点镇全面完成了业务培训和责任委托书签订，落实了分管领导和业务骨干“点对点”指导，新增权限全部入驻试点镇并依法开展审批工作。

【作品精选】 《夯实基础谋跨越　富民强县谱新篇——安县县域经济发展战略思考》。

（刘江涛）

县直机关工委

【机关党建工作】 县直机关工委结合党的群众路线教育实践活动的开展，组织指导县直机关各党组织和党员干部积极开展各类党课教育、主题党日等活动共计1200多次。注重党务干部素质提升，3月、7月，分别组织党务干部开展了党务知识、信息宣传工作、新《党员发展实施细则》等的培训2次。5月，组织县级机关60多名入党积极分子进行了集中培训，发展新党员25名，转正32人。强化党建信息宣传工作，上报各类信息30多篇，被省直机关党建网或省委群教办刊发3篇，被市直机关报刊发6篇。指导县直机关各单位认真完成有影响力的网评文章1316篇。紧紧围绕“服务型党组织”建设主题，制定了县直机关党组织“三分类三升级”活动分类指导标准，做好了各党组织的转化升级工作。深化“一学二讲三评四公示”模式，推行党员积分制管理。积极打造县人社局、县民政局等示范点，进一步促进了机关党员日常管理的精细化、科学化、规范化。

【“双联”工作】 积极指导督促县级包村部门做好帮扶工作，主动做好了与省、市、县联系领导和部门的沟通协调、上情下达、亮点打造、氛围营造、制度健全、公示评比等方方面面的工作，把干部驻村帮扶工作与“双联”工作有机结合，细化了驻村干部开展工作的相关要求，努力引导干部真正下沉到村、扶持到户，以确保贫困村、贫困户如期脱贫和“双联”工作取得实效。

【特色工作】 深入开展“机关服务品牌”和“星级机关服务品牌”创建评审工作。5月，开展了“机关服务品牌”和“星级机关服务品牌”创建评审工作，命名授牌了10个“机关服务品牌”和9个“二星级机关服务品牌”，促进了县级机关工作作风转变和服务水平的提升，此项工作作为我县机关党建工作的特色上报省委、市委组织部，受到上级肯定，先后被“新华网”、“中国新闻网”等10多家媒体报道。

（钱熙铭）

精神文明建设

【社会主义核心价值观实践教育活动】 加强社会主义核心价值观宣传，张贴“我们的价值观”宣传招贴画900张；打造社会主义核心价值观文化广场1处。将近年来安县涌现出来的身边好人、道德模范先进人物、优秀志愿者等典型代表26人的先进事迹，下发到各地和各部门作为学习培训教材。在绵阳市文明办的支持下，把绵阳市第三届道德模范、2013感动绵阳十大人物青安村村民代桂芳的故事，改编成川剧折子戏《为了爱的承诺》在绵阳市涪城、游仙等地巡演，受到市民广泛好评。树立典型，做好先进人物事迹宣传，组织各地向县文明委推荐各类好人45人，并通过在县党政网开辟“安县好人榜”平台，及乡镇和县级部门分层设立的好人榜进行展播。

【“讲文明、树新风”活动】 实施文明交通行动计划，加强道路交通安全基础设施建设，启动了县级交通服务岗亭、执勤点，开展文明劝导。实施文明餐桌行动，在餐饮企业张贴厉行节约反对浪费宣传画300张、温馨提示卡500张。实施公益广告创作宣传活动，创作视频公益广告10件，4件作品在市上获奖，县文明办、县文广新旅局荣获绵阳市第三届广播电视公益广告创作大赛特别奖。引导媒体单位、窗口企业、建筑企业、场镇社区，利用电视荧屏、手机短信、建筑围栏，推送中国梦、传统美德等公益广告2920条（块）。

【公民思想道德建设】 做好公民道德建设实施纲要学习宣传，开展宣传教育活动195次，开办道德讲堂146期，培训市民45897人。抓好安县好人故事新闻外宣活动，孝老爱亲模范代桂芳、乡村医生袁帮全、最美安监人文益全、花荄镇村民刘富仙等典型故事分别在绵阳电视台、四川新闻网、蜀龙网等媒体刊播。蝉花精神登上《人民日报》头版，助人为乐模范李代全长期做客四川电视台，林兴聪、畦平、彭兴善等好人，亮相中央电视台《乡村大世界》。持续开展安县公民道德模范奖先进个人表彰活动，10名先进个人受到县委、县政府命名表彰。继续抓好我推荐、我评议“身边好人”活动，向省市推送好人14人，谢有才、陈明富、畦平被评为四川好人，畦平进入中国好人榜候选人榜单。

【志愿服务活动】 建立各类志愿服务组织168支，招募志愿者7382人，建成标准化社区志愿服务工作站2个，组建了安县网络文明志愿传播队伍，发展成员124人，开展网络文明传播，发表网评、微信等1079条。制定印发了安县《关于推进志愿服务制度化的实施意见》《社区志愿服务工作流程》《社区志愿服务工作站职责》。设计了11个专题活动，开展“三关爱”志愿服务活动352次，参加人数4242人，服务对象98358人，爱心捐资993467元。刘建华被命名为“四川百名优秀志愿者”称号，4人被命名为“绵阳市优秀志愿者”，1个志愿服务项目、2个志愿服务组织受到市上表彰。

【未成年人思想道德建设】 组织开展了全县中小学生合唱大赛、安县中学第二届中华经典诵读比赛。开展美德少年推荐表彰活动，黄土小学杨晶晶获得“绵阳市十佳美德少年”，安县界牌小学熊仪茹获得“绵阳市美德少年”荣誉称号。强化乡村学校少年宫建设，实现了48所学校乡村少年宫县级部门结对帮扶全覆盖，为少年宫提供帮扶资金16.94万元，完成了4所少年宫中央彩票公益金项目学校运转考评；新争取中央资金60万元，启动了3所少年宫中央彩票公益金项目学校建设工作，争取39万元中央资金和市级财政资金用于全县少年宫日常运转；开办了安县首届乡村学校少年宫成果展示。“安县童心向党”节目走进CCTV－12，界牌小学少年宫成果进入全国未成年人网展示，七一实小等三所学校进入全国未成年人网成果综合展示。

【农村精神文明建设】 新增十星级文明农户、好媳妇、好公婆、“五好家庭”950户。完善农村基本公共文化服务，争取资金13万元，用于七里村、联丰村、青龙村文化大院建设。投入资金171.5万元，开展各类节日文化活动276次，参与群众16726人。

（崔恩义）

保密工作

【网络保密管理】 5月19日—6月17日，对全县网络开展核查分类，严格界定涉密网络、非涉密网络属性。指导机关、单位建好管好涉密网络。规范内部办公网络特别是电子政务内网和涉密单机的保密管理，严肃查处非涉密计算机违规处理涉密信息行为。加强电子政务外网和互联网保密监管，加强重要涉密单位互联网保密检查监管。加快推进互联网门户网站和重要涉密单位互联网出口保密检查平台建设工作，完成党政机关互联网安全接入工程保密设施建设。开展机关、单位互联网门户网站、政务微博、微信平台的保密检查和技术监管。加强智能手机等移动终端和无线局域网使用保密管理。

【严格执行政策法规】 贯彻党和国家有关保密工作的方针政策，做好《保密法》和《保密法实施条例》的贯彻执行工作。9月5日，举办了全县《保密法实施条例》培训班。积极开展依法治县工作，按照行政审批制度改革要求，规范保密行政审批，强化管理职责，加强事后保密监管，切实推进保密工作依法行政。依法加强对政府信息公开保密审查的指导监督，举办了信息公开保密审查培训。

【保密教育培训】 继续抓好《“六五”保密法制宣传教育规划》的贯彻实施，继续坚持在县委党校、行政学院副科级干部培训班上保密课，分析保密形势，讲授领导干部必须掌握和应知应会的保密知识和常识。落实中保委要求，10月28日，县保密委员会主任钟思亮为全县领导干部和涉密人员讲了一堂保密专题党课活动，将保密法规纳入党委中心组理论学习内容。利用领导QQ群平台向全县副科级以上领导干部和各单位涉密人员发送保密宣传短信2000余条。参加全县举行的“12·4”全国法制宣传日宣传活动，开展泄密案例警示教育，各单位共出板报57块，印发保密知识手册1000份，全年印发了保密工作简报12期，并结合日常工作、专项工作、保密检查等多种形式进行培训教育。

【专项检查】 严格执行保密检查规定，规范全县保密检查工作。制定了《安县保密检查实施办法》，加大依法监督检查力度。认真组织开展了2014年涉密中央文件保密管理、涉密测绘成果、手机使用保密管理、非涉密网络保密管理、保密要害部门部位保密管理等五项专项检查和保密自查。5月，会同公安、国保等部门，对安县9个重点涉密单位周边环境安全保密管理开展了专项治理工作。健全完善机关、单位保密自查机制，强化对保密自查的指导监督。做好省人大内司委到绵阳市调研《保密法》实施贯彻情况相关工作。

（王国辉）

机构编制工作

【机构改革工作】 按照中央、省、市统一部署，全力做好政府职能转变和机构改革工作。在前期调研的基础上，对县政府各组成部门“三定”规定执行情况进行了全面评估，并结合实际形成了机改方案。2014年，安县政府机构改革方案通过市委、市政府批准，并积极稳妥实施，工商、质监划归地方管理。认真制定了部门“三定”方案。

【经济发达镇改革试点工作】 根据省、市相关要求，到秀水、塔水、桑枣三个试点镇党委、政府进行了多次调研和沟通，就机构编制及干部人事管理相关工作研究制定了实施意见，并已正常实施。

【事业单位分类改革工作】 制定了《实施意见》《分类工作方案》和《分类目录及说明》，提出了全县334个事业单位分类方案（行政类7个、公益一类283个、公益二类13个、暂缓分类9个、暂未明确类别14个、不分类8个）。2014年，完成270个事业单位批复工作。

【实名制管理工作】 全面开展机构和人员编制核查及完善实名制管理工作，建立了部门联合领导小组，召开全县业务培训会，分5个组对全县机构和人员信息进行了联合审核。并成立4个验收小组对30个主管部门共计219个单位进行实地核实，占全县机构个数的53.8%。在实地核查中，针对编制总体存在超编及人员混编混岗、机构挂牌不规范、行政事业单位领导干部混编混岗及超职数配备、主管单位擅自调动下属事业单位人员、在编人员“吃空响”等问题，及时指出并提出行之有效的措施和整改方案，取得了良好的社会效益。

【机构编制事项审核工作】 深入全县200余个机关事业单位进行调查研究，有效促进了机构编制事项审核、报批科学化。全年完成县机关事务管理局、县应急调度中心、县劳动人事争议仲裁院和县中小企业服务中心等4个机构设立的审核、报批和批复工作；公安局政法专项行政编制分配，食品药品监督稽查大队和环境保护监测站等事业编制增核工作顺利完成。

【控编减编工作】 在公开招聘、选调、遴选干部工作上严格根据编制空额使用，机构设置严格执行“撤一建一、总量不增”的原则。2014年，撤并事业单位5家，收回事业编制11名，并初步完成控编减编方案制定。全县行政事业单位内设机构增设和股级干部职数增加的批复及股级干部增加津补贴的审核工作全面完成，共核定中层干部职数1156名；2014年公开招考公务员、事业人员及临时人员的考试招聘、调动工作顺利开展；全市机构编制统计工作会议在安县顺利召开；机构编制管理工作资料汇编2011年至2014年书籍完成编印。

【事业单位登记】 全年办理事业单位变更登记65个、注销登记4个、证书补领2个；全面完成了319个事业单位年审工作；事业单位信息公开在2013年106家的基础上扩大到146家；开展了以新任法定代表人为主体的培训班，105名学员参加了培训；完成122个事业单位中文域名续费工作；认真落实党政机关、事业单位网站开办审核、资格复审和网站标识管理工作，对全县已建立的38个网站进行了资格审核和标识发放。

【机构编制问题自查和整改】 对机构和领导职数设置不规范及执行机构编制纪律不严等问题进行了专项整改。坚持严把进人关口，严禁超编进人，采取人员分流调整和自然减员，切实解决超编问题。加强与组织部门沟通，采取干部调整和自然减员逐步解决超职数配备领导。坚决抵制个别上级部门干预机构挂牌等问题，全年对200余个机关事业单位“三定”规定执行情况进行了监督检查，并对违规现象进行了通报批评和限期整改。

（巩 洋）

党史研究工作

【概况】 县党史研究室和地方志办公室合署办公。党研室负责地方党史资料的征集、整理、编纂、研究和宣传教育工作，为县委、县政府解决有关历史问题提供依据及决策咨询；负责《中国共产党安县历史》各卷及《中国共产党安县大事记》的编写、出版、发行；承担省、市党史工作部门布置的工作任务。

【完成《中国共产党安县历史（二卷）》定稿工作】 《中国共产党安县历史（二卷）》编写时限为1949年—1978年，初稿于2013年完成，约20万字。2014年进行修改增删，完成定稿30余万字，精选图片30余幅。

【开展党史资料征集、编纂和宣传教育工作】 2014年，认真征集、整理各种党史资料和大事记资料，组织人员收集《红军在安县》的相关史料。编写出2014年党史大事记万余字。继续开展“红色经典”党史人物讲座，分别在县政府机关党支部和沙汀实验中学作两次党史报告。

【编写《沙汀故事》】 沙汀是安县第一个共产党员，也是优秀的红色作家。为了让全县人民进一步了解沙汀的生平和成就，2014年，县党研室组织人员历时8个月，参阅数十种资料，编写出8万字的党史人物读本《沙汀故事》。

【编写《安县史话》】 2014年，县党研室组织力量编写《安县史话》，全书8万字，是国家“十二五”重点图书《中国史话》分册。该书由县委书记廖雪梅亲自作序，内文详细介绍了安县的自然历史、人文地理、旅游特点、经济建设成就等。

【推进安县革命老区申报工作】 2014年8月，县党研室受县委领导委托，到省政府办公厅详细了解老区申报审批情况，为县委领导提供审批停滞的原因。12月，省上重新启动老区申报工作，县党研室及时上报了相关资料，与县发改、财政、民政等单位密切配合，关注申报情况。

（张 琴）

老干部工作

【落实老干部各项待遇】 一是坚持每月组织开展老干部政治理论学习活动。二是精心组织安排老干部开展丰富多彩的文娱活动，以及外出学习活动。4月16日和10月11日，组织全县副县级离退休老干部约100余名，到彭州市白鹿镇和睢水镇、永河镇开展外出学习活动。10月9日至16日，由县老干部局牵头负责，举行了安县第五届运动会老年组竞赛活动。在建党93周年之际，开展了为中国共产党写诗、写感想、写书法等活动。三是开展走访慰问关爱老干部活动。在元旦、春节、“五一”、端午、“七一”、“八一”、国庆、重阳等中国传统节日和重要节庆期间，对副县级及以上的老干部进行走访慰问。四是争取特殊困难帮扶专项经费5万元用于关爱特殊困难离退休老干部和遗孀。五是认真组织筹办了2014年春节、端午、“中秋·国庆·重阳”老干部形势报告会3次。六是收集整理新中国成立初期参加革命工作的55名退休老干部相关信息，研究并制定了符合安县实际情况的具体医疗补助实施办法。七是为4名副县级及以上退休老同志办理了工资、退休证件等各项政策待遇，协助处理了8名老同志去世后善后事宜。

【完善老干部活动阵地建设】 2014年3月，安县老干部活动中心被省委老干局评为绵阳唯一一个全省老干部学习活动阵地规范化建设示范单位，并成为省委老干部局工作联系点。6月，由县老干部局牵头，对老年活动场所—门球场地进行翻新，共花费近20万元。省委组织部副部长、老干部局局长彭德秋，省委老干部局副局长罗卡，省委老干部活动中心副主任刘德等各级领导先后到安县检查指导工作，并考察老干部活动中心规范化建设情况，对安县老干部工作进行了充分肯定。

【鼓励老干部余热生辉】 一是利用离退休老干部熟悉县情、经验丰富的优势，通过走访慰问、召开座谈会等形式，广泛倾听征求老干部的意见和建议；二是组织离退休老干部给单位干部职工和基层党员讲党史授党课；三是积极创造条件展现老干部风采。老干部陈祖钧于4月4日，在县文化馆，举行了个人书法展；四是引导老干部在“撤县设区”工作方面提出意见和建议；五是聘请老干部担任干部监督、行风评议、纪检监察等部门的义务监督员；六是组织老干部志愿者对安县境内的留守儿童、“五保”户等展开关爱帮扶工作。

（杨奥枫 任悍韬）

党校工作

【概况】 2014年，安县党校暨行政学校仍沿用校委会，办公室及教研室的组织机构。其中县委常委、组织部部长胡斌任党校校长，县委常委、常务副县长党海燕任行政学校校长。

【干部培训】 全年，共举办各类培训班14期，其中村社四职干部培训8期、1024人次，后进村社干部培训1期、61人，科级干部培训1期、48人，优秀年轻（科级后备）干部培训班1期、45人；新党员培训班3期、180人；与县委组织部联合举办行政能力提升培训6期，1000余人次参训。党校教师送教到乡镇、机关企事业单位100余课时，受教育面达500余人。另外，党校2014年先后与农业局、地税局、农广校、西南科技大学等数十个单位联合办学，受众人数达2000余人次。

【理论宣讲】 全年，安县党校教职工积极宣讲中共十八届三中、四中全会理论以及党的群众教育实践活动理论。党校主要负责人带头上课，曾先后受邀到安县发改局、国税局、人社局、编办、信用联社、秀水镇等单位授课近100余课时，为到党校参训的村干部、科干班、事业单位法定代表人培训班等培训班授课120课时，收到良好效果。

【干部继续教育及教师进修】 为认真贯彻省、市学历教育管理工作的重要指示，全年，安县党校对学历教育工作不放松，扎实做好学员招收、管理、毕业等工作。一年来，协助绵阳市委党校新招各类成人教育大专、本科、研究生新生40人，完成了绵阳市委党校下达的招生任务。安排专兼职教师赴省市党校（行政学院）培训学习，不断强化党校师资队伍建设。

【积极撰写调研文章】 党校教员积极深入基层，根据自己所研究的课题，共撰写理论调研文章20余篇，在省市相关会议、刊物上交流发表。其中，完成四川省委党校立项课题1篇；绵阳市委党校理论

研讨会论文18篇；县领导交付课题2个；与安县工信局合作撰写论文1篇；在《智慧绵阳》刊物上发表论文1篇。 （胡 平）

安县人民代表大会

【概况】 2014年，安县人大常委会依法对县人民政府和县人民法院、县人民检察院实施法律监督和工作监督，组织代表视察，督办代表议案和建议，适时作出重大事项的决议决定，严格按照法定程序任免国家机关工作人员，注重联系人大代表和人民群众，不断加强对乡镇人大工作的指导，不断加强人大制度的宣传和地方人大工作的研讨，为坚持完善人民代表大会制度，推动依法治县工作有效推进，建设“五位一体”幸福安县做出了应有的贡献。

【召开第十七届人大第三次会议】 安县第十七届人大第三次会议于2014年3月6日至7日在安县工人文化宫举行。大会应到代表207人，实到代表206人。会议听取和审议了安县人民政府工作报告，审查和批准安县2013年国民经济与社会事业发展计划执行情况及2014年国民经济和社会事业发展计划草案的报告、审查和批准安县2013年财政预算执行情况和2014年财政预算（草案）的报告，听取和审议了安县人大常委会工作报告、安县人民法院工作报告、安县人民检察院工作报告，并通过了上述六个报告的决议。

【促进全县经济健康平稳发展】 常委会组成人员多次深入园区、乡镇、部分重点企业、重大项目建设工地视察调研，就工业强县、园区发展、城乡统筹、产业支撑等提出意见建议。审议了县人民政府关于安县2014年上半年国民经济和社会发展计划执行情况的报告，提出了加快推进与绵阳科技城同城化发展、促进城乡统筹和“两化”互动发展等审议意见。联系支持浮生御温泉酒店、昊昇三农、绿植农业、嘉利亚工业、洪发车辆配件、成州量具等13个重点项目跟踪、落地、建设、协调以及协办绵阳元泰机械制造科技型中小企业1户。

【加强财政预算监督】 审议了县人民政府关于2013年县级财政决算和2014年上半年财政预算执行情况的报告，审查批准了2013年县本级财政决算，并提出强化预算管理、优化支出结构、强化非税收入的征收等审议意见。审议了县人民政府关于2013年县级财政预算执行和其他财政收支审计工作情况的报告，要求强化审计成果的运用，加大对查出问题的整改力度，提高审计监督的质量和实效。

【推动城市建设和管理】 为促进城市和环境改善，推动文明城市建设，常委会组成人员和部分人大代表多次深入街道社区、市政基础设施建设工地开展视察和调研，先后作出了《关于同意采用融资招商模式建设安县县城淘金大道东外线等新建市政道路工程的决定》等项决定。

【促进文化教育事业健康发展】 为促进娱乐业步入健康有序的发展轨道，审议了县人民政府贯彻执行《中华人民共和国娱乐场所管理条例》情况的报告，要求严格监管和积极疏导，努力有效带动第三产业发展。为确保全县义务教育阶段素质教育的良好发展态势，听取了县人民政府义务教育阶段素质教育开展情况的报告，提出了规范课程设置，深化课程改革，强化教学管理，提升教学水平，突出办学特色，打造平安校园、人文校园等建议和意见。

【推进“三农”工作】 为提升全县农业现代化水平，增加农民收入，听取了全县农村土地流转情况的报告，建议加强农村土地流转政策及法律法规宣传力度，强化管理服务，加大扶持力度，发展规模经营。组织驻县市人大代表对全县新农村建设工作进行了视察。为推进贫困农村同步实现全面小康，配合市人大常委会对全县农村扶贫开发工作进行了视察调研。

【重视环境保护和生态文明建设】 为推进全县震后林业生态修复的进度，确保生态文明建设目标的实现，进一步提升国土绿化效益，听取了全县震后生态恢复情况的报告，要求县人民政府及相关部门要加大生态建设领导，建立修复长效机制，科学制定近期、中期、远期规划，坚持林业“三效益”，巩固生态修复成果。为加快全县生态县建设步伐，审议了《安县生态县建设规划》调整情况的报告，作出了同意调整《安县生态县建设规划》的决定。审议和测评了县环保局办理县人大常委会专项工作评议意见的情况报告。

【关注安全生产和食品安全】 为进一步营造安县安定有序的生产环境，审议了贯彻执行《中华人民共和国安全生产法》情况的报告，提出了要完善安全生产监管机制，强化安全生产考核，加强安全生产保障力度等方面的审议意见，审议和测评了审议意见办理情况的报告。为全面提升我县的食品安全水平，提高监督实效，审议和测评了县食品药品监督管理局办理人大常委会专项工作评议意见的情况报告。

【推进民生改善】 审议了县人民政府关于农民增收情况的报告，提出了大力调整农业产业结构，加强农村基础设施建设，加强农民技能培训促进农村劳动力转移，落实兑现强农惠农富民政策等意见。审议和测评了审议意见的办理工作情况报告。

【推动养老事业发展】 深入县社会福利中心、乡镇敬老院、日间照料中心视察，审议了县人民政府养老服务体系建设情况的报告，提出了将养老服务体系建设着力点放在"保基本"上，统筹规划，量力而行，分步实施，全面推进的建议和意见。审议和测评了审议意见办理情况的报告。

【关爱妇女儿童】 深入县妇女儿童中心、婚姻登记中心、儿童友好家园视察，听取县人民政府妇女发展纲要和儿童发展纲要执行情况的报告，提出优化环境，推动妇女参政议政、扩大妇女就业比例、保护妇女儿童合法权益的建议和意见。

【依法做好群众信访工作】 截至2014年年底，共受理人民群众来信来访66人次。加强对信访反映问题的调查了解和催办督办，推动了群众合理诉求的解决。

【加强规范性文件备案审查】 对县人民政府及其办公室报送的25个2013年规范性文件进行了审查，未发现问题，决定备案。对乡镇人大主席团报送的2013年规范性文件进行审查，发现1个问题并责令整改。对县人民政府及办公室报送的5个2014年上半年规范性文件进行了审查，未发现问题，决定备案。

【促进公正司法】 深入公安技术大楼、公安特巡警大队、乡镇派出所、刑侦中队、交警中队及村、社区、企业警务室进行视察，审议了公安工作情况报告，提出加强矛盾纠纷排查化解，创新社会管理，加大打击力度，提高群众安全感和满意度等建议和意见，审议和测评了审议意见的办理工作情况报告。重视普法教育工作，倡导全社会树立尊重法律、信仰法律、敬畏法律的观念，形成崇尚法治的良好氛围。组织部分常委会组成人员和人大代表旁听法院庭审工作，要求法检两院进一步提高司法队伍素质，提高办案质量，积极化解矛盾纠纷，维护社会公平正义。

【开展专项评议政府部门工作】 不断创新监督方式，拓宽监督渠道，以促进政府及各职能部门改进作风、提高效能为出发点，在听取12个政府工作部门书面报告和13个政府工作部门工作开展情况报告后，通过常委会票决，对县发改局和统计局工作开展情况进行了专项评议。两个评议组先后深入园区、乡镇、村、社区和企事业单位调查了解，召开评议会，作出评议意见，督促限期整改存在的问题，有力地推进了政府工作部门的工作。

【坚持依法履职行权】 一年来，共依法召开8次县人大常委会会议，17次主任会议，听取和审议"一府两院"贯彻执行法律法规情况2项、工作情况报告13项，作出决议、决定7个，提出审议意见5次，主任会议纪要6次，任免国家机关工作人员33人。

【努力拓宽履职渠道】 坚持代表列席常委会会议和参加有关活动制度，认真听取代表建议意见，保障代表参与权、表达权、监督权。结合党的群众路线教育实践活动，通过走访、召开座谈会、参加代表小组活动等形式，加强与代表的沟通与联系，广泛征求代表的意见和建议。积极健全代表履职情况登记制度，开通代表履职平台，先后组织代表241人次参与常委会组织的执法检查、视察、调研和人大常委会、法检两院以及政府工作部门、机关单位的各种工作评议会和法院案件庭审会等活动。

【代表活动载体有力】 继续深入开展人大代表"五个一"活动。全县1249名市、县、乡镇人大代表在调研走访的基础上共提出意见、建议1686条，撰写调研文章1260篇，反映社情民意2385条。全部转交同级政府及相关部门在法定时限内办理（答复）完毕，代表满意率达95%以上。

【提高建议办理质量】 县第十七届人大第三次会议期间，代表共提出议案、建议批评和意见90件。会后，常委会办事机构及时对建议进行整理和分类，交县政府办理，县政府定期不定期地对建议办理情况进行督查和通报。常委会组织部分组成人员和代表，深入各承办单位，采取走访、座谈、实地察看等方式，对代表建议办理情况进行跟踪督办。90件代表建议（含24件转作建议办理的代表议案）中有84件在法律规定时限内办理完毕，有6件因客观条件限制暂时无法解决，承办单位及时向代表作了回复。代表满意率达到92%，基本满意率8%。

【加强基层人大联系指导】 坚持邀请乡镇人大主席列席人大常委会会议和参与常委会重要活动，重视对乡镇人大主席的培训和交流学习，开展履职能力提升培训，召开专题工作经验交流会议，加强同乡镇人大的联系，科学细化考核细则，努力增强乡镇人大工作的责任感。

【创新人大工作试点】 为适应新形势下代表工作新特点、新任务，积极探索提高代表行权履职、参与管理国家事务的综合素质和能力，充分发挥代表在监督"一府两院"工作、推动经济社会发展进程中的重要作用，县人大常委会根据有关法律规定，结合代表工作实际，在全县18个乡镇人大主席团开展以代表履职评价（评议）机制、代表履职退出机制、代表履职保障机制和代表履职激励机制为主要内容的创建代表履职机制试点工作，以此促进代表作用的发挥更加充分。（人大办）

安县第十七届人民代表大会常务委员会委员名单

梁　建　王勇军　唐　坚　彭明礼　于功春
李广荣　詹世勇　罗玉才　黄上剑　严功伟
任德俊　李先荣　林献明　马琼瑶（女）
成蛟龙（女）　唐　琪　沈　娟（女）
马文兰（女）　蒲劲梅（女）

（雷古强）

安县人民政府

重大政务活动

【召开第十七届第二十四次常务会议】 2014年1月16日，安县十七届人民政府第二十四次常务会议召开。会议审议《成兰铁路（安县段）国有土地上房屋征收补偿安置方案》《安县石笋矿业有限责任公司石笋梁子磷矿申办采矿权深部延伸普查探矿权的事宜》《安县人民政府关于深入开展道路交通安全综合整治行动工作方案》《政府工作报告（送审稿）》《安县2013年国民经济和社会发展计划执行情况及2014年计划草案的报告》《关于安县2013年财政预算执行情况和2014年财政预算的报告（草案）》《关于安县文化旅游发展有限责任公司及"中国院子"项目处置有关事项的报告》。

【召开第十七届三次全体会议】 2014年1月26日，安县十七届人民政府三次全体会议召开。会议重点审议了《2014年政府工作报告（送审稿）》《安县2013年国民经济和社会发展计划执行情况及2014年计划草案的报告》《关于安县2013年财政预算执行情况和2014年财政预算的报告（草案）》。县政府主要领导总结了全年2013年政府工作开展情况，安排部署了2014年重点工作。县政府各副县长总结了2013年分管工作开展情况，并对2014年分管工作进行了安排部署。

【召开第十七届第二十五次常务会议】 2014年3月11日，安县十七届人民政府第二十五次常务会议召开。会议传达学习国务院、省政府、市政府党风廉政建设工作会议精神，党的群众路线教育实践活动相关文件及讲话精神；审议《2013年见义勇为公民》《安县公共资源统一进场交易项目目录》《安县2014—2015年政府集中采购目录及采购限额标准》《桑枣片区旅游项目扩展征地拆迁安置补偿实施方案》《关于鼓励创新创业与加快科技型企业发展的若干政策》《中共安县县委安县人民政府关于进一步加快工业经济发展的意见》《安县招商引资项目服务办法》《四川安县工业园区项目入驻服务管理办法》《关于请求划转原桑枣镇卫生院闲置用地并拆除其危旧房屋的请示》《安县2014年血吸虫病防治工作方案》《安县依法治县实施方案》《法治安县建设实施意见》《安县2014年依法治县工作要点》《安县太平井田高川乡煤矿政策性关闭职工安置方案》。

【召开第十七届第二十六次常务会议】 2014年3月25日，安县十七届人民政府第二十六次常务会议召开。会议审议《安县2014年部门预算编制方案》

《2014年安县县级部门保留取消的行政审批、公共服务及初审转报项目》《安县城乡低收入家庭经济状况核对实施细则》《安县城乡医疗救助实施细则》《关于提高高龄老人“长寿补贴”标准的请示》《安县2014年农产品质量安全监管工作安排意见》《关于调整县级储备粮品种的请示》《安县2014年干河子流域环境综合整治工作方案》《2014年计划新建道路、绿化带基本情况》。

【召开第十七届第二十七次常务会议】 2014年5月20日，安县十七届人民政府第二十七次常务会议召开。会议传达四川省社会稳定风险评估工作电视电话会议精神并学习《四川省社会稳定风险评估暂行办法》；审议《安县淘金大道征地拆迁安置补偿实施方案》《农村集体经济组织“三资”规范管理办法》《好医生药业集团员工生活小区建设用地框架协议》《长虹培训中心用地性质变更事宜》《安县春泉茶业有限公司旧址开发情况》《关于长虹培训中心调整规划条件的方案》《关于银河大道车行道维修工程项目BT模式实施方案》。

【召开第十七届第二十八次常务会议】 2014年6月20日，安县十七届人民政府第二十八次常务会议召开。会议审议《关于给予林涛等40名2010—2012年连续三年年度考核优秀的公务员（参公人员）记三等功的建议》《安县交通局关于2014年公路安保工程（路侧护栏）BT建设方案》《关于融资租赁安装安县中学学生公寓楼中央空调、热水、开水三联供系统的方案》《安县文化旅游发展有限责任公司100%股权转让方案》。

【召开第十七届第二十九次常务会议】 2014年8月5日，安县十七届人民政府第二十九次常务会议召开。会议组织学习《四川省贯彻党政机关厉行节约反对浪费条例实施细则》；通报县委常委班子民主生活会整改方案中县政府牵头整改相关内容和县政府党组民主生活会有关情况；审议《安县人民政府办公室关于加强采矿权管理工作的通知》《安县政府性债务管理办法》《界牌镇征地拆迁安置用地办理土地使用权证和房屋产权登记工作方案》《国有建设用地使用权出让方案》《安县国有资产管理办公室关于将整体腾退出的办公大楼划拨给国有富腾和投控公司的方案》《安县抢险救灾项目工程队伍储备库建立、使用、管理实施方案》《关于黄培林等15名退役士兵安置的建议方案》《关于调整成兰铁路高川乡国有土地上房屋拆迁安置地点选址的请示》《安县扶贫开发领导小组办公室关于审核确认上报贫困村的报告》《关于进一步加强禁毒工作的实施意见》《安县关于召开第五届运动会方案》《关于在县城新建小学的建议方案》。

【召开第十七届四次全体会议】 2014年8月11日，安县十七届人民政府四次全体会召开。县政府主要领导就坚持依法行政，着力解决行政执法不严、行政审批不快，部门管理不精细、乡镇管理不严格等方面作了总结讲话。县政府各分管副县长对上半年工作进行了总结，安排部署了下半年工作。

【召开第十七届第三十次常务会议】 2014年9月5日，安县十七届人民政府第三十次常务会议召开。会议审议《中共安县人民政府党组党的群众路线教育实践活动整改方案》《安县机关单位差旅费管理办法》《2014安县反暴恐综合演练方案》《安县人民政府关于落实“法律进学校”工作实施意见》《关于开展安县化工行业安全生产发展规划编制工作的意见》《关于切实推进安县安全生产隐患排查治理体系建设的相关工作意见》《安县国有资产管理办公室关于四川省银河化学股份有限公司全资子公司四川省女娲建材有限公司引进战略投资人事宜的报告》《关于规范安县城区停车秩序的建议方案》《关于整合全县广告牌位资源的方案》《友谊桥路灯及辽安路徐家大院至绵安大道段路灯安装工作方案》《关于调整部分建设行政审批项目申报材料的方案》。

【召开第十七届第三十一次常务会议】 2014年9月28日，安县十七届人民政府第三十一次常务会议召开。会议学习《关于进一步规范上交“红包”相关工作的通知》；审议《关于调整城镇土地使用税税额标准有关问题的请示》《关于第六次办理失地农民参加企业职工基本养老保险的意见》《关于开展扩权强镇试点工作的实施意见（草案）》《安县危桥改建实施方案》《关于加快推进质量强县建设的实施意见》《关于布置规划展厅的建议方案》《安县县城淘金大道东外线等新建市政道路工程关于采用BT融资建设模式的建议方案》；会议还审议有关人事事项。

【召开第十七届第三十二次常务会议】 2014年11月10日，安县十七届人民政府第三十二次常务会议召开。会议审议《关于确定全县工业用地挂牌出让底价的请示》《安县生态县建设规划》《安县大气污染防治行动实施方案》《安县花荄镇保障性安居工程（棚户区改造）项目投资合同书》补充协议及《合同书》相关事宜及《安县县城淘金大道东外线等三条道路工程建设融资招商文件》。

【召开第十七届第三十三次常务会议】 2014年11月27日，安县十七届人民政府第三十三次常务会议召开。会议学习《预算法》；审议《关于安县菩提页岩砖厂等20宗采矿权申请延续变更审批有关情况》《关于实行最严格水资源管理制度的实施意见》《安县人民政府关于加快发展养老服务业的实施意见》《安县国民经济和社会发展第十三个五年规划编制工作方案》及经费预算及《关于调整安县非民用天然气价格的请示》《关于核定花荄城区公交车票价的请示》《中保古海湾国际文化养生城项目投资协议书》《国有建设用地使用权拟定初步出让方案》《安县清溪污水处理厂经营权转让的方案》《淘金大道东外线等三条道路工程招商文件建议修改条款》《关于辞退宝林镇人民政府公务员林子登的建议》。

【召开第十七届第三十四次常务会议】 2014年12月11日，安县十七届人民政府第三十四次常务会议召开。会议审议《安县人民政府职能转变和机构改革方案》《关于组织实施〈安县人民政府职能转变和机构改革方案〉有关问题的意见》《关于安县银河矿产资源开发有限公司青岩窝矿等5宗采矿权申请延续变更审批有关情况》《安县人民政府关于撤销安县设立绵阳市安州区的方案》《安县人民政府关于撤销安县设立绵阳市安州区的评估论证报告》《安县建立社会救助联系会议制度》《安县地震应急预案》《安县招商引资奖励办法》《安县城区违法建设“随手拍”举报奖励办法（试行）》；会议还审议调整城乡居民最低生活保障标准及有关人事事项。

（肖 玲）

县政府办公室工作

【概况】 县政府办主要负责县政府全体会议、常务会议、县政府例会和以县政府名义召开的大型会议的会务工作；负责《政府工作报告》和县政府主要领导同志重要文稿的起草工作，负责组织起草和审核以县政府、县政府办公室名义发布或上报的公文；负责全县政务调研、政务督查等工作。2014年，安县人民政府办公室被市政府办公室评为公文办理、会务工作、信息技术、政务调研、信息公开等多项先进单位。

【提升综合协调服务水平】 按照“高效、严谨、规范”的要求，进一步加强综合协调，有力推进政府工作地有序运转。对领导交办的任务，全力协调，及时把政府的决定、部署和领导要求传达下去，不折不扣地予以落实，保证政令畅通；对各单位提出需要政府解决的问题，认真梳理，及时向领导汇报，争取领导的重视，将处理结果及时向各单位反馈；对群众反映的问题，耐心解答，协调相关部门妥善解决；对联合落实的问题，主动加强与县委办、人大办和政协办的联系沟通，做到了内部协调充分到位、外部协调积极稳妥。

【规范文字会务办理水平】 在公文办理方面，严格执行《党政机关公文处理工作条例》，认真落实《进一步加强公文处理工作的实施细则》，及时修订完善政府系统办文要求，全年制发各类文件450余件，登记处理各类请示、报告730件次，处理会议通知300余个、传真电报620余份，做到了制度完善、把关严格、收发及时、规范保密。在会务工作方面，认真落实《进一步加强会议活动管理的实施细则》，严把会议审批关，尽量精简和控制会议规模，加强政府常务会议题安排的协调把关和各种会议会场布置、通知发放、资料印制、会议记录、会议纪要整理等环节的服务，做到会前充分准备、会中服务周到、会后认真总结，服务质量有较大提高。全年共承办县政府全体会议2次、常务会议10次、县政府工作例会12次，组织大型会议、活动20余次，参与组织重点工程、项目等领导视察活动20余次。各类会议活动同比下降21%。

【做好信息调研工作】 规范信息收集制度，拓宽信息来源渠道，加强对各类信息的综合分析，坚持将领导关注的重点、群众关心的热点和深化改革进程中的难点等有价值的信息及时收集整理上报，做到了县内重大信息无漏报、无瞒报、无迟报。市政府办采用全县政务信息80余条，编发《政务信息》23期、《工作动态》18期。认真做好《政府工作报告》、领导讲话等文字起草工作，2014 年起草各类讲话稿 260 多篇，编发县政府常务会议纪要、议事纪要、县长办公会议纪要 70 余期，承办县级以上领导调研 148 次，编发《调查与研究》10 期，编印《安县政务调研选编》一本。

【有序推进值班值守来信来访】 切实做好县政府总值班相关服务和值守工作，建立健全值班制度，规范值班纪律，确保总值班室制度的严格落实。坚持 24 小时政务值班和应急值守，高度重视群众来信来访，进一步完善市长公开电话、县长信箱、县长公开电话办理机制，明确时限，落实责任，强化值班人员的责任意识，全力做好群众关心的热点难点问题的解答。全年，共回复市长公开电话交办单 20 余件，限时办结回复率 100%，群众满意率 99%；受理群众来电反映咨询情况和问题 10 余件次，接待群众来访 120 余次 300 余人，处理群众来信 70 余件；处理县长信箱信件来信 200 余件，按时办结率达 100%，群众满意率 99%，有效化解了矛盾，维护了稳定。

【加大督查督办工作力度】 认真落实县委、县政府重要文件、重大工作部署以及县委、县政府重要会议决定事项，及时反馈落实情况。认真承办领导批示件和督办件，迅速调查落实，及时反馈信息。县委、县政府的每一项决策和县级以上领导的每一次重要批示均得到贯彻落实。扎实做好人大代表议案、建议和政协委员提案办理工作，实行主要领导、分管领导、办公室主任、具体承办人“四级负责制”。2014 年，在法定时间内，办结人大建议 90 件，满意和基本满意率达到 100%。办结政协提案率达 100%，满意率 99%。

【提高后勤保障服务水平】 在严格执行中共“八项规定”的前提下，较好地保证了县政府及政府领导的各项公务活动、会议和接待的需要。进一步健全和完善经费管理制度，认真抓好经费的节流工作。继续加强县政府机关食堂管理，确保干部职工正常工作用餐。严格落实办公室车辆管理制度，规范公务用车管理，加强驾驶员管理教育，保证县政府领导及政府公务活动的正常用车。行政大楼的日常管理、安全保障、卫生保洁坚持常抓不懈，有力保障了县四大班子和入驻各部门的正常办公需要。

【金融工作扎实推进】 金融办积极主动配合财政税务部门狠抓财税收入，积极主动与县人行、银监部门加强联系，协调处理金融、保险等工作中出现的矛盾和问题。

【法制工作扎实推进】 法制办积极当好县政府法律顾问和参谋助手，严把规范性、涉法性文件审查关，对县政府出台的规范性文件、县人民政府与有关单位签订的招商引资合同等重大决策进行了审查登记。

【应急工作扎实推进】 组建了全市首个县级应急管理调度中心，继续完善应急预案管理体系，进一步规范突发事件信息报送，扎实有效开展应急演练，切实抓好应急救援队伍建设。

【积极开展包村扶贫工作】 针对对口联系的黄土镇石鸭村基础设施建设、群众增收致富等存在的问题，把帮扶重点放在培育“造血”功能上，积极向上争取、联系协调资金 47 万元。压缩办公经费 0.6 万元购买助农肥料，帮助回村创业大学生联系贷款扩大经营规模，发放慰问品、慰问金共计 1.8 万余元，切实改善了农村生产条件、农民生活水平和农村生态环境。

【全面落实党建工作】 坚持“党要管党、从严治党”方针，以党的群众路线教育实践活动为契机，以建设服务型党组织为方向，严格落实党建工作主体责任，突出党建工作地位，进一步完善党建工作组织体系、责任体系和考核体系，定期研究党建工作，落实具体责任要求，形成了“一级抓一级、层层抓落实”的工作格局，真正使党建工作有人抓，具体工作有人做，进一步促进了机关党建工作制度化、规范化、科学化建设。

【推进机关作风建设】 切实巩固和深化教育实践活动成果，开展“庸懒散浮拖”专项整治，不断健全完善作风建设制度和各科室的工作制度，规范文电会务、综合协调、督查督办、机关服务等各项业务工作程序，坚持以制度管人、管事，防微杜渐，堵塞漏洞，规范了机关管理，提升了工作效能，党员干部作风进一步转变，服务能力进一步提升，整个办公室的创造力、凝聚力、战斗力不断增强。

【全面落实党风廉政建设“两个责任”】 认真落实党风廉政建设“一岗双责”“两个责任”，坚决执行《廉政准则》52 个“不准”，加强廉政建设教育，深入推进惩防体系建设工作，始终坚持抓班子带队伍，发挥表率带头作用，组织观看廉政教育专题片5场，听取了绵阳监狱服刑人员现场说法，旁听了法院典型案例审案，党员干部廉政勤政意识不断增强，特别是在反对“四风”，服务群众工作中，班子成员带头执行相关规定，起到了良好的榜样效应和示范作用。（张 杰）

人力资源与社会保障工作

【概况】 2014年，安县人社局在县委、县政府和市人社局的坚强领导下，认真贯彻党的十八届三中、四中全会精神，按照“服务一个中心，围绕两个目标，推进三项工程，实现四个突破，搞好五项服务”的总体要求，重点推进教育实践活动、完善社保服务体系建设、提升劳动保障监察效能、搭建劳企供需平台、扩大大学生创业基地建设、加大引才聚才力度等六项重点和创新工作，各项目标任务超额完成，各项工作快速推进，服务群众效果更加明显。

【就业创业】 实现城镇新增就业4175人，城镇失业人员再就业987人；就业困难人员再就业302人；城镇登记失业率控制在3.92%；青年劳动者技能培训795人；品牌培训200人；创业培训510人；高校毕业生实现创业36人；建立高校毕业生就业见习基地4个。劳务输出助农人均增收702元，劳务收入12.2亿元。

【社会保险】 企业职工基本养老保险参保3.2万人。征集养老保险基金2.9亿元；企业办离退休人员2.12万人。失业保险参保10527人，征集基金738.6万元。工伤保险参保职工1.95万人，征集工伤保险基金763万元。生育保险参保职工1.6万人，征集生育保险基金264万元。城镇基本（职工和居民）医疗保险参保5.562万人（其中职工医疗保险参保人数2.246万人，居民医疗参保人数3.316万人），征集城镇职工基本医疗保险金6500万元。城乡居民养老保险参保覆盖24.95万人（其中：享受待遇6.77万人），已缴费16.55万人，征收城乡居民养老保险基金8358万元（含补贴）。

【人事人才充分保证】 考录公务员、选调生21名，安置军转干部1名、退役士兵15人。公开招聘、直接考核招聘事业单位工作人员115名。公开遴选工作人员30名。办理公务员提前退休2人，辞去公职1人，辞退1人；事业单位辞职备案28人。审批机关事业单位人员创办（领办）科技型企业7人。

【人才环境拓展优化】 招聘大学生村干部1人，招募“三支一扶”志愿者9人。修改《安县机关事业单位临聘人员管理办法》，调整机关事业单位临聘人员工资标准，为各用人单位招聘临时工作人员160余人。加强人事代理相关服务工作的管理，切实做好服务工作，2014年新增人事代理981人。

【工资福利政策严格到位】 完成机关单位公务员（参公人员）按年度考核结果晋升级别增加工资552人，事业单位人员按年度考核结果正常增加薪级工资5132人。做好因职务（称）、技术等级变动等日常工资核定1000余人。办理机关事业单位职工退休审批手续180名，死亡职工死亡抚恤金和丧葬费审核66人，死亡职工遗属困难补助金26人，连续工龄认定43人。

【职称管理严谨有序】 加强对初级职务评审委员会的建设和管理。评审通过51名专业技术人员的初级职称。加强协调和指导，确保参加考试类人员晋升职称工作顺利进行。全年专业技术人员考试类各专业均顺利地参加了考试，无违规违纪或受通报批评人员。稳妥推进继续教育公共科目培训工作，4213人参加了公共科目培训，完成目标任务的107.34%。

【军转工作成效明显】 各相关部门充分发挥职能作用，做到了军转工作人、财、物有保障，宣传好党的军转政策，切实帮助军转干部解决生活中的实际困难。全县95名军转干部没有到省、到京上访现象。

【养老保险退休审批工作】 办理企业（个体）参加养老保险人员正常退休4125人，增补工龄26人；上报市人社局审批特殊工种提前退休46人，病退3人。

【工伤认定严格有序】 受理工伤认定116人次；上报市劳动能力鉴定委员会伤残鉴定59人；受理工伤行政复议案件5件。精简企业离退休人员审批流程，方便了群众办事。

【努力构建和谐劳动关系】 开展法律讲堂8次，

开展普法宣传3次，接受法律法规咨询服务3000余次，发放各类宣传资料2000余份。书面受理各类投诉案件122件，结案114件，其中涉及民工工资拖欠案件100件，涉及劳动者1637人，追回所欠工资2710万元。开展清理整顿人力资源市场秩序等专项排查检查5次，集中日常巡查4次，累计检查各类用人单位127户·次。认真执行农民工工资保证金制度。34个建设项目缴纳了民工工资保证金1884万元，为维护我县建筑领域劳资关系的和谐稳定提供了保障。积极做好劳动保障监察“两网化”信息采集工作。采集企业、有雇工个体户、行政事业单位信息963条，“两网化”覆盖率100%。劳动人事争议仲裁委立案受理争议案件62件，其中结案61件，经仲裁为劳动者挽回经济损失115万元。案件按期结案率100%。各级调解组织调解案件59件，为劳动者挽回经济损失76万余元。企业劳动合同签订率92%，已建工会企业集体合同签订率达96%。

（邓雨辰）

投资促进服务工作

【概况】　2014年，全县到位国内市外资金59.8亿元，完成市下达年度目标的130%，其中，国内省外资金37.5亿元，完成市下达年度目标的150%。全年引进5亿元以上项目4个，完成市下达年度目标的100%。

签约项目31个，协议引资64.72亿元，预计销售收入110.2亿元，创税6.58亿元，拟用地1359亩，解决就业8750人。项目主要涉及汽车零部件、医药食品、教育培训等产业。其中，引进上市企业4家，行业100强企业3家。

【招大引强、招才引智双管齐下】　按照“招大引强、选商择资”的理念，围绕主导产业，着力瞄准行业龙头，主攻国内外500强、“国”字头企业和上市公司等有实力的大企业、大集团，全力实施“招大引强”战略。主动对接并邀请到世界500强中航工业以及华西希望集团、苏宁云商集团、广东四川商会等大型考察团到安县考察投资环境。已签约4家上市公司，逐步形成区域产业新龙头，加大产业集聚力度。2014年，已签约项目中投资5000万元以上项目15个，投资亿元以上项目8个，5亿元以上项目4个，西科大城市学院主校区建设项目将开启安县教育事业发展新的起点。

重点关注新兴产业，积极构建技术研发中心，整合专家、企业、学校等多方力量，实现技术研发及产品生产本地化。瞄准镁合金成为未来制造业重要新型材料的前景，多次深入考察陕西神木县镁矿产业，积极拜访北科大、西南交大、重庆大学等科研院所，借力重庆大学新材料研究中心，建立安县镁合金开发研究中心，实现差异突破；依托自胜机电与西科大开展校企合作，成立玄武岩新材料研发中心，积极对接国内玄武岩新材料生产企业，着重玄武岩新材料项目的研判、考察，推进玄武岩新材料项目在园区加快发展。依托绵阳市“千英百团”聚才计划、“涌泉计划”、科技城4项“先行先试”政策等科技型企业扶持政策，积极对接费扬团队、常州天发动力汽车智能化系统总成配套生产项目，项目签约后可引进博士、研究生、高职称等高层次创新人才25名，高层次创新团队1个。

【平台搭建、渠道拓展并驾齐驱】　全年，县四大班子及园区领导亲自促进项目83次，深入到香港、北京、上海、广州等地，拜访和对接上海一品颜料、海门三鑫电子、青白江物流基地、苏宁云商、阿里巴巴、唯品会、福建纳川等52个企业和项目。

全年，对接市驻外各分局、上海、广东、天津四川商会等机构154家，获取有效信息265条，跟踪重点项目27个。驻辽宁办积极对接CCTV－7栏目组，专题宣传安县的“春社踩桥”民俗活动，提升安县对外宣传规格。

收集整理绵阳、安县籍在外成功人士基本信息，完善在外知名人士信息库，共收集20余名在外成功人士。主动上门联系，加强交流，形成了“凝聚乡情·共谋发展”的长效合作机制。有效引导他们回乡创业建设安县，让飞出去的“凤凰”再飞回来。重点跟踪浙江四川商会副会长王勇投资安县的特色农产品贸易项目。

5月13日，在香港洲际酒店成功举办“四川省安县投资环境推介会”，签约战略合作协议项目3个，签约金额2亿元；8月10日，在安县工人文化宫举办2014年安县招商引资投资环境推介会；10月18日，借力第二届中国（绵阳）科技城国际科技博览会，签约绵阳九州通现代医药物流中心项目等

5个，协议引资11.6亿元；10月28日，借力第十五届西博会平台，签约项目4个，协议引资10.2亿元；先后在昆明理工大学、云南大学、川农、西科大、绵阳师院等重点高等院校举办“中国科技城，创新创业新特区”绵阳青年创新创业环境推介会。

利用华晨汽车、银河化学、好医生药业等企业在业界内的品牌和实力，以产业延伸为重点，通过对外合作、资产重组招引合作伙伴到安县投资兴业。签约上海一品颜料年产10000吨铬系颜料项目、海门三鑫电子年产600万平方米中高压铝电解电容器用腐蚀箔项目。成渝办围绕汽车及零部件产业，以华晨汽车南方基地、川汽新能源汽车为依托，签约宏宇年产200万件飞轮智能浇铸生产项目；上海办围绕医药食品产业，以天雄药业为依托，积极对接天江药业中药颗粒剂生产项目；辽宁办围绕精细化工产业，签约天津远逸润滑油再生循环项目；广州办围绕电子信息产业，积极对接侨兴手机、平板电脑生产及手机零配件、整机交易市场项目等。

【抓素质提升，提高战斗力】 全年组织专题学习14次，学习《关于加快工业经济发展的意见》《科技城政策汇编》等招商政策21个，做到用活政策、用好政策，以政策招商。邀请到IPA国际高级注册礼仪培训师、西科大副研究员施蓉培训商务礼仪；西科大经济管理学院教授，西科大区域经济研究所所长俞培果培训经济学知识。局领导班子带领干部职工参加省投促局、绵阳市委组织部组织的招商引资培训会等12场次。

（罗 雯）

政务服务中心工作

【概况】 县政务服务中心设有窗口31个，其中行政审批、公共服务单列窗口28个，综合窗口1个（入驻12个单位），银行窗口1个，行政效能监督窗口1个，有窗口工作人员70余人。全年共办理行政审批及服务事项86430件，按时办结率100%，收费窗口代收费339万元，公共资源交易141宗，涉及金额8000余万元，并联审批78件，投资金额55.7亿元，群众满意率100%。

【清理规范行政审批项目】 依法清理项目，清理行政审批前置条件。严格控制各类年检、年审和注册，清理减少行政事业性收费，规范中介服务行为，推进省、市、县、乡镇四级政务服务体系建设和联网运行，实现“一窗进出”。全县共保留行政审批事项221项，公共服务及日常监管事项145项，行政性收费取消5项，免征5项，降低3项。通过专项清理、倒查、专项督办、强化目标管理，部门项目入驻率达100%。尽量压缩审批时限，着力优化审批流程，审批承诺提速达72%。28个审批项目较多的部门在中心设立单立窗口，派首席代表进驻，签署《授权委托书》，授予项目审批权和协调处理等权限，确保现场办结率95%以上。

【夯实基层便民服务】 打造沸水、桑枣等4个乡镇便民服务示范点，在沸水镇召开全县乡镇便民服务工作现场会，辐射全县打造风格统一、标准规范的乡镇便民服务体系。推进乡镇便民服务中心及村（社区）便民服务室进一步完善服务机制，为群众提供事务办理、政策咨询、农村财务、司法服务等多方位服务，实施村（社区）干部逢场日到场镇集中坐班代办制度，实施代办服务、上门服务及错时、延时服务等多种服务方式，着力构建方便群众办事、快捷高效的便民服务机制。

【提升行政效能】 在30余个政务服务窗口开展“效能季后晒”，按季度开展综合评价，公开“晒”绩，逗硬考核，严格问责，促进作风和效能的明显改善。与工商、公安、交通、药监等20多个部门开展工作会商，对窗口工作运行、服务质量、作风效能等方面存在的突出问题和薄弱环节，有的放矢进行整改突破，推进“一站式办结”，打造全面公开的阳光政务。中心专设了并联审批窗口，落实了专门工作人员，优化并联审批服务流程，全面推行会商会审会签、“一表通”等制度，构建“直通车”、“一站式”的政务服务机制，在审批服务环节上再提速增效。

（张明斌）

信访和群众工作

【概况】 2014年，共办理群众来信301件，与去年同期410件相比下降26.6%；接待群众来访703批4473人次，与去年同期727批4679人次相比分别下降3.3%和4.4%。到京上访17批20人次，与去年同期16批32人次相比人次下降37.5%；到省

（其中中央巡视组在川工作期间上访47批68人次）上访91批240人次，与去年同期48批253人次相比批次上升90%，人次下降5%；到市上访110批426人次，与去年同期121批445人次相比分别下降9.1%和4.3%。2014年2月27日，县委、县政府“信访工作”和“驻京驻蓉信访工作”被市委、市政府表彰为先进集体。

【落实领导接访下访包案】 编印了《安县在“走基层、解难题、办实事、惠民生”活动中进一步落实领导接访下访包案推动解决信访问题的工作方案》和《关于集中开展“走基层、解难题、办实事、惠民生”活动的实施意见》。1—4月活动开展期间，组织协调19位县级领导85次接待群众222批1597人次，案件办结率达88%，推动解决了一大批信访突出问题，妥善化解了省、市交办的14件重点信访案件。

【推进县级领导大接访活动】 完善了县级领导接待群众工作制度，印发了工作实施方案，组织协调19位县级领导32次接待上访群众133批1417人次。及时疏导、化解可能引发群体性上访案件5件，信访案件办结率达到86%，息诉息访率达到80%以上。

【加强日常接访，及时上报预警信息】 对在日常接访中出现的涉及群体性、倾向性、政策性的重点、难点信访问题，经过认真分析梳理后，及时上报县委、县政府领导重要信访反映9期，重要预警信息12条，为矛盾纠纷“处早、处了、处好”做好前期预警。

【坚持重心下移，力推事要解决】 积极探索新形势下信访工作职能拓展，继续坚持以“变转交为牵头，变督办为主办”的工作思路，及时有效化解了大量信访案件。在政法、公安、劳动、建设等部门的共同参与下，集中化解了川银公司等一大批拖欠民工工资案件，涉及金额超过1000万元，维护了群众合法权益，维护了社会稳定。

【关口前移确保全县重点工程稳步实施】 继续安排群众工作经验丰富的接访中心主任陈继旭直接参与花荄旧城拆迁改造工作，及时把矛盾纠纷化解在基层、化解在萌芽，同时引入第三方公开评价机制，确保了拆迁工作全面有序推进。

【充分发挥联席会议组织协调作用】 县联席会议办牵头组织召开22次专题会议，研究重点信访案件和不稳定因素，对32件信访突出问题，按照县委书记廖雪梅的重要批示，全部以“五定五包”的要求落实领导包案，实现了“件件有落实，事事有回音”，重点人员得到了有效稳控，全县未发生一起有影响重大群体性事件。

【确保重点敏感时期社会稳定】 在重点敏感时段，启动工作预案，抽调专人派驻北京、成都、绵阳，集中开展劝返工作。圆满完成了全国、全省“两会”、“5·12”大地震六周年、“七一”、“八一”、四川（绵阳）电商博览会、国庆、第二届中国（绵阳）科技城国际科技博览会、十八届四中全会、十五届西博会、北京APEC会议、中共四川省委第十届五次全会等重点敏感时期全县“零到京”“零到省”的工作目标。

【认真办理群众来信，及时回复群众诉求】 受理上级来信222件，互联网信访64件，全部在规定的时限内办结，其中网上信访群众满意率达到97%。

【驻京、驻省工作】 1—12月抽派一名干部驻北京，4—6月，抽派一名信访干部驻省委、省政府信访局，全力做好全市信访维稳工作，圆满完成上级安排部署的各项工作。

【中央巡视组在川工作期间信访维稳工作】 8—9月抽派5名信访干部赴成都开展信访接待和疏导劝返工作，共接待劝返安县到中央巡视组在川驻地上访人员47批68人次，及时向中央巡视组反馈转办交办安县的各项信访事项，圆满出色地完成了该时段安县在成都的信访维稳工作。

（王　强）

公共资源交易工作

【概况】 安县公共资源交易服务中心是2013年6月28日正式挂牌成立的副科级事业单位，办公地点位于安县花荄镇文化广场二楼，功能齐全，设有评审室、评标室、开标室、档案室各一个，是一个集办公与公共资源交易于一体的综合性办公场所。

【扎实开展公共资源交易工作】 全年共组织集中采购195次，完成采购项目141次，执行政府采购预算总金额6817.5万元，节约预算资金625万元，资金节约率高达9.17%，极大地提升了财政资金使用率。入场交易的工程建设比选招标项目30个，交易资金额5071.137万元；国有资产处置交易项目1个，交易金额24.8万元，非交易目录范围进场交易1次、交易金额396.6万元。全年进入中心交易资金总额12310.037万元。

【夯实公共资源交易环境建设】 一是提升业务能力、做好交易服务。中心通过参加省市业务培训和内部学习交流，不断摸索和总结办件经验，同时陆续出台了工作人员行为准则、办事流程、服务指南等制度，有效地提高中心工作人员的业务水平和接件办理效率。二是规范场地建设、完善交易环境。中心新建总面积400余平方米的5个标准化招投标功能室，使整个交易现场有效地将开标、评审、监督、采购方、商家等交易人群进行“物理隔离”，进一步做到交易环境更严谨、监督更到位、程序更合法，交易结果更公平，并且有效地杜绝腐败现象的产生。

【稳步推进统一进场交易工作步伐】 一是加强制度化建设，确保进场交易活动有程序和办法，做到交易在“阳光”下进行。2014年中心按照上级要求，先后草拟制定了《安县公共资源交易受理操作规程》《土地出让监督管理暂行管理办法》和《安县公共资源交易服务廉政风险防范点和措施》等制度，解决了交易工作“做什么、怎么做”的问题。二是主动同部门协调，促进交易活动进场交易。中心通过与发改、国资、国土、住建等相关部门衔接，形成交易操作规程和各项管理制度，为安县交易入场做好了坚实的前期工作铺垫。三是加快“四个统一”落实。为了落实县委、县政府关于统一进场操作流程、统一信息发布、统一保证金收取退还、统一现场管理，中心2014年3月搭建了安县公共资源交易服务中心网站，同时按照省人民政府要求，与省交易中心签订协议，解决了工程招标、国有资产处置、土地出让等交易活动在省公共资源交易网站信息发布渠道的问题，并分别在中行、农行、工行开设了保证金收取退还专户，为保证金的收取退还专户管理做好了准备工作。四是加强内控制度建设。强化对工作人员的教育、管理和监督，使之制度化，常态化，先后出台《业务人员行为规范》《信息发布规定》和《保证金收退规定》等规范行业行为制度，切实形成用制度规范行为、按制度办事、靠制度管人的良好局面。

（张智明）

档案局工作

【概况】 全年认真抓好中办发〔2014〕15号文件精神学习宣传贯彻工作，落实档案工作主体责任，为档案事业科学发展提供保证；完善档案馆“五位一体”功能建设，加大重大活动和民生档案接收力度，积极做好民生档案查阅利用工作；加强档案业务建设，开展档案业务监督指导，提高档案规范化管理水平；加强档案法制建设，开展档案行政执法检查，坚持依法治档；抓好档案信息化建设，推进馆藏档案数字化建设。

【做好档案培训工作】 10月24日，县委、县政府召开了全县档案业务培训会，各乡镇、县级各部门一把手和分管领导参加会议，县委副书记钟思亮、副县长许红对贯彻中办发〔2014〕15号文件精神，做好全县档案工作提出了明确要求，市档案局局长陈波、副局长巩强亲自到会授课。通过此次集中培训，增强了认识，统一了思想，明确了档案工作的目标任务，为加快全县档案事业发展增添了新的动力。

【完善档案馆“五位一体”功能建设】 8月25日至29日，分成3个组对全县档案安全工作进行“全覆盖”大检查。完善档案馆爱国主义教育基地建设。对爱国主义教育基地“安县档案记忆”陈列室的展陈内容进行完善、补充，丰富展览形式和内容，积极开展档案展览活动，全年共接待参观1000余人次，充分发挥档案的文化教育功能。认真贯彻落实国家档案局9号令，加大民生档案接收力度，依法接收进馆档案4572卷。同时按照辽宁省领导和县委、县政府的要求，在移交了102个辽宁援建项目档案资料的基础上，4月20日，再次向辽宁省档案馆移交了辽宁省对口支援安县前线指挥部财会档案9本、财务资料2卷。切实转变理念，改进方式，由保管型向服务型转变，坚持做到“四个一”：热情接待每一位查档群众、耐心解答每一个问题、千方百计寻找每一个线索、认真翻阅每一份档案，服务来馆查档群众。共接待查阅利用档案4768人，提供利用档案4337卷（册）。

【推进档案业务监督指导工作】 进一步加强重大工程项目建设及机关、团体、企业事业单位档案监督指导工作，重点对36个单位进行业务指导，指导文件归档件数23445件、320卷。积极开展档案规范化管理工作，县政协办、总工会、教体局、清泉镇、沸水镇5家单位通过了档案规范化管理等级复查和认定工作。

【加强档案法制和宣传教育工作】 5月15日，召开了全县档案人员业务培训会，对各乡镇、县级机关、企事业单位100余名档案人员进行业务培训。11月13日，下发了《关于开展2014年档案行政执法检查的通知》，并与11月20日，分成3个组，对全县100余个单位进行了行政执法大检查。

（廖　华）

地方志工作

【完成《汶川特大地震安县抗震救灾志》的出版、发行】 6月，《汶川特大地震安县抗震救灾志》正式出版。8月，举行隆重的发行大会。县委、县人大、县政府、县政协、各乡镇、县级各部门主要领导出席会议，市地方志办纪检组长曹玉琦到会，并对《汶川特大地震安县抗震救灾志》予以充分肯定，给予高度评价。曹玉琦说：安县人民政府、县抗震救灾志编委会高度重视，历时五载终于出版，安县抗震救灾志是绵阳三个极重灾县率先出版的志书。全志观点正确、史实详实、体例完备、行文规范、语言济，是一部不可多得的好志书。该志是进行爱国主义、社会主义教育的好教材。下一步，希望安县人民学好、用好志书。大力弘扬抗震救灾精神。

【完成了《四川羌族通志（安县篇）》的编写】 此项工作于年初启动，历时半年，完成了编写工作。《四川羌族通志（安县篇）》约4万字，涉及安县3900余名羌族人民的生产生活情况。编写完成后，于6月上报省地方志编纂委员会。

【完成30年大事记编写】 完成了《绵阳市建市30周年大事记（安县篇）》的编写报送工作，编写内容从1985年开始，到2015年结束。

【完成年鉴资料上报工作】 完成了《四川年鉴（2015）》《绵阳年鉴（2015）》安县部分的编写报送工作。

【《安县年鉴（2015）》工作】 完成了《安县年鉴（2015）》的组稿、编辑、总纂工作。完成了招标工作，并已经进入印刷采购程序。

【做好信息化工作】 制作“安县地情网”，并进入互联网开始试运行。全市仅安县一家完成了市地方志办布置的这项工作。

（田世荣）

气象工作

【概况】 安县气象局始建于1959年，系四川省绵阳市气象局下辖县级气象局。于2007年1月迁至花荄镇，站点海拔高度519.4米，地理坐标为北纬31°33′、东经104°33′，占地面积5000平方米，位于安县城北郊。

【地面气象观测】 通过完善各项业务规章制度和加强业务人员培训，各项测报业务正常开展，无重大责任性事故发生，地面测报传输质量达100%，报表预审无错情。认真贯彻落实《气象设施和气象探测环境保护条例》，分别向国土、规划部门去函，要求配合加强气象探测环境保护工作，同规划部门专题协商了可能影响现有探测环境的房产开发项目调整问题，地面气象观测环境得到有效保护。

【气象预报】 在做好常规天气预报和重要天气预报的同时，分别在2月、6月、9月、11月末制作发布春播、盛夏、三秋、冬防专题气象预报。在重大活动及节假日，高、中考期间开展专业气象服务。准确预报区域性暴雨、局部暴雨以及单点暴雨10次，成灾暴雨2次。全年，重要天气预报准确率为80.5%，一般降水准确率为91%，重大假日预报准确率为100%，灾情上报及时率为100%。

【气象服务】 积极做好暴雨、寒潮、大雾、道路结冰、森林火险等级等重要天气的预报预警和服务工作。每次重要天气过程前均通过纸质专报、手机短信平台、电视台、LED气象专用显示屏向各级领导和社会公众发布预警信息，过程中密切关注天气形势变化并及时通报。全年共发布预警信号18条，各类纸质气象信息快报、专报47期，气象服务短信46万余条，发布LED气象信息380余次。在“7·9”等灾害性暴雨天气过程中，主动作为，服务及时，出色完成预警、降雨信息通报、发布工作，为全县的防灾减灾提供了可靠的信息支撑，安县县委书记廖雪梅、副书记钟思亮均给予批示表扬。

【气象行政管理】 气象服务工作纳入2014年县政府对各乡镇的年终综合目标考核；组织编写了《安县气象灾害应急预案》，进一步规范了全县气象灾害应急响应流程，明确了部门职责，加强了气象灾害处置办法；委托安县防雷中心完成了全县防雷装置的年度检测工作；进一步理顺了防雷装置的图纸审核及竣工验收办理流程，全年行政审批按时办结率达100%；加强了电梯公寓、易燃易爆场所的雷击风险评估工作；加大氢气球安全管理力度，严格清查无证施放、无审批施放等违规行为，全年无不安全事件发生。

【气象业务改革】 为适应新形势下气象测报、预报、服务业务的新要求，经市气象局批准，县局率先完成气象业务综合改革，设置气象业务综合岗位，扫除原来测报、预报、服务不同岗位之间衔接不畅的问题，大大缩短了短临预警、雨情通报等预警信息的制作、发布时间，为县委、县政府的防灾减灾决策争取了更多时间。同时，综合改革后，更加强调气象观测数据的传输和质量控制，从而保证气象预警信息的准确性与时效性。为此，县局在高川、千佛的气象区域自动站加装了北斗卫星传输系统，确保恶劣天气下的气象情报收集。

（刘宇峰）

外事侨务工作

【外事管理工作】 2014年，共办理2批次、5人的因公出访手续。完成1月8日驻川领团、3月26日丹麦驻重庆总领事馆总领事安雅女士一行到安县考察活动。对境外非政府组织及其在安县活动情况进行了清理登记，并坚持“引导、利用、防范”三位一体的工作原则加强管理。

【侨务服务及中外友好家园建设工作】 认真开展春节前归侨侨眷走访慰问活动；做好海外华人、华侨、归侨的信息收集工作，建立了数据库，并按要求及时将相关资料上报市外侨办。积极协调秀水镇加快推进中外友好家园建设，完成了友好家园的绿化美化植树任务，实施了友好家园纪念碑建设，改善了友好家园环境，提升了家园品位和档次。

（张加林）

涉台事务工作

【开展涉台教育宣传“五进”试点工作】 按照省、市要求，充分利用宣传栏、广播、会议、讲座等多种形式，在社区、学校开展涉台教育宣传“进机关、进社区、进学校、进企业、进农村”试点工作，取得实效。

【组织台胞台属开展活动】 组织台胞、台属和黄埔军校同学会安县联络组，开展台胞台属座谈会、黄埔军校建校纪念座谈会、中秋茶话会等活动。与台湾法鼓山援建同胞在春节、中秋期间开展互动交流。

【做好台胞台属人员往来接待】 接待台商3批次到县考察参观，接待台胞寻亲来访1次。

【开展“走基层·送温暖”慰问活动】 节日期间慰问台湾驻秀水镇援建台胞，慰问生活困难台属，协助法鼓山开展扶贫助学活动。

【抓好台湾援建项目协调服务】 2014年新开工台资援建项目1个，完成秀水镇民兴中学运动场馆项目4个子项目（200米PU跑道，人工草坪足球场、篮球场、排球场），到位台资160万元。

（彭 瑶）

接待工作

【概况】 2014年，坚决贯彻落实中央“八项规定”和《党政机关公务接待管理规定》，厉行勤俭节约，做好公务接待工作。全年共接待158批次客人，其中国家及部级领导8批次、省上客人34批次、市上25批次、兄弟县17批次、客商49批次，并协助县委、县政府、各部门接待大小会议25批次。

【严格接待纪律】 坚决落实县委、县政府及县纪委的各项工作要求，不搞超标准接待，坚持热情服务与勤俭办事相结合。一是热情接待，优质服务。我们本着热情大方，不卑不亢、有礼有节的服务宗旨，赢得了国家及省、市的好评。如第二届绵阳市科技博览会、绵阳市旅游发展大会等会议。二是认真执行接待管理办法，严格审批程序。做到接待规格不超标、经费不超支、私客不公请，专款专用；做到精打细算，既坚持接待工作无小事，又坚持从简、从细、从严搞好接待工作；既节俭了开支，又让来宾们满意，接待工作无小事，为宣传安县起到了积极作用。对公务接待和会议费实行统一管理、预算包干、限额支付、集体审核的办法，严格公务接待费和会务费用的管理，杜绝了公务接待和会务费多支、乱支、滥支等现象；对各项费用报销和重大经费支出，同样坚持做到票据要素齐全、层层把关审批的原则。三是与接待酒店做好协调沟通工作。为做好新时期下的接待工作，县办对各接待酒店提出新的要求，要求他们进一步配合接待办做好各项接待工作，与酒店签订新的协议，符合“八项规定”和要求。并不断提高服务质量，完善各项设施，积极为客人提供一个舒适的食宿环境。

（李艾玲）

政协安县委员会

【政协安县第十三届委员会第三次会议】 2014年3月5日至7日，政协安县第十三届委员会第三次会议在安县启明星酒店召开。政协主席张忠贵、副主席李凯、金红、邓德元、唐虎，秘书长董键出席会议，副县级以上领导列席会议，县政协历届退休副县级以上领导应邀列席会议，出席全会政协委员207名。会议审议通过张忠贵代表政协第十三届安县委员会常务委员会所作的工作报告和金红代表常务委员会所作的提案工作报告；会议听取并赞同县政府主要领导代表县人民政府所作的政府工作报告，赞同县人民法院工作报告、县人民检察院工作报告以及其他报告。县委书记廖雪梅在大会上作重要讲话。三次全会围绕县委“坚定一个目标，推进四化同步，加强五项建设，实施七项要务”的工作思路，切实履行政治协商、民主监督、参政议政职能，委员共提交100件提案。

【政协安县第十三届委员会常务委员会第九次会议】 3月4日，县政协召开十三届常委会第九次会议。会议审议通过政协安县第十三届委员会第三次会议日程、议程草案，审议讨论通过政协常委会工作报告、提案工作报告，通过大会正副秘书长，通过各联组召集人建议名单，通过提案审查委员会建议名单，通过大会接受提案截止时间的决定。

【政协安县第十三届委员会常务委员会第十次会议】 7月15日，县政协召开十三届常委会第十次会议。会议听取了县委常委、常务副县长党海燕关于2014年以来全县经济社会发展运行情况，听取了县委常委、纪委书记赵奎关于全县党风廉政建设和反腐败工作情况，听取县委副书记钟思亮关于全县群众路线教育实践活动开展情况。

【政协安县第十三届委员会常务委员会第11次会议】 9月2日，县政协召开十三届常委会第十一次会议。会议讨论了沿山乡镇生态环境保护的调研报告，通报了县政协工作开展情况，讨论县政协相关规章、制度、意见。

【政协安县第十三届委员会常务委员会第十一次会议】 12月12日，县政协召开十三届常委会第十二次会议。会议传达了《中共中央关于衡阳破坏选举案处理及其教训警示的通报》，通过了人事任命事项。

【政协安县第十三届委员会常务委员会第十三次会议】 12月26日，县政协召开十三届常委会第十三次会议。会议听取了县委常委、常务副县长党海燕关于2014年全县经济社会发展情况和全年提案办理情况，开展了“城镇化建设与县城义务教育均衡发展工作”专题议政，县教体局作专题汇报，县住建局、财政局、人社局、编委办、国土局、发改局以及参会人员分别发言，提出建议。

【政协安县第十三届委员会常务委员会第十六次主席会议】 2月24日，县政协召开十三届常委会第十六次主席会议。会议研究政协第十三届安县委员会第九次常委会议题，研究群众路线教育实践活动，讨论群众路线教育实践活动实施方案。

【政协安县第十三届委员会常务委员会第十七次主席会议】 3月17日，县政协召开十三届常委会第十七次主席会议。会议研究县政协2014年工作要点，安排部署群众路线教育实践活动。

【政协安县第十三届委员会常务委员会第十八次主席会议】 5月7日，县政协召开十三届常委会第十八次主席会议。专题安排布置撤县设区调研工作，县民政局汇报工作，县国土局、财政局、发改局、交通局、住建局、投促局、工业园区分别发言。

【政协安县第十三届委员会常务委员会第十九次主席会议】 5月8日，县政协召开十三届常委会第十九次主席会议。会议传达文久喜、廖雪梅在全县群众路线教育实践活动会议上的讲话精神，通报政协班子和成员在“四风”问题的反映及意见建议，研究人事工作，研究第十次常委会有关事项。

【政协安县第十三届委员会常务委员会第二十次主席会议】 5月26日，县政协召开十三届常委会第二十次主席会议。会议讨论了县委常委班子党的群众路线教育实践活动专题民主生活会对照检查材料。

【政协安县第十三届委员会常务委员会第二十一次主席会议】 6月4日，县政协召开十三届常委会第二十一次主席会议。会议讨论了安县政协领导班子党的群众路线教育实践活动专题民主生活会对照检查材料。

【政协安县第十三届委员会常务委员会第二十二次主席会议】 6月6日，县政协召开十三届常委会第二十二次主席会议。会议再次研究了安县政协领导班子党的群众路线教育实践活动专题民主生活会对照检查材料。

【政协安县第十三届委员会常务委员会第二十三次主席会议】 6月26日，县政协召开十三届常委会第二十三次主席会议。会议讨论了关于安县撤县设区的调研报告。

【政协安县第十三届委员会常务委员会第二十四次主席会议】 7月11日，县政协召开十三届常委会第二十四次主席会议。会议研究十三届十次常委会有关事项。

【政协安县第十三届委员会常务委员会第二十五次主席会议】 8月21日，县政协召开十三届常委会第二十五次主席会议。会议讨论了关于安县沿山乡镇生态环境保护的调研报告。

【政协安县第十三届委员会常务委员会第二十六次主席会议】 11月19日，县政协召开十三届常委会第二十六次主席会议。会议讨论了义务教育均衡发展专题议政相关事项，通报全年提案办理情况，安排部署县政协十三届四次全会相关工作。

【政协安县第十三届委员会常务委员会第二十七次主席会议】 12月8日，县政协召开十三届常委会第二十七次主席会议。会议研究了县政协十三届第十一次常委会有关事项。

【政协安县第十三届委员会常务委员会第二十八次主席会议】 12月24日，县政协召开十三届常委会第二十八次主席会议。会议研究讨论政协常委会工作报告和提案工作报告，研究政协委员调整建议方案和特邀委员建议方案，协商县政府《关于撤销安县设立绵阳市安州区的方案》，研究十三届十三次常委会建议方案。

【加强农村土地承包经营纠纷仲裁体系建设的调研】 3月，由县政协主席张忠贵带领相关政协委员，对全县2011年以来全县农村土地承包经营纠纷仲裁体系建设和土地承包纠纷调解仲裁工作情况进行调查、了解和分析，提出建议：1. 强化组织领导，加大宣传力度。2. 进一步加强调解仲裁工作规范化建设。3. 加强培训，提高调解仲裁人员素质。4. 优化环境，保障经费到位。5. 搭建全县农村土地承包经营流转配套服务综合平台。6. 以权益保障为目标，维护和谐稳定。

【科技型中小企业集聚集群发展情况的调研】 3月，县政协主席张忠贵、副主席邓德元带领相关政协委员，深入全县各个特色产业集聚的工业园区、龙头企业以及相关技平台和专业化市场实地察看、调查研究，提出建议：1. 为科技型中小企业向高新技术转向完善政策导向环境。2. 为科技型中小企业集聚集群营造高效的政务环境。3. 为科技型中小企业集聚集群提供有力的法制保障环境。4. 为科技型中小企业集聚集群营造便捷的融资环境。5. 为科技型中小企业集聚集群聚才营造良好的服务环境。6. 突出科技型中小企业品牌带动，打造区域集群品牌。7. 强化产业招商，引导项目集群集聚。

【推进产业发展促进农民增收的调研】 5月，县政协主席张忠贵带领部分政协委员对推进全县产业发展、促进农民增收工作进行调研，提出建议：1. 分类指导，统筹管理，促进农业产业化有序发展。2. 加大财政扶持，激励农业产业做大做强。3. 用活土地政策，解决产业政策瓶颈。4. 深化政府服务职能，为产业发展搭建良好的平台。5. 优化产业布局。6. 建立健全科学技术培训机制。

【推进全县第三产业发展的调研】 5月，县政协主席张忠贵带领部分政协委员对县内第三产业涉及的住宿、餐饮、批发零售、信息传输、商务服务、技术服务、居民和社会服务、文化、卫生、旅游等行业的重点企业进行深入细致的调研，前往温江区、简阳市、资中县进行专题考察和学习，提出建议：1. 统一思想认识，狠抓工作落实。2. 加强组织领导，形成发展合力。3. 坚持引领，促进有序发展。4. 优化发展环境，助推加速发展。5. 不断创新业态，着力提升商贸流通业，进一步完善城镇化商贸服务体系。6. 依托区位优势，大力培育现代物流业。7. 推进产业升级，快速发展连锁商业网和电子商务。8. 挖掘自然优势，加快发展现代旅游业。9. 扩大对外开放，加大招商引资。10. 加快城市化进程，拓展发展空间。11. 培养引进优秀人才，增强产业发展后劲。

【工业经济提质增效的调研】 5 月，县政协主席张忠贵、副主席金红带领部分政协委员深入中联、川磷化工、郎迪塑胶、鑫祥环保等企业进行专题调研，提出建议：1. 抓好主导产业和大企业的培育。2. 抓好企业节能降耗。3. 增强企业自主技术创新，推进产业结构升级。4. 抓好企业品牌建设和创新体系。5. 加强县级金融支持体系建设，缓解企业融资难。6. 切实开展闲置土地和低效利用的清理。7. 加快人才队伍建设，增强企业核心竞争力。8. 完善园区产业规划，加强入驻企业的监管考核。9. 帮扶激活停产、半停产企业，促使尽快形成新的增量。

【安县撤县设区的调研】 6 月，县政协主席张忠贵带队深入部门、乡镇，充分听取县级部门负责人、离退休老干部代表、民营企业家代表、人大代表、政协委员和干部职工、基层群众等各方意见，结合到涪城、南溪、龙泉驿、夹江等地学习考察，提出建议：1. 继续赋予安县在“扩权强县”体制下事权自主权。2. 明确规范市与区上下级财政管理体制。3. 积极争取市委、市政府对“撤县设区”工作的大力支持。

【沿山乡镇生态环境保护的调研】 9 月，县政协主席张忠贵带领部分政协委员及相关部门负责人，深入到高川、千佛、晓坝、桑枣等沿山乡镇的采矿现场及茶坪河、安昌河、高川河、干河子沿线对生态环境保护情况进行调研，提出建议：1. 加大宣传引导，营造生态环境保护舆论氛围。2. 加强组织领导，强化生态环境保护建设领导机制，形成工作合力。3. 以加强环境污染治理为抓手，努力改善生态环境。4. 遵循自然规律，保持水土流失，提高自然生态环境修复能力。5. 划定生态红线，加大实施山区群众生态移民政策，强化生态功能保护区建设。6. 科学规划，聚合资金项目，促进生态环境修复进程。7. 明确职责，不断完善生态环境保护管理体制和考核机制，狠抓区域生态环境保护建设。8. 多措并举，尽快出台实施生态环境保护建设的相关政策。

【成兰铁路安县段建设进程情况的调研】 11 月至 12 月，县政协主席张忠贵带领部分政协委员，专题调研成兰铁路睢水段及客、货两站和高川段建设情况，提出建议：1. 对县上即将启动的总规和详规，建议交通、电力、工信、水务、发改、旅游等相关业务部门要高度重视，组织有关专家、领导和各界代表，针对成兰铁路安县客、货站设立，结合绵遂铁路规划，对客、货站周边及对安县产业发展的影响和预期进行充分论证，尽早确定客、货站周边的发展定位，为规划做好准备。2. 县政府要加强统筹协调，加快编制安县客、货站周边拟定集中发展区的总规和控规，各相关部门及时、准确提供基础材料。3. 尽快完善通往客、货站的交通网络布局，建议将成绵高速复线通过快速交通由宝林经塔水连接至辽安路。4. 建议政府加大成兰铁路高川段近 300 万方的洞渣转运督促力度，对成兰铁路高川段永久性渣场所涉及的农户搬迁。5. 建议县级相关执法部门与当地政府对施工排放方的生产用水、洗沙用水等造成污染，要共同研究制定治理方案，并共同实施治理。

【农村公共卫生服务体系建设情况的视察】 4 月，县政协主席张忠贵、副主席金红带领部分政协委员对全县农村公共卫生服务体系建设情况进行考察，县委常委、宣传部部长王刚，副县长詹勇为应邀全程参与了视察，视察组认为，全县农村公共卫生服务体系建设存在着：1. 乡村医生年龄老化，知识结构不合理。2. 乡村卫生人才匮乏，业务素质偏低。3. 缺乏重性精神疾病专业机构和管理人员。建议：1. 加强农村公共卫生服务基本建设和管理。2. 加强促进基本公共卫生服务均等化。3. 加强卫生人才队伍建设，提高公共卫生服务水平。4. 加大宣传力度，增强全民健康意识。

【公共文化服务体系建设管理情况的视察】 6 月，县政协领导带领部分政协委员对全县公共文化服务体系建设管理情况进行专题考察，县委常委、宣传部部长王刚全程参与视察，视察组认为，全县公共文化服务体系建设存在着：1. 部分乡镇对公共文化服务体系建设工作重视不够。2. 公共文化服务运行保障机制需要进一步健全。3. 公共文化服务人才队伍亟须加强。4. 公共文化服务管理机制还需进一步完善。建议：1. 加强领导，进一步完善公共文化服务体系管理机制。2. 加强宣传，充分发挥公共文化服务设施设备的作用。3. 创新机制，加强文化队伍自身建设。4. 增加投入，逐步建立公共文化服务体系运行长效保障机制。

【妇女儿童发展工作情况的视察】 9 月，县政协副主席唐虎带领部分政协委员对全县妇女儿童发展工作情况进行考察，视察组认为，全县妇女儿童工作存在着：1. 女性就业难依然存在，妇女维权有待加强。2. 儿童健康成长环境面对挑战，贫困妇女儿童救助难度大。3. 女干部配备还未达到要求，村级妇女干部待遇偏低。4. 对妇女儿童工作有待进一步加强。建议：1. 进一步促进妇女创业就业，积极维护妇女儿童合法权益。2. 加强阵地建设，加大扶持救助力度。3. 落实政策法规，加大女干部培养选拔力度。4. 强化工作保障，推进妇女儿童工作稳步发展。

【县人民检察院开展“阳光检务”工作情况的视察】 11 月，县政协主席张忠贵、副主席邓德元带领部分政协委员对县人民检察院开展“阳光检务”工作情况进行考察，视察组认为，检察机关在“阳光检务”工作中存在着：1. 部分检察干警对“阳光检务”工作的认识存在偏差。2. “阳光检务”宣传形式不够多样，手段不够丰富。3. 人少案多面广的矛盾影响“阳光检务”进一步拓展。4. 查办和预防职务犯罪办案经费不足、手段落后。建议：1. 进一步深化检察干警对“阳光检务”工作的认识。2. 进一步加大宣传力度，提高社会各界对检务公开的知晓度。3. 增加编制，整合人力资源，提升检务公开工作能力。4. 加强办案经费保障，提高办案装备的科技含量。

【城镇化建设与县城义务教育均衡发展工作的视察】 11 月，县政协组织部分政协委员对全县城镇化建设与县城义务教育均衡发展进行专题考察，视察组认为，全县城镇化建设与县城义务教育均衡发展存在着：1. 生源流动加剧。2. 县城就学压力大。3. 城乡教育差距加大。建议：1. 增加县城教育资源总量。2. 努力推进县域学校均衡发展。3. 探索新的办学模式，提升薄弱学校办学水平。4. 修建教师周转房。

【安县休闲养生养老旅游工作的视察】 11 月，县政协主席张忠贵、副主席唐虎带领部分政协委员就全县休闲养生养老旅游工作情况进行考察，视察组认为，全县休闲养生养老旅游工作存在着：1. 休闲养生养老旅游产业发展意识不强。2. 休闲养生养老旅游基础设施建设不够完善。3. 休闲养生养老旅游产业发展链条不够完整，管理和服务水平偏低。4. 农村休闲养生养老旅游特色不突出，服务不规范。建议：1. 创新思路，营造休闲养生养老旅游发展的良好氛围。2. 科学规划，进一步打造休闲养生养老旅游特色。3. 完善功能，加快休闲养生养老旅游基础设施和要素建设。4. 城乡发展，建立农村休闲养生养老旅游服务体系。5. 打造品牌，以品牌建设带动全县休闲养生养老旅游的发展。6. 加强引导，规范服务，不断拓展休闲养生养老旅游市场。7. 联动推进，构建休闲养生养老旅游大融合格局。

政协安县第十三届委员会
常务委员会委员名单
（40 人）

张忠贵　李　凯　金　红（女）　邓德元
唐　虎　董　键　唐　鸿　李建强
向云刚　耿福昌　陈　华　何荣斌
赵漫春（女）　董正红（女）　张　平（女）
陈　浩　付　强　吴万平　李　勇
蒋岷江　戎华明　张　玉（女）
陈　玲（女）　李　刚　李　昕　李代全
王　平　杨　平　易吉果　林文奎　周臻杭
尹　东　桂秀琼（女）　刘凯文　徐　宁
黄鼎源　释慧善　游晓菊（女）
谢福兵　王艳霞（女）（恒源机械）

（肖　礼）

人民团体

县总工会

【概况】 安县总工会围绕县委和上级工会工作部署，全年以深入开展党的群众路线教育实践活动为主线，以助力同城化发展、维护职工合法权益、服务民生改善、强化自身建设四大任务为重点，各项工作快速推进，服务群众效果更加明显，圆满完成了今年的各项目标任务，并荣获绵阳市工会工作目标考核特等奖、安县县级部门综合考核一等奖等。

【服务经济发展】 以“当好主力军，建功‘十二五’”为主题，围绕安县同城化发展建设开展劳动竞赛和技术创新活动。全县劳动竞赛参赛单位773个，参与职工3.4万余人次，规模以上企业参与面达100%，职工参与面达97.5%。群众性技术创新取得新成效，全县职工提合理化建议447条，实施199件，技术革新18项，促进企业增效6500余万元。各级工会积极开展职工岗位培训、技能培训和安全培训，培训职工2万余人次。“工人先锋号”“五化五强”班组创建不断深化，职工职业素质普遍提升。

【维护职工权益】 认真贯彻《四川省企业工资集体协商提质增效2014—2017年工作规划》，对签约企业、行业实施质效量化评价。全年全县共签订工资集体协议658份、职业病防治专项集体合同328份、女职工劳动保护专项集体合同493份。着力推进厂务公开民主管理，已建会公有制企业厂务公开、职代会建制率达100%，已建会非公企业职代会建制率达98.5%。加大法制宣传力度，开展普法宣传8次，接受咨询1200余人次，发放资料2000余份。全年提供职工法律援助案件15件，职工维权诉求受理和处理率达100 %。广泛开展“安康杯”竞赛，参赛企业267个，参赛职工22467人。

【推动民生改善】 不断增强工会帮扶实效，全年“春风送岗位”行动开展招聘会10场次，提供用工岗位信息2万余个。筹资5万元培训农民工100人，完成就业再就业265人。“冬送温暖”走访慰问1300余人，发放慰问金120余万元；“夏送清凉”为高温一线职工送去价值6万余元的防暑降温物品；“金秋助学”筹资17万元资助学生197人；大病医疗救助78人，发放救助金15.6万元；筹资9万元为300名环卫、粉尘作业的困难职工开展免费体检；实施医疗互助保险工程，参保职工达842人；双联活动，为兴仁石庙村送去慰问金4.4万元，整修沟渠800余米，协调资金7万余元。成功举办了庆“五一”安县群众健身广场舞比赛、“相约安县·牵手未来”安县首届单身职工联谊会、安县职工书画摄影比赛，“五一”、春节免费为职工发放电影票5000张，极大丰富了职工精神文化生活。

【加强自身建设】 全年新增独立建会47个，联合覆盖建会5个，新增会员2176人；打造市级“四有四增强”示范点5个，县级示范点16个；工会经费税库银征收工作顺利推进。

（杨清波）

共青团安县委员会

【概况】 截至2014年12月底，全县团员数达到27285人，建成志愿者组织2个，青年志愿者总数突破300人，基层团（工）委42个，其中基层团总支和团支部485个，建立标准化农村留守学生之家17所。

【扎实推进基层组织建设】 团委始终坚持党建带团建，切实加强乡镇“实体化”大团委建设工作，继续推进“两新”组织团建工作，积极探索统筹城乡、企业等新兴领域团建创新工作，努力打造“学习型”团委。截至2014年12月，团县委共建成直属团组织42个，新建非公有制企业团建20家，团结和带动了一大批青年融入团组织中来，丰富了青年们的业余生活，拉近了青年们与团组织的距离，进一步促进了全县各项事业又好又快地发展。

【开展分类思想引导】 团县委带领全县各级团组织积极开展纪念“五四”95周年纪念活动，举办了趣味运动会、青年座谈会、演讲比赛等丰富多彩的庆祝活动；开展“第二届青年歌手大赛”，激励广大团员青年想在长远、干在实处、走在前列，为安县发展新跨越贡献青春、智慧和力量；与县文化馆联合举办了安县首届群众音乐节；组织西部计划志愿者交流活动，进一步增强志愿者爱国主义意识和奉献精神；组织了兴仁乡学校少先队员到安县烈士陵园开展清明祭英烈活动，鼓励他们以优异的成绩和良好的品德回报父母，以实际行动报效祖国；对全县43所各级各类学校近2.9万名师生累计举办法制禁毒知识讲座35场次；新招募西部计划志愿者12名，至年底，共有26名西部计划志愿者在永河镇人民政府、秀水镇人民政府等部门开展为期1年的服务工作。

【青年就业创业】 深入实施“青年小额贷款”和YBC青年创业项目，完成青年贷款人数79人，小额贷款金额130万元，帮助成功申请YBC项目扶持1人；为全省72名大学生提供“逐梦计划”岗位，为安县职业中学100名学生提供见习岗位；联合银河化学股份有限公司和各乡镇团委对全县1010名青年进行就业创业各类培训、对72名农村青年开展技能培训；与县信用联社合作，确定54名农村青年为安县2014年度信用示范户，为推动安县新农村建设助力；赴西南科技大学、绵阳师范学院、重庆理工大学、云南大学、昆明理工大学开展“中国（绵阳）科技城，创新创业新特区”创新创业政策推介会；成功促成安县工业园区、共青团西南科技大学委员会“青年创业实践基地”校地合作签约；

【做好关心下一代工作】 在兴仁乡金龙村、塔水镇白塔村等乡镇新建留守学生之家7所，在全县建成和完善星级留守学生之家17所，在白塔村建设“五老关爱活动室”，在沸水镇社区建立青少年电子阅览室；通过“辽宁·大连希望工程”为41名贫困大学新生发放助学金24400元；通过金秋助学资助5名困难大学生共计10000元，通过绵阳金穗圆梦资助4名困难大学生共计20000元；通过民间爱心人士资助2名学生共计3500元，通过“辽宁·大连希望工程”资助患病学生4名共计40000元。

（曾月波）

县妇女联合会

【强化宣传创新载体，进一步增强凝聚力和战斗力】

一是举行安县纪念“三八”国际妇女节庆祝表彰大会暨“幸福家庭”建设启动仪式，表彰全国、省、市、县先进集体、个人共103名。组织10个部门开展了“三八”维权周宣传活动和妇女权益保护有奖竞猜活动。二是组织女领导干部联谊会、县级部门妇委会，带领巾帼志愿者服务小分队，分别到“妇女儿童之家”与农村妇女姐妹开展“牵手妇女儿童之家，共圆幸福家庭梦”系列活动。组织举行了“安县快乐‘六一’伴成长大型亲子活动”。看望慰问儿童4520余名。通过各种形式加大对新两纲的宣传实施力度，接受县人大、县政协视察县政府妇女儿童工作推进情况并得到充分肯定。

【加强干部队伍建设，不断提高综合素质和能力】

一是选派3名县乡妇联干部参加省妇女事业和社会工作培训，鼓励妇联干部参加社工师认证考试。二是选派妇联干部及妇女儿童活动中心早教老师26人次参加婴幼儿早期教育及家庭教育指导专业培训及学术交流班12期。与县委组织部、县委党校联合开展2014年安县乡镇、村（社区）妇女干部轮训班，分两期对274名乡村妇女干部进行了培训。邀请专家授课、领导做专题辅导报告、观看教育警示片以及组织妇联系统干部参加各种学习培训8批次。三是组织安县优秀女领导干部、妇联干部4名到浙江大学、11名到清华大学学习培训。选派妇联干部8人次参加两纲工作、妇女事业发展、群团组织服务中心建设等专题培训班5期。

【深化“双学双比”和“巾帼建功”活动，服务妇女参与发展】 争取项目和资金为妇女就业创业提供帮助，在兴仁乡长沟村新建山地土鸡养殖基地1个。2014年，培树县级、市级巾帼文明岗16个。广泛动员巾帼志愿者开展关爱留守人员、义务清扫街道、家庭教育、儿童早期教育指导服务等系列志愿服务活动。安县妇联被评为绵阳市2014年度优秀志愿服务组织。

【落实民生工程建设，改善妇女儿童生存发展环境】

做好妇女小贷财政贴息的清理核查工作，协调相关部门和金融机构落实部分贴息资金，并做好正面解释工作。落实在河清镇等3个乡镇，雎水镇道喜村等7个村（社区）建立妇女儿童之家示范点，配备了价值16万余元的大型玩具、电器设备等，并开展实地指导和不定期督导。

【做实做优项目建设，推动妇女儿童可持续发展】

接受全国妇联儿童工作部副巡视员向阳以及中日合作心理援助人才培养项目终期评估组到安县评估中日合作心理援助人才培养项目开展情况并得到高

度评价。抓好“建立以社区为基础的儿童保护服务体系与网络建设项目”。项目工作得到国务院妇儿工委办、联合国儿基会高度肯定并在全国总结会上交流发言。三是争取到全国妇联卫星数字“妇女儿童之家”建设项目、“家庭早教数字化体验中心建设与运营”项目，分别在县妇女儿童活动中心、“呀呀之初”早教园投入使用。

【探索家庭教育新模式，努力开创妇联工作新局面】　3 月 5 日，安县妇女儿童活动中心“呀呀之初”早教园正式建立并启动工作。“呀呀之初”早教园被授予“四川省 0—3 岁早期教育科研基地”。做好“心系妇儿—家庭教育空中课堂”工作，对 6000 名 0—6 岁儿童的父母或其他监护人的基本信息进行录入。

【大力实施幸福家庭行动，强抓引导促进和谐】“三八”期间，组织各级妇联开展“牵手妇女儿童之家，共圆幸福家庭梦”系列活动。以“家风力量·幸福守望”为主题，在全县开展“向幸福出发——寻找‘最美家庭’”特别行动。推荐的高川乡林兴聪地震重组家庭为绵阳市唯一一个入选四川省“最美家庭”的家庭。

【创新维权机制建设，有效维护社会稳定】　为妇女儿童开展心理干预、情绪疏导、婚姻家庭矛盾调解工作。全年共接待各类来信、来电、来访 546 人次，全部给予妥善处理。职业介绍 221 人。牵头建立安县妇女儿童维权和反家庭暴力协作机制以及安县婚姻家庭纠纷人民调解委员会，并协调以县委办、县政府办名义下发《关于加强农村妇女土地权益保护的通知》，切实维护妇女合法权益。积极参与社会治理。积极争取省、市妇联支持，在安县惠民帮扶中心、沸水镇白驹泉社区建立群团组织社会服务中心试点。试点工作得到省市领导肯定，在全省群团组织社会服务中心建设工作会上交流发言。看望慰问地震孤儿、贫困母亲、留守儿童、特需儿童、白血病患儿 100 余名。资助 5 名女大学生每人 2000 元学费。为 12 名患“两癌”的贫困妇女，争取到每人 1 万元的“两癌”专项资金救助项目。

（伍建蓉）

县科协

【科博会工作】　认真做好第二届中国（绵阳）科技城国际科技博览会涉及安县的展场布置，宣传推介，参会参展，对口接待等统筹协调和服务工作。10 月 16—18 日，第二届科博会如期顺利举行，安县相关工作取得圆满成功。

【科普宣传和培训】　充分利用 3 月科技“四下乡”、5 月“科普日”和 9 月“科技活动周”时间开展科普宣传教育活动。活动期间，累计发放医疗、科技、农业、理论等方面宣传资料 53.5 万余份，接受群众咨询 17.5 万余人次，为群众义诊 5624 人次。

7 月 8 日，在好医生药业公司会议室举办了科技工作综合培训会，全县 18 个乡镇、10 个相关县级部门的科技分管领导、联络员及 112 家企业负责人，共 220 余人参加了培训会。会议邀请了省生产力促进中心、省科技中小企业创新基金管理办公室、市知识产权局、成都九鼎天元知识产权代理有限公司相关领导、专家，安排了国家和省、市科技项目的争取和申报、知识产权资助与奖励政策、专利申请和实施、成果鉴定、成果转化项目申报和高新技术企业申报、科技型中小企业的申报、认定和技术交易合同登记等内容的综合培训。

县红十字会

【项目工作】　塔水镇七里村“红十字博爱家园”稳步推进，召开了启动会，进行下乡走访、入户调查 7 次，全面了解村民意愿，确保项目为民所需；投入 10 万元修建红十字博爱养兔园；投入生计基金 12 万元用于帮助 60 户贫困群众发展伊拉肉兔种兔养殖，户均增收 200 元，为改善社区生产条件及贫困群众脱贫致富发挥了积极的推动促进作用。开展义诊活动一次，惠及群众 100 余人；开展健康教育、生产养殖、志愿者工作、红十字知识、法律知识宣传等各类培训 11 次，参训人员 600 余人次，提高了村民素养。香港红十字会援建 4 个社区恢复项目完成终期评估，获得活动援建方好评。

【救灾救助工作】　春节前开展送温暖活动，共为永河、塔水等 4 个乡镇的群众送去了慰问金及棉被、棉大衣等物资，惠及贫困群众近1000名；为1名贫困白血病患儿争取到中国红十字基金会资助款项3万元，1名先天性心脏病患儿申请获得通过，还有1名白血病患儿报送申请等待审批。帮助18名贫困群众在绵阳市红十字会、安县红十字会网站上进行网上求助。争取到澳门红十字会捐赠卫生站维修金5600元，澳门卫生局医生协会捐赠价值3000余元的医疗器械。组织开展志愿者活动4次，参与志愿者50人次，服务对象100人。

【开展助学行动】 2014年“爱在安州——温暖四季”金秋助学活动，发放助学金4万元，资助县内贫困初、高中学生40名；南京鹏运机电有限公司资助秀水镇困难学生10名，发放助学金4.8万元；“六一”国际儿童节之际，为桑枣镇留守儿童送去了凉被、书籍等价值近万元的礼物。联系到华夏银行绵阳分行团总支向桑枣镇花庙村小学生赠送了价值3000余元的学习、体育用品，并为学校建立了爱心书屋。

【卫生救护培训】 在全县教体系统开展应急救护知识培训活动，培训百名教师并通过考试，取得了“中国红十字会急救员证”；在县旅游重点企业、机关以及社区、村委开展了应急救护普及培训多次，培训300余人次。编印《安县红十字会初级救护知识宣传读本》8000余册，全部免费发放至县内各乡镇、部门与重点企业，普及群众急救知识。

【红十字“三献”工作】 与文广新旅合作制作了《新闻就在我身边》、通过《阳光政务》政风行风热线对“三献”相关知识做了专题介绍；利用红十字日、红十字周、世界急救日及各类宣传日开展无偿献血、人体器官及遗体捐献、造血干细胞捐献、预防艾滋病等相关宣传活动9次，共发放宣传单、宣传册等3000余份，为2000余人次提供咨询服务；在公共场所设置各类宣传栏10余版，重点宣传“三救”“三献”工作及红十字知识。至年底，全县共有14名志愿者进行了遗体、器官捐献志愿登记。全年实现遗体捐赠2例，角膜捐献1例。

（杨小兰）

县工商业联合会

【民主监督参政议政工作】 全县非公有制经济人士人大代表5人，其中市人大代表1人，政协委员18人。积极参政议政，全年共组织工商界政协委员专题活动2次，共提议案6条，被采纳5条；积极向四大班子推荐工商界代表人士的政治安排，提议新增加民营企业家政协委员2人。各类经济职权部门建议设置非公有制经济代表人士监督员的意见得到了大部分支持，安监局、地税局和国税局、发改局、工商局都分别聘请了民营经济代表人士作监督员，以便发现问题及时沟通，实现参政议政的权利。

【非公有制经济健康成长】 2014年1月，在县委党校举办非公有制经济代表人士培训，邀请市委党校朱云教授讲解中共“十八大”精神及当前的经济形势和对策，参训人数135人；适时以会代训235人次。2014年组织全县企业人士3次参加绵阳市工商联举办的培训，参训人数190余人次；10月组织全县非公有制经济代表人士到上海展望学院进行为期一周的培训，参训人数24人。在展望学院大家分别聆听了上海财经大学博导何建民的《企业发展战略与企业管理》、上海EDL副总张惠的《电子商务的发展与应用》、上海中小企业服务中心主任陈雅玉的《中小企业融资与风险防控》等讲座。还分别到上海均瑶集团、上海清美绿色食品有限公司、浙江传化集团、中国上海自由贸易试验区进行实地参观考察，听取介绍和互动交流。

【维护会员合法权益】 一是解决会员的意见、要求和建议6件，并先后为安洲驾校、安县花荄商会、安县创业商会会员解决反映的问题5件；二是为绵阳天雄药业等企业协调解决反映的法律纠纷3件，通过维权增强了工商联、商会组织的凝聚力和社会影响力。

【引导企业家热心社会公益事业】 一是在县工商联的引导下，花荄商会为安县沸水镇三合村捐款5万元用于该村道路、塘堰等基础设施建设，为11名贫困学生助学，小学生每人每月解决生活费200元，中学生每人每月解决生活费400元。二是成都安县商会的企业家们为安县桑枣镇白血病患者罗丹丹发起资助义捐活动，共捐款7万余元。三是开展百企帮百村活动，花荄商会组织全体会员到山东考查，在全县集约土地2000余亩，种植金银花，并逐步建立种植、加工、销售一条龙的“金银花”基地，项目分年实施。2014年仅这一项农民增收（每亩租金700元，人工务工费每天80—100元）300余万元。

【用活动增强工商联组织的吸引力】 坚持会长轮值会。坚持每季度召开主席（会长）会开展联谊交流活动。全年开展5次轮值会，每次活动由企业家自己选定话题讨论，通过沟通加强联系，增强了解，以便抱团发展。

县工商联于2014年6月，在文化广场成功举办了为期4天的“安县2014房地产与汽车交易展览会”，有48个商家参展，前来咨询群众上万人次，达成意向成交额1000万元。立足活动兴会、活动活会、活动立会的宗旨，积极举办和参与。包括培训、内外交谊活动、商务活动等各类社会活动，2014年共计自办15次，协办6次，累计人数达1800余人次。

【促进经济技术和贸易合作】 一是与上海四川商会取得联系；二是与成都绵阳商会建立友好商会；三是组织工商联（总商会）企业家副主席（副会长）26人，于2014年4月先后到四川铁骑力士集团、四川波鸿集团好圣有限责任公司、四川好医生药业集团有限公司等企业参观，听取发展介绍，谋求自身企业更好的发展；四是于9月组织县创业商会赴泸州市创业商会考察学习，听取泸州商会的经验介绍，特别是泸州创业商会的发展让人们耳目一新。协助安县创业商会正积极建立集“创业、就业、宣传、资金互助、维权、会员发展于一体”的活动中心，并与泸州创业商会达成了友好商会；五是通过往来和交流，基层商会企业家以商招商引进企业入驻两家。

【基层商会和行业商会的发展】 注重选好会长，积极筹备基层商会建设。2014年新建1个行业商会，即“创业商会”，1个异地商会，即“成都安县商会”。经过严密紧锣密鼓的筹备，在完成会员的发展和沟通，章程、制度制定，明确会员履行职责监督、会费管理等基础上，安县创业商会、成都安县商会顺利组建成立。基层商会发展新会员129人。

【“政企金桥”服务品牌创建】 紧紧围绕“政企金桥”服务品牌创建扎实工作，积极宣传品牌含义，牢固树立“政企金桥”的理念，始终坚持“贴近政府工作、服务经济工作、成为服务经济工作的中心”采取系列举措，唱响“政企金桥”品牌：一是强基层组织建设，建立起一支信任工商联组织的队伍；二是用“服务”说话，协助政府宣传、贯彻、执行相关政策法规和为民营经济人上说话、维权；三是多种形式搭建沟通平台。经过三年努力，成功创建“政企金桥”服务品牌。

（廖　华）

法　治

概　述

【化解各种涉稳隐患】 有效防范和抵御“颜色革命”，深入推进国家安全人民防线建设和反邪教斗争，维护国家安全和社会政治稳定。着力推进重大事项稳定风险评估全覆盖，对撤县设区、花荄镇保障性安居工程等37个重大事项开展了稳定风险评估，最大限度预防和减少了涉稳隐患。排查出各类重大涉稳隐患54件，成功化解52件，化解率达96%。有效处置群体性越级集访事件，一大批涉稳积案、老案和“骨头案”得到妥善化解。建立“阳光信访”网上信访平台，全县信访总量和进京赴省到市非正常上访呈下降趋势。深入开展反恐防暴工作，全县无一暴恐和极端案（事）件发生。圆满完成各级“两会”和中共十八届四中全会、“六四”、绵阳科博会、“春社踩桥”等敏感时段和重大活动安保工作。

【“平安安县”建设持续深化】 搭建“县、乡镇（园区）、社区（村）、网格”四级联动的社区网格化服务管理组织体系，落实专职网格员80名，采录基础信息24万余条，“社区网格警务一体化模式”初步形成，一大批民生问题得到有效解决，开通农村网格账号229个。“大调解”工作体系高效运转，16个专业调委会建设有序推进，人民调解“随手调”实现破题，共受理各类社会矛盾纠纷2199件，调解成功2047件，调解成功率达93.1%。启动“天网二期”工程，治安防控体系不断完善。整顿涉赌电子游戏场所26家，收缴赌博机342台，打掉盗抢犯罪团伙16个。重点场所（物品）管控有力，矿山、道路交通等安全管理不断加强，全年无重特大安全事故发生。县禁毒委荣获全省社区戒毒康复示范单位，“安县社区矫正‘123’模式”全省推行。表彰奖励见义勇为公民10人，5人荣获市见义勇为勇士，落实举报违法犯罪线索奖励。组建了政法系统门户网站——“安县长安网”，运转良好。

【“法治安县”建设大力推动】 深化警务公开、检务公开、审务公开，参与重大决策中的专家论证、风险评估和合法性审查，大量司法建议和检察建议推动党委政府依法科学决策。强化法治培训，以旁听庭审和“法律七进”等活动为载体，深化“六五”普法，开展各类宣传上百场次，发放普法资料20余万份，数万名群众直接或间接得到法治咨询服务。县四大班子和各行政单位、乡镇（园区）、村（社区）及部分规模以上企业聘请了法律顾问，法律顾问覆盖面不断扩大。严格落实执法司法人员办案质量终身负责制，开展了对假释、减刑、暂予监外执行案件专项检查，遏制和防范了以权、花钱“赎身”、逃避惩罚或减轻处罚的问题。

【政法队伍作风建设成效明显】 出台多项便民利民举措，对群众反映强烈的“四风”突出问题集中梳理，立说、立行、立改，敢于“真刀真枪”“揭短亮丑”，“六难三案”（执行难、立案难、诉讼难、门难进、脸难看、事难办，人情案、关系案、金钱案）问题得到有效整治。强化“五种能力”培养和警示教育，政法维稳综治干部普遍受到两次以上教育培训，队伍素质整体提升。按照“三严三实”要求，健全政法机关内外部监管机制，明察暗访和作风巡察常态化，全县政法干警无一违法犯罪。

（杨名鸣）

法治政府建设

【加强法治政府建设】 全面贯彻落实党的十八大以来中央关于推进法治中国建设的重大战略部署，制定《安县2014年依法行政工作要点》（安府发〔2014〕6号），对全县依法行政工作进行了安排部署。深入开展依法行政示范活动，命名县地税局等5个单位为“推进依法行政示范创建单位”，以点带面，形成示范先进、典型带动、整体推进的依法行政工作局面。

【深化行政审批制度改革】 把简政放权作为加快政府职能转变的抓手，对全县行政审批项目所涉及的前置条件、环节、项目进行进一步清理、规范，全县共保留行政审批事项221项，公共服务及日常监管事项145项，取消行政审批事项50项。优化审批流程，行政审批平均提速达62.5%以上，按时办结率100%。行政性收费取消5项，免征5项，降低

3 项。启动扩权强镇改革试点，明确了通过委托或授权的方式下放 102 项行政权力到试点镇，采取分级分类管理，细化管理权限，方便群众办事。

【发挥法制参谋助手作用】 一是为县政府行政决策提供智力支持。严格按照法律程序及规定提出法律意见和建议，确保县政府决策的合法、高效。特别在迎接国家土地审计督查工作中，按照县政府安排，积极协调相关部门配合审计组开展工作，确保本次审计工作顺利完成。二是全力为县域经济发展提供法律保障。在招商引资等工作中，从项目考察、项目磋商谈判，到重点合同的研究等方面全程参与，对各类招商重点工程建设项目协议进行修改和完善。2014 年，对包括罗浮山温泉旅游开发等项目在内的 50 余份招商引资和其他政府性合同进行了法律审查。三是加大依法行政的法律指导。在花荄旧城区改造、成兰铁路建设用地土地征收拆迁等重点工程和重要项目中认真调查研究，修改完善相关方案，为县政府决策提供法律意见，推进拆迁项目的依法进行。

【行政复议工作】 坚持把做好行政复议工作作为构建和谐社会的一项重要内容，认真接待行政投诉和复议申请，努力提高办案效率和案件质量。2014 年以来，共受理行政复议案件 3 件，做到公开、公平、公正，促进了社会和谐。

【规范性文件管理】 扎实做好规范性文件制定审查备案工作。2014 年，共审核 30 件县政府出台的规范性文件，无一“带病”发布；同时，依法对 110 余件县政府其他行政性文件进行了法律审查，确保了政府行政行为的规范统一。严格执行规范性文件备案制度，积极贯彻“有文必备、有备必审、有错必纠”的原则，切实保证报备率、报备及时率和规范率，有效维护了法制统一和政令畅通。2014 年，及时将县政府制定的 30 件规范性文件报市人民政府和县人大常委会备案。

【行政权力公开透明运行】 进一步清理、规范行政权力，梳理涉及现行有效的法律法规 1095 部，清理具体行政行为共 4373 项。建立了行政权力依法规范公开运行平台，行政权力办理情况实现全部上网，可供公众查询、跟踪。

【行政执法监督工作】 推行政府信息公开制度，聘请特邀执法监督员 8 名对全县行政执法行为进行监督。加强行政执法与刑事司法衔接工作，及时制定《安县加强行政执法与刑事司法衔接工作的意见》，切实解决行政执法过程中，有案不移、有案难移、以罚代刑等现象和问题。

（魏曙兰）

司法行政工作

【概况】 2014 年，荣获全国“六五”普法中期工作先进县，连续三年全市目标考核一等奖，荣记集体三等功，依法治县、法治安县建设工作被市委通报表彰；荣记三等功干部 1 名，荣获全国模范人民调解员称号干部 1 名。

【扎实开展“六五”普法】 一是全面贯彻《安县法制宣传教育第六个五年和法治县创建规划（2011—2015 年）》，启动推进依法治县、建设法治安县工作。代县委草拟了《推进依法治县，建设法治安县实施方案》和《2014 年法治安县建设工作要点》。二是以基层民主法治建设为开端，努力推动全县各领域、各层级的依法治理工作。10 月 20 日，召开基层民主法治建设现场推进会，要求全县 234 个村和 27 个社区全面完成村（社区）党务、村（居）务、财务和依法治理“四务公开”规范化建设。三是以“法律七进”为载体，大力开展法制宣传教育。建立常委会会前集体学法、科级领导及年轻干部法制培训、拟任干部任前法律知识考试等制度，切实提升党政干部依法行政能力。组建“三团两队”，开展“法治大讲堂”“法治坝坝论坛”“为返乡农民工送法”等各类法治宣传及警示教育活动 70 余场次，发放各类宣传资料 20 万余份，接受群众现场咨询 1 万余人次。四是全县法律顾问覆盖面进一步扩大，县上四大班子，全县 65 个行政单位、18 个乡镇、234 个村、26 个社区、47 个规模以上企业聘请了法律顾问（团），普遍建立法律顾问制度工作进一步得到落实。

【社区矫正和安置帮教工作】 一是创新特殊人群管理，“安县社区矫正‘123’模式”推向全省。2014 年，以社区矫正机制常态化建设为中心，切实履行实施社区矫正的管理职责。已累计接收社区服刑人员779人，并实施了手机定位监管，解除矫正440人。二是创新工作模式，安置帮教工作进一步规范。以“三个一”活动为载体，形成“一对一”帮扶机制，以“大走访”活动为载体，做到帮教向高墙、向家庭延伸，形成延伸帮教机制。以“绿荷花阳光家园”为平台，形成一条龙安置帮教机制。累计接收刑释解教人员391人，安置帮教391人，安置帮教率达到100%。

【提高法律服务水平】 一是拓宽法律援助绿色通道，夯实法律援助网络。进一步在法律援助网络建设上狠下功夫，在安县籍农民工较为集中的江苏省江阴市三观镇建立了首个法律援助联络。为全县群众维权提供快餐式服务，在县看守所、睢水镇等乡镇新建规范化工作站5个，全年累计办理案件468余件，结案率94%以上，为受援群众实际挽回损失1130余万元，接受群众咨询3300余人次，群众满意度100%。二是提高公证服务质量，努力实现社会效益和经济效益有机统一。全年办理各类公证1138余件，免费援助公证20余件。三是加强律师和法律服务管理和服务工作，促进律师行业健康发展。认真做好律师行业初审和日常监管指导工作。全年律师代理案件863余件，法律援助案件辩护100余件。

【司法行政基层基础建设规范有序】 规范纠纷调处机制，扎实开展人民调解工作。进一步深化调解机制，推行“随手调”和流动调解庭，进一步加大对行业性和区域性调委会的建设力度，建立由县级领导牵头负责的16个行业调委会，涉及劳动、医患等十余个行业。全年各级调解组织共排查调处各类矛盾纠纷2688件，调处率达100%，成功率97.53%。

【加强队伍建设】 通过竞争上岗提拔3名司法所长、2名副主任科员、1名主任科员。整合内部股室，职责进一步明晰，责任感、使命感进一步增强。强化教育培训，提升队伍素质。全年共举办各类业务和理论培训学习8期，有效提升了全体干警和法律服务人员的业务水平和工作能力。组织全体党员紧紧围绕党的群众路线主题教育实践活动和“警民亲”活动的开展，进一步密切联系群众，深入开展双联和贫困村帮扶工作。为联系村秀水镇红桂村协调帮扶资金30余万元，硬化村道2公里，修建便民桥1座，改造沉井3处，建立文化活动阵地1处，帮扶困难群众60余户。

（王陆林）

公安工作

【概况】 全年查破各类刑事、治安案件1495件，查获违法犯罪人员1009人，移送起诉307人，治安处罚624人。查处交通违法38899起。消除道路、危爆物品、火灾等安全隐患203起。办理户政、出入境、机动车等各类证件51174件。

【维护稳定】 创新开展“三化三型”国保工作模式，建立了具有全国示范作用的县级公安机关国保宗教战略支撑点。深入开展情报信息研判预警和涉稳处置工作，围绕敏感时段和突出问题开展专项排查，收集各类情报信息185条，配合党委、政府和相关部门妥善处置涉稳群体性事件及闹事苗头48起，排查各类矛盾纠纷165起，化解145起。加强重点人员动态管理和阵地控制，无漏管、失控，宗教阵地保卫场所秩序良好，日常活动平稳有序。加强涉稳案件查办，查破涉稳案件7起，依法打击处理13人，取缔了“全能神”邪教组织聚会点1个，“门徒会”邪教组织聚会点1个，收缴邪教非法宣传品80余份，有效维护了和谐稳定的社会秩序。

【打击犯罪】 全年突出爆炸、投毒、放火、抢劫、杀人、绑架等严重暴力违法犯罪打击，严打涉黑涉恶违法犯罪，严打“两抢两盗一诈骗”多发性犯罪和“涉枪涉爆”犯罪。全年破获各类刑事犯罪案件677件，摧毁刑事犯罪团伙43个115人。其中，侦破杀人、抢劫等严重暴力刑事犯罪案件31件，侦破涉恶犯罪案件7件，打掉恶势力团伙2个，侦破涉枪涉爆案件8件，侦破毒品犯罪案件23件，侦破多发性侵财犯罪案件514件。对影响较大的湖北籍流窜盗窃电缆案、凉山籍流窜盗窃商铺案、系列开锁盗窃案、1200万元网络非法经营案、3000万元诈骗案以及秀水“5·30”、塔水“9·11”两起杀人案等全部破获。全年抓获各类刑事犯罪作案成员385人，抓获网上逃犯140人，其中外省逃犯20人、外市逃犯28人。全年刑事拘留226人，提请逮捕111

人。移送起诉307人，其中直诉245人。追回被盗机动车99辆及其他财物，挽回损失1800余万元。

【治安管理】 以服务群众、治安防控、问题整治和违法案件查处为重点，全面履行公安行政管理职责。全年查处行政案件818件，行政处罚624人，其中治安拘留517人、罚款88人、警告19人。常态整治“黄赌毒”，组织开展“黄赌毒”集中统一清查行动8次、区域性清查行动28次，查获“黄赌毒”案件259件，收缴、销毁赌博机342台。深化户政、出入境管理，权限下放、窗口前移，审核办理各类户口迁移1680份、二代身份证19274个、临时身份证11860个。办理出（国）境证件5580本。推行社区警务和网格服务管理“一体化”，建成标准化社区警务室10个，落实专职社区民警10名、网格员80名，常态开展信息采集、治安防控工作，被四川省公安厅评为全省公安机关“一标三实”治安基础信息采集工作“先进县级公安机关”。流动人口和重点人口管理得到加强，实现了“不漏管，不失控”的工作目标。阵地控制得到加强，旅店业信息系统严格实名制，人证一致。技术防控能力得到提升，整合行业场所视频监控资源347处3500余个。

【安全监管】 交通安全监管以确保道路交通秩序畅通和预防重特大交通事故为重点，通过治理酒驾、超载超限，开展农村道路交通安全整治、机动车非法改拼装整治，严查违法、违章，确保了良好的交通安全秩序。全年发生交通事故2416起，死亡60人，受伤1769人，直接经济损失291.38万元。侦破交通肇事逃逸案17件，查处各类交通违法38899起。排查道路交通安全隐患103处，督促整改落实83处。办理机动车注册登记2007个，变更登记48个，注销登记3001个，年检17890个，受理驾驶证业务10773个。消防安全以提升火灾防控能力，构筑消防安全社会“防火墙”为目标，开展消防宣传、培训、演练、隐患整治、灭火救援等工作，确保了全年无重大火灾事故发生。全年排查整改消防隐患74处，办理消防行政处罚案件28起，发出《责令改正通知书》68份、审核意见书24份。发生火灾29起，无人员伤亡，直接经济损失51387元。全年出动消防车104辆次、消防人员601人次，抢救被困人员29人，疏散人员211人。民爆、枪支安全监管方面，排查安全隐患26起，销毁过期炸药990.20公斤、雷管2464发、黑火药等1.7公斤，销毁烟花、爆竹795箱、摔炮18件，收缴非法储存的火药枪13支，安县12年来无民爆安全事故发生。“两所”安全监管方面，深入“五化建设”，加强内部监督和外部监督，加强安全警示教育和关押人员行为规范教育，科学管理，无脱逃、自残、自杀、非正常死亡等不安全事故发生。

【公安建设】 以建设职业化、规范化的现代警队为目标，从严治警、规范管警、科技强警。开展“党的群众路线教育实践”和“万警进万家亲民助民”活动，增强为民服务意识。建立队伍“大督导”工作机制，开展常态督导检查，规范民警行为习惯，提高公安工作效率。组建首支反恐防暴“突击队”，壮大巡特警队伍，加强日常武装巡逻和反恐防暴。推行社区警务、网格服务管理“一体化”，整合协警、网格员、保安等专业治安防范力量，强化基层社会治理，提升了群众的安全感和满意度。加强公安基础设施和装备建设，建成了公安业务技术大楼和4个中心派出所办案分中心，并添置防暴处突装备及执法记录仪。规划“天网二期”暨应急指挥中心建设，县内146处点位、182个监控头、7套治安卡口、24套电子警察系统已开工建设。

（田兴辉）

检察工作

【反腐倡廉】 共受理线索15件18人，初查后立案查处8件11人，其中，贪污贿赂案件6件9人，渎职侵权案件2件2人。属大案7件10人，占91%，要案1件1人，占10%。通过办案，为国家挽回经济损失200余万元。一是立足抓早，奋力夺取开门红。1月，立案查处了界牌镇西明村原书记汪某伙同主任刘某某、会计蒋某某、出纳黄某某等三人共同贪污81万余元案件。二是按照上级院部署，积极投入查处畜牧系统职务犯罪，查处贪污案1件1人；6月，认真开展“奋战二十天、打好攻坚战”活动，查处受贿案2件2人。三是先后派出4人积极参与省院、省纪委和市院、市纪委办案，为全省反腐倡廉工作做出了贡献。

进一步完善侦防一体化机制，结合办案加强案件剖析警示、预防建议、行贿档案查询工作，向6个单位发出检察建议督促整改，提供行贿档案查询12次，24次深入12个乡镇开展预防教育宣传活动，与安监、国土、计生等5个单位建立了预防联动机制，为11个机关企事业单位1500余名干部、职工进行职务犯罪预防专题讲座。

【惩治刑事犯罪】 共受理提请审查逮捕62件100人，审查后批准逮捕43件73人；受理移送审查起诉261件370人，提起公诉227件323人。强化对三大类十种犯罪的打击力度，依法批准逮捕故意杀人。故意伤害、强奸等暴力性犯罪11件16人，毒品犯罪7件11人，两抢一盗26件42人。

【化解社会矛盾】 对符合法定从轻条件的轻伤害、交通肇事、未成年人犯罪案及初犯、偶犯、从犯、被教唆犯等轻微刑事案件48件60人，适用宽严相济刑事政策，突出修复社会关系，注重化解犯罪嫌疑人与被害人之间的矛盾，对嫌疑人真诚悔过并获得被害人谅解、双方自愿达成和解协议的，依法不批捕、不起诉，或认为需要提起公诉的，依法向人民法院提出从轻判处的量刑建议。对涉嫌犯罪但无逮捕必要的，决定不批准逮捕8件9人；对犯罪情节轻微但不需要判处刑罚的，决定不起诉18件19人；提出从轻量刑建议的16件19人均获轻判。积极开展刑事被害人救助工作，对4名困难刑事被害人的申请调查核实后，申报并发放了救助金。

【参加社会治理】 加强对各种因素引发的社会矛盾的治理，积极参加县委组织的专项工作组，到乡镇开展不稳定事件的调查、研判和依法处理。会同有关部门积极开展打击生产、销售伪劣食品、药品、产品和侵犯知识产权、破坏环境资源的违法犯罪，保障人民生产、生活安全。参加安全生产教育、整顿、检查，排除安全隐患。挂牌成立办理未成年人犯罪案件办公室，参加学校周边环境的治理，对案件实行分案受理、专人办理、分案起诉和落实犯罪记录封存制度，对11名失足未成年人进行了教育、挽救和帮助。

【杜绝冤假错案】 严格贯彻以事实为根据。以法律为准绳原则，坚持打击犯罪与保障人权并重，坚持罪刑法定、无罪推定、疑罪从无，坚决排除非法证据，杜绝冤假错案。一是对事实不清、证据不足的17件32人，依法不予提起公诉。二是因司法解释出台后，按新的司法解释对2起案件不以盗窃罪、诈骗罪追究刑事责任。三是依法开展文证审查、司法会计鉴定和笔迹鉴定等31件，充分保障案件证据真实可靠，实现不枉不纵。

【侦查、审判活动监督】 严把事实关、证据关、程序关和法律适用关。一是进一步加强对侦查机关应当立案而不立案，或不应当立案而立案的监督，共立案监督案件6件6人；审查案件过程中，发出书面纠正违法通知书3份，发出提供法庭证据书16份，发出不捕说理书19份，主动提前介入重特大刑事案件和重大敏感案件的侦查，引导侦查取证23件35人。二是对认为确有刑事审判程序违法、适用法律错误、量刑畸轻畸重的，及时提出纠正意见，增强监督效果，已提请抗诉1件。三是全面贯彻执行新的民事诉讼法，积极构建多元化监督格局，共办理民事诉讼结果监督案件7件，监督执行案件3件。

【加强刑罚执行监督】 积极开展以清理“三类罪犯”为重点的“减、假、暂”专项检察活动，纠正监外执行、社区矫正违法现象，向监管单位发出检察建议2份。加强监管场所的日常监督，督促投监44人，开展安全防范检查13次，纠正刑罚执行和监管活动中各类违法行为，排除了安全隐患。开展羁押必要性审查20人次，对无羁押必要的2人建议改变强制措施。

【自觉接受人大、政协和社会监督】 主动向县人大、县政协报告检察工作，加强与人大代表、政协委员的联系，3次邀请人大代表、政协委员、人民监督员、特约检察员、部分律师、联系村干部听取检察工作汇报，并征求意见和建议，积极改进检察工作。9月初，接受县政协视察阳光检务，了解办案流程、旁听出庭公诉案件、听取工作汇报，自觉接受政协的民主监督。11月中旬，邀请人大代表旁听公开庭，通过人大代表点评，进一步提升了出庭公诉的能力和水平。邀请人民监督员对1件职务犯罪案件拟不起诉进行评议，确保监督效果。

【推进阳光司法】 努力扩大检务公开范围，以门户网站、微博、微信、触摸屏公开检察职能、办案流程、重大案件信息和检察工作动态，增强社会各界对检察工作的了解和监督。2014 年，通过案件信息公开平台对外公开案件程序性信息 79 条，公开法律文书 24 份。重心下移，检力下沉，坚持首办责任制，文明接待，依法办理，接受和处理来信来访 78 件，其中举报 24 件、民事经济纠纷 30 件、涉及民生问题 12 件、其他性质 12 件，加强督办、催办，依法化解社会矛盾 42 件。积极开展“送法七进”活动 24 次，引导群众学法、守法和依法维护自身合法权益，满足广大群众对法律的需求。

【强化内部办案监督】 案件管理办公室对案件实施统一受理、全程管理、动态监督，对办结的案件采取案后评查、综合考评，并会同纪检组加强对检察官办案的监督制约。共监督办理 322 件，提出办案期限预警 52 次、羁押期限预警 25 次，评查办结案件 268 件，发出通报 8 次，形成案件质量评查报告 9 份。同时，还为 283 名当事人、辩护人、诉讼代理人查询、复印案卷提供了“一站式”服务。

（周时发）

法院工作

【概况】 全年共受理各类案件 3665 件，审、执结案 3322 件，同比分别上升 17.6%、9.1%，诉讼标的总额 3.4 亿元，收缴诉讼费和罚没款 285.7 万元。

【刑事审判】 加强刑事审判，维护社会稳定。审结刑事案件 248 件，判处罪犯 310 人，同比分别上升 28.5%、下降 4.1%，结案率 99%。坚持宽严相济的刑事政策，依法惩处严重侵犯公民人身、财产安全的暴力性犯罪，审结故意杀人、抢劫、强奸、团伙盗窃等重大刑事案件 29 件 55 人。促进反腐败斗争深入开展，审结贪污、受贿案等职务犯罪案件 6 件 11 人。对未成年人犯罪、轻微刑事犯罪以及具有自首、立功等情节的被告人依法从宽处理，发挥刑罚的教育感化功能。启动社区矫正、社区调查委托评估工作，对符合法律规定的 9 案 12 人向各地司法局发出委托函，实现审、矫工作无缝衔接。

【民商事审判】 依法审理民商事纠纷，推进法治社会建设。审结民商事案件 1978 件，同比上升 7.3%，结案率 97%。依法维护公平有序的市场秩序，审结借款、买卖、承揽、担保、交通运输等合同纠纷 575 件。着力化解婚姻家庭、道路交通事故及医疗纠纷等矛盾易激化案件 951 件。全力保障劳动者合法权益，妥善处理李德玉等 33 名农民工追索劳动报酬等劳动争议案件 184 件。回应群众生产生活关切，审结农村土地承包、土地补偿等涉农纠纷 30 件。加大调解工作力度，全年调撤案件 1245 件，调撤率 59.8%，切实维护基层社会稳定。

【行政审判】 支持监督依法行政，促进法治政府建设。全年审结行政案件 9 件，同比上升 28.6%，结案率 100%。坚持监督和支持并重，切实维护行政相对人合法权益，督促行政机关依法行政。完善民生类涉众、涉稳等案件综合协调机制，通过协调促成和解撤诉 2 件，判决撤销具体行政行为 3 件，裁定不予受理 2 件，移送 2 件。坚持促进行政机关依法行政和保护行政相对人合法权益并重，推进行政首长出庭应诉制度，强化行政审判司法监督力度，切实保护行政相对人诉讼权，促进法治政府建设。

【执行工作】 强化执行工作力度，努力实现民众权益。执结案件 809 件，同比下降 1.34%，执结到位标的 7855 万元，同比上升 173.1%。开展“转变作风，规范执行行为，积案清理”专项活动，健全涉及金融、1 年以上未执结等 4 本案件信息台账，逐案分析原因，找准问题症结，有效化解了一批多年积案。加大涉及民生案件执行力度，执结人身损害、农民工“讨薪”等案件 46 件，执行到位金额 340 万元。发挥信用惩戒功能，公开曝光失信被执行人信息，有效打击规避执行行为。

【“大调解”工作】 全面深化“驻村法官”社会管理模式，大力开展“法官在我身边”活动，秉持“法官多下乡，群众少跑路”司法服务理念，就地解决各种纠纷 356 件 732 人次，同比分别上升 7.8%、6.7%，着力解决好联系服务群众“最后一公里”问题。探索诉非衔接矛盾纠纷化解机制，增设诉讼辅导室，促使当事人在专业人员指导下对诉求形成合理预期。充分利用“大调解”工作模式，全年邀请调解 230 件，同比上升 39.9%，委托调解

179件。

【队伍建设】 扎实开展党的群众路线教育实践活动，查摆“四风”突出问题189条，征求各类意见建议215条，整改专项问题7个。深入开展“慵懒散浮拖”作风专项治理活动，认真贯彻落实中央“八项规定”，坚决防止“四风”问题反弹。大力实施“文化育人”战略，通过精心打造“文化四室”、举行法官宣誓多种方式，强化职业荣誉感，培育职业信仰。强化干警教育培训，全年选派干警参加各类培训42场、602人次，参训率100%。加强领导班子和队伍作风督查力度，落实“一案双查”。强化监督制约自纠机制，纪检组、监察室对院机关、基层法庭进行审务督察和作风巡查25次，发出督查通报8期。

（岳海军）

社会治安综合治理

【概况】 县综治委、县综治办分别由县社会管理综合治理委员会及其办公室更名为县社会治安综合治理委员会及其办公室，县综治委主任由县委书记、县长调整为县委常委、政法委书记。“三电”设施安全保护工作不再是县综治委专项工作，由县工信局牵头，县公安局负责打击破案。

【深化“平安安县”建设】 结合“文化、科技、卫生、理论”四下乡活动，同步开展综治集中宣传，深入学校、医院和社区开展禁毒宣传，启动“法制宣传.村村行”活动，开展了“平安·网格”集中宣传。健全完善网络评论员、调解员、网格员、红袖标、维稳综治信息员、应急处突队员“六支队伍”，启动“红袖标”工程，发展“义务流动观察哨”，启动平安和谐网格、平安和谐社区（村）、平安和谐乡镇（园区）“三级联创”活动。创新特殊人群帮教管理，“安县社区矫正‘123’模式”全省推行，安县成为全省社区戒毒康复示范单位。巩固天网一期工程，天网二期工程新增146处天网视频监控系统、7套高清治安卡口、19处闯红灯抓拍系统和5处道路测速系统，实现全县重点部位视频监控全覆盖。开展严打整治行动，侦破刑事案件640起，查处行政案件812件，打掉湖北、凉山籍等犯罪团伙16个，整顿涉赌电子游戏场所26家。持续开展“三访”“攻坚破难”和“三大矛盾清仓”活动，全县“大调解”体系共受理各类社会矛盾纠纷2357件、调解成功2195件，“大调解”工作纵深发展。做实国家安全人民防线，做好了塔水清真寺大型圣纪活动安全保卫工作，“三百工程”建设有序推进。开展“三电”安全大检查和隐患大整改活动，“三电”设施安全稳定运行，7个乡镇荣获“省级保护超特高压设施平安乡镇”。表彰奖励见义勇为公民10人，5人荣获市见义勇为勇士，奖励举报违法犯罪有功人员27人。

【推进网格化管理服务】 将网格化作为综治暨平安创建工作主线，列为全县重点工作，纳入党政绩效考核和领导干部岗位目标。成立网格化工作指挥部和“一室、一中心、两组”，构建了县、乡镇（园区）、社区（村）、网格四级组织体系，建立乡镇（园区）网管中心20个、社区网管站27个，划分社区（园区）网格80个、农村网格229个，开通各级账号392个，举办全县性业务培训会5次，全县社区共录入各类基础数据236664条，“安县社区网格一体化模式”在全市推广。

（李道春）

武 装

人民武装

【思想政治工作】 一是抓好党委中心组带机关的理论学习。二是扎实开展党的群众路线专题教育活动。按照军区党委部署要求，精心筹划、有序展开，同时按照“照镜子、正衣冠、洗洗澡、治治病”的总要求，从政治纪律问题、“四风”问题、廉政建设问题，对存在的突出问题，领导党员干部人人进行深刻反省，深挖思想根源，使整个专题教育活动有声有色顺利开展。三是开展了“学习贯彻党章、弘扬优良作风”教育活动、“牢记强军目标、献身强军实践”主题教育、“战斗力标准大讨论”和“争建打仗型党委机关、争当精武善战官兵”等活动，强化强军兴军思想，心思向打仗聚焦、工作向打仗用力。四是开展以中国梦、强军梦为主题的军营文化活动。五是加强新闻报道和政研工作。

【军事斗争准备】 一是加强日常战备工作。贯彻落实成都军区《战备工作条例》，始终保持良好的战备状态。做好本级并指导各乡镇补充更新战备物资器材，落实要求，达到种类齐全、数量充足、管理规范的标准。二是修订完善作战方案和各种应急预案和配套案。三是加强情报信息工作。加强与公安、国安、应急维稳、信访等部门的沟通联系，准确掌握辖区内幕性、预警性、动向性情报信息，并及时、准确上报。加强本级和各乡镇信息化建议，发挥民兵指挥通信指挥作用。利用整组，加强对民兵信息员的编组和培训，规范情报信息收集报知方法、内容和程序。

【军事训练】 一是加强机关训练。采取岗位自训、集中组训的方式，按照参谋“六会”要求，组织业务基础训练，开展战役理论学习，作战问题研究，提升军事理论素养和业务技能。二是落实专武干部和民兵队伍训练。《以民兵军事训练与考核大纲》为依据，重点以军事基础、本级指挥、业务能力培训为主。组织基干民兵开展森林防火、工程抢险、水上救援、通信、情报信息等科目的演练，完成民兵分队拉动集结和点验，并迎接四川省军区、绵阳军分区军事训练考核。

【国防后备力量建设】 一是抓好民兵预备役转型建设。按照“临城维稳、濒水防汛、靠山防火、沿路保通”的建设思想，做好三类基干民兵队伍组织调整，优化基干民兵结构布局，形成以乡镇（街道）为基础、企事业单位和行业系统为骨干、重要区域和交通沿线为轴线的基干民兵组织新格局。二是提高征兵工作质量。认真贯彻落实征兵工作纪律，组织征兵业务培训，“严格征集标准、严把质量关口、落实优先征集、加强督导检查”的要求，圆满完成年度征兵工作任务。三是巩固基层武装部规范化建设成果。四是开展国防动员潜力调查，建立和完善国防动员方案及配套计划，充实国防动员数据库。搞好退伍军人和兵役、预备役登记、统计工作，掌握数质量和分布情况。五是要加强国防教育，增强全民国防观念，使关心国防、热爱国防、建设国防、保卫国防成为全社会的思想共识和自觉行动。组织全县普通中学、职中进行为期一周的学生军事训练。

【后勤保障能力建设】 一是修订完善后勤保障预案，强化管理，进一步规范后勤战备库室建设，加大保障队伍建设力度。二是严格党委理财制度，开展“财务监管年”活动。三是加强军车管理，严格落实车辆维护保养和运行制度规定。四是加强训练基地管理使用。五是开展武器装备管理专项检查，定期检测维护民兵武器仓库安防系统，完成装备管理信息化建设。扎实开展装备保障训练、抢险救灾等重大任务的保障工作。

【参治参建】 一是坚持把参与和支援地方经济建设作为义不容辞的政治责任，动员组织民兵预备役人员积极参与地方基础设施、生态环境、扶贫帮困和新农村建设等工作。二是深入开展双拥共建工作，大力弘扬拥政爱民光荣传统，不断巩固发展军政军民团结。三是做好涉军维权工作，进一步健全完善军地联防联治制度机制，主动参与矛盾纠纷排查化解、社会管理创新等工作，切实维护退伍军人、军烈属合法权益。

（崔玉华）

消防大队

【概况】 2014年，全县发生火灾总起数29起，直接财产损失51387元，过火面积331.7平方米，无人员伤亡。从1—12月火灾形势上来看，全县火灾形势总体平稳。

【火灾预防及整治工作】 为进一步落实消防安全责任制，2014年县政府发文确定全县重点单位为71家，消防大队依据公安部消防局相关要求对重点单位实行了户籍化管理工作，各企事业单位参加了消防大队业务培训，并在网上完成了建筑物录入以及三项制度备案、自我评估等工作，其间成立了四川银河化工股份有限公司品牌志愿服务队，带动了全县的消防宣传工作。全年通过开展重大火灾隐患排查，第二次清剿火患，地管处区、工业园区消防安全整治等消防重点整治活动，共检查社会单位927家次，发现隐患74处，整改火灾隐患72处，临时查封11家次，“三停”3家次，罚款10.09万元，拘留2人次，全县消防安全环境得到有力改善。

（郑 帅）

人民防空

【抓好人防易地建设费的收缴工作】 全年收取人防易地建设费500余万元，做到了应收尽收、以收促建。

【人防组织指挥体系进一步完善】 为贯彻落实省、市人防工作会议精神，全面做好人防应急准备，结合安县人防指挥体系建设的实际，成立安县战时人民防空指挥领导小组，并明确指挥长、副指挥长及各个组的组长，成立了乡镇的人防办，明确了各个岗位的工作职责，基本保证战时24小时人员全部到位。人防专业队整组全部到位，调整充实了由50人组成的人防专业队。

【通信警报鸣放】 为纪念“9·18”事变，严密组织，以电视台字幕、手机短信、张贴通告等方式告知了广大市民鸣放警报的具体时间和方式，并在9月18日成功鸣放了防空防灾警报，使广大市民了解防空防灾警报并加强居安思危的意识。

【民防应急演练】 安县是“5·12”地震极重灾县，人口密集地区更加容易引发安全隐患。9月30日，安县人防办根据相关文件，参加了市人防办组织的“蜀盾-2014”应急疏散演练并取得了良好的演练效果，得到了领导的好评，达到了演练的根本目的。

【紧急避难场所】 已选定两个能够安置灾民1万余人的应急避难场所，并制作了相关标识牌。

【人防警报安装】 圆满完成省、市人防办下达的组织指挥和专业队规范化整组任务的同时，进一步落实警报器管理制度，抓好警报器设备设施维护管理，确保警报器性能良好常年备用，既能用于战时防空，又能用于平时防灾，并将警报器延伸至周边重点乡镇。2014年3月，在秀水、塔水、黄土、界牌4个上万人的乡镇安装了4台人防警报，并实行了每月例检制度，使人防建设逐步步入向民防建设转变的良性发展道路。

【人防工程建设】 修建的人防工程项目于2014年已基本完工。新增一处人防工程，正在建设施工第一个阶段预计2015年能够基本完工，并展开第二阶段的施工。

农　业

概　述

【概况】 2014年，全县实现农业总产值41.69亿元，增长4.1%；全县农民人均纯收入实现10901元，增加1309元，增长13.3%；建成黄土镇方碑村、柴育村以及乐兴镇青龙村、塔水镇七里村4个幸福美丽新村，建设塔水镇七里村新村综合体1处。

【深化改革】 2014年，全县办理林权抵押登记12宗，抵押贷款1826万元，林业产权改革全部完成。全县农村土地承包经营权确权登记工作基本完成，土地流转面积达到9万亩以上，确权及流转为实现产业适度规模化发展奠定了基础。

【发展基础进一步夯实】 全年新建硬化村道71千米，通村硬化道路覆盖率100%；新建（改）机耕（产业）道310千米，累计达到2782千米；各类水利工程建设991口（处）；完成现代农业高标准农田（土地整理）2.7万亩。

【农业产业化进程加快】 全年，建成粮油高产创建示范片10万亩；发展中药材种植12.4万亩、魔芋种植4.2万亩、水稻制种3.9万亩、蔬菜12.2万亩、水果4.8万亩，设施农业面积0.39万亩；建设各类林业产业基地69万亩；建成标准化畜禽示范养殖场（小区）29个（国家级2个、省级3个、市级11个），建成一村一品产业村8个。全县无公害农产品产地认证面积33.8万亩，获得省以上名牌产品或著名（驰名）商标7个，获得“绿色、有机、无公害”产品认证46个。

【农民增收工作持续推进】 2014年，以带动农户持续稳定增收的示范带动力为立足点，在出台《安县农业产业化奖补实施办法》的基础上，积极探索县级农民专业合作组织、龙头企业“联审机制”，有力促进全县农业产业化健康快速发展。已全面启动全县合作组织和龙头企业的分级评定工作，奖补政策按照发展“优、良、中、差”来实施奖补。

（周丽君）

新农村建设

【绵安新农村建设示范片稳步发展】 2014年，“花城果乡”乡村旅游持续升温，种植果树8000余亩、花卉600余亩，旅游接待游客30万人次以上，带动发展特色农家乐7家、庭院式农家乐20余家，实现销售收入2000余万元。

【辽安路新农村建设示范片强力推进】 塔水镇“七里新村”建设成绩斐然。完成村道建设9.8公里，生产便道建设30.3公里，排灌沟渠建设30.5公里，塘堰整治开工31口。完成桃树栽种400余亩、葡萄栽种1500余亩，桃花大道、葡萄走廊已搭建完成，完成蔬菜大棚建设140余亩，建成标准化生态黑猪养殖场2个，联户联建伊拉兔养殖小区2个。连接“七里新村”新开道路新增6000亩猕猴桃产业规划已完成，8公里长产业道路已开工建设。

（周丽君）

农业产业化经营

【龙头企业较快发展】 2014年，绵阳金华生猪养殖专业合作社已申报省级农民示范专业合作社，绵阳市宝华生猪养殖有限公司等3家公司已申报为市级龙头企业，安县红心猕猴桃专业合作社等2家专合组织申报为市级专合组织。占地70亩的特色农产品展示交易中心及3万吨冷联物流项目中的展示交易中心、集配中心已部分投入使用。

【专合组织不断规范】 落实县级示范社及龙头企业评审办法，通过乡镇推荐、初审，县上安排4个组，拉通对全县合作社进行考核打分，评选出30家运行规范、带动能力强、市场前景好、示范作用显著的县级示范农民专业合作社。同时新评出11家县级农业产业化重点龙头企业，为全县农业产业发展起到示范带动作用。

【机制模式完善创新】 产业发展采取“公司+合作社+基地+社员”的模式，突出龙头企业、合作社的主体带动作用，以“大园区、小业主”现代农业产业经营模式为代表，不断推广完善“七统一分”“股份合作”“联建联养”“一地二主”等发展模式，建立更加紧密的“收益分成”“利润返还”“按股分红”等企（业）社（员）利益联结机制，引导产业健康持续发展。

【加大投融资平台建设】 争取各级财政产业资金，加大带动主体扶持力度，争取市农业扶持项目，对市级农业龙头企业及专合组织产业基地发展、产业链条延伸、农产品销售体系建设进行扶持，推荐申报市农业产业项目5个，争取产业资金180万元。组织29家企业和专合组织参加“银企”对接会，有关金融机构给予森泰农业、玉祥实业、庆丰种植等3家企业流动资金贷款共60余万元，通过信用评定对利息作了一定优惠，有力支撑龙头企业、专业合作社建设，激活各种社会力量参与农业产业化建设的热情。

【积极参与展销，扩大品牌知名度】 2014年，组织25家农业企业、合作社参加为期4天的“绵阳造”农产品展销会，展销农产品11类260个品种，现场销售额149.3万元，签约188万元，招商50万元；组织5家企业参展省“农博会”，现场销售30余万元，签约及意向合作商6家，合作金额1000余万元。好农牌鸡蛋、益昌粉丝获得全省“最受消费者欢迎农特产品”称号。

（周丽君）

种植业

【粮油产业】 2014年，深入开展粮油高产创建活动，着力推广种植业新品种、新技术、新模式，大力防灾减灾，实现粮食产量震后六连增。全年共引进粮油新品种80个，创建粮油高产示范片9.9万亩。全县粮食播种面积60.8万亩，单产405.92公斤，总产24.68万吨，比2013年增加0.24万吨。油菜播种面积22.92万亩，亩产158公斤，总产3.62万吨，比2013年增加0.12万吨。全县完成晚秋生产面积9万亩，其中秋粮5.5万亩，秋菜3.5万亩。

【杂交水稻制种】 全县杂交水稻制种面积达3.9万亩，其中，标准化制种基地4106亩，巩固了安县的全国杂交水稻制种基地县地位。

【蔬菜产业】 2014年，建成蔬菜标准化栽培技术集成与示范基地11个2.8万亩，全县蔬菜种植面积达12.5万余亩；大力发展大棚蔬菜种植，全县设施农业面积已达0.4万亩。

【魔芋产业】 在沸水镇、千佛镇、桑枣镇共建成魔芋种植示范区10900亩，建成魔芋良种繁育基地1000亩，魔芋技术集成示范区1000亩。全县魔芋种植面积达4.5万亩，其中魔芋标准化种植基地面积达2.6万亩，安县“魔芋加工之乡”地位得到提升。

【中药材产业】 2014年，根据全县中药材产业发展现状，因地制宜选择黄连、重楼、牛蒡子、鱼腥草、无花果、川芎6个特色鲜明、市场价值高的品种作为主要发展品种，全县规模种植中药材品种已达20余种。成功建成了丘坝区和高山区2个“道地”中药材展示园共600亩，共发展6个中药材技术集成示范区共1.79万亩，以点带面，辐射带动全县中药材产业快速发展。在宝林镇、千佛镇、清泉镇共建成中药材示范区11300亩，建成中药材技术集成示范区7900亩。全县标准化中药材种植面积达14.2万亩，其中核心示范区4.2万亩。

【水果产业】 2014年，建立猕猴桃、葡萄、无花果、柑橘、西瓜等水果种植基地，全县水果产业呈现品种多、质量优的特点。着力打造“川西北猕猴桃走廊”，在塔水镇、乐兴镇共建成猕猴桃示范区9000亩。

【农产品质量安全】 2014年，是全国农产品质量安全监管年，安县成功创建四川省农产品质量安全监管示范县。建立了县、乡（镇）、村三级农产品质量安全监管立体网络，制定了9种主要种植作物生产技术规范并开展相应的技术培训，加强了农产品产地环境治理。全年共推广测土配方施肥技术达80多万亩次，测土配方施肥技术推广率达100%，“三沼”综合利用技术推广面积达3.5万亩；共抽检果蔬样品2130个，合格率达100%。

【病虫害防控】 2014年，大力推进农作物病虫害防控工作，全年病虫损失率控制在1.4%以下，专业化统防统治面积达55万亩，绿色防控示范面积达4万亩。通过对农膜进行科学处置、开展测土配方施肥以及生态化病虫害防治等手段，有效控制了农业面源污染，农业面源污染防治率达 84.8%。

【高标准农田建设】 2014 年，大力实施高标准农田建设，耕地利用效率显著提高。全县共完成 4.98 万亩高标准农田建设，建成机耕便民道 345 公里。

（王泽佳）

农机管理

【概况】 2014 年，全县各类农机及配套农具总量已近 2 万台，农机总动力达 37.4 万千瓦，较 2013 年同比增长 8.09%。全年共组织完成机耕 62.79 万亩，完成水稻机收 29 万亩，完成机械植保 68 万亩。全县主要农作物耕、种、收综合机械化水平达 59.5%。

【机电排灌】 2014 年，努力推进排灌设施建设，水田灌溉能力持续提升。全县完成更新改造维修提灌设备 568 台次，装机容量 7346 千瓦。全县共拥有电力提灌站 2121 处，2247 台/套，总装机 29460 千瓦，保灌面积达 20.4 万亩。

【农机安全】 严格执行农机安全生产责任制，加强宣传教育培训力度，规范牌证核发管理，落实农机年检制度、加大农机违规违法驾驶操作行为查处力度。全年，共签订《农机安全责任书》1058 份，发放安全宣传资料 3800 余份，注销停运不符合安全标准运输型拖拉机 118 台，有效遏制了重大农机安全事故的发生。

（王泽佳）

林 业

【概况】 2014 年，全县森林面积 89.35 万亩，森林覆盖率 37.77%，森林蓄积量为 294.8 万立方米。建成林下草本药材基地 0.45 万亩、油茶基地 0.12 万亩、毛叶山桐子基地 0.15 万亩、绞股蓝基地 0.14 万亩、珍稀树种基地 0.2 万亩。拥有以大熊猫、金丝猴、珙桐等为主的国家级保护珍稀、名贵野生动植物资源，完成固定资产投入 10179.8 万元。全县农民从林业上获得的人均收入为 1595 元，实现助农增收 136 元。

【生态建设稳步推进】 2014 年，争取“天保工程”森林管护公益林补偿经费 240.29 万元，“天保工程”森林抚育补贴资金 96 万元。进一步加强 12.34 万亩国有林森林管护和 26 万亩自然保护区及大熊猫主要栖息地保护，恢复大熊猫栖息地 0.4 万亩。严格落实 9.27 万亩退耕还林森林管护责任，退耕还林工程顺利通过省级复查和国家核查，全面完成巩固退耕还林成果后续产业专项建设工作，兑现惠农资金 2500 万元。争取到省级育林资金 100 万元支持新农村绿化，主要用于塔水镇七里村、花荄镇兴隆村村道绿化。全县完成一般造林 1.2 万亩，义务植树 90 万株、四旁植树 110 万株，完成中幼林抚育 5 万亩、人工造林 0.87 万亩、人工点撒播 0.51 万亩、封山育林 1.37 万亩。安县荣获“四川省绿化模范县”。

【林政资源有效管理】 严格执行凭证采伐、限额采伐制度，强化林地征占用定额管理制度。全县共办理林地征占用 10 宗，其中，永久占用林地 1 宗，面积 5.24 公顷；临时占用林地 4 宗，面积 0.71 公顷；直接为林业生产服务 5 宗，面积 8.55 公顷。严格执行商品林限额采伐制度，办理木材采伐证 927 份，采伐蓄积 1.63 万立方米，出材 1.05 万立方米。查处涉林案件 78 起。扎实做好森林防火工作，全年森林火灾损失率控制在 0.1‰以内，实现了全县连续 38 年无重特大森林火灾的目标，被省委宣传部、省森林草原防火指挥部、省林业厅、省司法厅表彰为《四川省森林防火条例》宣传活动成效显著单位。森林病虫害成灾率控制在 3‰以内。

【集体林权制度改革】 2014 年，共办理林权流转 6 宗、1513 亩，流转金额 77.5 万元；办理林权抵押登记 12 宗、10088.2 亩，抵押贷款 2028.8 万元；开展森林保险续保 82.2 万亩，收取保费 102.2 万元；补办林权证 24 宗。

【林业产业快速发展】 2014 年，进一步巩固扩大林下药材、工业原料林、经果林基地，大力发展林下经济。打造林下示范基地 1000 亩，生产便道 2 公里，草本中药材 1000 亩（清泉镇芍药 600 亩、千佛镇黄连 400 亩）。不断提升林产品加工档次，为推动县域经济发展、促进农民增收致富提供支持。

（杨 光）

水利·水产

【农田水利建设成效显著】 2014年，共投入13893万元资金用于农田水利建设。清淤沟渠376公里，整治塘堰115处，治理水土流失11平方公里，建设村镇集中供水工程22处，改善新增农村安全饮水受益人口3.6万人，新增蓄水能力12万立方米，改善灌面0.8万亩，确保了大春31.3万亩水稻栽插用水需要。整合项目资金，集中连片推进七里村示范片水利建设和加快推进“猕猴桃走廊”环线新农村建设，效果明显。

【农村饮水保障能力提高】 完成23处村级供水工程和管网延伸建设，新增安全饮水人口1.76万人。强化应急措施，有效解决睢水等9个乡镇、20个村、6.5万人口春旱饮用水困难问题。强化工程运行管理，新建供水协会8个，落实水源地保护、水质检测机制，水质达标率93%以上，农村自来水入户率达63%。

【防汛减灾体系不断完善】 加强河道治理，整治和疏浚河道11.8公里，新建堤防10.7公里，修复水毁堤防7.5公里，整治险工险段16处。进一步完善和提升预警监测体系，严格落实防汛责任，加强防汛物资储备，加强防汛队伍建设，提升应急处置能力，基本保证安全度汛。

【渔业产业化发展增效提速】 2014年，全县水产品总量达到2.1万吨，渔业总产值4.38亿元，完成名优水产品量0.9万吨，完成常规抽检样品20个，开展风险抽检40个，水产业为全县农民人均增收21元。

【水政执法严格实施】 开展水资源保护执法检查40余次，水保预防监督执法4次，河道采砂执法10次。加强取用水监管、水源地保护、入河排污口管理、涉河建设项目行洪论证审查和水土流失预防监督，换发取水许可证10套，审查行洪论证建设项目10个，审查水土保持方案7个。24项涉水行政审批事项全部进入政务中心窗口，“一站式”办结审批事项28件，办结率100%，满意率100%。

【小水电增效扩容顺利推进】 2014年，加快推进全县农村水电增效扩容改造项目建设。14个小水电站增效扩容已改造完成2个，其他11个水电站已完成招投标，进入设备技术更新和渠道改造阶段。全年完成发电量3500万千瓦时。

（王钰茹）

畜牧业

【概况】 2014年，全县出栏生猪40.7万头，同比增加0.68万头；存栏能繁母猪2.754万头，同比增加0.05万头；出栏牛6560头，同比增加99头；出栏羊1.38万只，同比增加435只；出栏家禽879.42万羽，同比增加20.62万羽；出栏肉兔39.56万只，同比增加1.16万只。肉类总产量3.84万吨，同比增加600吨；牛奶产量6550吨，同比增加37吨；禽蛋总产量2.12万吨，同比增加100吨。畜牧业总产值达16.02亿元，同比增加0.48亿元，占农业总产值比重49%。人均牧业增收96元。

【现代畜牧业发展】 一是积极向上争取项目，全年共争取国家畜牧产业项目5个，资金931万元；完成固定资产投资1亿元；引进科技型中小企业1个。二是强力推进畜牧产业向“重品牌、重质量、重安全、重效益”的方向发展，依托项目支撑，以奖补措施激励养殖业主争创品牌。全县申报无公害养殖基地和产品认证养殖企业10个。三是坚持以市场为导向发展现代畜牧业，促进标准化规模养殖，大力发展加工业，提升产业发展水平，增强市场竞争力，成功创建省、市标准化养殖示范场共6个。规模化养殖比重已分别达到生猪71.05%，奶牛100%，肉牛49.25%，肉羊40.2%，肉鸡65.23%，蛋鸡91.14%，肉兔75.34%，肉鸭56.86%。四是狠抓良繁体系建设，覆盖面扩大。全县建成纯种猪扩繁场4个，二杂母猪种场10个，种禽场3个，种兔场4个和种山羊场1个，猪人工授精点15个，以生猪改良为重点的畜禽良种体系进一步完善，良种化率得到提升。良种覆盖面分别达到生猪87.85%，牛85.2%，羊98.2%，禽93.1%，兔100%。

【重大动物疫病防控】 2014年，春、秋两季动物防疫工作期间，调入猪瘟疫苗140万头份，猪口蹄疫苗170万毫升，猪蓝耳疫苗90万毫升，牛羊口蹄疫苗19.5万毫升，狂犬疫苗4.2万头份，小反刍兽疫疫苗0.41万头份，禽流感灭活疫苗870万毫升，新禽二联疫苗550万羽。采购消毒药5.5吨，注射器558具，针头4003板，碘酒、酒精381瓶，冷藏箱59个。印制防疫告知卡10万份。全年共免疫高致病性禽流感1186.08万羽，占应免数100%；鸡新城疫免疫612.37万羽，占应免数的100%；猪口蹄疫、猪瘟、高致病性猪蓝耳病各免疫62.28万头，占应免数的100%；牛、羊口蹄疫免疫4.73万头（只），占应免数的100%；狂犬病免疫2.32万只，占应免数96.8%；圈舍消毒1520万平方米，占应消毒面积的100%。抗体监测合格率均达到农业部要求的70%以上，有效防止了重大动物疫病发生，取得了省级耕牛血吸虫阻断达标验收的好成果。

【畜产品质量安全监管】 2014年，全县无重大畜产品质量安全事件发生。采取的主要方法是：一是创新以乡镇畜牧兽医站为主体的监管责任机制，取得了监管面最宽、最及时、最有效、成本最低的“四最”效果。二是狠抓源头，夯实基础，采取“网格化”源头监管，对从业者进行全面清理登记，建立数据库管理畜禽规模养殖场145个、饲料生产企业17个、饲料经营户106户、兽药经营企业62个、执业兽医17个、乡村兽医190个、畜产品经营户262个。举办4期培训班，编印培训资料1000余册，培训从业者1000余人，印发宣传资料6万余份向散养农户宣传。同时明确从业者的主体责任，促其规范生产经营，守法从业。三是细化措施，强化监管，整顿和规范兽药经营。开展检查300余次，出动执法人员1500余人次，检查经营门店776个次；共监测养殖场、屠宰场1043个（次），检测“瘦肉精”95599头份，抽样和快速检测饲料、饲料添加剂及兽药残留等样品9962个（份、批），合格率均为100%；检疫活畜禽574.37万头（只），其中生猪32.2万头、牛羊1.87万头（只）、禽540.3万只；屠宰检疫215.74万头（只），其中生猪4.56万头、牛羊0.13万头、禽211.05万只；规范无害化处理申报程序和认定，张贴通告300张，发放无害化处理告知书8万份，共进行生猪无害化处理5799头；共办理兽药、饲料等违法案件33件，处罚款3.68万元。

【开展农畜产品质量检验检测工作】 一是采取强力措施，率先取得“双认证”。克服县农畜产品检测站有编无人和没有资金等困难，调配全局之人力、物力，通过走出去学习和引师进站传授技术等措施，提升人员业务技能，通过了省质监局和省畜牧局的机构和计量认证。二是积极开展农畜产品质量检验检测工作，为农产品质量监管执法提供技术支撑。共抽检农畜水产品829个（快速检测463个），合格样品828个，合格率为99.9%，主要检测了有机磷、菊酯类、瘦肉精、三聚氰胺、土霉素、金霉素、喹乙醇、磺胺类、氟喹诺酮类等农兽药的残留。

（毛智文）

农村能源建设

【户用沼气民生工程目标任务全面完成】 2014年，全县在永河、秀水、塔水等10个乡镇新建户用沼气池400口，完成民生工程目标任务的100%，完成项目总投资200万元，其中省级投资48万元、县级财政配套12万元。

【农村沼气服务体系进一步健全】 2014年，全县新建沼气村级服务网点10个，项目总投资55.6万元，其中中央投资45万元、网点领办人自筹10.6万元。县沼气服务网点总数达到151个，其中县级物业服务总站1个、乡镇物业服务中心站16个、村级物业服务网点134个，基本形成了县、乡、村三级全覆盖的服务体系。

【以电代柴工程建设】 实施以电代柴项目2588户，推广生物质炉740户。项目总投资166.4万元，资金为中央专项资金。以电代柴项目在清泉镇、沸水镇2个乡镇16个村实施；生物质炉项目在桑枣镇大竹村、骑牛村实施。

【狠抓农村沼气安全工作】 2014年，利用全市开展农业“安全生产年”活动的契机，采取多种措施狠抓沼气安全工作。一是与各乡镇签订《2014年农村能源安全生产责任书》；二是印发《关于做好大春生产季节沼气安全工作的通知》；三是结合科技“三下乡”开展街头沼气安全宣传，发放宣传资料，播放安全宣传磁带，并深入村组、沼气农户进行沼气安全检查；四是开展沼气建设现场培训会，发放安全告知卡，粘贴永久性安全宣传知识瓷砖；五是利用“超级信使”不定期向广大乡镇、村组干部宣传沼气安全知识，提醒农户加强沼气安全管理与使用。

（谭雪金）

白水湖管理

【概况】 白水湖管理局主要负责水库引水、蓄水及灌区农业灌溉工作；维修、养护水库枢纽和灌区水利工程及其附属设备，确保工程设施正常运行；依据有关水利、水产等政策法规，计收并管好用好农业水费；广泛开展综合经营，提高水利工程综合经济效益。

【水利工作圆满完成】 2014年，完成10.5公里干渠、84公里支渠岁修起淤；二大渠共引水9650万立方米，水库引水6030万立方米；新增塔水镇三泉村灌区，整个灌区于5月底前全面实现了满栽满插；共收取水费27.5万元；3座小水电站共完成发电量192万千瓦时。

【积极推进白水湖水厂项目考察和论证】 白水湖一年引水近1亿立方米，资源丰富，可以解决全县73座农村饮水站、7个乡镇水厂严重缺水和水质保障问题。经过调研，及时向水务局和县上分管领导作了汇报，县委、县政府主要领导先后到白水湖实地调研和考察论证，并同意实施白水湖水厂项目。

【解决工程历史遗留问题】 2014年9月，完成了水库除险加固工程，工程竣工后经验收合格。12月2日、3日，完成白水湖水库震损灾后恢复重建工程和白水湖灌区灾后重建工程，两处工程竣工验收合格，灾后重建工程完美收官。

【打造白水湖生态鱼特色品牌】 一是引进新鱼苗，引进6万尾鲈鱼苗投放水库。二是通过项目争取，改扩建鱼田3口，专门用作周转放养鱼池。三是安置水面吸蚊灯，通过灯光吸引蚊虫来增加鱼饵，为鱼提供天然食物；同时在湖边、岛边投放枯枝为鱼类繁殖提供天然产床，增加繁殖量。四是加强水资源保护，建立长效机制，加强宣传，取得良好效果。

【举办“一节一赛”，旅游文化活动取得成效】 2014年4月，成功举办首届“清明放生节”，维护水生态平衡，促进渔业资源的多样性。11月，成功举办“第二届白水湖路亚精英比赛”，得到《路亚中国》杂志、《四海钓鱼》频道的宣传报道，进一步提升了白水湖的影响力和知名度。

【改善景区环境，提升景区形象】 全年共投入资金60余万元，添置电动遥控门，铺装环保休闲广场，完善配套设施，安装监控摄像头14个，翻新宾馆、餐厅，有效改善了景区的外部形象。

（黄少年）

工　业

概　述

【概况】　2014年，全县81户规模企业实现工业总产值166.04亿元，同比增长14.17%；工业增加值同比增长13%；实现利润7.74亿元，同比增长13.05%；产销率达到97.3%，同比增长2.6%；工业投资完成37.66亿元，同比增长15.73%，其中技改投资完成32.46亿元，同比增长8.31%；万元工业增加值能耗下降6.26%。形成了以银河化学、好医生药业、华祥机械、长虹电子产品、中联水泥为龙头的环保化工、医药食品、汽车及零部件、电子技术和材料五大优势产业。

【龙头企业培育】　2014年，积极实施"大企业、大集团"培育战略。把银河化学、好医生药业、华祥机械、长虹电子产品、中联水泥等企业作为产销过100亿元、50亿元、20亿元、10亿元的培育对象，按照"政策扶持优先、技术进步优先、要素协调优先、试点示范优先"的原则，在项目、资金、政策、服务等方面给予倾斜，支持企业间实施战略重组，利用自身产业优势，以商招商，延伸产业链，做大做强一批骨干龙头企业，推动全县产业集群集约发展。亿元企业达到31户，银河化学、好医生药业、华祥机械分别首次突破40亿元、25亿元、10亿元。

【小微企业发展】　2014年，安县工业园区中小企业创业园孵化小企业31户，3户小微企业升格为规模工业企业。利用清退的15000平方米行政办公用房建立创业服务中心，作为科技型小微企业的孵化器，为科技成果转化和大学生创业提供平台，创业中心有63户小微企业入驻。全县新增小微企业421户，新增工业小微企业96户。

【工业投资项目推进】　2014年，全县在建工业项目81个，新开工项目29个，竣工项目15个，完成工业投资37.66亿元。建立了工业项目部门协调推进机制，建立了县级领导和部门联系服务项目制度。

【产业集群发展】　2014年，环保化工、医药食品、汽车及零部件、电子技术和材料五大主导产业的产值占全部规模工业的96.52%。工业园核心区形成了以汽车及零部件、医药食品和电子技术三大产业集群，规模企业达到47户，占全县规模工业的58%。凯江工业集中发展区集聚了银河化学、启明星磷化工等铬化工、磷化工产业链延伸、配套的20余户环保化工生产企业，并与县内创翔电源、天明新能源、宏晨新能源等企业建立密切的战略合作关系。华晨汽车南方基地带动了万欣汽配、阳晨汽配、秦川恒远、鑫祥环保等30余家汽车零部件企业到安县投资兴业。

（曹　斌）

环保化工产业

【概况】　2014年，环保化工产业有规模工业企业13户，实现工业总产值57.59亿元，占规模工业总量的34.68%，为全县工业第一大产业。环保化工产业主要聚集在凯江工业集中发展区，拥有银河化学、启明星磷化工及铬化工、磷化工产业链延伸、配套的20余户生产企业。

【技术支撑】　四川省银河化学股份有限公司为全国最大铬盐产业基地，是国家高新技术企业、全国标准化铬盐工作组组长单位，国家"863"计划牵头实施单位，2014年入选"四川制造业100强"，企业技术中心被认定为国家级企业技术研发中心，"安剑"商标被国家工商总局商标局认定为"中国驰名商标"。绵阳启明星磷化工有限公司是四川省第三大黄磷生产企业，其黄磷尾气回收综合利用处于全国领先水平。为茂森化工、川磷化工、龙安玻陶等县内企业提供黄磷、黄磷尾气，带动磷化工企业的发展。绵阳天明磷化工有限公司是国内最大硅磷晶生产企业，硅磷晶对于工业水系统防腐、阻垢、延长设备使用寿命具有积极作用，国内市场占有率50%以上。

（曹　斌）

医药食品产业

【概况】　2014年，医药食品产业有规模工业企业22户，实现工业总产值47.21亿元，占规模企业总量的28.43%，为全县工业第二大产业，产值同比增长20.67%。

【龙头产业】 四川好医生药业集团有限公司是安县医药食品产业的龙头企业，是“中国制药工业百强”企业、国家高新技术企业，建立了省级院士工作站和博士后工作站，拥有国家级企业技术中心和“好医生”中国驰名商标、“豪克”四川省著名商标。

【特色产业】 全县有油菜籽深加工企业近30户，规模以上企业7户——“绿清香”“老巴蜀”“菜籽王”“陈氏油香坊”“林香园”“宏帆”“庄稼儿女”，浓香、纯香、纯正和乡村土榨特香菜籽油享誉省内外。安县是“中国魔芋之乡”，魔芋精粉的产销量约占全国的20%。四川魔力科技有限公司拥有全资和控股子公司5个，魔芋种植示范基地5个、面积1000亩，合作种植已达50000余亩。公司拥有农业部批准的全国最大魔芋精深技术研发中心，产品涵盖食品、保健品、日化用品三大类，是全国规模最大的魔芋精深加工企业，产品除满足国内市场需求外，还远销欧美10多个国家。 （曹 斌）

汽车及零部件产业

【概况】 汽车及零部件产业是安县的新兴主导产业，是辽宁对口援建和辽安产业合作的重大成果。2014年，园区入驻汽车及零部件产业企业共达37户。其中，规模以上企业12户，实现工业总产值35.82亿元，同比增长21.39%；实现营业收入34.40亿元，同比增长11.7%；实现利润总额1.53亿元，同比增长16.22%。

【产业配套】 2014年，引进了力瑞科技、秦川恒远、阳晨汽配等一大批汽车及零部件项目，直接配套服务于成都、德阳、绵阳和重庆的汽车产业。

（李小波）

国网安县供电公司

【概况】 2014年，国网安县供电公司辖区内有变电站18座、10kV开关站1座，主变总容量1018.5万千伏安；共有35kV线路183.8公里、10kV输配电线路1901公里，担负着全县18个乡镇及相邻的北川、江油部分地区的供电任务。被省委、省政府授予“省级最佳文明单位”称号，被国网四川省电力公司评为“省公司十佳精神文明单位”、“三集五大”体系建设先进集体。

【电网建设与发展】 2014年，积极与地方政府沟通，共同建立了“电网建设统筹协调机制”，将电力规划统一纳入地方经济发展规划。配电自动化改造工程已全面完成施工、调试并投入运行；完成了85个农网工程项目，29个农网大修和技改项目，24个城网大修项目，5个技术改造项目。

【经营管理】 创新绩效管理模式，推行绩效考核准备会制度，搭建各部门之间的沟通平台，达到了组织协同的良好效果；全面开展效能监察活动，强化监督体系，提高专项工作的效率和规范性；严格依法治企，定期开展法律知识讲座，全面执行“三重一大”制度，严格审核合同和重要决策。

【安全生产】 健全“每周安全督办领导”制度，加强作业现场安全管控。创新推行集体企业安监人员与主业安监部门合署办公机制。积极组建电力警务室，有效利用安县电力执法监察大队，开展电力设施保护专项活动，消除外力破坏隐患。截至2014年12月31日，实现安全生产4729天。

【农电工作】 全面完成辖区内小方杆清理与整治工作，彻底消灭小方杆隐患；完成低电压台区整治14个，解决低电压用户195户；整治台区进出线54处，有效解决高负荷情况下农村用户用电卡脖子现象，进一步提升了供电可靠性；认真落实和开展“包片进村”、乡镇供电所“管理提升”工作；完成桑枣供电所标准化班组创建，并通过验收；创新宣传方式，在客户家用保护器处张贴“温馨提示”，提醒客户对保护器进行维护，在电费发票背面印制“安全用电小提示”，取得了良好效果。

【科技与信息化工作】 2014年，获得国家专利认证5项，获得绵阳公司创新成果5项，申报群创项目2项。完成主配网一体化调度控制系统和配网抢修调度指挥系统试点验收工作。

【市场服务】 全面开展智能电表推广工作，完成46920只电表的安装及相关采集配套施工；创新工作模式，利用政府网格化电子政务平台，建成5个网格化社区，实现了“电力服务进社区”；完成高压营配数据清理工作，专变计量点全采集建设全面完成；完成180余处邮政代收点和4处24小时自助缴费终端建设，进一步方便客户的电费缴纳，为打造“10分钟购电圈”奠定了基础；积极开展行风评议监督活动，客户满意率达100%。

（邹玲玲）

四川省银河化学股份有限公司

【概况】 四川省银河化学股份有限公司是全国最大最先进的铬盐生产研发企业，国家（“863”计划）重点项目承担单位。拥有全资控制参股子公司8个、孙公司2个（其中一个设立在美国）、分公司2个，员工2300余人，集铬盐化工、维生素系列精细化工、水泥建材、硫酸化工、太阳能电子浆料、机械制造、矿产开发、国际贸易于一体，年产值超过30亿元，铬盐系列产品国内市场占有率达到25%以上，远销欧美、日本、加拿大等19个国家和中国台湾地区。公司拥有一个国家级企业技术中心和国家认可实验室，专业技术人才400余人，先后完成20余项国家、省、市等重点项目，荣获国家专利技术16项。2014年，公司“安剑”商标被认定为铬盐行业唯一中国驰名商标。

【艰难奋进，积极应对经济下行压力】 2014年，公司积极应对市场挑战，在严峻经济形势下实现营业总收入35.2亿元，同比增长10%；出口创汇1950万美元，同比增长23.18%；上缴入库税金8137万元，同比下降11.55%。

【主动作为，加快产业优化升级】 一是加快推进产业升级。完成年产3万吨碳化法制备红矾钠产业化技改工程，整体进入试生产阶段。二是持续优化产业发展质量。完成6号回转窑大修技改项目，完成旋窑煅烧制备氧化铬绿技改工程，提高自动化控制水平，进一步改善生产环境，降低生产成本。三是夯实精细化工行业地位。完成维生素K3扩能技改，成为全球第二大维生素K3生产企业；优化维生素B3生产工艺，达到年产3000吨设计产能，生产成本显著降低。四是坚持产业延伸发展。实施2-氯烟酸中试生产和食品级烟酸开发，持续优化产业结构，提升产品价值。五是紧跟新兴产业发展前沿技术方向。开展太阳能电池正银浆料、背银浆料及特殊浆料研发，产品转化率、稳定性达到行业先进水平，5款产品成功定型；在美国设立了全资研发子公司，积极整合研发资源加快新能源产业发展。

【科学谋划，着力提升核心竞争力】 一是打造以科研为主的企业核心竞争力。建设完成企业技术中心大楼，顺利取得国家认可实验室认证；自主研发的高效自循环湿法连续制备红矾钠关键技术开发及产业化项目，荣获四川省科技进步一等奖；与绵阳市出入境检验检疫局联合共建分析检测平台，在服务地区经济建设的同时，积极整合优势资源加快自身发展。二是加快产业技术升级。成功研发一步碳化工艺和高品质铬酸钠生产工艺，夯实碳化法核心技术竞争优势，优化双自返3#工艺，整体进入产业化阶段。三是加强知识产权保护。全年累计申报专利12个，撰写及发表科技论文4篇，获得专利授权9项（其中发明专利7项、实用新型2项），主持参与制修订碱式硫酸铬等行业标准3项，进一步夯实公司行业领先地位。

（肖　宣）

好医生药业集团

【概况】 好医生药业集团经过近30年的发展，已成为集科、工、贸为一体，以药业为核心的“大健康”产业全面发展的大型企业集团。集团业务分布在医药工业、医药商业、医院管理、农产品现代加工业、研发体系五个版块，下属有28家全资子公司。集团以创新驱动为发展战略，建立了一个国家级企业技术中心，两个省级企业技术中心；拥有两家国家级高新技术企业，是四川省创新型企业；建立了三州地区唯一的省级院士（专家）工作站和博士后工作站；与浙江大学、四川大学、澳门科技大学、成都中医药大学、西南民族大学、大理大学等国内高校科研院所建立了产学研平台，至年底在研一类新药4个、五类新药8个。好医生药业是“中国医药工业百强”“中国中药制药百强”，好医生品牌是“中国驰名商标”。集团成立了德国 H. Y. S 公司和加拿大 J. N. D 公司，全面布局国际市场，好医生石榴浓缩汁、抗感颗粒等产品已进入欧美市场。集团下属四川好医生攀西药业有限责任公司、四川好医生药业集团有限公司、山西佳能达华禹制药有限公司、山西好医生药业有限公司等 8 家 GMP 制药工厂，1 家医院管理公司。建立了好医生攀西生物药研发中心和成都好医生研发中心；拥有四川佳能达医药贸易有限责任公司、云南佳能达医药有限责任公司等两家大型医药贸易公司和县级销售办事处 2020 个。

【产业发展】 好医生药业集团下属农产品现代加工业主要为石榴系列产品、苦荞系列产品和附子系列产品。其中，集团拥有占全球石榴集中种植 45% 以上规模的基地 55 万亩，所生产的石榴浓缩汁等已进入欧美市场并通过美国 FDA 认证；集团拥有符合 GAP 标准的美洲大镰、附子、大黄、半夏等中药材种养基地 4 个。四川好医生攀西药业有限责任公司的美洲大镰 GAP 养殖基地是国内首家通过 GAP 认证的昆虫类中药材基地，同时是全球唯一的美洲大蠊养殖基地。凉山州布拖县的附子 GAP 基地种植面积达 10000 亩，是全国最大的附子种植和附子饮片生产基地。四川佳能达攀西药业生产的炮天雄、刨附片等优质产品出口至东南亚等国，好医生牌布拖附子连续三届获得中药饮片诚信品牌称号。

（好医生药业集团）

安县中联水泥有限公司

【概况】 安县中联水泥有限公司是中国建材旗下西南水泥有限公司的重点企业之一，也是支持灾后重建的大型工业项目之一。2014 年，公司有 1 条 4500 t/d 新型干法熟料水泥生产线及配套 9 兆瓦低温余热发电生产线，年产熟料 155 万吨，水泥 200 万吨，年发电量 6120 万千瓦时。通过了 ISO 9001 质量管理体系认证、产品质量认证和 ISO 14001 环境管理体系认证，GB/T 28001 职业健康安全管理认证，通过了国家安全标准化一级审核。

【推动小区域深度整合】 2014 年年初，安县中联、北川中联小区域管理模式正式启动。本着“先搭框架、持续优化”的原则，两县中联联合连续发出关于成立降本增效工作小组、纪检审计工作小组、质量服务工作小组，对包括行政、财务、营销、采购等部门开始进行人员调整优化，以迅雷之势全面整合。随着小区域管理模式的不断深入摸索与推进，已基本完成组织结构优化，并根据小区域整合的特点，形成了一套有自身特色的管理流程。

【构建人力资源管理长效机制】 为全面构建人力资源管理长效机制，公司开展了企业员工发展规划工作，印发的《职能分解与角色定位》，成为企业各项工作合理有序开展的指导性文件。分解包括生产经营各项工作 300 余项，涉及各类岗位近 80 个，关联岗位近 20 个，全面展示、梳理、明确了各级人员和各类岗位的重点工作。工作的重点之一就是人力资源开发及员工培训，严格按照“抓中间、带两头”的培训思路，以小区域整合为契机，提升小区域管理人员素质为目的，将小区域技术员、主管和工段长一级基层管理人员作为培训重点。截至 10 月底，共开展了 13 项小区域公司级培训，培训内容包括水泥工艺、设备、安全、财务、行政、人力资源等各方面。

【强化采购管理】 2014 年，公司在采购工作中严格按照西南水泥相关的制度执行。坚持不断引进新的供应商增加竞争，采取货比三家，不断加强市场普查和调研的原则，做到公开、公正、公平。不论是大宗原材料、设备的集中采购还是日常消耗品的零星采购，都邀请了相关职能部门一起询价、比价，确保采购工作的透明化和准确化。辅材、备件采购严格按照西南水泥统购目录执行。按要求每月召开计划评审会，每月实施用料检查，有效控制了材料浪费及降低了库存资金占用。

【降本增效管理提升工作】 一是技术创新，降低生产成本。优化工艺配料方案，积极采用新工艺和新材料，加强工艺管理及窑的操作，使用好无铁配料工作，稳定生料质量，采用低价的硅质、铁质校正原料，生料配料成本控制在 16.5 元/吨以内，同时改善生料易烧性，提高熟料产量，保证熟料强度 3 天大于 35Mpa、28 天强度达到 58Mpa。二是就地取材，降低生产成本。充分利用当地廉价资源，保证水泥质量的前提下，优化水泥配比和提高粉磨效率，最大限度降低熟料耗用；缓凝剂用磷石膏取代价高的天然石膏；加大石灰石的掺量，降低混合材采购综合成本。三是调整水泥磨钢球级配和工艺参数，降低电耗成本。保证水泥合理的颗粒级配形貌，降低入磨物料水分，水泥磨平均台产达到175t/h 以上，水泥粉磨工序电耗降到 35kW. h/t 以下。2014年 11 月 24 日至 30 日，水泥磨无故障连续运转，电耗创历史新高，当月电耗降至 32. 29kW. h/t，26 日单天电耗降至 29KW. h/t。四是工艺创新，降低熟料煤耗。重新优化设计生料配料方案，做好烟煤和无烟煤的均化搭配使用，寻找低价替代能源焦煤灰，调配好最优的入窑煤热值，降低熟料煤单耗成本，吨煤成本下降至 74. 11 元。五是合理制定和安排生产计划，优化各主辅机设开停机时间和开停机操作步骤，充分利用谷电，降低电力成本，吨熟料综合电耗下降到 60 度以下。 （张 盼）

绵阳启明星磷化工有限公司

【概况】 绵阳启明星磷化工有限公司前身为安县地方电力公司国有制企业绵阳川江化工总公司，成立于 1992 年，2001 年由绵阳启明星集团有限公司出资控股，更名为绵阳启明星磷化工有限公司。公司现有注册资金 5500 万元，注册股东 2 个，注册地安县河清镇保华村。公司总占地面积 25 万平方米（约 375 亩），2014 年有员工 774 人，共设有 11 个部门和 5 个生产车间。公司生产经营黄磷、磷酸、磷酸盐、甲酸和甲酸盐等系列产品，主产品达 20 多个品种。各类产品畅销国内 20 多个省、市，远销欧美、亚洲等 40 多个国家和地区。公司主营业务符合国家重点鼓励类产业企业，是绵阳市人民政府重点发展和支持的企业，中国无机盐工业协会的理事单位、四川省循环经济理事会单位、四川省黄磷行业准入公告示范单位。

【发展产业】 2014 年，公司围绕“夯实安全基础”“严格依法治企”的工作目标，坚持“稳”字当头，注重经营管理，提升市场应变能力，努力实现体制转型平稳过渡，确保在低迷的市场行情下，全面完成了上级部门下达的各项目标任务，并取得较好的经营业绩。全年累计生产各类产品 91705. 20 吨，累计销售各类产品 55229. 87 吨，实现工业总产值 5. 01 亿元，销售收入 4. 19 亿元，出口创汇 280. 67 万美元，税利 3159 万元。

（任春艳）

交通·邮政

交　通

【交通新体系加快构建】 2014年，辽安路（江油至花荄段）等12.81公里县道升为国道，墩秀路等163.9公里县道升为省道，结束了安县境内无国道的历史。争取上级补助资金4807.3万元，申报2015—2017年农村公路三年攻坚项目，启动《安县“十三五”交通运输事业规划》编制工作。水毁恢复、2014年安保、迎新大桥等工程如期完工，茶北路、全县50公里村道建设等项目顺利推进，干河子大桥、青安渡大桥等项目前期工作加快落实。

【确保汛期生命线畅通】 进一步完善应急处置预案，开展汛期应急演练，落实应急储备物资，严格执行24小时值班制度。汛期共投入应急抢险设备49台次，人员74人次，圆满完成抢通、保通任务。

【养护工作成效明显】 投入300余万元，打造标美示范路60公里；日常养护和专项治理相结合，在全市公路养护评比中稳居前列。

【路政管理全面加强】 全年查处超限车162车次，劝返86车次，卸货158.2吨；路政巡查每月不低于24天，清障排障200余处，查处不规范装载运输60余车次，整治占道行为20起。

【运输市场健康发展】 以花荄为枢纽的三级城乡道路运输网络初步构建，全年新增公交线路3条，开通花荄经金家林至绵阳班车；全县乡镇通班车率达100%，行政村通班车率达95%；全年查处“黑车”35辆。

【交通执法上档升级】 2014年，定期组织干部职工学习法律法规，加强法治宣传、执法培训、执法监督，规范执法行为。全年出动宣传车135台次，悬挂条幅148条，发放宣传单3780余份，接受咨询96人次；开展执法培训3次，培训人员120人次；处理交通案件58件，现场处理215件，结案率100%，无行政复议事件发生。

（唐其林　曹　波）

铁　路

【概况】 安县铁路建设指挥部综合协调办公室，主要负责指导、协调安县铁路建设工作，研究铁路建设发展重大政策，跟踪铁路建设情况，协调解决有关问题并提出对策和建议等工作。

【铁路建设】 成兰铁路安县境内共33公里，桥梁两座，设立睢水客站、睢水货站、高川技术停靠站各一个。途经睢水镇、高川乡2个乡镇、17个村组，红线内用地692亩、临时用地550亩，涉及拆迁安置农户184户614人。成兰铁路（安县段）总投资44.62亿元，已开挖横洞5900米，隧道正洞共计11264米，高川站四线大桥完成桩基154根，客站开累填筑473205立方米，货站开累开挖291576立方米。

（陈凌楠）

邮　政

【概况】 2014年，邮政业务收入实现2642.34万元，完成市公司下达计划的94.87%，同比净增7%，新增收入贡献172.86万元；收支差完成1402万元，完成年计划的90%；累计新增金融总产值2.35亿元，新增余额1.174亿元；新增保费7436万元，新增理财保有量4350万元。成本费用总支出完成1163万元，完成年计划的97.21%。全员劳动生产率人均完成23.6万元，占年计划的97.84%，比2013年同期增长4.85%。全面完成各项通信质量、服务质量、安全生产等指标。

【稳步推进经营转型发展】 一是加快硬件建设和网点改造。2个省级转型示范网点如期完成标准改造，7个市级转型示范网点改造完工投入使用中。二是提升软件能力。转型网点支局长和管理员按要求分别参加省、市级转型培训，县局按照规范化标准分别对理财经理、客户经理、支局长和柜员进行培训，全面实现代理金融网点业务银行化和多元化。

【狠抓平台渠道建设，确保项目实施落地】 2014年，狠抓重点营销项目的落实。一是金融业务狠抓新增储蓄余额的增长和理财、保险业务的销售。二是全力以赴推进旺季邮务类业务项目营销活动，重点狠抓有奖刮刮卡销售，函件业务转型产品开发了房地产及中小微企业的项目营销，实现日常封片卡收入43.91万元；开展青少年书信比赛活动，实现收入4.11万元；发展旅游年票销售工作，实现收入3.6万元；开展自由护航业务窗口营销活动，实现收入1万元；开发笔记本业务，定制笔记本1444册，实现收入3.6万元；创新开发乡村旅游套票4400册，实现收入4.4万元。报刊发行实现收入118.43万元，完成年计划的93.25%，比. 2013年同期增长19.11万元，增幅为19.25%。其中报刊零售实现收入27.98万元，完成年计划的99.93%，同比增长9.8万元，增幅为53.91%。开展畅销报刊营销竞赛活动，实现流转额33.62万元；开展教育报刊启动工作，实现流转额38万元；实现邮品销售共31.5万余元。三是电子商务全力推进代收电费业务。开通乡镇的电费代收业务，建成代收电费网点123个，实现了全县所有乡镇的全覆盖；制定短信业务营销竞赛活动方案，实现短信收入149.4万元。四是分销业务抓住节日营销契机，开展“粽情端午”营销活动，实现销售额31万元，收入14.9万元；开展大春肥料农药宣传促销活动，实现收入10万元；开展优势农业项目示范基地、水产养殖基地建设。五是全面推进农村、城市邮政综合服务平台建设。在已建成的农村、城市邮政综合服务站叠加业务，建成集“‘三农’服务站、助农取款站、便民服务站、村邮站”四位一体的综合便民服务站163个，开通了电费缴费、电力智能卡充值业务和代收绵阳城区水费，代收联通、电信通信话费等业务。

【加强安全生产管理】 严格履行业务视察检查职责，每月检查网点达到14天，全年共计出检352人次，对检查中发现的问题，缮发整改回复书，积极帮助网点进行整改，切实加强监督检查。认真贯彻“安全第一、预防为主”的方针，落实安全生产责任制，完善防范设施，健全规章制度。严防各类事故发生，确保各类邮件安全。

（唐志明）

贸　易

概 述

【概况】 2014年，全县完成服务业增加值23.49亿元，增幅9.7%，同涪城区并列全市第三；完成社会消费品零售总额48.03亿元，增幅13.3%，全市排名第四；完成外贸自营出口工作目标6870万美元，同比增长228.7%。

【努力开拓消费市场，助推企业做大做强】 一是抓外贸市场促持续发展。指导企业培育更多具有市场竞争优势的自主出口品牌，不断增强国际市场竞争力；借助省商务厅“万企出国门”平台，组织6家企业先后9次出境参展，取得良好效益。二是抓内贸市场促稳定发展。以展会活动为契机，组织百余家企业先后参加“第十五届中国西部国际博览会”、“四川省第二届西博会”等“川货全国行”活动，仅“四川电子商务博览会暨第三届‘绵阳造’精品展销会”，实现交易额4000余万元，签约额1.96亿元。结合安县举办的各种活动，以及省、市旅游发展大会平台，组织8场次“安县造”名优特新产品展示展销活动，23个具有代表性的“安县造”精品在市场的占有率相对提高。通过“川货全国行”活动和“邮乐网”电商平台，“安县造”张包蛋等传统产品和谷花糖、红酥等非遗产品以及无花果等特色产品的影响面进一步扩展。三是通过培育和发展，全年申报限上企业69家，获准入库的14家，另外55家待审，新增的14家实现“社消零”总额1.6亿元。

【推进城乡体系建设，繁荣城乡消费市场】 2014年，全县26个农贸市场、3个专业市场各施其术，实现交易额7.3亿元，与2013年同期比较稳中有升；12家重点超市、商场以不同形式促销，实现交易额4亿元；以239家“万村千乡市场工程”农家店和62家“农村社区综合服务社”为平台的农村商业网点运势良好。

【积极做好创建工作，以点带面逐步规范】 积极配合做好安县创建“四川省农产品质量安全监管示范县”工作，在全县超市、商场、购物中心等消费场所广泛开展“以质量谋发展、以质量惠民生”活动，积极倡导严把安全食品准入关，自觉抵制假冒伪劣商品，为老百姓提供放心的购物场所。

【全力推进外贸发展，努力培育新的增长点】 按照“培育竞争新优势，实现外贸新发展”的要求，新增长虹部品、四川创翔等外贸出口企业3户；全年完成外贸进出口额6300万美元，同比增长136.95%，增幅位列全市第一。

【商务执法力度加大，消费市场明显好转】 2014年，一是针对群众反映的注水猪肉等热点问题，采取日常巡查、专项检查和夜间蹲守等方式，成功捣毁注水猪窝点2处；关停了因环保问题影响周边群众生产生活和肉品质量的桑枣生猪定点屠宰场，维护了群众利益；二是积极做好打击侵犯知识产权和制售假冒伪劣商品工作，监管部门立案34件，涉案金额4.29万元。其中，办结26件，移送司法机关1件，办结率79.4%；司法机关破获8件，抓获犯罪嫌疑人17人，涉案金额2000余万元，为消费者挽回经济损失30余万元。

【积极开展培训教育，努力提升服务质量】 2014年，在78家“社消零”限上企业和其他商贸服务企业中，先后7次开展以“建设美好家园我有责·诚信经营、优质服务”主体教育活动，通过广泛宣传、专门培训、以会代训和道德讲堂等方式，全面进行信用知识、职业操守、礼节礼仪培训，690人次的思想素质和职业道德相应提高，服务质量、服务水平进一步提升，为市场营造良好的诚信经商环境。

（陈　茜）

粮食购销

【概况】 2014年，全县社会粮食收购任务指标3.4万吨，实际完成7.18万吨，其中，国有粮食购销企业粮食收购任务指标2.2万吨，实际完成3.68万吨（其中稻谷2.54万吨、小麦1.05万吨）。全县社会油菜籽收购10.92万吨（其中国有粮食购销企业收购1.41万吨）。全县社会粮食销售7.75万吨，其中，国有粮食购销企业粮食销售3.69万吨（其中稻谷2.06万吨、小麦5744吨）。全县社会油菜籽（包括油折籽）销售11.16万吨（其中国有粮食购销企业销售1.43万吨）。全年实现销售收入15万元。全县发展优质订单粮油16.28万亩，订单粮油收购3.17万吨。

【粮食行政执法】 2014年，按照《粮食流通管理条例》和《四川省〈粮食流通管理条例〉实施办法》，对全县粮食经营（加工）企业和转化用粮企业进行综合检查。共计检查31次，出动138人次，检查经营企业（户）171家次，查处案件48起，其中警告6例、罚款23例、取消粮食收购资格19例。

【仓储管理】 全县省市县储备粮达到1.40万吨，其中省储备粮8017吨，市、县储备粮各3000吨。托市粮库存2.35万吨。地方储备粮做到了“一符三专四落实”。全县库存粮食采用机械通风的有4.7万吨，占库存粮食总量的99.9%；采用电子测温的2.7万吨，占库存总量的57.57%；采用环流熏蒸的1.67万吨，占库存总量的35.59%。

【安全生产】 县粮食局与各粮站签订安全生产责任书。全年共计召开安全生产工作会20多次，开展各类安全生产检查60多人次，检查粮食及粮油转化企业103家次，共投入资金20余万元用于安全隐患整改。全年无安全生产事故。 （卢 婷）

盐 业

【概况】 2014年，全县食盐销售共完成4312吨，实现销售收入1056万元，利润170万元；调入食盐4287吨；全年缴国地两税43万元。

【盐政市场管理】 全县碘盐覆盖率为100%，碘盐合格率为99.02%，合格碘盐食用率为98.01%，“三率”水平均超国家标准。5月15日，县盐业公司与县疾病预防控制中心共同主办，在花荄镇、秀水镇、塔水镇举行“5·15”碘盐知识和盐政法规宣传，散发各类宣传单2000多份，陈列宣传展板40余张，受教育群众近30000人。全年出动盐政稽查车辆170余台次，盐政稽查人员600余人次，对全县盐政市场进行不间断地检查和维护。全年未发生盐政违法案件，全县食用盐及行业用盐市场秩序良好。

（赵晓红）

烟草专卖

【概况】 2014年，全县共计销售卷烟10324.33箱，完成年度销售计划10300箱的100.24%，其中销售娇子系列卷烟3054.93箱，完成年度计划3177箱的96.16%。共计实现销售收入31615.61万元，较去年增加1280.15万元，增长4.22%，完成年度计划的101.99%。

【烟草专卖执法】 全年共查获各类案件162起，完成目标任务的101.25%，累计案值21.47万元。其中，假烟案件7起，走私案件24起，非法渠道案件22起，无证运输案件2起，无证经营案件107起。查扣卷烟共计29.654万支，其中假烟3.328万支，累计罚没收入3.26万元。全年共查获万元以上案件8起，5万元以上并移交公安机关追刑案件1起，刑事拘留1人。开展长达100天的“天府利剑”专项整治行动，查获案件63起，查处违法违规卷烟9.15万支，涉案金额5万余元。开展为期3个月的“烟草市场专项整治行动”，共查处违法违规卷烟9.604万支，涉案金额10.99万元。

【做好品牌宣传】 2014年，一是通过对娇子品牌布局的调整及重点品牌培育工作的强化，实现结构进一步提升，确保销售收入的稳步增长。二是通过多次开展品牌宣传及专项活动，保证娇子品牌销量的稳定，巩固市场份额。三是通过客户培训座谈会、客户经理上门拜访宣传、印制“宣传手册”、制定“测算表格”等方法，进一步增强客户对分配办法的理解和适应，确保货源政策的全面宣传和策略标准的最大化利用。四是通过实施增加客户拜访频次、按月填写销售台账、加强价格监督管理及注重盈利分析、建立“专卖营销集中拜访模式”等措施，移动办公平台使用率、现代终端客户扫码枪使用率、网上订货成功率、电子结算成功率等网建指标均得到大幅度提升。五是坚决杜绝为客户串货、捆绑销售等违规行为，加大对紧俏烟分配、网上订货及各种促销活动的监督管理，做到层层审批、层层负责。

【强化管理】 2014年，对《安县烟草制品零售点合理布局规定》进行修订，举行听证会，并根据零售户、消费者和社会各界代表的合理意见，对该草案进行完善，于10月1日正式实施。开展“六五”普法教育工作，组织了“3·15”“6·29”“12·4”等法制宣传教育活动，努力打造一支“作风扎实、业务过硬、敢打敢拼、文明执法”的烟草专卖管理队伍。内管组及时完善内管监督相关制度及日常监管记录，按要求定期开展日常监管及零售户实地走访检查，处理各类预警信息931条，发现零售基础信息更新不及时1条，未发现行业部门及人员违规情况。

（向　军）

供销工作

【概况】 2014年，全县实现销售总额11.8亿元，占目标任务8亿的148%；农资供应4884万元，占目标任务3300万元的148%；助农创收3.223亿元，占目标任务2.2亿元的146.5%；汇总利润1960万元，占目标任务1320万元的148.5%；社会贡献总额3290万元，占目标任务2200万元的149.5%。

【培育龙头企业、引领专合社发展】 拓普无花果、益昌薯业、山地土鸡、联丰养殖、敏宏肉牛、金华养猪等合作社被评为省级示范社；庆丰核桃、仙灵蛋鸡、万勇蔬菜等合作社被评为市级示范社；红心猕猴桃、兴仁长沟蛋鸡养殖等合作社申报为县级示范社。森泰养鸡专合社特色农产品展示交易中心成功申报2014年农业综合开发供销合作示范项目，获得112万元补助。供销合作社系统发展的40家专业合作社中，创建知名商标6个、著名商标1个、有机产品4个、绿色产品4个、无公害产品6个，圣康蛋鸡、森泰蛋鸡、益昌薯业3家合作社全力申报2014年度“中国合作社经济年度成就奖”。全年新发展专业合作社6个，组织培训专合社负责人、管理人员及财务人员210人次。四川省圣康蛋鸡专业合作社被供销总社、农业部等国家九部委局首批联合评为国家示范社。

【农资供应工作】 2014年，县联社所属的惠安农资公司投资120万元在秀水新建了农资配送中心，聘请专业农资经理人经营管理，采取统购分销的模式向零售网点进行配送，配送率高达50%以上。县供销社和农资企业提早主动采取措施，安排旺季供应工作，切实做到“四保一提高”（保数量足、保质量优、保品种齐、保价格稳，提高服务水平）。

【大力推进电子商务进农村】 充分利用全省供销社系统特色农产品产销对接网络信息平台、展示展销会等渠道，展示展销全县特色农产品。组织森泰蛋鸡、益昌薯业等10余家专合社及企业上百种产品，参加第三届“绵阳造”名优特新产品展销会和西博会以及四川省特色农产品展示销售暨农产品电子商务高峰论坛，实现交易200余万元。

【农村社会化服务体系建设】 2014年，巩固、提升、完善绵安省级新农村示范片内的供销网点建设，积极参与辽安路新农村示范片的建设和现代农业示范县的建设，充分发挥供销社“一网多用”的优势，全年改造和新建庄稼医院8家、社区综合服务社6家。抓好庄稼医生培训，增加服务项目，延长服务时间，既为农民提供生产生活资料，又为农民开展技术咨询服务，全年共免费培训庄稼医生80人，并获得供销总社、人力资源和社会保障部颁发的庄稼医生执业资格证。截至2014年年底，全县共建立庄稼医院60个、农村社区综合服务社62个，发展各类经营连锁门店590个。

（朱志先）

金融·保险

概　述

【概况】　2014年，全县辖区内注册登记的银行业金融机构有8家，营业网点60余个，从业人员500余人。全年金融机构各项人民币存款余额1326235万元，增加85790万元，增幅6.92%；各项贷款余额799771万元，增加79054万元，增长10.97%。辖区内注册登记的保险业金融机构支公司有4家，全年共计收入各种保费20975万元，增长8.52%；各种理赔9784件，理赔金额3899万元。辖区内经省政府金融办批准登记注册的融资性担保公司和小额贷款公司各1家，分别是绵阳市兴安融资担保公司和安县泰和小额贷款公司。

【协调服务工作】　2014年，加强金融服务地方经济发展的力度，通过银政企联席会、银企对接会、金融知识宣讲等形式，增进银行与企业的合作；协助平台公司为重点建设项目融资，全年实现平台公司融资到位资金1.9亿元；加大非法集资的排查处置力度，维护金融生态秩序；推进企业上市和金融招商工作，拓宽企业融资渠道。

【金融信用环境建设工作】　一是加强农房重建贷款收回工作，通过日常检查督促、调研查找问题、举行专题清收活动等方式强力推进农房重建贷款收回工作，全年共收回农房重建贷款本息7560万元，收回本金6475万元。二是深入推进农村专业合作社、农村集体经济组织的信息采集、信用评级工作，深化农村信用体系试验区的建设成果，整合行政、金融和社会资源，发展健全农村信用信息共享平台，并积极推进将信用评级结果转换为金融资源，增强“三农”融资能力。评定信用乡镇7个、信用村128个，信用户2万户。三是大力实施农村支付结算“迅通工程”，努力改善农村地区支付环境，全县8家机构63个营业网点共开设助农取款服务点622个，布防ATM机106台，全县行政村金融服务网点全覆盖，让山区农户“足不出村办业务”，为普惠金融提供现代化金融服务。

【准金融机构发展工作】　融资担保在保客户数133户，在保余额46965万元，减少514万元，减幅1.08%；年末，小额贷款余额4655万元，减少280万元，减幅5.67%。做好融资担保公司和小额贷款公司的日常监管工作，认真核查公司数据报表，加强与托管银行沟通联系，掌握托管资金运行情况。年末，兴安融资担保公司在保客户数133户，在保余额46965万元，其中非农小微企业131户，在保余额45965万元；农业小微企业2户，在保余额1000万元。泰和小额贷款公司贷款余额4655万元。

（张　鹏）

中国工商银行安县支行

【概况】　截至2014年年末，融资总规模达到11.33亿元（含贴现1.3亿元），较年初增长2.46亿元，增幅高达27.7%，全年缴纳税款351.6万元。

【支持地方经济社会发展】　2014年，创新产品满足重点企业银河公司、好医生、好农集团等企业资金需求；创新思路为富腾公司提供信贷支持；创新流程全力支持中小微企业发展，累计实现中小微企业融资投放5.79亿元，支持培育发展科技型中小企业6户。以信用卡分期、按揭贷款、家装消费贷款、个体工商户经营贷款等产品组合，满足个人金融需求，累计为12个楼盘、近2000户家庭发放按揭贷款1.4亿元，提供购车、家装消费和个体工商户经营贷款1.36亿元。年末存贷比达到138.6%。

【提供金融服务】　2014年，全县有对外服务网点3个、自助银行6个、助农取款点12个，为全县的城市和农村客户，均提供了便捷、高效的金融服务。

【服务民生】　在县人社局大厅设置了工行服务专柜，城镇居民社保缴费可实行“一站式”办理；与绵阳市中心医院联合开通“银医一卡通”，可在工行网点、取款机及手机上预约挂号；针对理财、投资公司非法集资情况突出的问题，开展了5场“送金融知识进社区、下乡镇”的活动，讲解非法集资的危害，有效提升老百姓风险防范意识。

（李　娜）

中国农业银行安县支行

【概况】 全县共有5个营业网点、111名在岗员工。全年各项存款余额24.65亿元，比年初增长2.07亿元；各项贷款13.32亿元，比年初增长1.33亿元，其中法人贷款净增1.49亿元，小微企业贷款净增2080万元；新增有效惠农卡4000张，“惠农通”工程覆盖全县82%的乡镇、45%的行政村，“惠农通”服务点达268个，发放社保IC卡6.8万张，代理新农保塔水片区、秀水片区，代理项目账户余额123万元。县域贷款、涉农贷款增幅均高于全市农行平均水平。

【创新金融产品，优化产品结构】 一是积极支持政府平台企业。2014年，累计新增1.1亿元支持县城基础设施改造，为全县打造良好招商引资环境做出贡献。二是倾力支持大中型企业稳健成长。深入重点企业调研，实地了解企业生产经营情况和企业金融需求，及时支持大中型企业。亿元以上的信贷大客户增加到4户。三是着力扶持小微企业发展壮大。积极支持小微企业的发展，多渠道解决小微企业融资难的问题，对入驻工业园企业紧密跟踪营销，先后累计投放贷款4.2亿元（包括收回再贷）。

【推进优质文明规范服务】 2014年，辖内5个网点全部列入全市农行精品网点，秀水支行评为全省农行示范网点，全行继续保持了省级最佳文明单位称号。

（何勇骏）

中国银行安县支行

【概况】 2014年，本外币存款余额达87965.06万元，比年初增加13320.26万元。其中，储蓄存款余额为59624.29万元，较年初增加5654.45万元；公司存款余额为28305.57万元，较年初增加7663.87万元。本外币各项贷款余额为20996.68万元，比年初增加8706.22万元。其中，公司贷款余额17800万元，较年初增加7900万元；个人消费贷款余额为2584.08万元，较年初增加373.62万元；人民币银承贴现余额为612.6万元，较年初增加432.6万元。全年不良贷款率为零，实现经营利润816.07万元。

【其他业务】 发放住房公积金委托贷款453.9万元。县人民医院、县中医院、秀水卫生院三家医院“银医互联”项目投产。

【网点建设】 2014年，在县武警部队、县人民医院、县中医院、秀水卫生院设置4台ATM自助柜员机，已投入使用。

（霍　静）

中国建设银行安县支行

【概况】 2014年，各项存款余额31204万元，各项贷款余额30169万元，实现利润总额1400万元。

【公司金融服务】 积极收集县内公司类客户名单，制定和实施公司客户营销管理方案，持续更新和完善金融服务方案。响应政府号召，定期开展银企对接，加强银企合作关系。对本地优质公司客户开展主动营销，并积极提供信贷支持，对有贷款需求的个人进行支持，充分满足客户多元化的金融需求。

【产品服务创新】 2014年，加快个人业务转型，精准营销、渠道协同，以客户为中心细化落实多项工作，做好支行三综合网点建设的推进工作。同时做好民生金融服务，开通了公交卡项目并积极推进水费代收项目的进度。

中国农业发展银行安县支行

【概况】 2014年，各项贷款余额51771万元，比年初61304万元减少9533万元，减幅15.55%；企事业单位存款6457万元，比年初15240万元减少8783万元，减幅57.63%；中间业务收入4.93万元；全年共实收利息3591.68万元，利息综合收回率96.22%；实现账面利润1083万元，人均利润51.57万元。

【化解安县纸业有限公司风险贷款】 一是制定《关于安县纸业提出破产申请的应急处置方案》，引导全行有序开展风险贷款管理工作，印发《关于加强安县纸业有限公司贷款管理的通知》，执行客户经理每周、分管行长每半月、行长每月到企业检查制度，及时掌握企业生产经营和资产状况，切实维护信贷资产安全。二是充实安县纸业贷款风险处置领导力量，设置3个工作组，明确和完善各自职责，确保化解工作有序开展。三是加强与政府、金融监管部门、其他银行、法院、投资人等有关各方联系，及时做好重大事项上报工作，支持并配合县政府引进安县纸业资产管理人，全程参与并支持企业实现重整成功。四是清理法律资料，及时向担保公司催收贷款，收回担保公司代偿贷款500万元，同时全面做好债权申报准备工作。支行风险贷款敞口大幅减少，由原8200万元缩减至4500万元。

【抓好收购资金供应与管理】 一是做好收购资金充足供应。全年共投放收购贷款8140万元，支持国有粮企收购小麦7439吨、稻谷12600吨、油菜籽10887吨，全县无一例因收购资金供应不到位向农户“打白条”现象。二是做好收购资金及时供应。支行对收购资金贷款需求调查工作扎实，及时发放铺底资金，保持资金供应不断链，确保企业对收购资金的及时需求。三是强化资金管理。严把“五个关口”，狠抓“八个环节”，全年共收回收购贷款9146万元，比规定时间提前实现“双结零”。同时，加强对“托市”收购工作的管理与服务，全年共支持企业入库托市收购稻谷9600吨，支持了粮食安全储备建设。

【加强与政府中长期项目合作】 2014年是政府平台公司密集还款期持续的一年，还款金额11800万元，在全力收贷的同时，支行以河东土地整理项目为依托，全力推进新一轮政策性中长期贷款项目。克服申报中的种种问题，积极落实贷前条件，实现贷款首笔投放，已发放项目启动资金100万元，持续推进地方城乡一体化建设进程。

【支持地方农业产业化经济发展】 2014年，持续支持具有地方特色、发展良好、产业辐射带动能力强的8户龙头产业化企业发展，累计投放贷款16362.5万元。年末共保有贷款8950万元，涉及粮油精深加工、禽类养殖、酿酒、茶叶加工制造、魔芋产品加工、中药材生产6个农业产业项目。同时强化贷款风险意识，注重收回到期贷款，顺利收回农业产业化企业到期贷款14096万元。

（蒋 波）

绵阳市商业银行安县支行

【主要指标完成情况】 2014年，一般性存款余额为11.15亿元，比年初下降3.25亿元。其中储蓄存款余额2.12亿元，比年初增加了1243万元；公司类存款余额9.03亿元，比年初下降3.12亿元。各项贷款余额为6.08亿元，比年初增加5073万元，其中公司类贷款余额5.12亿元，个人贷款余额9647万元。全年累计收回贷款3.8亿元；累计发放贷款4.31亿元；不良贷款余额1023万元，比年初新增123万元。办理银行承兑贴现38笔，金额4717万元。发放科技城卡3773张。

【主要工作措施】 2014年，狠抓小微企业贷款营销，加大按揭贷款和个人消费贷款等低风险贷款投放力度，积极调整信贷结构，努力完成银监局和总行下达的“两个不低于”指标。进一步加强与政府部门、工业园区的沟通，由政府搭建政银企交流、沟通、合作平台，积极协助参与绵阳银监分局、县政府金融办主办的“安县2014年银企对接活动”2次。

【抓好安全保卫及案件防控工作】 认真落实总行及公安部门的相关要求，坚持“预防为主”，严格对网点进行每月的安全检查，按季度对全行员工进行4次排查，确保支行全年无安全事故发生。

（谢 萍）

中国邮政储蓄银行安县支行

【概况】 2014年，各项存款余额17.5亿元，各项贷款余额3亿元，全县有19个营业网点，布放ATM存取款机28台，实现了与全国3.9万个邮储网点的联网运行。

【普惠于民做好新农保代发】 2014年，代发“新农保”48万笔，累计金额3000余万元。为响应国家支农惠农号召，前后投入60余万元用于新农保项目。一是用于在营业机构增设代收新农保专柜、增设系统设备、增加人员，为新农保业务提供专门的金融服务；二是用于推广人民银行推行的“讯通”工程，已开通“讯通”工程服务点，惠及13个乡镇，为新农保客户提供便利；三是为新农保账户提供账户优惠政策，免收其小额账户管理费、账户工本费、年费等费用。

【因地制宜推进惠农信贷政策】 针对全县种植、养殖和畜牧等行业缺少资金的现状，出台一系列相关产品。全年在高效农业和畜牧养殖等行业投放信贷资金达到5000万元，涉及农户1000余户，实现了农户、政府和银行的三方共赢。

【支持小微企业发展和帮扶创业】 2014年，针对小微企业资金需求“短、频、急”特点，设计了额度循环支用的贷款使用模式和灵活的还款方式，最大限度地帮助小微企业节省利息开支，降低融资成本。信贷支持小微企业客户230余户，结余金额2.26亿元。为青年创业发放贷款400万元，为妇女创业发放贷款1032万元。

（魏　荣）

安县农村信用合作联社

【概况】 2014年，全县共有营业网点29个，在岗职工287人。全年，各项业务稳步快速增长，存贷款规模达到96亿元。其中，各项存款比年初增加7亿元；各项贷款比年初增加4.56亿元；财务收入同比增加0.72亿元。

【支农支小服务】 一是加大信贷投放。积极向人行争取合意贷款规模，优化信贷投向结构，结合信用体系建设，大力推进阳光贷款工程，出台优惠利率政策，重点支持“三农”、中小微企业和个体经营项目等实体经济发展，持续保持均衡、快速信贷增长的势头，有力支持县域经济发展。二是扎实推进“惠农兴村”工程。在繁华街道、社区、商场、个体工商户和农户家中分别布控ATM机、POS机、“e迅通”（EPOS）等电子银行设备，提供存款、取款、转账、查询和刷卡消费等金融服务，真正做到让老百姓“足不出村社”享受现代金融服务。同时，大力推广“卡贷通”自助贷款，让老百姓随时可到ATM机等自助设备上办理贷款。三是“扶微助小”工程有序推进。通过邀请旌阳联社小贷骨干进驻安县联社进行面对面、手把手地指导，及时在全县公开选拔小贷从业人员，设置小微金融部，选派员工到旌阳联社学习等措施，加强小贷技术复制推广力度。

【加强形象宣传】 2014年，积极开展全省农信社存款突破8000亿元、“四川农信杯”全民金融知识大奖赛、业务经营“开门红”、“第三届小微企业金融服务宣传月”、保护金融消费者权益、SC6000Z上线、存款利率上浮、“送金融知识下乡”巡回慰问演出等专题宣传活动。通过在电视台、广播、LED、电影院、信用社网点电视播放形象广告，制作单立柱广告牌、标语横幅、车站广告、三轮车车身广告和各类宣传资料，以及开展摆摊设点宣传等，立体式宣传农信社形象，集中彰显农信新风貌、新形象。

（邓玉杰）

中国人民财产保险股份有限公司安县支公司

【概况】 2014年，实现保费总收入5642万元，比2013年增长8.73%，其中商业险保费3737万元，农险保费1905万元，超额完成市公司下达的保费计划任务，上缴各项地方税金415万元。全年支付各类赔案24340件，总赔款达到3056万元，简单赔付率达到54.1%，其中商险业务赔款2041万元、政策性农险赔款1015万元。

【树立竞争意识，坚持全员营销】 公司始终坚持以业绩论英雄，倡导快乐工作、多劳多得的激励机制，细分渠道，全面落实销改政策，合理配置人力资源，灌输全员营销的理念，不断鼓励员工士气，激发员工斗志，培育员工努力工作的创造性和积极性，使公司拥有了一支具有较强战斗力和竞争力的团队，成为公司发展的坚强保障。在银行渠道方面，有关企财险业务继续坚持诚信合作的原则，以保证原有的银行合作业务的连续和巩固。利用修理厂的合作资源，通过筛选和洽谈，继续和全县20多家修理厂签订了代理合作协议，合理分配和促进修理厂的合作，达到互利共赢的效果。

同时，提高销售竞争力和服务执行力，合规经营，加快发展，不断提升工作效率，保证公司目标任务的达成。

【拓宽业务市场促发展】 2014年，公司的5个营销服务部，辐射全县16个乡镇，建立了16个乡镇保险服务站。利用农险资源和优势，培建农村营销队伍，大力推进“三农”商险业务的发展，利用农险平台，在全县培育和建设一支商险销售农保员队伍。

（王　健）

中国人寿保险股份有限公司安县支公司

【概况】 2014年，共实现综合保费收入7217万元，在全县各大保险公司中排名前列，本地寿险市场份额超过32%，牢固掌握市场的主动权；期交保费收入818万元，同比增长-7.9%；意外险保费收入520万元。

【创新销售方式，促进业务发展】 为提供完善的保险服务，在每个假期特别是“五一”、国庆、春节等长假期，公司对全体业务人员客户服务工作进行精心策划安排，加强团队凝聚力，为客户提供更加完善的售后服务。据不完全统计，全县各营销服务部在乡镇共召开近300场客户联谊会，接待客户近2万人次，产生了良好的社会效应，提升了公司的知名度和美誉度。

（李　娜）

财政·税收

财政管理

【财政收入与支出】 2014年，全县财政总收入完成140226万元，比上年增加9596万元，同比增长7.35%。其中，公共财政预算收入完成48122万元，比上年增加3654万元，同比增长8.21%；基金收入完成54512万元，比上年增加5341万元，同比增长10.86%。全县财政总支出完成249148万元，比上年增长17.2%。其中，一般预算支出完成184936万元，比上年下降1.31%；基金预算支出完成59957万元，比上年下降2.7%。

【财政收支平衡情况】 2014年，公共财政预算收入完成48122万元，返还性补助收入5110万元，一般性转移支付收入77074万元，专项转移支付收入52507万元，债券转贷收入4300万元，上年结余125万元，按现行财政体制算账，全县公共财政预算财力性收入总额为187238万元。公共财政预算支出184936万元，转贷财政部代理发行地方政府债券还本支出1350万元，专项上解支出802万元，收支综合品迭后，公共财政预算年结余150万元。全县基金预算收入完成54512万元，上级基金专项补助收入5000万元，上年基金预算结余833万元，全县基金预算财力性收入合计为60345万元。全县基金预算支出59957万元，收支品迭后，基金预算结转结余388万元。

【全力以赴组织财政收入】 一是积极应对经济增速换挡、重点行业和企业税收增速放缓等减收因素，进一步加强对经济发展新常态的研判，扎实做好财政运行监测分析，增强组织财政收入的针对性和前瞻性。二是不断完善综合治税体系，加大对重点工程、重大建设项目的跟踪管理，及时掌握税源变化情况，提高重点税源企业的税收贡献率。三是完善非税收入征缴管理，全面梳理收费清单，加大对已经处置的国有资产的催收力度，对全县出租出借国有资产收入进行全面清理检查，严格执行“收支两条线”财经政策，加强动态监控，确保非税收入均衡入库。四是积极申报中央、省、市民生公益项目以及符合上级产业政策方向的企业项目资金，全年共争取上级转移支付和专项资金11.1亿元。

【坚持保障民生投入】 2014年，坚持以保障民生为重点，进一步调整和优化财政支出结构，增加公共财政对社会事业的投入，促进社会事业全面发展。一是支持教育事业优先发展。投入资金26991万元，支持学前教育、农村义务教育、中等职业教育学校学生资助、学费减免以及为普通高中家庭经济困难学生发放国家助学金等各项教育工作。二是支持完善就业和社会保障体系。投入资金28278万元，进一步提高城乡低保对象补助水平、五保对象供养标准和优抚对象待遇，支持新增城镇就业和下岗失业人员再就业，支持全县城乡居民养老保险实现全覆盖。三是支持医疗卫生事业发展。投入资金25364万元，进一步提高补助标准，做好城乡医疗救助工作，支持基层医疗卫生机构综合改革，实施乡村医疗机构标准化建设攻坚行动。四是支持保障性安居工程建设。投入资金8265万元，支持新建廉租住房、公共租赁住房建设、棚户区改造及农村危房改造。五是大力支持三农发展。投入资金34602万元，积极化解乡镇债务，推进一事一议农村公益项目和农村公共服务运行维护补助试点工作，支持扶贫开发，支持新农村建设和现代农业产业等农村事业发展。

【服务发展积极有为】 充分发挥财政职能作用，全力支持稳增长、转方式、调结构、促转型的各项工作。一是支持重大项目建设。投入资金9021万元，支持城市生活污水处理厂技改扩容、银河大道改建等重点基础设施建设，支持高川、千佛小水电增效扩容，支持秀水、桑枣、塔水等小城镇建设，改善全县交通、水利、城镇基础设施条件。二是支持新型工业化发展。投入工业发展资金8378万元，改善工业园区基础设施建设，大力发展战略性新兴产业，加快培育优势支柱产业；安排科技创新引导和技改资金，鼓励企业加大科技创新和技改投入力度，助推产业结构优化升级；安排小微企业发展专项补助资金，支持小微企业发展，促进县域经济活力。三是支持第三产业发展。投入资金4750万元，充分发挥财政政策和财政资金的引导、带动、示范作用，鼓励社会资金支持房地产、现代服务业、文化旅游业等第三产业发展，培育新的经济增长点。四是支持生态环境建设。完成节能环保支出4900万元，支持安昌河、秀水河等重点流域和重点企业增容改造污染治理，支持重点生态功能区建设，巩固退耕还林成果，促进“两型”社会建设。

【财政改革有序推进】 2014年，按照中央和省、市的部署，加快探索推进新一轮财政体制改革。一是推进全口径预算管理。强化全口径预算编制，规范国有资本经营收支行为，着力增强政府整合资源、统筹财力的调控能力，逐步将社保基金、国有资本经营纳入财政预算管理范畴。二是推进财政信息公开。按照全省的统一安排部署，在2014年10月31日前，完成全县财政总预（决）算、全县“三公”经费预（决）算和37个重点部门预（决）算、部门三公经费预（决）算面向社会公开工作，接受社会和群众监督。三是深化国库集中支付改革。建立预算执行动态监控信息系统，实现对各类资金的全过程动态化监控，财政国库集中支付系统更加透明规范，全县公务卡改革进一步扩面。四是加强政府性债务管理。制定了《安县政府性债务管理办法》，对政府性债务的举借、使用、归还等行为予以规范。在全县开展政府性债务甄别工作，锁定政府性债务规模，进一步预防和控制政府性债务风险。五是扎实推进政府购买服务工作。规范政府购买服务基本原则、购买主体和承接主体、购买内容及指导目录等内容，加快推进政府购买服务改革步伐，对政府购买城市公交服务等条件成熟的，先行先试。

【财政管理更加科学精细】 一是健全规章制度。依据中央、省、市出台的各项制度规定，起草县本级差旅费、会议费、培训费、接待费、出国经费等财务管理制度，规范“三公”经费支出，降低行政运行成本；全面清理党政机关和领导干部超标准占用、违规使用办公用房。二是严格资金管理。加大财政投资评审和政府采购管理力度，切实提高财政资金使用效益。全年共完成财政投资评审项目162项，审定投资金额10.17亿元，审减金额5706万元；共签批220多个项目的采购方式，实现采购金额9067.34万元，节约财政资金796.45万元。三是加大财政绩效评价工作力度。按照“花钱必问效”的要求，扩大项目绩效评价范围，全年共对11项县本级财政支出项目开展绩效评价，有力强化部门财政支出绩效理念，提高财政预算管理水平。四是开展对外借款清理和专户检查。对历年财政对外借款进行清理检查，对未回收借款和应核销账款进行及时处理，建立健全借款管理、借款回收和借款责任追究制度，进一步规范对外借款管理工作。开展专户清理整顿工作，对灾后重建资金专户和辽宁援建资金专户进行撤销和归并，进一步减少了财政专户数量。

【财政监督力度进一步加大】 2014年，共完成2010—2013年就业专项资金监督检查、会计监督检查、贯彻执行中央“八项规定”严肃财经纪律和“小金库”专项治理、使用公款赠送红包礼金问题专项督查以及滥发奖金、工资、津补贴专项检查等13项财政监督检查工作，检查单位152个，涉及资金9600万元，被采纳建议意见38条，有力促进了全县行政事业单位财务规范化管理水平，确保了财政资金安全高效使用。

（陈　波）

国有投资控股

【概况】 绵阳市安县投资控股有限公司是经绵阳市人民政府批准设立的国有独资公司，注册资本金2000万元，于2003年8月成立。主要从事基础设施、重点工程建设、房地产、宾馆、旅游、物业管理、能源、交通、通信、工程监理项目的投资管理和服务。拥有全资、控股和参股公司7个。其中全资子公司5个，分别是安县龙泉供水有限责任公司、绵阳市兴安融资担保有限责任公司、安州农业综合发展投资有限责任公司、绵阳市宏兴建筑设备租赁有限责任公司、绵阳宏盛文化传播有限责任公司。截至年底，公司总资产近18亿元，净资产11亿元。

【主要经济指标完成情况】 2014年，累计完成资产总额18.16亿元，同比增长16.5%；负债总额7.18亿元，同比增长20.3%；所有者权益10.97亿元，同比增长14.2%；资产负债率39.6%；总收入2414.27万元。

【重点工程项目建设强力推进】 2014年，投控公司承担的白鹤林小区工程项目全面完工，已具备交付使用条件。晓坝供水工程于8月完工，水厂运行情况良好有序，供水质量受到用户高度评价。

【融资、投资、担保工作成果显著】 2014年，投控公司完成直接融资1.83亿元，完成国有资产固定投资1.5亿元。兴安担保公司以“经营风险、控制风险、审慎经营”的宗旨开展担保业务工作，收回农户建房贷款（含困难农户）6584万元；收回下岗失业人员、大学生自主创业、妇女创业小额贷款担保100户，贷款金额474万元；完成中小、小微企业、个体工商户担保贷款80笔25761万元，实现担保收入740万元。

【全力支持农业产业发展】 2014年，农业投资公司积极深入市场调查，了解企业需求，采取流动资金注入、协调企业产销矛盾等措施，从多方面对企业进行帮扶。全年向21个涉农龙头企业注入短期投资资本金2539万元，同时加大辽安示范园管理力度，实现收入151.52万元。

【安全生产，优质供水】 龙泉供水公司承担着花荄、桑枣、秀水、塔水、河清及北川安昌等场镇的生活用水供应任务，公司上下狠抓节能降耗，安全生产，优质供水。全年完成自来水销量540万吨，完成收入1450万元（其中自来水收入750万元、业务收入700万元）。

（阳　辉）

国家税务

【概况】 2014年，全县国税共组织税收收入30962万元，占年度计划30120万元的102.8%，同比增收3273万元，增长11.82%；完成地方财政收入29573万元，同比增收3093万元，增长11.68%；实现地方财政公共预算收入5600万元，同比增收448万元，增长8.7%。

【依法治税】 2014年，以依法行政为主线，以“四位一体”风险防控为抓手，着力构建“四化”基层国税机关。全面梳理排查形成66个风险类别241个风险环节1115个风险点的风险体系，入选全省国税“强化责任、防范风险”交流活动成果。成立风险分析、应对与考评“三个中心”，建立起完整闭环的风险防控工作机制，共发布应对194条风险任务单。切实加强税收专项检查，严查税收违法行为，全年共查补入库税款763万元，达到了以查促收、以查促管的效果。全面落实税收优惠政策，全县符合条件的142户小型微利企业全部享受所得税优惠政策，受惠面达到100%。全年共计减免退税8302万元，减免所得税7034万元，减免增值税1268万元。民政福利企业退税290万元，汇算清缴结算退税1698万元，出口退税2912万元。

【纳税服务】 2014年，统筹推进“便民办税春风行动”落地事项操作清单，从8个方面对167个具体事项进行规范，明确责任、时限与措施。有针对性地制发各类个性化专属服务指南5000余份，送出涉税服务“大礼包”。在省、市局优化管理事项的基础上，梳理执行优化管理事项18项，其中取消事项11项、简并事项7项。积极推行“免填单”服务，精简纳税人报表资料和表证单书，减轻纳税人负担。采取望、闻、问、切“四诊法”对30余户具有涉税诉求的企业解疑答难。纳税人发起的7大类190项涉税业务，在办税服务厅都可一次性受理完毕。认真落实《全国县级税务机关纳税服务规范》，当场办结事项增加34项，每个涉税事项比以前平均减少1至2个环节，审核审批效率提速50%以上。

【税收征管】 截至年底，全县共有纳税人3467户，其中，一般纳税人420户，小规模纳税人3047户（其中个体工商户2414户），其他纳税人8户。强化数据指标管理，全年征管“五率”指标排位始终居于全市第一方阵。大力推进网络发票使用，在线开票系统推行面达到97%，签约使用率达到96%。继续深化“营改增”试点改革，全年“营改增”纳税人入库税款1113万元，增收805万元。对386户企业开展了所得税汇算清缴工作，汇算清缴面与准期申报率均达100%，入库税款242万元，同比增长89.92%。全年评估税款378万元，同比增长23倍，实现了以评促收、以评促管。

（何金洁）

地方税务

【概况】 2014年，实现地税各项收入52691万元，比上年增收1155万元，增长2.24%。其中，税收收入完成49637万元，比上年增收1112万元，增长2.29%；基金附加完成3038万元，同比增收27万元，增长0.8%。完成县级公共财政预算收入34491万元，比上年增收2661万元，增长8.36%。

【服务发展】 积极响应国家重大部署，重新梳理税收优惠政策，进一步明确减免税的权限设置、报批流程和备案管理，加大对小微企业、西部大开发税收优惠政策的执行力度，做好结构性减税政策的宣传、解释、落实工作，充分运用政策杠杆，帮扶企业解困，促进产业结构转型升级。全年依法减免地方各税1422.85万元，惠及企业175户，结构性减税政策得到全面落实。

【优化服务】 2014年，按照“流程更优、环节更简、耗时更短、效果更佳”的要求，构建起以办税服务厅为主体，网络申报、同城通办、上门走访、“12366”服务多位一体的纳税服务体系。以纳税需求为导向，分5期对1200名纳税人提供免费政策培训；以全职能窗口建设为着力点，推行常规涉税“免填单”业务；对照《全国县级税务机关纳税服务规范》要求，前置9大类65项155个地税服务事项，近千个服务规范；以创新和减免为目标，推行“先办后审”；以优化服务平台为手段，抓好门户网站管理；以税收宣传月活动为抓手，广泛开展税收咨询服务活动；以信息化手段为依托，打破地域界限，大力推进同城通办，全县范围内纳税事项已全面实现同城通办。

【税收征管】 围绕纳税服务核心征管业务，加大创新力度，突出税收风险防控，探索建立了征、管、评、查相互制约的新机制和税源专业化管理新模式。强化信息管税，加快建设网上办税服务系统、自开票系统的运用，升级了税务端服务器。继续推进银税库横向联网和网络申报工作，全年银税库联网签约户达到1256户，税库银联网征税总金额达2.2亿元。强化稽查职能，认真开展重点行业、企业税收专项治理，全年，累计查补税款1185.84万元。

（胡远志）

综合管理

发展改革工作

【概况】 2014 年，全县 GDP 增幅保持在全市平均水平以上，实现 102.47 亿元，增长 9.2%；全社会固定资产投资实现 93.1 亿元，增长 6.1%，全面完成市下达的奋斗目标；单位地区生产总值能耗下降 3%；居民消费价格总水平上涨指数控制在 3.5% 以下。

【重点建设项目推进】 2014 年，全县共有市重点建设项目 17 个，总投资 29.05 亿元。全县有县重点项目 175 个，总投资 173.6 亿元。积极组织 9 个项目参加全市集中开工仪式，同时加强对政府投资项目的稽查工作，对项目推进情况进行稽查。

【对上争取工作】 一是中央、省预算内项目资金争取。安县城市生活污水处理厂技改扩容项目、保障性安居工程配套基础设施项目、国有工矿棚户区改造项目、重点产业园区基础设施引导资金项目等 16 个项目，共争取中央、省预算内资金 6310 万元。二是项目融资工作。争取危旧房棚户区改造项目国家开发银行贷款，项目总投资 5.3 亿元，争取到专项贷款 4.8 亿元。积极开展河东新区复合型生态建设项目申请法国开发署贷款前期工作，该项目总投资 5 亿元，申请法国开发署贷款 3500 万欧元，项目申报材料已报送省发改委，已纳入国家发改委 2014 年外国政府贷款备选项目规划。

【积极项目申报和支持企业发展】 2014 年，成功申报战略性新兴产业、重大环境治理等项目 3 个，争取中央、省预算内资金 1080 万元；争取到农业、畜牧业等国家项目 6 个，争取中央、省预算内资金 1080 万元。成功申报银河化学、好医生两个国家级技术中心；魔力科技、能士光宝、自胜设备三家企业成功进入“新三板”后备库；积极融入科技城军转民产业发展工作，有 4 个企业 5 个项目参与申报军转民项目。

【物价工作有序开展】 一是强化措施稳定市场物价。组织好天然气价格调节金征收工作，全年入库调节金 300 多万元；搞好市场价格监测，定时定点采集、分析、上报 150 个商品品种的市场价格波动信息，深度分析价格走势；调整了全县非民用天然气价格、农村安全饮水工程水价、管道天然气入户安装收费标准。二是做好收费管理工作。开展行政事业性收费年审；审核和调整部分行政事业收费项目和收费标准；公布 2014 年度涉企涉农收费项目，会同县纪委、县农业局对全县涉农收费进行检查。三是扎实开展对涉及国计民生的水电气等项目进行成本监审工作。四是大力开展物价检查工作，规范市场价格行为。五是有力推进价格认证工作。做好涉案财物的鉴定工作，结案率达到 100%。

【做好宏观经济和社会发展参谋服务工作】 切实发挥参谋助手作用，加强宏观政策解读，跟踪督促经济运行。全年召开目标任务分析会 2 次，编制全县经济运行分析报告 1 次，编制全县固定资产投资运行分析报告 1 次。

【大力推进能源工作】 2014 年，下达了节能各项考核目标，积极推进创建 LED 照明国家示范县相关工作；牵头组织开展全县节能宣传周活动；严格执行固定资产投资项目节能审查制度，共对 35 个投资项目进行评审；扎实开展公共机构节能统计，积极开展节约型公共机构示范单位创建工作。

国土资源管理

【耕地保护】 2014 年，实施完成了黄土镇菩提村、花荄镇马安村等 3 个土地整理项目，整理总规模为 4.03 万亩，财评总投资 3994.48 万元。全年新增耕地 2900 亩，建成高标准基本农田 3.37 万亩，全面完成新增耕地和高标准基本农田建设任务。全县耕地保有量和基本农田保护面积分别保持在 3.6080 万公顷和 3.2890 万公顷，保护率达 100%。

【用地保障】 一是主动做好重大建设项目用地预审和规划衔接工作，合理规划用地空间。根据全县经济发展速度、城镇建设的需要，重点对接科技城集中发展区规划，进一步优化“一城三区”格局，科学安排用地空间，积极推进北川通用航空产业园、科技城集中区规划协调和县重点项目黄土草溪河水库建设项目立项等工作，共计调整新增建设用地指标 440.41 亩。二是积极报批用地指标。根据全县产业发展规划，全年共取回13个批次、总面积5452.035亩建设用地指标，确保了县城河东新区、汽车零部件配套产业园以及安罗路、桑河路等重点基础设施建设项目用地。三是切实加大项目供地力度。共批准供应具体建设项目48宗，面积2458.09亩，其中工业用地599.62亩，商住（商服）用地634.07亩，基础设施等重大项目用地1224.40亩，基本实现重点项目和民生项目用地优先保障。四是确保保障性安居工程用地。为全县经济适用房项目提供面积为28.15亩国有建设用地，全面完成保障性安居工程供地任务。

【地质灾害防治】 2014年，坚持和完善地质灾害防灾机制，落实各项防灾措施。全县共排查出地质灾害隐患点881处，全部进行登记造册发卡，确定监测人员和防灾责任人；认真编制修订防灾预案和应急预案，对全县突发性地质灾害应急预案进行完善，进一步明确部门、乡镇防灾责任；积极开展应急避难场所建设；积极开展有针对性的、可操作性强的县、乡镇级地质灾害应急演练，并将地质灾害应急演练活动延伸到村、组、隐患点，全年共组织县、乡（镇）、村（组）级地质灾害应急演练100余次；积极做好地质灾害避让搬迁，累计实施应急避险转移0.2万户次、0.7万人次，将受2013年“7·9”洪灾引发地质灾害威胁急需搬迁的1979户群众，列入全县地质灾害防灾避险搬迁安置工程搬迁规划，第一批计划搬迁753户，下拨资金1506万元，已提前完成上级下达地质灾害防灾避险搬迁安置任务；15个重大地质灾害治理项目全面完工；2013年新增的39个应急排危项目有36个完成施工。全县地质灾害防治实现地质灾害“零伤亡”。

【矿产资源管理】 认真做好采矿权审批、审查和批后监管工作，办理采矿权延续变更登记7宗，通过拍卖方式出让采矿权2宗，注销采矿权15宗，共收取采矿权价款162.15万元，为全县各类建设提供资源保障。对辖区登记的采矿权，均按《四川省矿山地质环境恢复治理保证金管理办法》核收了矿山地质环境恢复治理保证金。

【征地拆迁安置】 2014年，进一步规范征地拆迁程序，严格执行征地补偿标准，依法做好信息公开。积极开展食品工业园、桑枣旅开区、县城周边道路拓展等用地区域和成兰铁路、西南科技大学城市学院、纳川管业等重点项目用地的征地拆迁工作，继续加强力量处理花荄、界牌区域征地拆迁遗留问题。全年共征地拆迁260余户、600余人，完成征地1360余亩，有效保障了全县发展用地需求。

【地籍地政管理】 全年办理城镇国有土地使用权登记颁证2640余宗，农房审批300余宗，土地抵押登记48宗，有力服务于全县经济社会发展；完成2013年土地变更调查复核上报工作，全县土地变更调查数据库进一步完善。

【国土资源执法监察】 进一步加强执法监察工作，加大动态巡查力度，认真组织开展土地卫片执法检查工作，实现“零约谈”“零问责”目标，并顺利通过上级核查验收。全年共开展土地动态巡查1200余次，发现违法行为57件，有效制止52件，挽回经济损失350余万元，立案查处5件并结案，依法拆除违法建筑4宗，面积15027.38平方米，有效维护了国土资源管理秩序。（张玉明）

城市管理工作

【环境卫生】 2014年，完成县城173万平方米城市道路清扫保洁任务；整个城区生活垃圾由6辆电瓶垃圾车和6辆电瓶三轮车进行流动收集，日清运垃圾达100吨；集中转运沸水、睢水、永河、河清、晓坝、清泉、迎新、花荄、秀水、黄土、宝林、千佛、塔水13个乡镇的生活垃圾；黄土、秀水、桑枣、塔水、千佛和花荄6个乡镇修建了压缩式中转站。

【路灯建设】 全年累计完成抢、维修427班次，维修路灯2075盏，更换各类光源电器1063套，维修箱变配电箱87台次，处理维修路灯电缆149处，更换电缆1500余米；支援8个乡镇维修路灯200余盏，更换路灯电缆2500米；全力推进县城LED路灯照明改造项目，已完成346盏路灯的改造；营造节日氛围，春节、国庆期间悬挂灯笼6000余盏，悬挂国旗264面。

【环境综合治理】 2014年，县城管局与县城1281户经营商家、行政、企事业单位签订了“门前五包”责任书；清理卫生死角垃圾2521吨；清理和规范违规占道经营行为31000起；清理违章设置的户外广告、店招店牌2685块；清理“牛皮癣”小广告41500处；新增县城机动车停车场9个、停车位647个；清理机动车违章停放5300起；治理施工现场扬尘污染185处；查处抛洒建筑垃圾车辆560辆；清理建筑立面5850平方米；改造背街小巷11条；改造城乡接合部2950平方米。投入资金2203.55万元，新增城镇绿化景观13730平方米；新建城市绿道2公里；改造危房687户；新村道路建设8850平方米；投入资金4001.34万元，实施基础设施项目建设27个。全年新增睢水镇白河村，花荄镇西岩村、六合村，桑枣镇立志村，宝林镇赤林村，晓坝镇齐心村6个省级环境治理优美示范乡村。实施“四清、五改、五通工程”1965户，新增道路硬化3350平方米，新增天然气安装996户，新增自来水使用1006户，新增宽带用户514户，新建垃圾中转站6个。全县范围打造有地域、民族特色村庄23个；建有垃圾收集点的行政村175个，配备村保洁员的行政村175个，均占行政村总数比例80%；治理规模化畜禽养殖场61个；建设农村污水处理设施3个。投资1000万元的塔水镇七里村新农村建设环境治理项目，严格按照实施方案和目标计划进行。县委办、县政府办联合印发了《关于进一步加强城乡环境综合治理工作目标管理考核的通知》，建立了城乡环境综合治理“县、镇、村”“三级联动”机制，从各乡镇抽调精干力量，组建10个考核组，实现了环境治理目标考核检查评比常态化。全年开展明察暗访、督导督察、重大迎检活动194次；城镇保洁人员总数550人，农村保洁人员总数316人；落实治理工作专项经费677.2万元。在全县范围设置环境治理工作宣传栏90个，在媒体开设治理工作专题、专栏25个；各乡镇编发工作简报118期，下发督查整改通知8份；组织群众性主题宣传活动294次；组织志愿者服务队91支1007人，开展志愿者服务活动228次；成立文明劝导队伍52支778人，组织开展文明劝导行动650余次，劝导“不文明、不卫生”行为4000余人次。

（冯沙沙）

工商行政管理

【概况】 2014年，县工商局依法负责全县各类市场监督管理和行政执法工作，实施商事登记制度改革，依法规范和维护各类市场经营秩序，监督管理市场交易行为和网络商品交易及有关服务的行为。组织开展有关服务领域消费维权工作，查处假冒伪劣等违法行为，保护消费者、经营者合法权益。

【改革工作顺利实施】 按照国务院《注册资本登记制度改革方案》的要求，县工商局自3月1日起，根据便捷高效、规范统一、宽进严管的原则，降低准入门槛，强化市场主体责任，促进全县市场主体急速增长，创业活力激发。另根据县委“扩权强镇”工作安排，对三个试点乡镇下放登记管理权限，运行情况良好。

【市场主体总量急剧增加】 2014年，新设立企业登记411户，同比增长67%；新设立个体工商户1755户，同比增长9.7%；发展农专合作社48户。应报送年报的个体工商户10846户，实际报送1655户，居全市第1名；应报送年报的企业1432户，实际报送409户，居全市第4名；综合排名全市第1名。全年办理企业动产抵押登记、股权处置118件，助企业融资6.31亿元。

【市场主体监管成效明显】 全年共立案查处各类经济违法违章案件333件，案值270万元，处罚没款154万元，案件办结率100%。在重点时段、重点领域开展专项整治62项，累计出动执法人员2315人次，检查经营户6317户（次）、网络经营主体29家、市场21个。对全县服装、成品油、化肥等63个批次进行了监测抽检。

【消费维权多举并进】 常态性开展消费维权常识、法律法规集中宣传，通过维权对话，以案说法，引导广大消费者树立正确消费意识，增强企业诚信经营引导教育，积极营造安全放心的消费环境。新建立5个市场投诉站，建成规范化“12315”联络站5个、“12315”维权服务站4个，公示消费警示9期，受理消费者投诉86件，解决86件，调解成功率100%，接听各类申诉、投诉电话175起，分派、转办率100%，接待群众来访58人次，为消费者挽回经济损失62万元。

【商标兴县大力推进】 积极实施商标兴县战略，指导并帮助银河化学“安剑”商标认证为中国驰名商标，圣康鸡蛋专业合作社“圣吉康”成功认证为省著名商标，安县辉达油脂化工有限公司“罗浮山”、安县宏帆粮油有限责任公司“宏帆”成功认证为市知名商标。积极开展免费为优秀农产品生产企业送商标活动，通过行政推动、提升农村经营者的商标意识，全年为涉农企业送商标11件。截至年底，全县有驰名商标2件、著名商标6件、知名商标11件。

【广告合同监管扎实开展】 2014年，对全县的房地产行业下发《关于要求房地产销售单位不得利用格式合同侵犯消费者合法权益的通知》，要求经营者自律，对房地产销售合同继续进行强制备案。宣传并组织经营者学习新版的《消费者权益保护法》，要求守法经营，保护消费者权益。新发展守重企业9户，其中县级6户、省级2户、国家级1户（四川省安县银河化学股份有限公司）。查处各类商标侵权案件11件，处罚5户违法发布户外广告商家。

【工商体制划转顺利完成】 2014年11月23日，安县工商局顺利完成工商体制划转工作，结束了16年的垂直管理，实现属地层级管理。

（宋寒霄）

食品药品监督管理

【全力抓好食品安全综合监管工作】 2014年，一是组织与各乡镇、各食安委成员单位签订《安县食品安全责任书》，落实部门及属地监管责任。二是制定下发《2014年安县乡镇食品安全督查（评价）工作方案》，并组织开展对各乡镇政府进行年度食品安全考核评价工作。

2014年，重点开展了食品药品安全专项整治“亮剑行动”，打击保健食品“四非”6大类品种食品专项整治，以及中药违法生产、化学药品违法生产、化妆品医疗器械违法生产、规范中药材专业市场、药品经营企业违法行为、网上违法售药、医疗器械“五整治”、规范医疗机构使用、药品“两打两建”、农村食品市场“四打击四规范”等10余项专项整治行动。

（马　超）

审计工作

【概况】 2014年，计划审计项目71个，实际完成90个，超额完成19个，占年度计划的127%。共查出违规金额5万元，管理不规范金额13220万元。应上缴财政96万元，核减政府投资10765万元，平均审减率达到15.57%。认定领导干部承担领导责任4项。提出审计建议意见41条，提出审计专题、综合性报告和审计工作信息共计109篇，被批示采用102篇，共计253篇次。

【财政财务收支审计】 2014年，对县财政局、县地税局、县科技局、县城管局四个部门2013年度预算执行情况进行审计，开展了2013年年底财政存量资金专项审计调查，出具审计报告4份、审计调查报告1份、审计决定书2份、审计要情1份、审计建议书1份，提出审计建议意见12条，查出违规资金5万元，管理不规范资金12401万元。

【经济责任审计】 2014年，经济责任审计工作充分发挥审计监督“紧箍咒”和反腐倡廉“先行军”作用，突出对权力运行的制约和监督。完成了县环境保护局局长2008年3月至2013年12月经济责任审计。该项审计主要以领导干部促进地方经济发展、重大经济决策、重大政策执行、财政财务收支、监督管理、廉政自律等方面，重点以环保局的中心职责、污染物的排放监测、“排污费”的征收管理、污染物治理专项资金使用管理为突破口进行审计。出具审计报告1份、审计结果报告1份、审计专报1份、审计情况通报1份、审计移送处理书1份、审计建议书1份，提出审计建议意见2条，查出违规资金2.34万元，管理不规范资金64万元，认定领导干部在履行财政财务管理责任方面承担领导责任3个。

【专项资金审计】 全年共完成8个专项资金工程项目竣工决算和财政财务收支审计，出具审计报告

8份，提出审计建议意见2条，核减专项资金投资225万元，确保各项惠民政策落实到位。

【固定资产投资审计】 截至2014年11月20日，完成桑枣至河边界段灾后重建工程竣工决算等60个项目的工程竣工结（决）算审计，送审金额6.26亿元，审定金额5.28亿元，核减工程投资0.98亿元，平均审减率达到15.65%（其中灾后重建项目22个，送审金额4.68亿元，审定金额3.92亿元，核减工程投资0.76亿元，平均审减率达到16.24%）。

【跟踪项目审计】 完成对安县稳增长促改革调结构惠民生政策措施落实情况、2013年城镇保障性安居工程、塔水镇七里村财政奖补项目的跟踪审计，发现部分重点项目进展缓慢、公租房购房款报销票据不合规、部分保障性住房分配有失公平、部分财政奖补项目合同要素不全、未按规定设置专账等问题，出具跟踪审计报告2份、审计专报1份、审计建议书9份，提出审计建议意见23条。

【重点项目审计】 根据绵阳市政府安排，配合绵阳市审计局完成安县2010年至2013年扶贫资金专项审计；按照审计署统一安排部署，派出8名审计业务骨干分别前往南充、德阳，历时三个月，配合审计署对其他市县2008年至2013年土地出让收支和耕地保护进行专项审计；按照县委、县政府统一安排，派出审计人员参与塔水镇开禧村和高川乡泉水村维稳工作，指导县农经站检查村两委账目清理情况，实地查验村道等项目实施情况。

【内部审计工作】 2014年，全县各部门进一步建立健全了内部审计机构，工作重点除日常财务监督外，还开展了经济责任、固定资产投资、村级财务收支等审计工作。全年完成审计项目297个，其中财务审计147个、效益审计12个、经济责任审计47个、基本建设审计69个、内控评审10个、风险评估2个、其他12个。审计总金额546787万元，其中行政事业审计24166万元，金融审计（农村信用联社）522621万元。审计后增收节支67万元，提出建议意见被采纳183条，建议给予行政处分3人，实际给予行政处分3人。

（周宋钰）

质量技术监督管理

【质量强县工作】 2014年，大力实施质量强县和名牌战略，引导企业树立品牌意识，积极争创四川省名牌产品。7月，好医生制药、启明星化工、英志新能源等3家企业的3个产品获得第十一届四川省名牌产品称号。9月，牵头制定了《关于加快推进质量强县建设的实施意见》并由县人民政府印发。加强产品质量监督管理，全年检查巡查生产企业224家次，行政执法抽查农资、建材、纤维制品等产品46批次，合格44批次，产品批次合格率为95.6%。

【标准化工作】 安县益昌薯类系列产品顺利通过省级农业标准化示范项目验收；新申报安县无花果种植省级农业标准化示范项目1个；指导银河化学公司积极采用国际标准1个；指导企业制（修）定企业标准2个，参与制定农产品地方标准4个。全县已有省级农业标准化示范项目3个。

【计量工作】 一是开展计量监督检查，全年检查集贸市场45家次、商场（超市）28家次，加油（加气）站80余家次。二是开展全县用于贸易结算、医疗卫生等计量器具的强制检定工作，确保量值准确可靠，全年共计检定计量器具5620台件。

【行政执法工作】 一是强化打假保名工作，开展了汽配、车检站、农资、食品包装物等6次专项检查，严厉查处质量、计量、标准化违法行为。全年查办违法案件（包括特种设备违法案件）14件，办案准确率100%。二是积极受理“12365”投诉举报电话，接收来电咨询134次，受理质量投诉5次。

【特种设备安全监察工作】 一是开展“六打六治”打非治违专项行动。对危化品压力容器、长输气管道、起重机械、电梯等进行专项整治，日常巡查、监察锅炉、电梯等特种设备890台（部），发出《特种设备安全监察指令书》36份，全年县内无特种设备安全事故发生。二是开展《特种设备安全法》的培训宣贯，全县70余家企业参培。

【行政管理体制移交】 2014年12月24日，安县召开县质监局行政管理体制移交工作会，安县质监局由原来的垂直管理正式划转为地方政府管理。

（文　强）

安全生产监督管理

【概况】 2014年，全县共发生各类经营性安全生产伤亡事故4起，死亡4人，其他各类事故769起，死亡6人，受伤394人，直接经济损失290万元。生产经营性质的事故起数、死亡人数和受伤人数继续实现了三个全面下降，控制在市政府下达的目标任务范围内。

【基层基础建设】 落实了“党政同责、一岗双责”工作任务，层层签订责任书，明确1名县委常委分管安全生产工作，适时调整县政府安全生产委员会成员，由县长担任主任，并将成员单位调增为48个，各乡镇、园区及时增加专兼职工作人员，确保“八有”。全县18个乡镇全面建成市级安全社区，3个乡镇建成省级安全社区。

【安全宣传教育】 2014年，集中组织开展了“安全生产月”“职业健康宣传周”等大型专题宣教活动，举办了“最美安监人”报告会、万人签名、安全警示片公益广告展播、集中宣传咨询、安全生产摄影书法美术大赛等活动，接受群众咨询万余人次，发放宣传资料3.5万余份；培训安全生产管理人员400余人。组织参加全国“职业健康”知识竞赛、“寻找最尽职的安全操作手、最负责的安全管理者、最履职的基层安全监管者”活动。积极向上级新闻单位报送信息，被国家级刊物采用信息12份、省部级刊物采用65份、市级刊物采用130篇，撰写调研文章并被采用32篇，社会反响良好。

【专项整治行动】 组织开展非煤矿山、危险化学品、烟花爆竹、职业健康、道路交通、消防安全、旅游安全、人员密集场所安全、有限空间作业安全等行业领域专项治理行动。收缴非法销售烟花1613组、爆竹2212盘；查处非法运营车辆26辆，查扣无牌无证摩托车356辆，纠正违法行为53157起，查处违章人员19830次，违章罚款255.894万元。对48家企业开展职业卫生执法检查，发出整改指令49份，整改隐患164处，督促企业职业健康检查3950人；检查管道燃气公司5家、石油液化气充装企业1家，发现安全隐患72项，整改72项，发出整改通知书30份。有7家非煤矿山通过安全生产标准化达标验收，28家加油（气）站通过标准化验收。

【隐患排查治理】 2014年，在全县煤矿、非煤矿山、危险化学品、道路交通、建筑施工等重点行业（领域）开展安全生产隐患排查治理。累计排查企业1300家次，排查并整改一般事故隐患424项；排查市、县重大安全隐患3项，已整改完成并销号。全县隐患排查治理综合信息系统建设稳步推进。

【依法行政】 全年共接件39件，办结39件，办结率100%。共组织专项执法行动20次，下达整改指令书62份，责令停产停业整顿企业12家（次），取缔非法生产经营建设单位3处，关闭非煤矿山13家，共实施行政处罚并入库罚金101.9万元。

（王　强）

统计工作

【抓内部管理，提升员工素质】 2014年，认真开展“创新统计手段，创优统计服务，加强业务水平”的“两创一强”等活动，不断切实提升统计业务的综合水平，并制定了个性化的考核实施细则。

【抓报表主体，夯基层基础】 一是继续加强乡镇和部门统计基础工作。加强与乡镇、部门的沟通协调，落实统计人员和保障开展统计工作的必要条件，确保有人做统计，有条件做统计。二是加强基层单位特别是“四上”单位统计基础工作。由分管领导带队，专业统计人员累计指导200余家次“四上”单位，对基层单位统计台账、统计基础资料存档等方面进行全面指导，确保做到数出有据。三是加强基层统计人员业务培训。全年共完成77人次的统计从业资格培训，参训人员统计从业资格考试取得优异成绩；共完成200余人次的统计继续教育培训；针对不同专业，对基层调查员进行统计业务培训500余人次。四是建立第五级统计内网。在没有预算经费的情况下，挤出专门资金，将统计内网向下延伸20个点，分别到18个乡镇、工业园区和地管处，加强了统计信息的交流、共享和利用。

【抓数据质量，提高统计水平】 一是严格“四条红线”，确保统计数据质量。严格遵守“四条红线”等统计法律法规要求，不代报企业数据，不修改企业上报数据，让企业“原汁原味”的将统计数据报上来。二是建立统计数据信息平台。利用电信公司短信平台，积极筹建县统计局数据信息平台。三是加强统计数据质量检查。针对基层统计单位在报表时出现的数据异常等情况，每月组织到基层统计单位进行数据质量检查，发现问题，及时整改，全年共检查“四上”单位68家。

【抓统计产品，增强统计服务能力】 一是全面加强统计分析。2014年，先后形成各类分析文章22篇，多篇分析文章得到领导好评和肯定。二是丰富统计作品。发布了《2013年安县经济社会发展统计公报》，编印了2014年各月《统计快报》《统计月报》以及《主要经济指标一览表》等统计资料，统计产品更加多样化和实用化。三是搞好统计外网建设。着手建立统计外网，将统计工作动态和统计数据向社会公众公布，统计服务范围进一步扩大。

【抓综合统筹，开展好第三次全国经济普查工作】 一是及时组建机构，落实人员。在组建好经济普查领导小组、领导小组办公室的同时，根据普查“PDA现场采集，现场报送”的工作特点，组织了一支由乡镇公务员、事业干部、村干部、三支一扶志愿者等共计25人组成的普查现场登记PDA数据专业采集队伍，在正式登记时进行集中登记。二是加强宣传，提升普查配合度。通过电视、街头横幅、宣传车、政务网、学校、LED等多渠道、多方面进行宣传，提升普查对象的配合度。三是加强培训指导。根据普查工作的不同阶段，先后3次开展集中大型业务培训。在集中登记期间，采取“每日小结”的方式，保证登记质量。四是做好数据质量控制。由总统计师总揽，各专业同志把关，对现有数据进行全面分析，及时查找存在的问题并寻求解决办法，在后阶段工作中积极进行查遗补漏。

（邓　琪）

科　学

科学技术

【牵头完成市目督办下达的目标任务】 高新技术产业发展、专利创造、应用、保护和科技型中小企业发展4大类6个方面的目标任务完成良好（附表）。

科技成果自主创新与成果转化等目标完成情况统计表（1—12月）

高新技术产业发展		科技成果转化数量		专利创造、应用和保护						中小微企业培育发展	
高新技术产业工业总产值（亿元）		技术交易成交额（万元）		专利申请量（件）		发明专利申请量（件）		专利授权量（件）		科技型中小企业展（家）	
工作目标	完成情况	工作目标	完成情况	工作目标	完成情况	工作目标	完成情况	工作目标	完成情况	工作目标	完成情况
72	72.5	1250	1250	120	180	40	62	80	80	100	108

【科技项目申报】 申报国家、省科技项目5项，争取项目资金580余万元。《毛叶山桐子生物柴油产业链关键技术集成研究与产业化示范》《新型水性金属防锈漆》《优良品种川藏黑猪配套系养殖技术集成与应用》《熔池内玄武岩熔化条件研究》等项目申报国家科技型中小企业技术创新项目资金项目支持。

【工业科技】 通过国家高新技术企业认定5家，即四川魔力科技有限公司、四川省银河化学股份有限公司、绵阳市能士光宝电子有限公司、四川英志新能源股份有限公司、绵阳铁牛科技有限公司，高新技术产业工业总产值实现72.5亿元。通过国家认定技术中心两家，即四川好医生药业集团有限公司技术中心和四川省银河化学股份有限公司技术中心。

【农村科技】 着力抓好农业科技示范基地建设。围绕七里村新农村建设，结合与成都中医药大学合作的《川产道地药材山茱萸的规范化种植及加工技术集成与产业化示范》等项目，加强紧密联系，大力引进和推广科研成果，采用设施栽培、引进名优品种并配套无公害栽培等先进生产技术，提高产量、品质和档次，增强市场竞争能力，促进农民增收和农村经济发展。

【知识产权】 专利申请量达到180项，发明专利62项，专利授权80项。

（谢词福）

社科工作

【课题研究促发展】 围绕安县经济社会发展过程中的重大现实问题，组织开展《推进绵阳科技城集中发展区安县区域建设研究》《安县推进三产发展促进县城繁荣的研究》《安县新型工业化发展研究》《安县推进新农村建设的研究》等21项课题研究。组织参加绵阳市第十四次优秀社科成果评奖，收集社科成果26件，向市委、市政府社科成果奖评市委员会申报社科初评成果8件。完成基层社科组织建设、拓展“乡村大讲堂”内容，规范推进基层服务。完成《挖掘调元文化资源，助推安县文化旅游发展研究》重点课题研究申报立项。

【社科普及提素养】 深入10个乡镇开展哲学社会科学展览和咨询，发放理论社科书籍资料21000余册。协助做好《乡村大世界》——“走进安县”活动中乡村文化、风土民情、民间文学艺术等收集、整理和展示。社会科学“六进”活动举办讲座120余场，农技专家下基层服务121人次。

利用科普月、科技周等特殊时间节点，开展群众喜闻乐见的科普活动85次，日常科普活动142次。持续开展《乡村大讲堂》流动、微型课堂200余堂，建设科普文化墙100余处，开展“人文讲堂”46期。

广泛开展新修订《四川省科学技术普及条例》的学习宣传，组建社科普及团队31个，专兼职社科普及工作者174人。

【组织建设聚合力】 加强对各学会、协会、研究会的管理，指导学会、协会、研究会开展日常学术交流、课题研讨，加强社科队伍的思想教育和作风建设，联系所属学会、协会、研究会39个，开展集中活动达60次。积极组织参加省市举办的各种培训交流提升活动，邀请专家开展社科普及工作培训2次，公益讲座5堂。

【阵地建设夯基础】 开办安县社科微博、《今日安县》手机报社科专栏和《安县播报》微信专题，协调县农委在《新农通》平台发布信息，扩大受众面和影响力。完善宣传部网站下“安县社科”网络建设。规范设置栏目，增加链接，丰富内容，提升内涵。及时编发上报《安县社科信息》26期，省社科联网站采用13期，市社科联网站采用21期。通过各级媒体、网站发布社科工作动态300余条。

（席珍奎　刘小林）

信息化建设

电信安县分公司

【指标完成情况】 业务收入同比增幅 15%，增幅排名全市前茅。移动用户市场份额达到 19.71%，宽带用户达到 3 万户，FTTH 用户达到 2.6 户，FTTH 在宽带用户的渗透率达到 78%，ITV 用户达到 2 万户，ITV 在 FTTH 用户的渗透率达到 80%，公司荣获中国电信四川公司党组授予的"先进基层党组织"称号。

【全面推行渠道转型】 提高渠道生存能力，通过电信电视业务体验，推动渠道传统销售模式的转型，把握新业务上市的良机，实现终端和号卡的发展突破；利用全光发展市场机遇，渠道拓展早启动，并树立标杆；以翼支付应用为引领，展开异业合作，加大厅店、第三方合作伙伴的合作，实现三方共赢。

【持续存量市场经营】 定期和投资合作的代理商沟通，通过投资的盈亏来推动各乡镇扫村发展，同时对执行不力的代理商取消投资保护，鼓励其他代理商跨区域发展；端口利用率逐步达标，始终持续坚持有效益发展，强化建设、营销、装维的联动履职，强化发展目标管控，强化存量提质。

【聚焦政企行业信息化应用】 承接网格 E 通、计生 E 通、农技宝、居家养老等项目拉动；针对不同行业梳理目标客户，利用加密手机、综合办公、外勤助手、翼支付、翼校通等信息化应用，改变过去政企工作靠大单拉动的传统营销模式，以应用为切入口，精耕细作政企工作。

【主动式客户服务】 变被动为主动，做好客户服务工作，做好服务工作方面的培训、交流、总结，提高营业人员接待用户和处理咨询投诉的能力，进一步提高营业服务水平，由本地厅店承接中高端 VIP 服务工作，在存量的保有以及商机的挖掘上实现量变到质变的突破。

（罗　乐）

移动通信

【概况】 截至 2014 年 12 月，分公司累计完成计费收入 1.4 亿，同比增幅 14.19%，日均上网用户份额为 78%，2014 年纳税额为 460 余万元。有员工 60 人，其中研究生占 4%（在读 5 人）、本科占 53%、专科占 47%，分公司总经理 1 人、总经理助理 1 人、四级经理 4 人，下设职能部门 5 个、分局 5 个。

【网络能力】 累计投资 2.7 亿元，实现了手机信号 100% 覆盖至行政村社，99.3% 覆盖自然村，其中 4G 信号城区、集团单位覆盖 98%，乡镇场镇覆盖 95%，具备业务能力的基站规模约 400 个。

【宽带能力】 开展"宽带中国"建设，截至年底宽带建设城区覆盖率达到 90%，场镇覆盖率达到 98%。同时与广电联合开展三网融合，宽带建设全面进入高速发展。

【信息化建设】 投入 4000 余万元，建成 7 个信息化标杆项目，帮助 200 余家企事业单位实现办公信息化，降本增效，提升管理水平。

（马莉华）

广播电影电视

【广播村村响工程建设】 2014 年，继续推进广播村村响工程建设，投入省级公共文化服务体系资金 28 万元，为 13 个乡镇、43 个行政村、1 个社区安装村村响广播主机 2 台、分机 59 台、高音喇叭 265 只。

【农村公益数字电影放映】 共放映农村公益电影 2808 场次，观影人数 30 余万人次。投入资金 18 万元，在兴仁乡、乐兴镇、晓坝镇、千佛镇、高川乡、沸水镇 6 个乡镇实施农村固定放映点建设，确保 6 个乡镇周边村的农村公益电影放映转入室内。

【农村电视户户通民生工程建设】 投入资金 72.62 万元，扩大秀水桥楼无线发射台站功率，新建桑枣镇谢家大坡广播电视直放站，解决了部分丘陵、山区群众有效接收广播电视信号，广播电视覆盖率达

98%。通过无线发射的方式，安转农村无线数字电视用户5000户，解决2万多人口看电视难的问题。

【广播影视执法】 6月和12月，会同县防邪办、工商局、公安局等部门开展集中整治活动两次，对全县18个乡镇电器经销、维修点等非法销售广播电视地面卫星接收设施进行了联合执法检查，共查处50家非法销售、维修点，查扣涉嫌非法销售的卫星电视接收机51台、天线67面、遥控器50个。

（蒋　东）

《安州通讯》

【新闻采访工作】 坚持“三贴近”原则，紧扣县委、县政府中心工作，严守采访纪律，每名记者电话保持24小时畅通，接到采访任务不拖沓、按时完成，并严格按照安委办发〔2014〕24号文件要求严格审核稿件，高质量完成采访报道任务。稿件未出现一次政治性错误，没发生一次失实报道。向政务网上传新闻稿件达600篇以上。

【办好《安州通讯》杂志】 2014年，结合群教活动，进一步改进宣传报道方式，精心策划每月宣传要点，并在每次编前会上积极讨论商定选题；全年出刊12期，办好精品栏目的同时，通过要闻·综合新闻、通讯、理论与实际等版块，开辟了“为民、务实、清廉——深入扎实开展第二批党的群众路线教育实践活动”“走基层·看变化”“培育和践行社会主义核心价值观”“推进依法治县建设法治安县”“《阳光政务》安县政风行风热线‘回音壁’”“2014年书记县长信箱信件办理情况通报”“走基层·好声音·金点子”等7个专栏；充分发挥网络平台作用，每月初《安州通讯》电子版与纸质杂志同步更新宣传内容。另外，安州在线栏目，做到实时动态更新。

【发行工作】 《安州通讯》每月一刊均赠送全县党政机关、企事业单位副科级以上领导干部、中小学、村（居）委会、社区。

【党务政务工作】 认真贯彻落实县委、县政府决策部署，保质保量办理县委、县政府领导批交事项，凡是全县的重大、重要的活动，安州通讯社均到达新闻现场进行及时的宣传报道；认真落实“两个责任”，签订了责任书，不断加强全体采编人员教育和监督，不断巩固惩防体系建设，并积极改文风、改作风。2014年，全社干部职工均无因违法违纪行为受到党纪、政纪处分。同时，结合宣传工作，利用《安州通讯》杂志，每期在要闻·综合新闻版块开辟“安州清风”专栏，及时报道全县各乡镇、部门党风廉政工作动态；配合县纪委关于加快转变经济发展方式的监督、检查，在《安州通讯》每期杂志上开辟了“《阳光政务》安县政风行风热线‘回音壁’”专栏；在其香居版块开辟“安州清风”栏目，以文学、漫画等形式宣传安县廉政文化。3月，安州通讯社还与县纪委联合开展了“反四风　树新风”主题征文活动。

（刘　蓉）

教育·体育·文化

教 育

【概况】 教育体育系统全县从业人员4865人，较2013年增长25%；劳动报酬达到2.285亿元，较2013年增长19%。教育服务业比2013年同期稳步增长。实际完成固定资产投资1027万元，超额完成上级下达任务的2.7%。

【义务教育均衡发展】 促进县域教育资源均衡配置，大力组织实施农村薄弱学校改造和设施设备配置，实行教育经费向农村学校和薄弱学校倾斜政策，推进了全县义务教育均衡发展。不断巩固“两基”成果，做好进城务工人员随迁子女等特殊群体的入学工作；使617名农民工子女与本县学生同等享受教育权利，6480名留守儿童得到关爱，109名三类残疾儿童入学，入学率为90.83%；义务教育“四率”达标。

【素质教育全面开花】 推进“教学管理公开课”工作，规范办学行为，开展特色学校创建活动。中考上国重指令性计划1317人，比上年增加13.6%，700分以上特优生110人，比上年增加100%；高考历史性突破千人大关，文考本科上线1019人，比上年增加17%，上重点本科线143人，比上年增加47%，超额完成市高考目标任务13.38%；乐兴小学、塔水一小、塔水初中被评为市级特色学校少年宫，黄土小学被评为市级示范学校少年宫。

【其他各类教育生机蓬勃】 不断改善职业教育办学条件，加强特色专业打造；大力开展劳动力转移培训和实用技术培训，全年劳动力培训25760人次，劳动力转移培训3100人次。幼儿入园人数12091人，毛入园率为107%，43所民办幼儿园被认定为首批普惠性民办幼儿园。特殊教育学校现已有学生51人，班级4个，全面提高了全县残疾儿童入学率。

【德育工作持续深化】 大力推进未成年人思想道德建设，建立未成年人教育网络体系。深化社会主义核心价值观教育，广泛开展节日主题教育，深入开展“美丽中国我的中国梦”主题读书教育活动和第二届中小学生“中华经典诵读”比赛活动。做好了“美德少年”“道德模范”“身边好人”等评选活动。评选出市级“三好生”39人、“优干生”21人，县级“三好生”395人、“优干生”210人；乐兴初中被认定为绵阳市德育特色学校。

【安全工作保障有力】 坚持“党政同责、一岗双责、齐抓共管”原则，切实落实学校安全管理措施，不断强化安全管理责任。深入开展学校安全教育，积极排查学校安全隐患，开展安全应急演练，全县学校全年共演练170场次。确保“三门模式”的安全运行。“三防”建设落到实处，及时更换添置了消防及安保器材，共增加视频监控头108个，盾牌等安保器具200余件。切实发挥好“警校共建”作用。

【教师队伍素质提升】 深化教育体育人事管理改革，制定《安县中小学后备校长、副校长选拔培养管理办法》，修订《安县中小学教师队伍管理办法（试行）》。抓好学历提升培训，本年度在读本科学历培训班211人，专科学历班212人，教师学历达标，高学历比例逐年增加。继续教育参培率达到100%。其他各级各类培训参加人数达3335人次。积极推进教师支教和学校结对帮扶制度，2014年度支教教师94名，结对帮扶中小学20所。与阿坝教育部门签订《支教协议》，共建远程网络平台。继续深入开展“万名教师进万家”活动，实施3000名教师走进4万学生家庭。

【民生工作全面落实】 全年共计安排下拨各义务教育阶段学校公用经费1931.36万元。发放免费教科书折合资金402.721万元。发放贫困住校生生活补助17400人次共988.85万元。全年免除学生作业本费60413人次计100.61万元。享受减免学费的普通高中家庭经济困难学生4010人次计减免学费165.47万元。资助普通高中家庭经济困难学生3741人次计280.575万元。中等职业学校享受免学费学生1363人次计132.89万元。对中等职业学校一、二年级学生发放国家助学金1120人次计16.8万元。全面落实资助普惠性幼儿园家庭经济困难儿童1158人计115.8万元。

（邓 勇）

体　育

【学校体育】 深入贯彻《关于进一步加强学校体育和艺术教育的实施意见》，严格按照《学生体质健康监测评价办法》《中小学校体育工作评估办法》《学校体育工作年度报告办法》加强学校体育工作。严格执行国家课程计划。积极开展学校阳光体育活动，开展丰富多彩的大课间活动，切实保证中小学生校园每天1小时体育锻炼。注重对体育特长生的培养，积极发掘和打造垒球、足球、乒乓球等传统优势项目，安县中学女子垒球队参加省十二运夺得第五名。桑枣中学成功争创绵阳市校园足球布点学校。举办了安县第17届中小学生乒乓球运动会、安县第30届中小学生田径运动会。努力争创阳光体育示范学校，安县中学成功创建市级示范学校。大力开展青少年业余训练工作，根据新周期项目示范学校、业余训练网点的管理及建设，进一步夯实业训基础。2014年以乒乓球、足球、篮球业训为工作重点，在黄土、花荄、界牌、秀水等乡镇依托学校建立了业训网点，各训练网点根据自己学校的情况，选择传统和优势项目，制订出合理的训练计划，严格管理，教练员以身作则，认真、严格地进行训练。分3次分别对乒乓球、羽毛球、排球教练员进行了培训。各网点学校建立一个以上的校运动队并利用业余时间进行训练。

【群众体育】 认真贯彻落实《全民健身计划纲要》，积极完善群众体育健身设施，广泛开展群众体育活动，巩固体育先进县成果。加强体育设施设备管理，加强对全县各乡镇健身路径的健身器材日常检查和维护，对外开放安县职业中专学校和秀水中学的体育设施。积极倡导全民健身，认真开展全民健身月活动，在全民健身系列活动期组织大型体育活动1次，各类活动达30余项次，发放各类宣传册或宣传单2000册（份）。加强群众健身阵地建设，落实惠民工程。成功承办安县第二届“罗浮山温泉杯”环山环湖自行车公开赛。来自全国28个省市自治区124个地市州136个车队的665名选手报名参赛。成功承办2014年“罗浮山温泉杯”西部桥牌赛与省第29届“晚霞杯”桥牌赛。“罗浮山温泉杯”西部桥牌赛共有来自成都奥博等72支代表队489名选手参赛。四川省第29届“晚霞杯”桥牌赛有来自全省各地市州及重庆市的68个参赛队，363名选手到场参赛。成功承办安县第五届运动会。运动会分成年组与老年组两个组别，设有田径、球类与棋牌等11个大项、29个小项的比赛项目。来自全县各乡镇、机关及事业单位组成的25个代表团和老年体协队，1242名运动员参赛，运动会共产生110枚奖牌，评选出250名优秀运动员、45名优秀裁判员、20名优秀体育工作者。

文　化

【公共文化服务体系建设】 落实公共服务体系建设专项资金297万元，完成了1个省级示范乡镇综合文化站（睢水镇综合文化站）的打造，实施了17个乡镇文化站和54个村级综合文化室的文化氛围提升。

【群众文化活动】 举办了安县2014年春节联欢晚会，绵阳市第三届乡村旅游节文艺会演和“舞动安州”广场舞大赛、“安县首届群众音乐会”等大型文艺活动5次，指导组织乡镇、社区、农村群众开展各类文化活动120余场次。

【文化遗产保护】 完成第一次全国可移动文物第一阶段普查工作，整理录入文物200多件；征集到有研究价值的文物14件，现场鉴定出土文物10余次。积极做好市级“非物”质文化遗产项目的申报，年内新增市级“非遗”项目5个；开展了第四批非遗项目普查工作；结合6月份“文化遗产日”宣传活动，开展了“‘非遗’进校园、进社区、进军营”图片、音像展览活动，6月8日在睢水镇举办了“安县2014年‘文化遗产日’暨‘中国春社·睢水踩桥’宣传活动”。做好文化队伍建设。集中组织全县文艺骨干、文艺爱好者、农家（社区）书屋管理员、农村广播管理维护员、书法、美术、摄影爱好者培训近20期，参训人员达1600余人。

【文艺创作成果丰硕】 方言话剧《咱们的牛校长》获四川省第十三届精神文明建设“五个一工程”优

秀作品奖。在四川省首届农民艺术节暨民间艺术节比赛中成绩显著，选送的话剧小品《石榴树下》获戏剧类一等奖，同时获省“群星奖”；歌曲《亲亲我的家园》获音乐类优秀奖，金钱板《胖大娘》和相声《快乐兄弟》获曲艺类优秀奖。美术作品《高原阳光》获四川省优秀作品奖并入围全国第二届美展。在绵阳市首届微电影创作大赛中，创作拍摄的微电影《树》获一等奖，是唯一获此奖项的单位。《安县精神家园丛书》第三辑正式出版，《函海》的点校重刊工作接近尾声。睢水镇被省文化厅命名为“四川省民间文化艺术之乡”。

（刘定文　蒋　东）

文学艺术工作

【概况】 2014年，安县文学艺术界联合会有编制3人，下有县作家协会、县书法美术家协会、县摄影家协会三个文艺社团，挂靠有罗浮山文艺协会、县诗词学会、县舞蹈协会、县根雕奇石协会。有登记在册的各类文艺社团会员325人，其中国家级1人、省级23人、市级58人。

【文艺创作成果丰硕】 方言话剧《咱们的牛校长》获四川省第十三届精神文明建设“五个一”工程奖优秀作品奖，话剧小品《石榴树下》在四川省首届农民艺术节暨民间艺术节和四川省“群星奖”比赛中获一等奖；版画《高原阳光》入围第十二届全国美展复评，并获四川省优秀作品奖；另有32件文艺作品参加市级以上展览21件作品获奖。短篇小说集《忧伤的西瓜》由四川文艺出版社出版，“精神家园”丛书（第三辑）编辑出版11部12册编辑出版，《沙汀故事》创作完成，县内文学爱好者的28件文学作品先后在《作品》《福建文学》《剑南文学》《中华诗词》《中国作家网》等文学刊物和网站上发表。

【文艺创新精彩纷呈】 一是借助央视乡村大世界栏目，让安县多名草根文艺家借此登上央视舞台。二是率先在全市成功创建了安县文艺微信公众平台“其香居”和QQ群其香居，成功构建安县人的精神家园。三是深入开展送文艺“三进”活动，义务送廉政春联进农村、社区、企业活动，为群众书写春联4000余幅，“欢乐全家福”为老百姓免费照全家福活动，共照相500余幅。四是策划开展了“跃马迎新春”安县楹联、“法制安县”书法美术作品征集活动、“成兰铁建杯”安全生产及庆“五一”职工书法美术摄影大赛，激发县内文艺爱好者的创作激情。五是积极参与文化策划与创意工作，试点安县特色文化顾问指导机制，为打造调元故里、“红色千佛”、沙汀蛰居园建言献策。

【文艺惠民形式多样】 抓住重要时间节点举办形式多样的展演活动。先后举办了迎新春廉政书画作品展，陈祖钧、向云高个人书法展，庆“五一”职工书法美术摄影作品展，“成兰铁建杯”安全生产摄影书法美术大赛优秀作品展，“庆国庆”安县—三台县书画作品联展；全面参与“花城春色”安县2014年迎新春群众文艺晚会、庆“五一”安县群众广场舞大赛及庆“七一”广场诗歌诵读比赛的组织实施工作；组织开展的送金融知识下乡文艺演出活动走进18个乡镇，组织2014年安县“三下乡”启动仪式文艺演出活动，协助做好第四届中国诗歌节现当代诗歌朗诵会安县专场演出、“安县校园文艺周”展演及安县首届群众音乐会等活动。全年共计开展各种惠民活动80余次。

【文艺水平全面提升】 采取“走出去、请进来”的方式，举办书法美术名家讲堂8次，摄影讲座4次，创作交流活动12次；举办了县内五作家作品研讨会，中小学书法骨干教师集中培训会；采用“协会联姻”的方式，先后与三台县、罗江县文联开展书法美术创作交流活动；积极利用好文艺志愿者服务日、文艺名家纪念和文艺采风创作活动，组织县作协、书美协、摄协负责人深入文化站、学校开展了文艺创作培训和交流活动，培养安县文艺后备人才，并注重对现有文艺群体关心关爱，推动文艺水平全面提升。

（徐　尧）

旅　游

概 述

【概况】 2014年，全县旅游收入实现31亿元，接待游客360万人次；罗浮山温泉旅游度假区正式被授予省级旅游度假区称号；安县被授予省级四川省乡村旅游示范县荣誉称号；花荄镇通过省级乡村旅游示范镇验收；巴蜀鱼都通过四星级农家乐评定验收；东院休闲山庄、小草轩农家乐、燕波休闲山庄通过三星级农家乐评定验收；巴蜀鱼都、猫儿沟农家乐被省农业厅授予百家首批示范休闲农业山庄；巴蜀鱼都、花城果乡被授予绵阳市首批魅力农家乐称号；完成了绵州、启明星、中洋酒店3家温泉酒店星级复核工作。

（杜正鑫）

旅游资源

【安县生物礁国家地质公园】 安县生物礁国家地质公园是由罗浮山景区、白水湖景区、千佛山景区、雎水景区组成的综合型国家级地质公园，总面积508平方公里，核心区面积97.9平方公里，以雎水海绵生物礁群遗址为基础，富藏砾岩岩溶地热温泉、龙门山地质构造等地质遗迹，公园的地质遗迹核心是雎水海绵生物礁群，属世界上极其罕见稀有的晚三叠世硅质六射海绵动物化石以及其营造的深水海绵生物礁群。公园另一富有特色的地质遗迹砾岩岩溶是龙门山地区特有的地貌现象，它构成了罗浮山、睡美人、虎头岩等奇特景观。地质公园内还有名胜古迹“姊妹桥”“太平桥”等。

【罗浮山温泉度假区】 罗浮山温泉被誉为“浮山圣泉，人间一绝”。罗浮山温泉度假区拥有绵州温泉酒店、罗浮山温泉宾馆、启明星温泉度假区、中洋仙泉酒店、泰丰源温泉酒店、飞鸣温泉酒店、浮生御温泉度假村等多家适合不同消费者的温泉酒店和水疗养生中心，以及许多著名景点。

罗浮山位于桑枣镇，最高处海拔862.6米。十二峰错落有致、各具特色，各种怪石、悬崖、洞穴、险关、仙井散落其中，可谓五步一小景、十步一大景，景景相连。整座山远眺伟岸、近观秀丽、攀之奇险、探之神秘，风、云、雨、雾给罗浮山营造出万千气象。

【羌王城】 位于罗浮山腰，建于明正德二年（1507年），由山顶北部低洼处连接12峰悬崖的城垣圈围。城垣长1000多米，高3米多，厚2米多。东西方向以条石垒砌为壁，南北方向以险峰绝壁为垒，东南西北各有坚固的石头寨门一座。城堡面积约1平方公里，堡内有点将台、哨台、演兵场、石营门、粮库等军事设施遗址。

【飞鸣禅院】 是绵阳市境内历史最悠久、古建筑规模最大的佛教禅宗寺院，是在唐代佛教传入安县后唐武宗李炎为高僧宣鉴禅师敕建，距今已有1100多年的历史。飞鸣禅院在川西丛林中以其山有仙、地有灵、佛有缘而闻名，至今保存有西南最大的木质千手观音。飞鸣禅院的浮山庙会和新年“子时香”更是久负盛名。

【徽式石亭】 位于罗浮山环山路旁，沿路有3个高约5米的徽式石亭，依次称为：踩桥亭、姊妹亭、千佛亭。三座石亭古朴灵秀，系县境一绝。

【地质公园博物馆】 位于罗浮山前安县生物礁国家地质公园游客接待中心内。馆内通过图片、文字、实物标本等内容，将全县102平方千米的生物礁国家地质公园核心区内的生物礁地质遗迹、地质演化、物种演变、研究成果等形象化展示，时空跨度约达20亿年。该馆是人们感知自然界的绝佳场所。

【中国院子】 位于晓坝镇，是汶川特大地震灾后重建项目。是一个以川西北民居为主线，融合了北京四合院、山西深院、皖南徽派、江南水乡、福建土楼等中国典型民居形态的宜居宜商景点。2014年，一期“安徽院子”工程已完工。

【白水湖风景区】 白水湖，位于雎水镇。原名“三口锅”，因其源头为丛山中的三个泉眼，三个泉眼终日往外冒着水，像三锅沸腾的水。白水湖水面3000余亩，平均水深7米，最深处达20余米，环境优美，气候宜人。湖周围青山依依、农舍隐隐，湖面青波粼粼、白鹭行行。湖中的23个自然岛屿，或舒缓平滑，或陡峭雄峙，将碧绿如镜的湖水分割组合，宛如一首交响诗，柔情缱绻，风情万种。

【千佛山国家森林公园】 千佛山国家森林公园位于安县、北川羌族自治县、茂县交界处的安县千佛镇。距县城花荄镇64公里，景区总面积220平方千米，对外开放游览区10平方千米，景区最高海拔2942.2米，属高山地貌。千佛山历史文化悠久，拥有珍贵的动植物资源，2014年，千佛山自然保护区成功创建国家级自然保护区。

（杜正鑫）

旅游管理

【举办丰富多彩的旅游活动】 2014年，投入旅游营销经费400万元，举办了各种旅游活动。一是举办安县罗浮山温泉杯环山环湖自行车比赛，承办绵阳市旅游发展大会及大九寨新环线旅游区域合作工作交流会，冠名赞助2014年西部桥牌赛。二是编制完成安县旅游系列丛书，增设了大型户外广告牌并定期更换画面；完成“安县罗浮山温泉旅游度假区网站”“安县旅游政务网”“安县乡村旅游网”三网合一建设，开通了安县旅游微博、微信并受到一定关注；制作完成了安县旅游APP，并在多家电视台多频道投放旅游宣传广告。以特色温泉、乡村旅游为主题，采取“走出去”的营销策略，参加了重庆国际温泉旅游博览会、德阳市旅游发展大会，组织参加了2014年“绵阳造”名优特新产品展销会，先后于6月、12月在成都举办了两期“安县罗浮山温泉养身休闲——走进蓉城春熙站”营销宣传活动，全面推介安县旅游产品。四是与有实力的旅行社合作，以区域代理的形式巩固成都、德阳、绵阳主要客源市场，开辟远程客源市场，逐步提升安县旅游的知名度。全年地质公园博物馆接待游客5000余人次。

【重大旅游招商项目全面实施】 2014年，总投资5亿元的浮生御度假村、四川蓝澳岛国际酒店两个星级酒店项目加快建设，浮生御度假村于10月18日进行试营业。总投资15亿元的“中国院子”项目已完成一期“安徽院子”工程；蓝澳岛国际酒店新征地320亩已签约，浮生御度假村和飞鸣温泉酒店扩建新征地工作完成前期准备进入签约阶段；引进“古海湾国际文化旅游城”开发建设项目；与四川华盟公司达成白水湖旅游生态园区建设项目合作意向，已完成规划设计；千佛山景区震后重建规划全面启动。

【乡村旅游发展成果显著】 积极引导社会资金发展乡村旅游项目，着力打造“辽安路乡村旅游产业带”和“龙门山沿山乡村旅游观光带”。全年新增农家乐/乡村酒店10家，全县农家乐/乡村酒店达到78家，其中巴蜀鱼都、鹰飞山庄等投资千万元以上的农家乐有12家；星级农家乐和乡村酒店达到38家，其中四星级农家乐3家、三星级农家乐8家、二星级农家乐21家、一星级农家乐6家。先后建成了以花荄镇“花城果乡”、黄土镇“万亩无花果产业基地”、乐兴镇“猕猴桃走廊”和桑枣镇“玫瑰花基地”为重点的休闲农业、乡村旅游观光示范片，“美丽乡村、七里果园”乡村旅游产业基地有序推进，进一步拓展了县旅游资源空间。

【旅游政策支持体系建设不断深化】 2014年，搭建部门和旅游业深度融合发展的平台和工作机制，在制定下发《安县旅游发展奖励扶持政策》基础上，又下发了《安县农家乐管理办法》，对全县农家乐进行了服务员接待规范、安全生产管理等10项标准共计23个单项管理制度的规定。

【旅游公共服务体系进一步完善】 2014年，加强对全县景区、酒店的管理，全面开展旅游标准化建设工作，使全县旅游服务更标准和规范。进一步强化旅游从业人员的培训和管理，先后举办旅游服务人员技能培训和乡村旅游行业培训等6期旅游培训班，培训旅游服务人员达880人次。树立了“人人都是旅游形象、事事关系旅游环境、处处要为旅游服务”的发展观念，建立了公共咨询服务体系、旅游标识体系、游客投诉处置体系和完善旅游行业应急管理体系。全年无重大旅游安全事故发生。

【旅游要素建设有序推进】 2014年，通过政府投入、社会融资、争取上级支持等多种方式，大规模推进旅游要素建设。在辽安路、桑河路沿线增设了6处旅游交通站台；调研完成《安县晓坝姊妹桥乡村旅游规划》的预审稿；组织人员编制了《安县海绵生物礁地质遗迹保护项目建设实施意见》；完成罗浮山景区游客人行步道建设项目的设计、规划、立项和财评；争取到省旅游局专项资金 115 万元用于对塔水镇七里村乡村旅游基础设施配套建设；投资 150 万元完成了启明星温泉酒店洗浴中心改造和别墅改造项目，投资 330 万元完成了羌王城景区护栏改造和人行路改造；对千佛山牌坊处、景区一环路处防洪沟渠进行了整治维修；规范了景区电信、移动、广电、电力等各类管线的走向，对私拉乱接、随意布线有损景区美观的现象进行了清理；完成了景区部分路段美化亮化工程，新增 25 个新式垃圾桶，对度假区的垃圾桶、果皮箱重新规划布局。

（杜正鑫）

社会生活

民政工作

【社会救助】　从10月开始，全县城市居民最低生活保障标准从300元/月调整为350元/月，农村居民最低生活保障标准从150元/月调整为180元/月。截至12月，共有城市低保对象4348户、5701人，累计发放低保资金1712.61万元；共有农村低保对象6420户、8931人，累计发放低保资金1348.86万元。资助22734名城乡低保对象、农村五保对象、重点优抚对象、孤儿参加城镇医保、“新农合”，资助资金169.79万元，城乡低保对象、农村五保对象参保参合率达到100%。城乡医疗救助政策范围内住院自负费用救助比例达到65%，医疗救助开展“一站式”比例达到100%。共发放城乡困难群众医疗救助金615.97元，困难群众重特大疾病医疗救助覆盖率100%。在18个乡镇建立了“一门受理、协同办理”社会救助服务窗口。共有农村五保对象1859户、1877人，共发放农村五保金568.26万元。全县20所公办养老机构2234张床位共入住老人1809人，农村“五保”对象集中供养率达到71%，城镇“三无”人员集中供养率达82%以上。

【救灾福利和慈善事业】　对因灾需重建农房949户进行了安置，发放重建补助资金2734.5万元。下拨中央及地方自然灾害生活补助资金共计499万元。元旦、春节期间开展“送温暖”活动，走访慰问了困难群众9960户，发放价值181万元的物资，发放慰问金106.4万元。做好了汛期和安全过冬的救灾物资储备。为56名孤儿发放保障金40.73万元，为90名事实孤儿发放生活费27.27万元，为15名地震孤儿发放2013年国寿集团助养金10.56万元。对13人实施了“挽救生命、再造健康”行动，对47人申报了“晚情行动”。募集捐款资金55.85万元，资助贫困大学生25名，资助资金9.3万元；为343名困难群众实施了救助，救助资金27.88万元。为23位百岁老人、754位90岁以上老人发放高龄老人“长寿补贴费”53.58万元。新建县级儿童福利服务指导中心1个。

【双拥优抚安置】　元旦、春节、八一双拥活动期间，对优抚对象进行了走访慰问，各级共发放慰问金68.6万元。开展了“安县烈士公祭活动”，对全县91名烈属进行了走访慰问，发放慰问金3.64万元。加强光荣院和烈士陵园管理，维修改造光荣院床位75张，投资18.78万元对烈士陵园进行了绿化升级和维护。完成残疾军人证书换发，烈士证明书换（补）发工作。对优抚对象抚恤补助标准进行了调标，做到按时发放，共发放抚恤补助1250.56万元。全面落实各项优抚政策，发放资金615.4万元。认真做好伤残人员评调残及档案管理工作，为2名调升残疾等级、申报新评残4名。接收退役士兵166人，为151人发放自主就业退役士兵地方经济补助和自谋职业经济补助资金403.5万元，发放待安置期间生活补助0.75万元，为15名符合政府安排工作的退役士兵安置了工作；为行政事业单位和企业推荐退伍军人就业67人；与县就业局联办培训班，对130名退役士兵进行了技能培训；为1名烈士的遗属发放了烈士特别褒扬金65.43万元，落实了其子女的定期抚恤。建立了“优抚对象医疗补助一站式”系统。建立了“军休人员系统”。做好了涉军维稳工作。

【基层民主和社区建设工作】　完成了第九届村（居）民委员会换届选举，在3—4月分三期对全县新当选的村（居）主任进行培训。依法选举产生新一届村（居）务监督委员会成员和村民代表，健全村民会议和村民代表会议制度，进一步规范村（居）“三务”公开。统筹推进城乡社区建设，大力推进社区网格化管理，深入推进城乡社区工作用房和居民公益性服务设施建设，社区综合服务设施覆盖率达到100%。创建和谐社区示范单位2个，新建农村社区27个。

【社会事务管理工作】　共有社会组织98个，其中社团33个、民办非企业65个，全部建立了社会组织管理网络和社会组织基础信息库。完善社会组织年检制度，年检率达100%。全年办理结婚登记5090对，离婚登记1291对，出具无婚姻登记记录状况证明2018份，婚姻登记合格率达100%；办理收养登记8件；救助流浪乞讨人员518人次，自愿救助率达到100%；火化遗体3415具，火化率达

100%。深入开展平安边界线创建活动，完成了市内“安北”线年检任务，认真做好安县新城区新建道路的命名工作，新建命名街、道、路、巷共64条。

【养老服务体系建设】 完成40名养老护理员培训及职业技能鉴定工作，新增公办床位50张，民办床位350张，改建公办养老机构床位200张，新建了11个城乡社区日间照料中心、13个农村幸福院，为5300名困难家庭失能老人和80周岁以上老人提供居家养老服务，使城市社区居家养老服务覆盖率提高20%、达到50%，农村社区居家养老服务覆盖率提高25%、达到43%。

【低保核查】 为杜绝和纠正低保中的“关系保”“人情保”“错保”“漏保”等现象，4月至9月，在全县范围内开展城乡低保核查及规范化管理专项整治工作。通过低保专项整治，全县城乡低保户为11387户、15471人，月发放低保金额229.15万元，低保人数占全县总人口数的3.5%。在整治前的基础上新增1197户、2001人，取消4946户、6428人，月减少金额为53.72万元，低保人数占全县总人口数的比例减少1%。

（刘　佳）

老龄工作

【认真落实两个待遇】 调整90岁以上老人长寿补贴，其中百岁老人长寿补贴调整至300元/人·月，90—99岁老人长寿补贴调整至50元/月；为全县65周岁老人落实免费搭乘公交车政策，为贫困老人维护权益落实法律援助政策，提供法律援助45人次以上；为老年人办理老年优待证1350余个。

【开展丰富多彩的老年活动】 各乡镇、各部门都建有老龄工作组织，经常性组织老年人开展丰富多彩的活动。县文化广场常年向老人开放，老年舞协、门球协会、网球协会、乒乓球协会、象棋协会经常组织会员参加训练、表演、比赛活动，在“九九”重阳节和国庆节期间，全县各部门、各乡镇、各协会以召开座谈会形势开展好“敬老月”活动。

2014年的大事记：（1）2014年免费为全县老年人办理省、市优待证1350个。（2）全县2014年有百岁老人23人，90岁至99岁老人755人。全县共发放高龄老人“长寿补贴费”535800元。

（唐加明）

防震减灾工作

【概况】 安县防震减灾局主要担负龙门山地震带地震监测及安县防震减灾各项工作任务。现有微震观测、强震观测、井孔体应变观测、重力观测、洞体摆倾斜观测等地震监测手段，各项监测手段全部实现数字化。安县防震减灾局实行24小时值班制度，实时监测地震活动情况，为全县的经济建设和人民的生命财产安全保驾护航。2014年度，微震仪连续运转8760小时，连续率100%，向省地震局连续传输8760小时观测数据，连续率100%，分析处理地震2360个；洞体摆倾斜仪连续工作8760小时，连续率100%，分析处理倾斜数据8760小时；钻孔应变仪连续工作8760小时，连续率100%，分析处理体应变数据8760小时；重力仪连续工作8760小时，连续率100%，分析处理重力数据8760小时。在省级观测质量评比中，测震分析、系统运行均获优秀奖。

【地震监测预报】 2014年度继续开展“震颤”与地震活动关系的研究，对测震台网观测资料进行分析，共分析震颤波2500余个。通过努力，2014年取得了显著进展，“震颤”现象与地震发生的对应关系已经得到了一定的验证，受到了业内专家的高度评价。

【防震减灾知识宣传】 2014年1月15日、2月17日至27日，安县防震减灾局参加了文化、科技、卫生、理论“四下乡”活动，分别到高川乡、宝林镇、迎新乡、塔水镇、清泉镇、河清镇、乐兴镇、桑枣镇、兴仁乡等九个乡镇进行了防震减灾科普知识及防震减灾法制宣传活动。累计发放自编的科普知识、法律法规知识宣传材料4万余份，VCD光盘500余张，书籍100套，解答群众提问6500余人次；3—5月单位主要领导亲自挂帅，带领技术人员分别到高川、晓坝等地，举办防震减灾科普知识讲座4次，受到了广泛的好评；在本单位利用多媒体发布终端播放防震减灾科普知识 1500 余小时；协助乡镇、群测点、学校办墙（板）报 22 期，广泛深入地宣传了防震减灾科普知识。（高 炯）

应急管理工作

【加强指导，完善应急预案体系】 2014 年，修订了《安县地质灾害防灾预案》《安县森林防火应急预案》《安县地震应急预案》等，修订和编制的预案 21 个（其中专项预案 3 个、部门预案 7 个、其他预案 11 个），为掌握应急管理工作主动权提供了可靠保障。

【强化演练，抓好应急综合协调】 一是做好配合全市防灾救灾综合实战演练。在高川乡开展一次由市政府应急委统一指挥，市、县、乡三级联动，军警民协同参加的模拟应对山洪暴发引发的泥石流、地质灾害群众避险转移、河堤抢险加固为主要内容的防灾救灾实战演练。二是配合做好全省山洪地质灾害防御演练。按照省防汛抗旱指挥部要求，经省防汛办多次实地踏勘，配合省防汛办在千佛镇开展了山洪地质灾害防御演练。三是县级部门积极开展防灾救灾演练。县教体局 5 月上旬在全县中小学校组织校园师生开展一次安全逃生、应急疏散演练；县消防大队在较大的宾馆、加油站等开展消防灭火演练；县林业局、人武部联合 4 月下旬在高川乡组织开展森林灭火应急演练；县卫生局举行一次模拟大型车祸创伤事故救治拉动演练；县食药监局组织开展食品药品应急演练。四是为提升应急处突队伍快速反应能力，保证群众生命财产安全。于 11 月 13 日举办了全县反暴恐综合演练，政法委、武装部、公安、消防、武警等县级有关部门领导、各乡镇党委书记、乡镇长、分管政法工作乡镇干部、各医院、金融单位负责人、村（社区）书记、主任等千余人到场观摩演练。据不完全统计，全年全县开展应急演练的单位（含学校、企业）115 个，开展各种应急演练 170 余场次，调用各种装备 420 多件次，参与演练人员 31000 余人次。

【落实资金，推进应急平台建设】 一是汛期前加强县水务局、国土局、高川乡、千佛镇、桑枣镇等部门和乡镇无线短波电台、手持对讲机等应急通讯保障设备的维护、使用和管理，确保汛期各电台和对讲机正常使用。二是进一步完善山洪、地质灾害、气象、森林防火等预警信息发布，及时向全县各级各部门发出短信通知，协调做好各项防灾减灾工作。三是为进一步整合资源，集中信息，全面实现应急突发事件“一个漏斗进、一个漏斗出”的统一调度，将治安、消防、交通、市政、抢险、医疗急救等联动单位的应急接警服务平台进行整合，采用统一接警、统一指挥、联合行动，用于处置各类威胁公众安全的突发紧急事件和紧急求救。2014 年 9 月，正式成立县应急管理调度中心。

【加强值守，及时报送应急信息】 按照上级要求，严格职责，实行 24 小时值班制度，确保信息 24 小时通畅，为积极应对处置工作提供有力保障。在加强应急值守的同时，积极收集汇总相关信息，及时按程序和时限要求进行上报，全年未出现迟报、漏报、谎报和瞒报现象。加强组织协调，进一步发挥应急办综合职能部门的作用，通过信息了解核实，及时准确传递相关信息，并协调相关单位人员按职能职责及时进行处置，切实发挥中枢运转机构的作用。

【履职尽责，妥善处置突发事件】 2014 年，始终坚持以人为本，把保障群众生命财产安全作为防灾减灾的首要任务。一是自然灾害方面。按照省、市指示精神，及时发布重要天气预警消息，最大限度地减少自然灾害造成的人员伤亡和对社会经济发展的危害。“7·9”“7·31”暴雨洪灾共计造成全县 18 个乡镇受灾，因洪灾紧急转移群众 5266 人次，无死亡失踪人员，全县直接经济损失 7910 万元，灾情发生后，县委、县政府立即启动自然灾害应急预案和防汛抢险预案，全力开展抢险救灾工作，把灾害损失降到了最低。二是事故灾难方面。元旦、春节、全国“两会”等重要时段以及罗浮山“除夕夜”庙会、睢水“春社·踩桥”等大型民俗活动和第二届环山环湖自行车邀请赛等大型活动安全有序，无一事故发生。环保方面“12·12”秀塔河水污染事件，县委、县政府主要领导亲自安排部署，立即启动环境污染应急处置预案，及早消除了下游饮用水污染，没有出现罗江县城居民生产生活用水停供。

三是公共卫生方面。坚持把食品安全监管和卫生防疫工作摆在重要位置，全力保障卫生防疫的人、财、物资，切实加强食品安全工作，有效防止了传染病、流行病的滋生和传播，全年全县无一起重大食品安全事故和突发公共卫生事件发生。四是社会安全方面。坚持快速反应，妥善化解群体性闹事苗头，成功处置了群体性事件。

（李　贺）

城市管理工作

【环境卫生】 2014年，完成县城173万平方米城市道路清扫保洁任务；整个城区生活垃圾由6辆电瓶垃圾车和6辆电瓶三轮车进行流动收集，日清运垃圾达100吨；集中转运沸水、睢水、永河、河清、晓坝、清泉、迎新、花荄、秀水、黄土、宝林、千佛、塔水13个乡镇的生活垃圾；黄土、秀水、桑枣、塔水、千佛和花荄6个乡镇修建了压缩式中转站。

【路灯建设】 全年累计完成抢、维修427班次，维修路灯2075盏，更换各类光源电器1063套，维修箱变配电箱87台次，处理维修路灯电缆149处，更换电缆1500余米；支援8个乡镇维修路灯200余盏，更换路灯电缆2500米；全力推进县城LED路灯照明改造项目，已完成346盏路灯的改造；营造节日氛围，春节、国庆期间悬挂灯笼6000余盏，悬挂国旗264面。

【环境综合治理】 2014年，县城管局与县城1281户经营商家、行政、企事业单位签订了“门前五包”责任书；清理卫生死角垃圾2521吨；清理和规范违规占道经营行为31000起；清理违章设置的户外广告、店招店牌2685块；清理“牛皮癣”小广告41500处；新增县城机动车停车场9个、停车位647个；清理机动车违章停放5300起；治理施工现场扬尘污染185处；查处抛洒建筑垃圾车辆560辆；清理建筑立面5850平方米；改造背街小巷11条；改造城乡接合部2950平方米。投入资金2203.55万元，新增城镇绿化景观13730平方米；新建城市绿道2公里；改造危房687户；新村道路建设8850平方米；投入资金4001.34万元，实施基础设施项目建设27个。全年新增睢水镇白河村，花荄镇西岩村、六合村，桑枣镇立志村，宝林镇赤林村，晓坝镇齐心村6个省级环境治理优美示范乡村。实施“四清、五改、五通工程”1965户，新增道路硬化3350平方米，新增天然气安装996户，新增自来水使用1006户，新增宽带用户514户，新建垃圾中转站6个。全县范围打造有地域、民族特色村庄23个；建有垃圾收集点的行政村175个，配备村保洁员的行政村175个，均占行政村总数比例80%；治理规模化畜禽养殖场61个；建设农村污水处理设施3个。投资1000万元的塔水镇七里村新农村建设环境治理项目，严格按照实施方案和目标计划进行。县委办、县政府办联合印发了《关于进一步加强城乡环境综合治理工作目标管理考核的通知》，建立了城乡环境综合治理“县、镇、村”“三级联动”机制，从各乡镇抽调精干力量，组建10个考核组，实现了环境治理目标考核检查评比常态化。全年开展明察暗访、督导督察、重大迎检活动194次；城镇保洁人员总数550人，农村保洁人员总数316人；落实治理工作专项经费677.2万元。在全县范围设置环境治理工作宣传栏90个，在媒体开设治理工作专题、专栏25个；各乡镇编发工作简报118期，下发督查整改通知8份；组织群众性主题宣传活动294次；组织志愿者服务队91支、1007人，开展志愿者服务活动228次；成立文明劝导队伍52支、778人，组织开展文明劝导行动650余次，劝导“不文明、不卫生”行为4000余人次。

（冯沙沙）

城乡建设规划和住房保障工作

【概况】 2014年，完成固定资产投资12.8亿元，建筑总产值8.2亿元。

【城乡规划管理】 《安县城市总体规划（2013—2030）》于2014年6月19日通过省住建厅评审，9月公示完毕。完成《河东新区控制性详细规划及城市设计》《辽宁大道沿线城市设计》《沿山片区规划》的编制。协同市测绘院完成科技城大道（一期）安县境内段道路4个坐标点的投放工作。协助秀水镇、桑枣镇、塔水镇等3个“省百镇建设试点镇”进行场镇总体规划和控制性详细规划修编并按程序报批；协助三镇积极争取到省项目资金1540万元，市项目资金250万元，其中秀水镇、桑枣镇已按要求编制资金使用方案并已启动项目实施；协助塔水镇七里村做好省住建厅1500万元资金项目实施的各项筹备工作，完成蒋家院子新村聚居点基础设施配套设计和招投标工作。通过批前公示、听证会、意见反馈等形式，对县城新建项目和各乡镇重要公共项目31个建设方案进行评审，对42个项目方案进行审查，完善了规划方案批前公示制度，提高行政审批透明度。全年核发《施工图审查备案通知书》47份、“建设工程规划许可证”417份、“建设用地规划许可证”301份、“建设工程施工许可证”55份、《建设项目选址意见书》14份；办理规划竣工验收35个。出台《安县建设工程规划批后管理规定》，进一步加强和规范批后管理工作，有效杜绝在建工程在建设过程中的违法行为，提高了批后管理水平。对圣鼎·巴洛克、汇星商业广场、荣华·国际等9个房地产项目，分进度、分阶段进行了验线、基础正负零核实、上部工程检查和竣工规划核实。

【城市基础设施建设】 2014年，完成了民安小区和第三批廉租住房配套基础设施建设、文星小区1—8巷、文星街和晋兴街的人行道改造工程；争取1500万元以奖代补资金建设的县城河西片区花荄至界牌污水处理厂第二条污水管网工程已完成总工程量的75%；县城银河大道车行道维修工程全面完工；完成淘金大道东外线、文星大道南段、滨江西路南段三条市政道路建设的前期工作。着力推进农村天然气安装工程，在黄土、花荄、界牌等7个乡镇新增村镇天然气用户4600余户。对档案局、血站门口、金鸿路与大南街交接处等断头路段进行建设，新建混凝土道路面积约2000平方米；改建西岩安置小区污水管道160米；对县城区主干道、公众聚集区的近1000个检查井安装了防坠网。对县城市政消火栓进行全面排查，在启明星大道、好医生大道、益昌路等市政主干道新建11个消火栓，更换破损、无法使用的消火栓15个。全年在县城出入口和银河干道累计摆放鲜花110余万盆，春秋两季在县城区补栽乔木350株、灌木2.8万株，新栽麦冬绿地9520平方米，县城建成区绿地覆盖率达到37%。

【住房建设】 2014年，审核商品房预售许可证15个，预售许可面积55.56万平方米（其中住宅4325套、43.60万平方米，非住宅11.96万平方米）；办理房屋产权证1250户，面积52.84万平方米；商品房合同备案4091户，面积42.2万平方米（其中非住宅593件、10.46万平方米）。对全县61个商品房小区的物业服务行业继续开展了专项整治活动。物业管理企业入驻的小区24个，指导帮助恒源小区、瑞丰苑等8个商业小区成立了业主委员会。开展农村房屋确权登记颁证业务，完成桑枣、晓坝等8个乡镇的村民住宅测绘3.88万户。

【保障性安居工程】 2014年，保障性住房安居工程任务500套，落实项目6个，完成578套，占任务数的115.6%（其中，公共租赁住房项目3个、230套，棚户区改造项目3个、348套）。发放廉租住房补贴任务200户，完成345户，占任务数的172.5%，发放资金29.48万元。重新编制了《安县2013年至2017年危旧房棚户区改造规划》，成功申请到国开行危旧房棚户区改造专项贷款金额4.78亿元，已下发贷款1亿元。首次在全县开展保障对象资格年审工作，共完成年审户数1180户。

【建筑业管理】 2014年，办理新建施工项目文明施工措施审查57宗，办理工程竣工验收备案42份。调解劳资纠纷、拖欠民工工资投诉10起。监督房建工程质量129宗，建筑面积约249万平方米，竣工67宗，竣工建筑面积约77万平方米；监督市政工程质量23个，竣工18个；工程受监率达100%，质量合格率达100%。接收48个建设单位81个项目的工程资料，指导整理工程项目档案2400卷；整理城建档案44卷898件；完成281个工程1500卷工程档案的数字化转换工作，扫描存储档案50861页；完成56个单位151个项目工程的资料专项预审工作，出具《工程档案预验意见书》56份。全年，审查与监督47个工程项目的招投标活动，涉及建设资金总计85319万元。收取人防易地建设费500余万元，做到了应收尽收、以收促建。2013年修建的“花城酒店”人防工程项目已基本完工，在“海德广场”新增1处人防工程，建筑面积5000平方米。

（刘年刚）

民生工作

【概况】 全年，市委、市政府下达安县民生工程目标共121项，包括省目标80项，市目标41项，县委、县政府自定目标16项，共计137项。涉及27个县级责任部门和3个乡镇。十大民生工程中，涉及就业促进工程18项，扶贫解困工程15项，教育助学工程20项，社会保障工程19项，医疗卫生工程9项，百姓安居工程14项，基础设施工程14项，生态环境工程15项，文化体育工程13项。截至年底，按照要求的时间节点和统计口径，137项民生工程项目中有130项任务已完成或超额完成全年目标任务，民生工程总计投入资金52512.41万元，其中县本级11767.58万元。

【资金落实到位】 及时抓紧上级主管部门资金的跟踪落实，积极争取民生工程项目资金足额拨付到位；为民生工程实施提供有力的资金保障。加强了对民生工程项目资金的监管和使用，按工程进度拨付项目资金，完善资金拨付和使用管理办法，严格资金使用审批制度，确保资金安全、完整，规范管理，提高资金使用效率；县财政、审计部门，加强对民生工程项目资金使用的监督和审计，确保民生资金的安全、有效使用。 （岳　鑫）

惠民工作

【做好“惠民帮扶证”发放工作】 开展对困难群众数据库信息的维护整理，实现对困难群众信息的动态管理，推进惠民帮扶工作的信息化建设，及时补充录入、删除、整理维护困难群众信息，同时，加强“惠民帮扶证”的发放工作。为准确快捷实施应急救助，掌握好第一手资料。截至年底，全县困难群众数据库城镇和农村共计22344户，35125人。

【开展对困难群众的应急救助】 对困难群众、“孤儿、孤老、孤残”人员和偏远高寒山区群众生产生活、就医就学、安全越冬等具体问题实施应急救助。全年为困难群众送去共计45万余元的应急救助金及物资，同时，积极争取市上应急救助金近20万元，切实帮助困难群众克服了阶段性困难，树立起生活的勇气和信心。

【困难群众劳动就业服务】 多渠道、多层次、多形式积极帮助困难群众实现就业和再就业。3月，举办“春风送岗位—四项承诺”现场招聘会。招聘会共组织招聘单位98家，现场到会人数达20000余人，提供各类就业岗位信息13000个，达成初步意向性用工3160人。

【资助贫困学生上学暨“金秋助学”】 针对城乡困难家庭中学生及考上大学家庭条件贫困的大学生进行资助。积极整合资源，按照“着力保障和改善民生”的工作要求，报名、审查、复查、公示、上报每一个环节都做到及时、准确。为168名困难家庭大学新生发放了近42万元的助学金，同时还积极牵头筹集资金50余万元，对全县299名家庭困难的大中小学生实施了教育救助。

【扶残助残帮扶工作】 以实施“民生工程”为契机，扎实推进扶残助残民生工程项目的全面完成。一是为贫困残疾人适配亟须的基本辅助器具任务数260件，共投入资金16万元；二是救助贫困家庭脑瘫儿童4人，救助金额8.09万元，康复训练救助25人，救助金额25万元；三是救助贫困家庭重度听力残疾儿童5人，投入资金28万元；四是为全县2892名一、二级重度残疾人发放护理补贴，救助金额227.05万元。

【法律援助工作】 法律援助中心本着以加强保障为前提，以改善民生为核心，以应援尽援为目标，不断强化法律援助中心的网络体系建设，切实为群众困难提供便捷、高效的法律援助服务，努力构建和谐社会。共办理各类法律援助案件468件，其中民事案件416件、刑事案件41件、公证案件11件，挽回各种损失798余万元。解答法律咨询10000余人次，咨询录入3619件，发放宣传资料5000余份。

（岳　鑫）

社会保障工作

【目标任务完成】 2014 年，全县五项社会保险参保覆盖面达 38.17 万人次，社会保险费征缴总额 4.49 亿元，待遇支付总额 3.84 亿元

企业职工养老保险：参保覆盖人数 5.32 万人，其中：参保缴费职工 3.2 万人，征集养老保险基金 2.9 亿元；企业离退休人员 2.12 万人；共计支付养老金 2.66 亿元。

城镇基本（职工和居民）医疗保险参保人数 5.562 万人（其中职工医疗保险参保参保人数 2.246 万人，居民医疗参保人数 3.316 万人）。征集城镇职工基本医疗保险金 6500 万元，支付职工医疗保险待遇 5620 万元。

工伤保险：参保职工 1.95 万人。征集工伤保险基金 763 万元，共计支付工伤保险待遇 684 万元。

生育保险：参保职工 1.6 万人。征集生育保险基金 264 万元，共计支付生育保险金 90 万元。

城乡居民养老保险：参保覆盖人数 24.95 万人，其中：参保缴费 18.18 万人，享受待遇 6.77 万人；征收城乡居民养老保险基金 8358 万元，共计支付待遇 5140 万元。

机关养老保险：参保缴费人数为 642 人，征收基金 250 万元，退休 188 人，待遇支付 339 万元。

失业保险参保 1.0527 万人，完成目标任务的 100.1%；失业保险基金征收 738.6 万元，完成目标任务的 131.9%；

社会保障卡制发卡工作：完成社保卡制卡数据申报 18.6 万张，持卡人数 18.23 万人。

【加强基金监督管理确保基金安全完整】 严格执行“收支两条线”和财政专户管理制度，严格基金支出审批制度，确保社保基金安全完整。进一步加强稽核内审工作，重点加强对参保企业实地稽核工作，对部分参保企业进行了实地稽核；加强对基金征缴、待遇支付、财务管理业务的经办流程，内控制度执行情况等方面进行内部审计，及时发现存在的问题，不断查找业务经办风险点，进一步规范了业务经办流程，防范基金风险。

【数据清理工作扎实有效】 根据《绵阳市社会保险事业管理局关于对城乡居民基本养老保险历史数据清理通知》（绵社险发〔2014〕15 号）文件的工作要求，扎实认真开展了城乡居民养老保险历史数据清理工作。清理出已达到法定退休年龄，但从未领取养老保险待遇的人员 915 人，未达到法定退休年龄，且未参保缴费人员 12814 人，系统中存在有过缴费记录但未连续缴费人员 1.41 万人，并按相关要求进行了系统处理。

【社保转移有序开展，促进人员合理流动】 继续按照统一政策、统一流程、统一表册、统一印章的原则，严格办理养老、医疗保险转移接续工作。明确办理时限，实行一次性告知，切实为参保群众异地转移服好务，促进了劳动者的合理流动。全年共办理养老保险转移接续 932 人，职工、居民医疗保险转移接续 471 人；办理城乡居民养老保险转移至城镇职工基本养老保险 1749 人。

【启动老征地失地农民参加企业职工基本养老保险工作】 市、县失地农民参加基本养老保险专题会议召开后，从 10 月 13 日起，开始办理失地农民参加保险工作，国土、公安、乡镇共同配合，有序推进。已为 5729 名失地农民办理参保手续。

【有序推进社保卡制发卡工作】 加大数据清理、信息采集的工作力度，积极申报制卡数据；制定《安县社会保障卡发放工作方案》，明确各部门、各金融机构、参保单位的工作职责，统筹推进社保卡发放工作；综合协调，精心组织。充分调动制卡金融机构、村组干部、领卡群众的积极性，完善领卡手续，做好制发卡档案资料的收集归档；加强政策宣传，营造良好氛围。通过电视广播、县政务网、手机报等媒体进行深入宣传，提高群众对社保卡这项惠民政策的知晓率，促进社保卡制发卡工作的有序开展。完成社保卡制卡数据申报 18.6 万张，持卡人数 18.23 万人。 （胡家铭）

就业创业工作

【强化职业培训，提升技能促就业】 强化培训目标，将培训工作有效对接于全县产业发展，注重将

培训项目与工业园区产业、旅游业、服务业等紧密结合，开展汽车装配、电子、厨师、育婴师、家政、创业等培训。强化培训监管，把技能鉴定与培训紧密相结合。实行人社、财政、纪委、就业等部门对培训过程、培训结果、补贴发放、转移就业等全程监督，实行阳光操作，确保培训工作的效率性、实效性和真实性。通过培训，提升了劳动者的就业技能，使他们能够找到自己满意的工作。

【精心组织实施，搞好实名制登记】 对劳动力实行实名登记制，将登记入库工作纳入县委、县政府对各乡镇的目标考核内容。成立领导小组，由人社局局长任组长，就业局局长任副组长，领导小组办公室设在劳动力就业管理股，负责日常工作。推行5项制度，即人社局领导分片包干制度、登记进度制度、进度通报制度、质量抽查制度和奖惩制度，从制度上确保登记工作的有序开展。多次召开工作推进会，研究部署阶段性工作。农村劳动力实名制登记工作得到了省、市就业局领导充分肯定，三次发简报要求全系统学习。

【夯实公共就业服务，搭建平台促进就业】 切实搞好“就业援助月活动”“春风行动”“民营企业招聘周”“失地无业农民就业专项活动”、夏季招聘会、大中专毕业生双选会等一系列公共就业活动，把帮助企业招聘员工和为大中专毕业生、下岗失业职工和失地无业农民提供就业岗位有机结合起来。在秀水镇举办的“春风行动”成效显著，参加本次招聘活动的企业和培训机构共98家，其中县内企业23家、县外企业75家。提供就业岗位近万个，涉及装备机械、电子、计算机信息、纺织、服务、服装、食品、加工。活动期间共有20000余人次参加活动，发放招工简章宣传资料30000余份，现场咨询7000余人，达成求职愿望3160人，达成培训愿望510人，招聘会取得了圆满成功。

【全面落实帮扶政策，做好就业困难援助】 在全县27个社区、18个乡镇政府及其他单位开发527个公益性岗位，托底安置就业困难人员就业。为全县1578名城镇就业困难灵活就业人员发放社会保险补贴280万元。通过这些就业补贴资金的发放，有效地稳定了就业困难人员就业。发放企业岗位补贴，鼓励企业吸纳就业，促进了就业的稳定。

【强化失业保险征缴，确保人员基本生活】 失业保险基金征集完成680万元，完成全年目标任务560万元的125%。全县新增失业登记248人，其中城镇户口122人、农村户口126人。发放失业保险金274.58万元，发放一次性生活补助2.14万元，代缴医保102.95万元，申领异地缴纳职工医保17人，申领金额3.95万元，合计发放383.62万元，有效促进了失业人员顺利实现再就业。

（赵　涌）

卫生工作

【概况】 全县有县直医疗卫生机构7家（含皮肤病防治医院），乡镇卫生院18家，村卫生室239家，民营医疗机构3家，个体诊所和学校、厂矿医务室共50家，床位1809张。县爱卫办、县新农合服务中心、乡镇卫生院会计核算中心、县健康教育所、县医改办、县“120”急救分中心均设在卫生局。

有专业卫生人员2141人，其中执业医师702人、执业助理医师365人、注册护士613人、乡村医生350人。研究生2人，本科学历186人，大专学历523人，中专学历343人。正高级职称4人，副高级职称62人，中级职称215人，初级职称708人。四川省农村卫生拔尖人才6人，绵阳市名中医2人，绵阳市首批中青年名中医1人，绵阳市首批农村卫生优秀人才4人，绵阳市十佳农村优秀院长1人，绵阳市十佳乡村医生2人，安县有突出贡献的中青年科技拔尖人才5人，安县第一届优秀人才3人。

【医改成果普惠城乡群众】 基层医改成果进一步巩固，基层医疗机构门急诊次均费用同比下降22%，门急诊诊疗人次同比上升25%；公立医院改革稳步推进，实施了取消县级公立医院药品加成，2014年1—12月，全县因取消药品加成为患者减轻医药负担1208.78万元；为县直医疗单位和乡镇卫生院招聘医务人员26人，对卫生急需、紧缺专业为乡镇卫生院和县直医疗单位直接考核招聘7人，招聘全科医师10人，签订农村订单定向医学生1人；严格实施“双向转诊”制度，“基层首诊、双向转诊、急慢分治、上下联动”的就医格局逐步形成；全年派遣二级医院医生 39 人支援 18 个乡镇卫生院，完成对口支援任务 39 人次，培训基层人员 138 人次，选派基层人员进修 28 人；争取并实施中央投资建设卫生项目 27 个，总投资 2505 万元，中央投资建设卫生项目开工率和主体竣工率均达 100%。

【重建成果得到转化提升】 县医院成功创建为国家“三级乙等”综合医院，被评定为绵阳市区域医疗分中心；县疾控中心以全省最高分通过疾控机构标准化建设评审并创建为二级甲等疾控中心。全县省级重点专科 3 个，市级重点专科 5 个。通过开展病例评审、强化医疗质量和 16 项核心制度督查、举办岗位练兵、技能比武和“假如我是一名患者”换位体验等活动，医疗服务水平和能力得到提升。

【传染病（地方病）防控工作进一步加强】 传染病防控继续实行周报、旬判、月分析制。2014 年，全县无甲类传染病报告，无突发公共卫生事件发生。传染病报告率、报告及时率、报告一致率均为 100%；全面完成省政府和市政府下达的艾滋病考核指标；强化预防接种，免疫规划疫苗应种 98035 人次，实种 96780 人次，规范接种率达 98.71%；查验接种证 5655 份，查验率 98.86%；完成脊灰接种率 98.92%，麻疹接种率 97.52%；提供预防接种咨询 10000 余人次，受教育人数达到 15000 余人；培训乡镇卫生院专业技术人员 243 人次；全力做好埃博拉出血热防控工作；12 月 5 日，四川省人民政府血吸虫病防治工作领导小组办公室发文，确认安县血吸虫病防治工作达到国家血吸虫病传播阻断标准。

【基本公共卫生服务】 国家卫计委《健康报》在一版以《重建路上的新挑战》为题，介绍安县重建成果转化提升和基本公共卫生服务工作；绵阳市卫生局以《安县卫生局：创新举措推进基本公共卫生服务均等化，服务群众健康需求最后一公里》为题，在全市卫生系统推广安县基本公共卫生服务工作经验。在国家要求的 11 项基本公共卫生项目中，创新服务内容，将中医药和学校卫生纳入基本公共卫生服务，形成了具有安县特色的 13 项基本公共卫生服务包。全县各医疗服务机构与居民签订服务合同约 7.91 万户，签约率为 61.5%；建立居民健康档案 371236 份，建档率 96.29%，规范化健康档案建档率为 99.21%；对全县 65 岁及以上老年人 45445 人建立健康档案，管理率 94.75%，参加体检 38154 人，年检率为 88.60%；全县累计发现高血压病患者 38512 人，规范管理 24889 人，发现率达 61.71%，规范管理率 71.30%；确诊重性精神病患者 1721 人，检出率为 4.23‰，知情同意并纳入管理 1509 人，管理率为 87.68%；认真开展学校卫生服务、职业卫生宣传、生活饮用水卫生安全巡查、非法行医和采供血巡查监督工作，累计巡查被监督单位 4636 户次，监督覆盖率 100%，监督合格率 96.2%；打击非法医疗行为 70 余次；监督检查饮用水 126 户次，监督覆盖率 100%。学校卫生监督 144 次。

【中医“治未病”扎实推进】 2014 年全县中医服务量达 56.94%。积极推进中医“治未病”预防保健服务，开展中医体质辨识服务 47256 人次，发展太极拳、太极剑传统运动会员 3040 人，天灸疗法服务 12023 人次；提供培土益气服务 4356 人次。老年人参与中医药健康管理 32910 人，覆盖率达 71.14%，儿童参与中医药健康管理 15355 人，覆盖率达 60.96%；全县 18 个乡镇卫生院均开展了 10 项及以上适宜技术运用，239 个村卫生室均开展了 5 项及以上适宜技术；培养基层中医药学科带头人 4 名，中医全科医师转岗培训 6 名，县级中医临床技术骨干培训 12 名。

【妇幼卫生工作有效开展】 全县孕产妇死亡率、婴儿死亡率低于全省平均水平，孕产妇死亡率和新生儿破伤风发病率连续五年为 0，年婴儿死亡率降低至 4.6‰，达历年最低；农村孕产妇住院分娩补助率达 100%，预防“三病”母婴传播项目任务完成率 100%，艾滋病感染孕产妇及所生儿童抗病毒药物应用比例达到 100%，走在全市前列。

【卫生民生惠利于民】 新农合基金总额 14739.11 万元，参合农民住院报账最高封顶线达 30 万元。参合 37.79 万人，参合率连续五年实现 100%。1—12 月新农合基金支出 14467.4042 万元，基金使用率 98%。参合农民住院政策范围内医疗费用报销比例达到 75.3%，实际补偿比达到 63.5%，门诊统筹支付比 93%，一般诊疗费支付比 97%。完成免费婚检 1863 对；完成农村妇女“两癌”检查 10031 人；农村孕产妇住院分娩补助181.17万元，孕妇新增服用叶酸1975人；完成卫生改厕2000座。创建省级卫生镇2个，市级卫生镇1个，省级卫生村7个，省级卫生先进单位1个，市级卫生先进单位1个，市级卫生村3个。

（何发斌）

人口和计划生育工作

【概况】 年末，全县总出生人口为4169人，出生率为9.31‰；其中计划内出生3703人，计划生育率为88.82%；死亡2978人，死亡率为6.65‰，自然增长率为2.66‰。计划生育各项指标任务圆满完成，整体工作质量继续保持全市乃至全省先进水平.

【积极推进改革，依法落实单独两孩政策】 开展审批、办证流程政策、流程专门培训，确保把“单独二孩”政策吃透，实现与育龄群众的无障碍沟通。加强宣传，营造氛围。印制《四川省单独二孩政策解答》《新人口计生条例》和单独二孩生育科普知识，进村入户发放，引导群众科学合理安排生育。强化优质服务，提高政策实施后续服务能力。通过网络给在外地的申请人发去申报表和需要提供的资料，让流出在外的群众也可及时申请。2014年，全县符合单独二孩政策出生587人（包含双独）。

【创新宣传教育，营造守法婚育新风】 更新理念，引领新型婚育文化不断发展。将人口文化建设融合新农村建设要求、群众精神文化需求、现行婚育法规政策规定三个方面，让新型婚育观念植根群众。拓宽计生宣传传播渠道。利用重大节庆纪念日，开展计生专题宣传活动，让人口文化潜移默化融入家庭文化。打造品牌，建立精品化宣传教育模式。已初步建成界牌石岭文化新村、永河梓潼人口文化园、桑枣“美丽飞龙”人口文化园、塔水双林人口文化大院、睢水镇教场村人口文化宣传小区，正在重点打造塔水七里村人口文化阵地。

【依法维护群众计划生育权利】 规范服务机制。建立“一站式”便民服务机制，提高办事效率和服务水平。全年政务中心计生窗口接待群众1600余人次，共受理咨询和办实事1500余件，发放便民服务资料2万余份。规范计生办证。进一步规范办证程序，精简办证手续，缩短办理时限，实行计生办证全免费。规范利益导向。进一步规范奖励扶助办理程序，坚持资格确认、资金管理、资金发放、社会监督，确保及时、足额发放奖励扶助金。共落实“三金”对象奖扶14895人，独生子女父母奖励50770人，发放资金1881万余元。强化流动人口管理服务。建立县、乡镇、社区（村）三级管理服务网络。落实专人负责流动人口信息平台，完善人口信息数据，跟踪进行流动人口管理服务。关爱弱势群体。继续实施安县独创的独生子女家庭风险保障保险，该保险政府买单群众受益，覆盖了全县城乡所有凡年满6个月到晚婚年龄的5.3万个独生子女家庭，独生子女因大病住院或死亡的可获得5000元至2万元的保险金。对计生特困家庭、手术后遗症、再生育家庭等对象进行慰问救助帮扶达40余万元。实施中国计生协会计生特殊家庭帮扶模式探索项目。项目共聘请了114名志愿者，为独生子女死亡家庭有针对性地提供生活、劳动、就医、心理慰藉等14项不同的关怀服务。

（黄小山）

民族宗教工作

【民族工作】 通过省民委争取到少数民族发展资金项目，用于扶持塔水回民肉牛养殖；争取省散杂居少数民族发展资金项目，用于塔水白塔村沟渠整治。春节期间集中慰问了困难少数民族家庭户和少数民族代表人士。全年为80名少数民族群众办理了民族身份更改、证明。

【宗教工作】 在全县宗教场所集中开展了“宗教政策法规学习月”“法律进寺庙”“发挥宗教正能量，同心共筑中国梦”主题教育活动以及以“教风”主题的和谐寺观教堂创建活动。

经绵阳市民宗局批准安县宝林东佛寺设立为佛教活动固定处所；举办高川玉皇观开放仪式活动；向省上争取20万元项目资金，用于塔水清真寺排危和秀水天主教堂输电线路改造；协调10万元资金，解决了罗浮山飞鸣禅院用水困难。

年初与各宗教活动场所签订了安全责任书和平安创建责任书；7月组织全县宗教场所开展了安全知识培训和消防演练。

统一制定了规范的宗教活动场所管理制度。严格实施《安县宗教活动场所财务监督管理规定》，由各场所统一聘请专业会计代理场所会计事务。

在宗教场所开展换届选举工作。成立了雍峙寺新一届管委会班子，通过选举调整了塔水清真寺和河清普济寺管委会班子。

（任中秋）

扶贫开发工作

【完成跨年度扶贫项目】 完成千佛镇东益村、白果村、德胜村和桑枣镇干柏村、跳石村、石佛村等2镇6村600万元财政专项扶贫资金项目建设内容。积极实施塔水镇七里村200万元产业扶贫项目，顺利完成了200亩钢架大棚项目建设任务。

【连片扶贫开发项目】 完成整村推进新村扶贫3个村。投入财政专项扶贫资金600万元，在千佛镇双电村、万佛村、川心村、千佛村和晓坝镇五福村、钟福村等2镇6村实施，全面完成了6个村的建设任务。

【扶贫培训工作】 组织有一定文化基础的农村贫困家庭劳动力，农村初中、高中毕业未考上中职、高职等在家中的青年人开展培训。实际完成农民技能培训300人。

【超额完成扶贫解困任务】 坚持以人为本的核心理念和开发式扶贫方针，深入贯彻落实省市县扶贫纲要和规划，建立了干部驻村帮扶、精准扶贫“挂包帮”责任制，扎实开展扶贫解困工作。完成减少农村贫困人口6527人。

【促进农民增收】 争取各级扶贫项目资金1032万元，主要通过“一事一议”“先建后补”“民办公助”等方式实施。争取省级扶贫项目资金600万元，用于实施整村推进新村扶贫项目；投入县级扶贫解困资金38万元，用于帮扶6200人脱贫解困；投入县级扶贫民生工程建设资金120万元，用于支持乐兴镇青龙村、黄土镇石鸭村、塔水镇幸福村、花荄镇斩龙村、秀水镇蟠龙村解决群众反映强烈的实际问题；投入实施移民后扶项目资金274万元。实现促农人均增收（财政转移支付）26元，完成促农增收（财政转移支付）19元年度目标任务的136.84%。

【扶贫开发建档立卡】 四川省扶贫开发领导小组核定安县贫困人口基本识别规模为22715人。至年底已确定贫困村41个，其中符合省级标准的24个，建了18个县级驻村工作队和229个驻村工作组，出台了“安委办〔2014〕61、65、69号”三个文件，对全县新时期精准扶贫工作进行了具体安排部署。于10月完成全县8257户贫困户、22715人贫困人口的识别和录入联网运行工作，并组织乡镇、村完成8257户贫困户扶贫手册填写工作。

【加强扶贫项目资金审计监督管理】 3—8月，积极配合市扶贫资金审计小组对2010—2013年财政专项扶贫资金项目审计工作，延伸调查了17个乡镇、46个村、2家企业、5所培训学校、240个农户等。针对财政专项扶贫资金审计中发现的问题，及时整改完善，并上报了整改情况报告。

（荣　琳）

移民工作

【狠抓移民信访维稳工作】 建立了移民信访接待办公室，落实了专门人员负责接待处理移民群众反映的问题，严格按照《信访条例》接待和处理移民问题，做到“件件有落实，事事有回音”。全年共接待信访群众35起165人次，办结率达到95%以上，息访率达到90%以上，有效维护了移民社会稳定。

【认真核发移民后扶资金】 根据国发〔2006〕17号文件，组织17个移民接安乡镇全力做好宝珠寺、瀑布沟、三峡电站、蟒塘溪、狮子滩、以礼河、白水湖水库等大型水利水电工程移民的后扶核实核发工作。全年共核发到人移民后期扶持资金282.12万元，核发准确率达100%。

【移民种植养殖培训工作】 市上下达移民种植养殖培训任务200人，实际完成移民种植养殖培训273

人，进一步拓展了移民干部及致富带头人带领群众致富奔小康的发展思路。

【继续改善移民生产生活条件】 全年共争取并实施移民项目资金274万元，涉及移民集中安置镇5个，主要用于改善移民生产、生活条件和促进移民产业发展，如道路硬化、沟渠硬化、防洪设施建设、种养殖业扶持、阵地建设等方面。受益群众7000人，其中受益移民群众1173人。

【草溪河水库前期工作】 按照县委、县政府安排部署，全力配合实物调查成果确认、大纲编制，政策宣传、入户征求意见等工作，全力协调省、市扶贫移民局对有关移民安置文本的审查、批复工作。截至年底，《移民规划安置大纲》已获省政府批准，正积极报送《移民规划安置报告》。

（黄　俊）

住房公积金管理

【概况】 2014年全县住房公积金归集达1.268亿元，完成年度目标任务的133.49%，比2013年同期增长749.14万元，增长6.29%。2014年度发放住房公积金贷款4850.7万元，完成年度目标任务的186.57%，增长1256.8万元，增长达25.9%。2014年度提取住房公积金6522.08万元，比2013年同时增长1960.86万元，占当年归集额的51.43%。新建住房公积金制度3个单位，新增人员405人。实现业务收入1303.58万元，完成年度目标任务130.36%；增值收益509.83万元，完成年度目标任务127.46%；住房公积金个人贷款逾期率仅为0.026‰。

【开展宣传月活动，扩大公积金制度影响力】 2014年4月是《住房公积金管理条例》颁布15周年，为搞好《条例》宣传月，管理处高度重视，精心谋划，突出重点，高质量抓好宣传月工作落实，以“依法实施住房公积金制度，完善住房保障体系建设”为主题开展了多渠道、广覆盖的系列宣传月活动，形成全社会关心、支持住房公积金工作的良好氛围。一是通过媒体宣传和政策咨询服务相结合的方式，利用各银行网点电子显示屏滚动播放住房公积金宣传标语等，营造浓厚的宣传舆论氛围，确保宣传引导到位。二是针对公积金的新政策、新规定，管理处通过到非有制公企业上门宣传、新闻媒体、政府门户网站、发放宣传资料等形式大力宣传。三是利用《条例》颁布15周年之际，通过在《安州通讯》开辟“住房公积金政策知多少”专栏、建立住房公积金微博微信等多种途径的广泛宣传，不断提高广大群众对公积金政策的关注，提升住房公积金的影响力与关注度。

【大力推进住房公积金归集扩面工作】 归集扩面是住房公积金管理的基础性工作。管理处坚持以“循序渐进、点面结合、重点突破”的方式，多措并举，集中力量重点突破，以点带面稳步推进全县住房公积金归集扩面工作开展。一是认真制定2014年度扩面方案。年初该处便确定了扩面重点及扩面工作措施、要求，将扩面工作目标任务具体量化分解至各股室，层层落实责任，确保全面完成年度扩面任务。二是推进部门协作，形成扩面合力。管理处转变工作方式，由单位自身推动转向多部门联合推动，通过争取财政局、工信局等县级相关部门的支持配合，借助外力、形成合力，推进住房公积金扩面工作，截至年底已为全县行政事业单位临聘人员、大学生村干部及部分非公有制企业建缴了住房公积金。三是加强宣传引导，推动归集扩面。经过对全县非公有制企业的摸排，管理处主动上门宣传动员住房公积金有关政策，针对不同情况的企业提供针对性的缴存方案，通过努力，非公有制、私营企业已开始逐步缴入住房公积金缴纳体制。其中：四川荣峰投资开发有限公司、汇利纸业、星源科技等企业100名职工建立了住房公积金。

【支取额增幅明显】 一是灵活运用政策，提供便民服务。在政策允许的前提下，根据实际情况，为职工提供便民服务。二是提取工作更加规范。进一步优化办事流程，公开提取条件、公开办事程序。为缴存职工提供快速优质的服务。落实专人负责检查资料的真实性、完整性，确认无误方可提交审批。

【规范发展个贷业务，采取有效措施防范风险】 一是规范发展个贷业务。为促进房地产市场健康发展，加大对职工购房的支持力度，减轻职工住房还贷压力，最大限度地发挥政策性住房金融制度的作用。同时规范个人住房公积金贷款业务办理程序，防范个人住房公积金贷款风险，管理处严格执行《绵阳市个人住房公积金贷款操作规范》等规定，认真执行绵阳市人民政府〔2014〕28号文件精神，调整了住房公积金个人贷款的最高额度，由2013年的40万元，提高至50万元。满足干部职工购房要求。继续严格执行个贷差别化政策，对改善居住条件购买二套住房的，首付比例不低于50%，贷款利率上浮10%，停止向购买第三套及以上住房的缴存职工发放住房公积金个人住房贷款。二是加强对合作楼盘建设监督。到各楼盘进行现场察看，深入了解楼盘建设进度、经营管理情况，并对合作楼盘进行贷款风险评估。坚持项目主体工程不封顶，不签约不放贷的原则，进一步加强贷前的管理。三是采取有效措施防范风险。为提高贷款质量，防范和化解贷款风险，管理处不断强化贷款管理，进一步加强贷前的管理严格执行贷款三级审批制度和贷款审核操作规范，从制度上杜绝违规放贷，提高贷款发放质量。强化贷款监管，强化贷后复查和贷后动态跟踪管理，严格控制贷款逾期率，对少数逾期贷款采取电话催收、制发《委托贷款逾期催收通知书》等办法，及时化解潜在风险，实现委托贷款资金安全运行。

残疾人工作

【康复工作】 全年共投入康复经费190.79万元。完成白内障复明手术260例，其中免费手术150例；完成脑瘫儿童手术救助5名，为26名脑瘫儿童进行了康复训练的救助；精神病人建档建卡789人，住院救助10人次，服药救助100人次；对2名贫困智力残疾儿童进行抢救性康复救助，25名智力残疾儿童进行社区康复训练；组织5名贫困家庭听力残疾儿童到市残疾人康复中心进行了康复训练；为60户残疾人家庭制订了无障碍改造方案以及装配、调试了无障碍辅助设施；为3名贫困成人听力残疾免费装配了助听器；为贫困肢体残疾人安装了假肢10人；组织35名盲人定向行走培训；全年免费为贫困残疾人配送各类辅助器具266件；在职培训1人；社区康复协调员培训8人；接受各项咨询服务1800人次。

【残保金工作】 全年残疾人就业保障金入库315万元，帮助残疾人居家灵活就业6063人次，扶持发展生产8357人次。

【残疾人状况监测】 残疾人状况监测仍为2个小区，监测人数55人，其中黄桷村第四调查小区有29户、残疾人32人，民生村第三调查小区有22户、残疾人25人。从11月1日至13日，2个监测工作组共11人，深入到57户残疾人家庭，对57名残疾人的状况进行了全面详细的了解。所有监测资料通过市残联审核。

【扶贫工作】 共投入扶贫经费54.32万元；无障碍改造60户；扶持贫困残疾人8357人（户）。

【“量服”工作】 截至12月16日，为残疾人提供“量体裁衣”式服务平台全县共录入16214名残疾人，结合人社、卫计、民政等部门为残疾人提供养老、医疗、扶贫等帮助，全年共为残疾人提供451548项次服务。

【教育就业工作】 为9名考取大学的贫困残疾考生和残疾人家庭子女发放助学金2.7万元；对6—15岁残疾儿童（少年）开展入学率摸底调查，将37人入学情况上报省市；改善特教学校条件，资助1万余元改造活动室1间，资助0.8万余元购买办公电脑2台，春节慰问了特教学校全校师生，送去慰问金3万元，特教学校举行挂牌仪式，送去慰问金2万元；组织500余名残疾人参加“春风送岗位”招聘会，62名残疾人与用人单位签订意向协议；开展城乡残疾人技能实用技术培训，7000人次残疾人（残疾人家属）参加了县残联、乡镇组织的各类培训；对10名参加市创业和职业技能培训的残疾人分别扶持资金3000—5000元；对39名参加县居家灵活就业培训的残疾人分别扶持2000—3000元，帮助残疾人创业、灵活就业。

（张 平）

园区工作

Anxiannianjian
安县年鉴

安县工业园区

【经济运行稳步提升】 园区核心区全年实现规模以上工业营业收入78.52亿元，同比增长14%；实现工业总产值83.97亿元，同比增长19%；实现工业利润4.89亿元，同比增长12%；完成固定资产投资29.88亿元，同比增长13%（其中技改投入完成25.87亿元；基础设施建设完成4.01亿元）；新增规模企业7户；发展科技型中小企业50户，其中新注册28户；实现入库税收1.17亿元，同比增长19%。

【工业项目建设扎实推进】 在建项目推进顺利。广都仓储、易德机械、鑫祥环保科技、新广鑫粮机、湘天建材等10个项目相继建成并投入试生产；陈氏菜籽王、新一美科技、佳仕达、圣凯利等13个项目加快建设。待建项目有序准备。园区待建项目共19个，总投资17.65亿元。其中，利泰来、国药控股等7个项目已通过规委会评审，正在进行施工前期准备工作；纳川管材、绿植等12个项目正在进行规委会评审前期工作。

【配套设施不断完善】 青安横一号市政道路和医药食品产业园区道路连接项目已完成竣工验收并投入使用；青安路市政道路完成了地面附着物赔偿和雨污管网施工；安馨公寓一期项目已基本完工，正在实施小区绿化等附属设施。

【土地利用工作强力跟进】 园区成立了闲置土地专项清理整治小组，协同县国土资源局完成园区企业低效、闲置用地分类排查和清理工作。针对每个项目的实际情况，采取追加投资、督促履约、限期建设、劝退回收土地等方式，合理合法处置各类低效、闲置用地。由国土依法执行清理处置2户企业，正在走司法程序；领导约谈4户企业，企业已按承诺方案进行推进；发函督促整改9户企业，企业已按督促函告要求履行相关手续和建设。

【招商引资质量稳步提升】 坚持多措并举，积极捕捉商机，实施“走出去、请进来”的战略，在重点巩固和做大做强机械制造产业的同时，积极推进医药食品、电子信息产业发展。全年到位省外资金23.57亿元。

【创业服务中心顺利筹建】 结合清理行政办公用房，充分利用闲置国有资产，4月28日正式挂牌成立安县创业服务中心。中心完善了日常管理制度、入驻审核制度、服务企业制度等各项规章制度，以“科技型企业孵化、大学生创业”为发展定位，加快完善企业要素保障，提升中心承载力和吸引力。12月底，中心入驻企业63户、创业商会1户，企业总投资2.1亿元、租用房屋（场地）11165.29平方米。

（李小波）

安县地质公园管理处

【概况】 2014年，全县旅游业固定资产累计投资达到20亿元，已经形成生物礁国家地质公园、千佛山国家森林公园、白水湖国家级水利风景名胜区、罗浮山省级风景名胜区四大景区，基本形成了“千山佛地，温泉之都”旅游品牌，已成为绵阳市的旅游大县。

【工作目标】 四川安县生物礁国家地质公园管理处负责地质公园及区域范围内旅游产业发展的统一规划，并组织实施；负责地质公园及全县的旅游市场管理；负责地质公园及全县旅游产业的招商引资；为进入地质公园和风景区的旅游企业提供服务；负责地质公园及风景区内的环境保护和治理。

【工作模式】 2014年，紧紧围绕“打造安县罗浮山国家级旅游度假区”的总体目标，按照“两区、一园、一条线”（两区：罗浮山国家级旅游度假区、白水湖生态园区；一园：千佛山国家森林公园；一条线：界牌镇至茶坪乡乡村旅游线）的旅游发展总体思路。以原始森林、温泉湖泊、石林溶洞为资源载体，以温泉度假、生态体验、山水观光、地质科普、乡村休闲旅游为主要形式，继续推行旅游服务标准化，加快旅游诚信体系建设，实施旅游管理台账制，不断完善应急管理体系建设，进一步落实安全生产责任，加大从业人员教育培训力度，有效地提高旅游服务水平和质量，全面构建安县大旅游格局，并取得了一定成效。尽快建成“安县罗浮山国家级旅游度假区”。

乡镇简况

花荄镇

【概况】 地处四川盆地西北部，距绵阳科技城仅10公里，辖区面积13平方公里，辖18个行政村、5个社区，总人口为8.4万人。2014年，全镇地区生产总值13.56亿元；社会消费品零售总额达到4.2亿；农业总产值5.6亿元；乡村旅游收入总额达到9750万元；招商引资实现0.4亿元；实现国地两税3963.4万元。农民人均纯收入12672元。

【城镇建设】 西南科技大学城市学院项目成功落地，全面完成学院规划范围内征地拆迁工作，12月28日，西南科技大学城市学院建设项目顺利举行奠基仪式。由科兴路、滨河路、城北路及城南路组成的城区一环路合龙工程顺利推进。长虹世纪城、荣华国际广场等项目开盘面世。朱家巷、苦竹街等5个小街背巷实现硬化亮化，龙康、千佛等5个居民住宅小区的步行街和文星社区1—4巷街面翻新竣工投入使用。完成旧城改造拆迁458户，新建9700平方米的咨询中心大楼投入使用，新建10多万平方米的9座电梯公寓；旧城改造中的回迁安置楼已经封顶，即将投入使用。为工业园项目拓展征供地共计770多亩，完成了项目区拆迁安置和食品工业园项目用地清场工作。

【工业企业】 实现规模以上工业总产值2.32亿元；固定资产投资完成1.6亿元；规模以上工业企业利润总额2830万元；非公有制经济总产值同比增长20.1%；新培植限上企业5家，小微型科技企业11家；加工制造、餐饮住宿、批发零售、物流运输、电子商务等二、三产业飞跃发展。投资4000多万元的盛玛特超市等项目竣工投入运营。

【农业经济】 全镇粮食总产量达到23330吨，油菜籽产量4212吨，蔬菜等多经作物产量20224吨，生猪出栏56400头，养殖蛋鸡120万只，水果种植面积11000余亩。投资近300万元的鸡蛋深加工厂竣工投产。柏杨、回龙、六合等村建成1300多亩的中药材科技园；先林村、兴隆村400多亩金佛手种植园建成初见成效；联丰村500多亩的红心猕猴桃园开园对外采摘；红武村新建的百亩大棚草莓科技种植园实现当年建设当年见效；红花村新建的200亩丹参基地喜获丰收；竹园村300亩折耳根基地效益明显；太平村山地土鸡产品已走上电子商务平台。以种植大户为骨干，在龙兴、罗林、雍峙、前进、斩龙等村发展蔬菜基地1200亩，丰富了城区居民的“菜篮子”；全年引进科技型农业企业4家。形成了特色水果、中药材、蛋鸡、水产、乡村旅游等支柱产业。已成立13个农村专合组织，8个农产品荣获四川省著名商标。

【环境整治】 在全镇范围内开展了夏秋两季秸秆禁烧工作。加大了对公路沿线和新农村示范村重点路段、农家院落开展除杂草、除污物、启淤泥等环境整治，使村容村貌更加整洁，农村宜居环境指数进一步提升。

【基础设施】 整治路、塘、库、堰78处；新建村组道路29公里，新建日供水量100立方米集中供水站2个，解决了11个村民小组720多户1800多人的用水问题，整治引水沟渠15600多米；土地整理项目全面实施。

【社会事业】 按照“任务相当、方便管理、界定清晰”的要求，将文星、胜果、益昌、白鹤林、西岩社区设置为39个网格，配备了网格员，形成了居民委员会主任—网格员—楼栋长为线条、社区居民积极参与、社区党组织为核心的条块结合、楼栋组团的社区网格化管理模式。对全镇新增低保家庭进行审定，共筛选掉近1/4不符合享受低保政策的家庭，新增低保家庭220余户，新型农村养保实现全覆盖。为750人发放“4050”灵活就业社保补贴资金11.7万元，城乡医疗救助592人，发放困难群众临时救助30余万元；为5个村4856户农户安装了天然气。“单独二孩”政策开始实施，“失独”家庭开始普查登记。全面开展了传染病防治和血吸虫传播阻断工作，规范村卫生室18个，“就医难”的问题得到有效解决。新农合参保达到39527人。

【花城果乡】 设立了花荄镇乡村旅游办公室和景点管理办公室，落实了规章制度、岗位职责，使景区的管理逐步走上制度化、规范化路子。采取“群众集一点。村上出一点、镇上补一点”的办法，强化公共设施、食品安全、清洁卫生的管理和日常维护，扩建了停车场、增设了CS游乐、田间采摘、都市农田认领等项目，成功承办绵阳市第二届乡村旅游大会第二分会场大会。已发展农家乐、休闲山庄、景区购物摊点45处，接待游客量已超过12万人次。3月22日，中央电视台“乡村大世界”栏目组在“花城果乡”拍摄了“幸福安县”专题节目。荣获“全省乡村旅游示范乡镇”和“省级生态镇”称号，花城果乡被农业部评为“全国乡村旅游景点创意精品奖”。

（黄开杰）

桑枣镇

【概况】 桑枣位于安县北部，与秀水、乐兴、沸水、晓坝、千佛及北川县永安、安昌、擂鼓等8个乡镇接壤。桑枣早在1500多年前就有人类活动的记载，因盛产桑蚕和红枣而得名，俗称桑枣园。距安县县城23公里。辖区面积101平方公里。总人口4.1万人。辖19个村1个社区。城镇建成区面积2平方公里，城区人口1.1万人。

2014年，国税入库100.52万元，地税入库284.33万元，固定资产投资10500万元。全镇现有企业62家，个体工商户1080家，辖区内规模工业企业产值实现66890万元，利润总额2200万元；招商引资10600万元；社会消费品零售总额6520万元。全镇粮食总产量达到17931吨，农民人均纯收入比上年增加1359元，达到10964元。

【基础设施建设不断加强】 结合千柏、跳石、石佛等村连片扶贫开发项目，新修水沟11000米；整治塘堰10口；新建提灌站1座；新修村组水泥路19公里；新修林下及田间作业便道10公里；新修了铜钱观田路大奔流段140米道路堤防；整治了茶坪河防洪堤；实施了梓潼大桥灾后重建；抢通保通了大观路、铜柳路；修建了茶坪河梓潼大桥处人行便道；实施了铜钱河疏浚1200米；安装了桑河路波形护栏、交通警示灯及村主道安全警示标志标牌；投资76万元，实施了千柏、跳石、石佛三个村集中供水项目和花庙村小型饮水工程，解决2000余人的饮水安全；在红牌、立志、云丰、松林、飞龙等村新安装使用天然气1200户。极大地改善了农村基础条件。实施了百镇建设行动，把资金全部落实到具体7个大项目上。一是完成了桑枣镇总体规划（2014—2030年）编制工作，以规划引领建设。二是实施了黄金堰街—浮山路段的枣园中街市政基础设施建设，新铺设了雨污排水管网、地埋通讯综合管网、人行道、黑色沥青路面，新安装了路灯，改造了天然气、自来水，让居民吃上新水厂自来水，彻底解决了城镇生产生活用水、用气困难的“老大难”问题，提升了老街镇容镇貌。三是实施了桑枣城镇应急避险场所（群众文化活动场地）项目建设。已进入项目招投标程序。四是实施了枣园上街、桥楼街市政基础设施建设项目，现初步完成规划设计工作。五是实施了城镇市政照明路灯维修改造项目，对场镇277柱328盏路灯进行检修、铺设电缆、更换灯具等，确保城镇照明。六是实施了城镇立志路、温泉路口路面补烂工作。

【农业产业不断发展】 进一步加强5000亩核桃产业的管护；新成立专业合作社3家，集中流转土地2200亩，发展种植绞股蓝产业1000亩，套种黄秋葵产业600亩；种植莲藕100亩；种植玫瑰1000亩；净种向日葵150亩，套种向日葵850亩；种植金银花300亩；种植中药材600亩；良种繁育魔芋160亩；种植羊肚菌50亩；小龙虾养殖150亩；养殖阳澄湖大闸蟹30亩；吸引前来赏向日葵花、莲藕花、玫瑰花，垂钓鱼、钓龙虾等游客达4万人次以上，新培育了黄秋葵花茶、绞股蓝茶、玫瑰茶、玫瑰露等系列旅游产品；积极支持各村因地制宜发展农业产业，稳定粮食生产，增加群众收入。

【强化城乡环境综合治理和违法建设整治】 整合城管、交管办、工商、供电、网格办、社区等部门，落实7名城管31名环卫工人专职负责场镇的实时保洁、清理、清运，安排了2辆整治巡逻车，专门用于环境治理、违法建设日常巡逻检查；建立了镇、村、企业、单位辖区环境卫生秩序责任和居民“门前三包”责任，形成齐抓共管的合力；加强了场镇、城乡接合部、茶坪河道及两岸的环境秩序治理，保持了环境干净整洁。对场镇的摊点规范到市场经营，对场镇5条主要街道设置了专门的停车位，添置了交通标示标牌、限速标志，规范车辆停放；添置了垃圾桶、果皮箱等设施，新添10吨型市政洒水车正在进行采购。开展了创建四川省卫生镇活动，顺利通过了检查验收。

【全力做好罗浮山温泉旅游开发建设服务工作】成立专门的工作组，积极协调解决浮生御酒店等项目建设中的问题，确保酒店2014年10月建成营业，增添了温泉旅游新亮点；完成了温泉小镇古海湾等新项目征地前期工作；积极处置温泉旅游区出现的民工工资等问题，营造了良好的罗浮山温泉旅游环境。

【全力做实民生工作】 一是全镇11个村开展了春秋两季灭钉螺工作，通过基础灭螺、泥敷灭螺、地膜灭螺、药物灭螺等措施，实现血吸虫病传播阻断达标。二是完成"7·9"洪灾山区地质灾害必须避让搬迁户房屋重建工作，集中异地建房48套。三是实施了地质灾害隐患治理10处，开展了防灾减灾综合演练，强化地质灾害和汛期安全防范，避免人员伤亡和财产损失。四是开展了精准扶贫登记建卡和调查统计工作，在册贫困户758户2067人全部录入贫困农户信息管理系统；建立了扶贫解困工作机制，采取领导联、部门扶、干部带、党员帮、社会助等措施，努力为农村困难群众排忧解难，增加收入，全年共脱贫630人，脱贫率达30.5%。五是全面开展了城乡低保核查工作，让群众公开、公平、公正地民主评议，把符合低保条件的应保尽保，将不符合条件的坚决清退出去。核查后，全镇现有城镇低保3户6人，农村低保84户139人。六是开展了集中办理老失地农民参加养老保险工作，共办理881人；建立了枣园社区日间照料服务中心，方便社区居民。七是开展了农村土地承包经营权登记工作和农村农房确权登记工作。八是全镇新农合参合率达到99%，城乡居民养老保险参保率104%。九是全面推行农村0—18岁独生子女大病、死亡保险，开展计生特殊家庭探索帮扶项目，计划生育"三金"发放1542960元，全面落实"两奖两扶"政策，孕前优生健康免费检查71对，计划生育率达到88.07%。十是认真落实了粮食直补、综合补贴、良种补贴、农机购置补贴、退耕还林补贴等惠农政策。十一是开展了动植物疫病防控和农业政策性保险，粮食作物投保面积28622.1亩，森林投保面积83562.28亩；劳动力技能培训2800余人次。十二是实施了宽带乡村工程，在云丰、浴溪等村安装光纤宽带，促进农村信息化建设。

【扎实推进社会事业发展】 一是高度重视教育教学工作，切实解决教育发展中存在的问题，努力提高教育教学质量。连心小学顺利通过县政府素质教育督导评估，校园网被中国现代教育网、绵阳市现代信息教育管理中心评为特等奖；一小教育教学质量名列安县A类小学前茅，《童心向党》合唱在央视教育频道播放，大课间活动荣获绵阳市特等奖，新扩建6.53亩操场正式投入使用，解决了一小学生活动场地不足的问题；镇中初中毕业117人，进入高中阶段学生80人，获得安县首届汉字听写大赛初中组第三名，投入改造资金104万元，新建学生食堂600平方米；桑中教育教学质量综合考核荣获全县一等奖。全镇发放贫困住校生补助110万元。二是推进文化桑枣建设。加大群众性健身设施投入，广泛开展群众体育活动，在站内、文化站等地点，每日早晚开展群众健身舞活动；积极参加了安县"第五届运动会"，桑枣代表团取得了全县团体总分第二名的好成绩；进一步加强镇文化阵地建设，发展壮大桑枣文艺创作，2014年桑枣地方特色的《枣园文艺》刊物刊发3期。组织开展了人民群众喜闻乐见的"元旦迎新春歌乐活动，'桑国家家乐、枣园处处春'大型文艺会演，正月初一大型传统民俗大拜年活动，'多彩安州梦，最美家乡情'四乡镇联演联展大型文艺文化活动，'欢乐金秋、幸福枣园'新中国成立65周年暨2014年'九九'重阳节大型文艺展演活动"等系列文化活动，表演队伍档次不断提升，参加全县"五一""舞动安州"广场舞比赛中，桑枣镇参演节目《太阳出来喜洋洋》获一等奖。三是卫生服务不断完善。加强农村公共卫生和基本医疗服务体系建设，提高处置突发公共卫生事件的能力，增设了镇食品药品监督管理所，加强了镇村卫生机构联合一体化管理，镇卫生院管理进一步强化，服务进一步优化，村卫生室建设进一步规范。立志、松林两村通过了省级卫生村验收。

（胡 平）

秀水镇

【概况】 秀水镇位于成都平原西北部、安县自然风景区中心，是通往省级风景名胜区白水湖、千佛山、罗浮山及罗浮山温泉旅游环线的中转站。辖35个村、3个社区，343个村民小组。城镇建成面积3.2平方公里，总人口7.4万人。2014年，秀水镇共实现地区生产总值109960万元；固定资产投资达到14500万元，社会消费品零售总额9200万元。国地两税收入达到292.1万元，招商引资到位资金1.03亿元，协议引资1.9亿元。农业总产值达到57458万元；粮食总产量达到37605吨，生猪出栏52500头，全镇农民人均纯收入达到9980元。

【工业现代化发展不断壮大】 推进镇内5家成长型企业走环保升级、技术创新、加快发展的路子。同时，主动从特色优势产业和新兴产业中寻找带头产品，力争培育出知名度高的优质品牌。截至12月底，规模工业1户，新增科技中小型科技企业11户，完成技改升级企业3家，其中神龙公司、广吉油脂等企业正在拓宽外销路子，准备启动品牌创建。

【农业产业化水平不断增强】 新建村道17.3公里、新建18.5千瓦提灌站1个，新建安全饮水工程3处，新增农民专业合作社3个、注册家庭农场7个，完成实用技术培训13200人次。在牌坊村实施产油大县项目，完成田型调整2000亩，田间排灌渠网11223米，人行桥249处，便民池28处。新增蔬菜种植面积5000余亩，增加土地流转18000余亩。在灯塔、方林等8个村实施总投资为710余万元的“2014年财政现代农业发展生产项目”，完工后，该区域3000余亩土地资源将得到极大的聚合效应。对汛期存在安全隐患的水井村示范塘泄洪通道和长春村四组的防洪堤进行了维修和整改，确保两个村200余户村民安全度汛。

【商贸产业集聚效力不断提升】 2014年，城镇有综合性农贸市场2个、专业市场5个；有物流业服务网点556个，其中物流公司2个；住宿及餐饮服务业122个，信息服务网点11个，金融服务网点8处，娱乐等其他服务业182个。

【加快场镇建设】 总投资530余万元的幸福小区（三王庙街、法庭道路）管网改造已全部完工，道路基础硬化工程全部完工；投资500余万元的新怡路道路改造工程主体工程完工；城镇小型污水处理设施前期已摸底完成，于10月份在天竺村八组进行试点建设；旧城改造工作已完成民意调研和资料准备等相关工作，计划年后实施；全镇总体规划修编工作经过评审等相关程序，已进入报批阶段。另外，龙泉、牌坊等7个新农村建设示范点已基本形成完备的路网、水网、田网、电网、通信网络。顺利完成全省血吸虫病传播阻断达标任务，共反复灭螺170.74万平方米。完成半玻钢农村户用沼气池48口建设任务，新建高标准农田2000亩，检查农村饮用水源11处。落实一般造林500亩、幼林抚育3000亩，实施退耕还林管护1870余亩。

【社会事业健康事业】 全镇严格按程序开展低保复核，共有城乡低保2082人（其中城镇878人、农村1204人）。统计高龄老人103人、惠民帮扶应急救助51户，为2256名残疾人进行量体裁衣帮扶，为77名患者争取大病医疗救助301646元。新农合参合率达到100%；农村劳动力实名制登记37167人，入库36748人，就业援助对象“4050”人员社保补贴230人，公益性岗位开发25人。推进连片扶贫开发，1150人顺利实现脱贫，高川乡、千佛镇移民安居乐业。加强计生管理，稳定低生育水平，截至9月底，共出生684人，办理“单独二孩”审批143个，人口自然增长率为3.5‰。

重点对区域内治安、安全生产、和谐稳定下了功夫。将全镇划分了8个网格、聘请了网格员8名。对人口、房屋等基础信息的收集和录入工作。做好社会稳控工作，及时制定镇防恐维稳预案，成立防恐领导小组，着眼于源头预防。严格开展好矛盾纠纷“大调解”“五进”“三访”工作，每月2次对影响社会的不稳定因素进行集中排查。全年共调解各类纠纷258件，调解成功率达95%，村（社区）受理调解纠纷169件、调解169件，调解成功率达90%。认真落实安全生产目标责任制，分别与各村（社区）、企业、烟花爆竹零售户等签订了《安全生产责任书》，年内成立了农村道路交通安全管理办公室，聘请农村道路交通管理专职人员4名、道路交通劝导员70名，排除道路安全隐患点20处，规范设立道路交通标示、标牌220处。加大地质灾害防控力度，对30余处地质灾害点进行严密监控，由联系村办公室、国土所、村组干部到实地排查，并落实了避险路线及场所。人防、民族宗教、保密、外事侨务等工作得到加强。

（毛　婧）

塔水镇

【概况】 塔水镇地处安县腹地，距成绵高速30公里、成绵高速复线10公里、绵阳市40公里、县城13公里。镇内主要干道辽安路、安罗路、子汉路穿镇而过，是全县最大的回族聚居区，是川西北最大的食用油加工基地。全镇辖26个行政村（10个坝区村、16个丘区村），2个社区，总人口5.5万人，辖区面积68平方公里。2014年，全镇完成地区生产总值77715万元，实现农业总产值46345万元，工业总产值161023万元；实现规模工业产值66642万元，规模以上工业企业实现利润2562万元；固定资产投资18094万元；第三产业总收入18947万元；农民人均纯收入12047元。完成国税收入120.47万元；地税收入152.7万元。计划生育政策生育率达到91%，人口自然增长率为2.65‰。

【农业经济】 加大结构调整力度，强化基础设施建设，着力壮大农村经济，增加农民收入。重点农业项目全面铺开。农业基础设施得到改善，“五小”水利工程、国家千亿斤粮食项目、现代农业生产发展项目顺利实施；油房、联盟等6个村被列为农业综合开发项目村，正觉、幸福等4个村被列为水利重点县项目村。七里示范片建设顺利推进。截至年底，已建成桃花大道10公里；配套种植林下中药材600余亩；葡萄走廊已全部完工，建成设施葡萄2400余亩、核桃600亩、花果两用优质桃700亩；水产养殖已发展200余亩；建成标准化生态黑猪养殖场2个、联户联建伊拉兔养殖小区4个。建成沟渠30.5公里；规划建设的17口蓄水池已完工，整治塘堰34口；安全饮水工程主管道安装、高标准农田建设、土地整理项目已全部完成；新村聚居点小区、文体设施、污水处理站、农产品检疫中心正在建设中。特色产业带基本成形。整合资金，发展特色农业，形成了以七里村为核心的产业带，“千头黑猪、千头山羊、万只肉兔、万只肉鸡”四大特色养殖模式稳步推进；“万亩水稻制种种植基地”“万亩核桃种植基地”“千亩绞股蓝、黄秋葵种植基地”“千亩葡萄种植基地”等立体农业产业核心区有序发展。

【城镇管理】 加强场镇配套设施建设，完善场镇服务功能，推进“城乡一体、两化互动”。加强城乡环境综合治理。强化“户集、村收、镇转运、县处理”生活垃圾处理模式，实现垃圾转运处理全覆盖。着力打造高效城管队伍，建立“1+1+1”分段管理工作机制，即“城建办人员+城管队员+清扫保洁人员”负责清洁和秩序，全面规范场镇秩序。不断完善综合配套。进一步做好场镇道路养护工作，完善公厕、路灯、绿化等配套设施，加大城镇美化、绿化、亮化投入。大力提升场镇品味。重新调整场镇规划，完成新一轮修编工作，朝兴街道路综合整治工程正准备施工，污水处理厂正在进行前期工作；秀塔河整治工程已完工；棚户区改造、百镇试点项目建设有序推进。

【工业经济】 立足实际，突出科技引领，创新发展，全面推进工业发展，农产品深加工、精加工企业，食用油加工行业和特色农产品加工行业稳步发展。强化规模企业效应。发挥陈氏、辉达油脂公司等规模企业的主体作用，鼓励和支持企业做好技术改造，扩大生产规模，提升产品档次，立足传统粮油加工产业，加大对本土特色的品牌包装扶持，“菜籽王”等粮油产品远销省内外。科技创新不断加强。加大对金象制衣有限公司的扶持，“奇热”牌自发热系列产品在省、市工业及科技展销会上深受好评，已拥有2项专利。招商引资成效显著。采取内引外联、走出去请进来等方式，鼓励和支持有发展潜力的农产品企业落户塔水，淘汰落后产能，关停小纸厂1家，新增中小型科技企业11家，实现招商引资6400万元。

【社会事业】 完成1638户2061人的低保户入户走访复查，全年兑现低保、“五保”、优抚等费用共计571.3163万元，切实保障了困难群体的基本生活。

按照“一点一策”灭螺，做到血吸虫病防控阻断。加大新农合的宣传和收缴力度，参合率达到任务要求，有效解决农民就医难、看病贵问题。不断完善城镇居民医疗保险、新型农村养老保险等工作。白塔国学基地招收学员近200名，辐射塔水28个村（社区）、秀水、绵阳，国学基地负责人李治林荣获第四届“纳通国际儒学奖”；涌现出安县公民道德模范唐晓蓉、优秀村支部书记黄云正、见义勇为陈明富等先进典型人物，进一步弘扬了社会主义核心价值观。完善矛盾纠纷排查调处机制，严格落实重点信访案件包案责任制，扎实开展领导干部接访活动，加大积案化解力度，不断创新社会管理。加强社会治安综合治理，坚持排查、调解、防范、综治相结合，强化群防群治长效机制，及时解决群众反映的热点难点问题，确保社会大局稳定。民族宗教工作不断推进，顺利完成清真寺“圣纪”活动。认真开展“安全生产月”活动和“六打六治”打非治违专项行动，确保安全生产形势持续稳定，无重大安全事故发生。

（岳丹丹）

河清镇

【概况】 河清镇位于安县南部，地处三县两市交界处，城镇与绵竹市绵远镇街道相接，是绵阳与德阳的边境重镇。河清镇辖8个行政村、91个村民小组、1个社区、3个居民小组，7635户，总人口2.12万人，辖区面积28.4平方公里，耕地面积24306亩。2014年，完成国税收入80.47万元，地税收入168万元，6家规模企业总产值7.75亿元，利润总额实现2600万元。完成固定资产投资6520万元，技改投资7205万元，招商引资任务1.16亿元，其中国内省外资金3500万元。农民人均纯收入11450元。拥有世纪华联、万家乐两家大型超市，社会消费品零售总额达到1.1亿元。粮食总产量16296吨。

【工业经济】 全镇规模上企业达到6家，引进的绵竹市龙安玻陶公司，已建设陶瓷釉料生产线1条，10月开始点火，试生产的产品质量完全合格。协助川磷化工完成对陷入经营困境的泰圆化工的收购，新建五氧化二磷和赤磷2个生产车间，产值接近8000万元。协助明升纸业公司征地10亩扩建大型污水处理池，实现技改扩能17000吨，环境污染问题得到有效治理。投资5000万元的新一美饲料添加剂厂在2015年4月份投产。

【农业生产】 水利设施投入150余万元，新建、维修沟渠8000余米，修复水毁堤防3处，维修山平塘3口，改扩建提灌站3处；道路基础设施投入16.5万元，修建村组道路1000米。继续推进小麦高产创建示范片工作，绿色防控面积3000亩，专业化统防面积4次45000余亩，有效杜绝小麦条锈病、白粉病、赤霉病的大面积发生。示范片小麦标准亩产达590公斤以上，落实优质稻示范基地500亩。对白溪河水毁河堤及时进行了修复，曹家堰、周家堰小型水毁水利设施修复工程正有序实施。加快推进农业机械化，大型农机具购置已达100余台，落实收割机安装碎草装置33台。2014年共发放粮食直补28.2万元，综合直补252.4万元，农机购置补贴64余户，发放资金181万元。

【社会保障】 新型农村合作医疗政策得到全面落实，新农合参保人数17111人，参合率达101.44%；新农保参保人数8458人，完成目标任务的101.9%；农村小额人身保险全镇共有5302人参保，完成目标任务的115.3%。全镇共有730人享受低保，226人享受优抚，1067人享受农村计划生育家庭奖励扶助，有23人享受计划生育特别奖励扶助。

【民生工作】 利用金光村原村小闲置的2600多平方空房建立养老日间照料服务中心，同时，将1600多平方空坝打造一处室外娱乐健身场所。投资175万元新建敬老院一处，扩建用房面积1200平方米，新增50个床位。利用前锋村地处场镇的优势，搭建场地600多平方米，打造“留守学生之家”。

【场镇管理】 完成居民建房规划1处，规范施工现场5处，农房建设报建10处，农房确权颁证基础数据收集工作已经完成。对现有的施工现场进行安全质量大检查，共发现施工安全隐患1处，发放《停建整改通知单》2份，口头责令整改5处。

（李尚潇）

黄土镇

【概况】 黄土镇地处安县西北部的安昌江流域，于清嘉庆七年（1802 年）建场设市。距县城 10 公里，位于北纬 30°35′、东经 104°28′。东邻县城花荄镇，西接北川新县城永昌镇，南连乐兴镇、兴仁乡，北靠江油市八一乡。全镇南北长 16.32 公里，东西宽 11.2 公里，辖区面积 86.5 平方公里，丘坝兼存，一江中流。其中坝区占 40%，丘区占 60%。全年无霜期为 300 天，日照时数 2900 小时，年平均气温 16.7°，年降雨量 900—1300 毫米。全镇共辖 18 个行政村、188 个村民小组、2 个社区、7 个居民小组，总人口 38673 人，其中农业人口 33127 人。辖区内耕地保有量 50220 亩，基本农田保护面积 44550 亩。2014 年，全镇规模以上工业企业产值完成 4.39 亿元；利润完成 1210.10 万元；固定资产投资完成 1.61 亿元；技术改造投资完成 4300 万元；社会消费品零售总额完成 6812.10 万元；新增企业 5 户；科技型企业新注册 10 户；招商引资完成项目协议资金 4000 万元，到位国内市外资金 9300 万元，国内省外完成 3500 万元。农民人均纯收入实现 12644 元，比上年增长 125%；国税入库 100 万元；地税入库 115.10 万元。

【工业经济快速发展】 召开工业发展和安全生产形势分析会，邀请专家和企业主对黄土镇的工业发展和安全生产形势进行分析和规划。制定黄土镇工业社会管理工作方案。做好中小企业融资需求的调查摸底工作。做好资金和项目的招商引资工作，引进绵阳雪宝乳业投资 4000 万元新建奶牛场；引进民航矿物油科技公司投资 6500 万元新建废油回收再生生产线。

【农业产业彰显成效】 “阳光菜地”，无花果基地，江池、人民芋子产业，菩提蛋鸡和特种水产养殖进一步拓展；佳禾生态园、明月休闲庄农家乐规模和档次进一步提升。推进基础设施建设。新建机井 6 口、人饮工程 2 处、排灌沟渠 1.6 万米、塘堰 2 口、作业便道 2591 米、桥涵 1 座，改造高标准农田 850 亩。扎实做好土地确权、草溪河水库前期建设、农技、畜牧、林政等工作。积极引进农业龙头企业，引进森融林业公司投资 965 万元建设 2500 亩优质核桃基地；引进兴民农业开发公司建设 200 亩蓝莓基地。

【城镇管理开展有序】 旧城改造已完成前期工作，方案经县规委会审查，即将挂网招标。开展文明劝导和志愿者服务行动、整治“六到位”。坚持做好大小春两季的禁烧秸秆工作，确保镇生态文明建设的顺利推进。加强村镇建设的规划和管理，严肃治理乱搭乱建。

【民生建设扎实推进】 全力实施社会保障工程；圆满完成新农合、新农保参保任务；全面落实各项优抚对象抚恤补助及各类补贴；全面开展维稳、信访、人民调解、社会治安综合治理等社会管理工作；加强人口和计划生育工作，解决了群众生产生活等方面的突出难题。2014 年，发放各类粮食及综合补贴 382.36 万元。发放计生三金 25.26 万元。发放民政低保、优抚、救济、殡葬资金 477.61 万元。全面完成“血吸虫病防治阻断达标”任务。

【社会治理成绩斐然】 扎实推进网格化和信息平台建设，全面开展维稳、信访、调解、防邪、社会治安综合治理工作；切实开展社会主义核心价值观教育，启动志愿者服务和文明劝导工作；省级安全社区建设达标通过验收。

（邓翔文）

睢水镇

【概况】 睢水镇辖区面积 76 平方公里，人口 2.04 万人，辖 10 个村、1 个社区。墩秀路、永睢路、睢拱路、睢沸路穿镇而过。成（都）兰（州）铁路开建，客、货站已完成征地开始建设。2014 年，全镇完成本级“两税”收入 2178 万元，其中：国税 1101 万元，地税 1077 万元；完成辖区内规模以上工业总产值 43.98 亿元，比上年增长 7.2%；完成固定资产投资 3.1 亿元；招商引资到位资金 8125 万元；完成粮食总产量 10861 吨，农民人均纯收入实现 10951 元。

【工业发展优格局　招商引资扩增量】 新引入洪发车辆公司已投入试生产；博媛公司扩建年产 50 万

吨白云石生产线顺利投产；恒安公司10万吨轻质碳酸钙项目正在建设；向泰阳公司环保技改项目已经完成。成兰铁路全面开工，征收土地460.56亩，房屋拆迁20户，拆迁面积3622平方米；隧洞掘进施工3239米，睢水河双线大桥、白溪河三线大桥桥墩施工结束，火车客站（安县站）和货站土地进场施工，客、货站周边配套规划正在进行中。

【狠抓基础设施建设】 以现代观光、休闲旅游、生态农业为目标，大规模发展药材、魔芋、藤椒、车前草、莲藕等经济作物。青云村鑫旺养殖、金华养猪合作社的原种猪场和宝华养殖基地蓬勃发展，宝华养殖已顺利通过省级标准化生猪养殖场验收。通过争取国家项目和镇财政补助的办法，硬化道路10.5公里，整修受损山区道路3.8公里；实施了惠及全镇农村的天然气入户工程，主管网已经覆盖青云、红石、东林、教场、道喜、罐滩等村。

【加强场镇建设】 镇财政年投入80万元完善了城乡保洁、清运和垃圾处理。投资约280万元的场镇架空线网入地工程的前期工作基本完成。采取洒水降尘、新增保洁人员加大清扫力度等措施有效改善墩秀路环境，完成“校场坝”文化广场的绿化和美化工作，被四川省绿化委员会授予“四川省绿化模范单位”荣誉称号。

【社会事业全面发展】 建立了地质灾害群测群防预报预警体系，投资4万余元，在地质灾害易发点设立了警示牌、警示语、撤离路线牌。全年出生202人，政策生育率88%，人口自然增长率3.9‰。全面开展低保核查工作，234户、355人符合低保条件，筹资3.7万元为417名困难群众统一购买新农合，农村“五保”供养65人，为750名残疾人提供“量体裁衣”服务。做好困难群众安全温暖过冬工作，慰问困难群众230户，临时救济30户。

【创新社会管理模式】 强化和完善厂社关系协调平台，提前介入、动态掌握、及时处理，厂社矛盾和纠纷得到有效处理。投入7万余元，实施了“天网工程”，初步形成了立体化、全方位的安全防护网。投入资金对场镇、农村和各单位安装门牌号，计划安装1.7万户。2014年，睢水镇人民调解委员会被评为绵阳市“模范人民调解委员会”，1人被评为四川省维护稳定先进个人，1人被评为绵阳市“人民调解能手”。

【做好春社踩桥工作】 圆满完成安县第二届环山环湖自行车赛和一年一度的“中国春社·睢水踩桥”活动。被四川省文化厅命名为2014—2016年度“四川省民间文化艺术之乡”称号。启动了“沙汀故居遗址”修复项目。

（胡　浠）

永河镇

【概况】 永河镇位于安县南部，东与安县塔水镇、宝林镇连界，南与德阳市罗江县略平镇相邻，西北与安县河清镇接壤，辖区面积32平方公里。辖12个村、97个村民小组（含移民小组），1个社区居委会、5个居民小组（含移民居民小组）。2014年年末耕地面积2.32万亩，总人口18896人，其中农业人口17991人。总户数6913户，其中农业户6613户。2014年，全镇国民生产总值完成2.006亿元，农业生产总值完成1.7亿元，国税完成15万元，地税完成20万元；新增小微企业3家，新增农村专业合作社2个，规范完善农村专合组织4个；完成招商引资5000万元，完成固定资产投资7550万元，社会消费品零售总额完成838万元，均超额完成目标任务；农民人均纯收入11088元，人均增收1683元，共同目标全面完成，经济类所有指标均超额完成了目标任务。

【基础设施不断完善】 总投资200余万重点推进了和平、金花、海泉、皇塔、梓潼、同心6个重点村的一事一议村道建设12.3公里，完成五泉、海泉、观庄、皇塔等8个村的水利疏浚施工，修建、修缮沟渠112500米，修建塘堰4口，新建硬化防洪堤1800米；修建人饮工程供水站1处，河道疏浚1850米。

【现代农业彰显特色】 截至年底已建成标准蔬菜大棚3600亩，流转土地4427亩，流转率达18.5%。特别是以金花为核心的万亩无公害蔬菜基地，2014年继续扩大种植规模，年底已新发展蔬菜大棚500亩，辐射带动了插山、五泉、海泉、皇塔、永兴、安罗等村发展大棚蔬菜。全镇共出产各类蔬果1.4

万吨，其中西瓜6000吨、西红柿2100吨、黄瓜600吨、茄子800吨、辣椒1600吨、苦瓜700吨；在养殖业方面，全镇共出栏生猪22740头、肉牛6430头、肉鸭43620羽、肉鸡22350羽、鱼类45.5万斤。

【助民增收凸显实效】 以多种形式对农民进行培训，包括提高农民科技、经营、烹饪、电焊等多种知识和技能，解决农民生产、就业中的实际问题，增强参训人员服务技能。共培训457人次，有组织地开展劳务输出563人次。累计输出5402人，占农业人口的30.2%。

【民生事业长足进步】 全镇适龄儿童入学率达100%，初中阶段入学率达100%。重视校内外学生安全工作，每季度进行安全教育，加强师生安全管理。年均政策生育率88%，人口自然增长率3.98‰，农村计划生育家庭奖励扶助发放910人，全面完成了县上下达的目标任务。城乡居民社会养老保险实际参保人数8461人，参保率达到101.5%，基础养老金发放率达到100%；足额发放优抚金、救助金，“五保”对象集中供养37户，复、退、转军人的定补发放和安抚205人。抓好了新农合工作，新农合医疗参合率达100%以上。

【稳控工作不断加强】 全面做好调解工作，实现大事不出镇、小事不出村，矛盾不上交。全年共调解疑难纠纷45件，化解不稳定苗头5件，接访群众126人，解惑答疑、政策咨询103人。

（李山川）

界牌镇

【概况】 界牌镇位于安县东南面，素有安县“东大门”之称，辖区面积31.8平方公里，地貌丘坝兼有，以平坝为主。有8个村、2个社区，2.2万人，21个基层党支部，党员887人。2014年，全镇工业总产值实现80026万元，利润总额实现3500万元，产销率达到97.59%，财政税收完成393万元［国税收入83万元，地税（含附加）收入310万元］，固定资产总额达到16000万元，社会消费品零售计划总额13767万元，粮食总产量5919吨，招商引资1.15亿元，协议引资总额3000万元，农民人纯均收入增加1387元，达到13690元。

【民生工程】 兑现各种惠农补助资221.81万元，其中：粮食直补14.68元；农资综合补贴141.65万元；农机购置补贴资金80.16万元。

做好民政困难群众新农合资助工作，共资助561户贫困对象参加新农合，参合农民年人均筹资标准70元。城镇低保36户42人，月均补差280元；农村低保308户404人，月均补差110元；农村“五保”对象51人。每月发放“五保”户救济金14070元、低保金56599元，优抚金38912元；全年共救助困难农户80余户，发放临时救助资金3万余元。积极推行“三免一补”工作，全部免除农村义务教育阶段学生学费、杂费、书本费，对146名贫困生生活费进行了补助。巩固计生工作，认真落实农业人口独生子女“奖优免补”政策，享受国扶400人，省扶50人，特扶19人，独生子女奖励2578人、发放奖励金286800元。农村孕产妇住院分娩率100%。扎实推进新农合参保工作，全年新型农村合作医疗共参合18356人，参合率达98.9%。

【加强农村基础设施建设】 在西明、龙集、石岭延伸自来水主管网2600米，解决320户1290人饮水问题；青安大桥拆除完毕，已进入重建筹备阶段；五显村新增提灌站一处，初步解决了困扰村民多年的饮水难题；落实城乡环境综合治理专项经费68万元。

【服务工业发展】 进一步树立“镇与园区共发展”理念，支持县工业园区基础设施建设和项目引进及落地投产。协调支持兴安金属材料、德虹电器、广都仓储等21家规模企业进场开工建设。解决各类矛盾纠纷30多起。依托镇创业就业示范基地，建好“镇企互动”劳务用工QQ群，及时掌握境内企业用工需求和失地农民就业意愿，不断完善失地农民就业创业培训机制，着力破解保障失地农民长远生计的问题。2014年新增就业岗位181个，实现新增就业181人。深入开展安全生产大检查和“六打六治”专项整治工作。下发整改指令书22份，查处各类隐患76条，关闭3家生产不合格企业和2家非法违法企业。

【科技城建设】 严格城乡规划控制。建立镇村组三级土地巡查机制，开展土地动态巡回检查工作，通过对辖区内的行政区域定等定级、划片包干、责任到人、严格考核的方式，重点巡查基本农田保护区、城镇新区、县城河东新区、绵阳科技新城及工业园区涉及的征地拆迁范围以及城乡建房用地等。今年共发放限期拆除通知书3份，完成违建拆除3户。推进新型城镇化建设。树立“城镇建设找上级要政策，到市场找资金”的新观念。对全镇国有闲置资产和有条件改造的居民住房进行清理，逐步通过市场手段实施旧城改造。投入资金8万余元对街道路灯进行了全面维修和恢复；加快推进了拆迁安置自建小区基础设施建设力度。启动实施了青安路道路改扩建工程；完成场镇拓展区域朝阳新城道路等基础配套项目的招投标工作；2014年12月底，青安大桥灾毁恢复重建工程正式开工建设。

【征地拆迁工作】 科技城大道、淘金大道完成征地460亩，完成农房拆迁72户；宝林文星大道、滨河路、蓝天项目、纳川管业等项目征地618亩，拆迁农房290户，保障了市县重点项目的顺利推进。

（王　强）

宝林镇

【概况】 宝林镇地处安县南大门。东邻清泉镇，南距罗江县文星镇，西连永河镇，北接塔水镇。区位优势凸显，安罗路和成绵高速复线贯穿全境，有安县唯一的高速路出入口。距县城花荄23.5公里，距成都74公里，距绵阳及机场20余公里，距睢水火车货站22公里。全镇辖区面积27.8平方公里，辖10村、1社区、97个村（居）民小组，15396人，地形一丘埂隔两坝，农耕条件好。2014年，宝林镇机关有正科级领导干部3人，实职副科领导5人，公务员16人，机关工勤1人，事业单位8人。2014年，全镇实现国地税入库44.3万元，其中：国税入库24.3万元，完成任务数的121.5%；地税入库20万元，完成任务数的100%。农民人均纯收入较上年增加1298元，达到10719元；工业企业经济实现规模以上工业总产值1.4亿元，完成任务数的104.35%，利润总额实现498万元，完成任务数的112.18%；全镇招商引资工作实现国内市外到位资金1.5亿元，国内省外到位资金7000万元，分别完成任务数的100%，新引进项目协议资金4000万元，完成任务数的266.67%；全年完成固定资产投资7330万元，完成任务数的122%；新增科技型中小企业3家，完成任务数的300%；社消零工作完成上限企业1个，完成任务的100%。

【农业产业发展】 加大农业基础设施建设，新修沟渠3350米，改建提灌站5处，新挖沉井5处，新建作业便道3000米，硬化村组道路4.8公里，维修沉井20口，沟渠5000米，塘堰15口；完成菜果茶标准园创建项目1920亩、现代农业产业基地建设项目900亩，成功申报“千亿粮食”“小农水”“以工代赈”“血防农业综合治理”等项目，覆盖全镇10个村。引进了四川华宇食品公司投资5000万元占地25亩的年产一万吨蔬菜精深加工项目；与四川欣福康药业合作，种植药栀子15万株；推进折耳根种植技术标准化建设，提质扩面达到5000亩；以鑫源渔业大口黑鲈、蓝溪养鱼及四大家鱼专业协会为龙头的水产养殖，引领全镇特色水产养殖面积达2041亩，年产153万公斤。水稻制种面积达到1500亩，发展大蒜、青菜、辣椒、生姜、芋仔等蔬菜种植2500亩，发展种植葡萄、核桃等400亩。

【发展特色文化】 强力推进“调元故里”文化旅游名镇项目，已经完成项目总规，《宝林故事》编纂工作已经完成，正着手印刷出版；加强镇文化站和村文化阵地建设，公共文化免费开放深入开展，整合政府院内停车场和绿化地2000平方米，投资18万元修建健身休闲活动场地。新建群众文化舞台、篮球场，添置乒乓球台、跑步机、双杠等健身设备12套，安装太阳能路灯、广场灯、草坪灯等设施，群众文化活动日益丰富。

【社会保障工作】 加强就业培训，以劳务市场需求为导向，以促进农村经济发展和农民增收为目的，积极开展农民就业培训，全年开办烹饪、电工、家政、缝纫等职业技能培训班7个，培训农民工350人；抓好民政工作，2014年，有农村低保483户550人，城镇低保88户107人，全年共发放低保金100.74万元；农村“五保”对象78户79人，其中集中供养10户10人，分散供养为68户69人，全年共发放供养经费24.61万元；优抚144人，年发放优抚金总额51.81万元；新农保参保6543人，参保率达到106.3%；小额人身保险参保1597人。

【医疗卫生取得工作】 新型农村合作医疗参合12917人，其中：自筹12245人，民政对象参合672人，参合率达到100%。认真做好血防工作，建立血防工作机构，摸清有螺面积，采用生态、地膜和药物灭螺等防治措施，投入资金20余万元，灭螺面积达31万平方米，有效的阻断血吸虫转播，为群众创建安全卫生环境。

【强农惠农政策落实】 认真落实上级财政涉农各项补贴政策，粮食综合补贴面积16225.55亩，补贴金额212万元；做好农业机械补贴申报工作，共补贴140台，涉及补贴金额51.9万元；开展了粮食直补改革试点评估工作，完成了精准扶贫建档立卡和帮扶措施落实，全面开展了农村土地承包经营权确权登记试点工作，农村小型水利体制改革试点前期工作顺利推进，全面完成政策性农业保险工作，种植业、养殖业、林业保险均超额完成上级下达任务，保费金额14.26万元。

【便民利民工作措施】 着力整合扩大便民服务窗口，集并民政、劳保所、计生、国土、综治等多项服务打造“大便民服务工作”，并成立村干部代办中心，实行逢场日坐班制，解决群众办事难问题。着力改善场镇设施，镇上筹措资金17.6万元，在场镇主要街道安装太阳能灯36盏，解决宝林场镇路灯多年不亮的问题，方便了群众夜间出行。积极推动天然气安装工作，安装正向各村延伸，结束宝林住户没有使用天然气的历史。

【村财镇管见成效】 针对前期村级财务管理混乱的问题，镇党委在对村社各类项目资金进行全面清理检查的基础上，成立农村集体“三资”管理领导小组和工作机构，设立农村集体“三资”委托中心，统一集中管理村级“三资”，规范监督村组集体财务，有效地制止了村居不良债务的发生。

【计划生育服务优化】 全镇计划生育人口自然增长率1.5‰，符合政策生育率88.67%，兑现计划生育“三金”100%。当年长效节育率为74%，国家孕前优生健康免费检查为80%。享受农村计划生育家庭奖励扶助共342人，其中：国扶281人，省扶61人，特扶13人；享受独生子女父母奖励金1624人，发放奖励金额15.88万元，奖励金发放100%。

（简右军）

沸水镇

【概况】 沸水镇地处安县西南部，属山、丘、坝皆有的山区乡镇，辖区面积39.4平方公里，耕地面积12385亩，是典型的沿山农业乡镇。辖10个行政村、1个社区，98个村民小组，共4500余户，14700余人（其中农业人口14300余人，劳动力8400余人，城镇人口400余人），共有18个党支部，党员617人。2014年，全镇农民人均纯收入实现10146元，同比增长1138元；国内总产值完成26176万元，同比增长12.3%；农业产值完成13610万元，同比增长7.8%；工业产值完成29136万元，同比增长9.2%；粮食总产量7384吨；地税任务100万元，完成114万元；国税任务15万元，完成15.2万元。人口自然增长率1.07‰。

【社会管理不断创新】 一是以“我们都是一家人”理念，在镇便民服务中心实现一站式“零缺位、零距离”服务，推行群众事务党员干部代办三联单制度。4月以来，发出党政一把手民情民意联系卡5000余份，及时化解各类群众矛盾、历史遗留问题等203件，代办群众事项2132件，代办事项按时办结率达100%。6月11日，全县便民服务工作现场会在我镇成功召开，以“便民服务”为主要内容的“调查与研究”期刊得到县委书记廖雪梅的亲笔批示。二是在原村账镇管的基础上组建“三资”代管中心，将全镇各村集体资金、资产、资源纳入中心统一管理。6月11日，安县农村集体“三资”规范管理及土地承包经营权确权登记工作会议在沸水镇召开。三是建立“六岗合一”应急处突队伍及延伸机制，解决原来街道、村（社区）的治安、消防、交通协管、社区矫正等工作存在的“无人管、无钱管、不会管”及上级监督、指导、奖惩问责不力等问题。8月13日，安县社会治理暨社区网格化工作推进会在沸水顺利召开。以上三项工作经验均在全县范围内推广落实。四是在儿童友好家园的基础上，整合工会、共青团、妇联、残联、科协、社科联、文联等群团部门资源，完善了沸水镇群团组织社会服务中心（为首批省级群团组织社会服务中心示范点）。11月18日，沸水镇党委书记代表沸水镇群团组织社会服务中心到成都参加了群团工作大调研成都片区座谈会，与其他友好群团组织共同交流了我镇群团组织社会服务先进经验。

【农业特色产业发展】 在天佛村、枫香村集中种植商品魔芋2000余亩，并通过天豪魔芋种植专业合作社流转土地，在枫香村5、6、7、8组连片种植魔芋300亩，建立省级魔芋良种繁育示范基地，带动300余人农户增收，人均增收400元；天台山中药材种植专业合作社在三合村、桥木村带头连片种植川芎、葛根、牛蒡子等中药材2000余亩，带动1300余人致富，人均增收1400余元；绿纯果蔬种植专业合作社以种植黑芋子为主，现种植面积达600余亩，村民自种200余亩，年总产量达到1800余吨，亩产2000余公斤，每亩纯收入达6000余元，年总收入612余万元。

【民生工作】 在场镇原避险绿地改建了群众公益性寓教于乐文化休闲广场，设置了多套娱乐健身及文化宣传设施；10月，省专家组对沸水镇省级安全社区建设工作进行验收并给予了高度肯定；对桥木村、三合村、枫香村等三个省级贫困村进行连片扶贫开发，项目区建设资金总投入749.86万元，其中财政专项扶贫开发项目总投资302.05万元、占项目区总投资40.3%，农户自筹447.81万元、占项目区总投资59.7%；棚户区改造项目不断推进，9月底公产房一期拆除工作已顺利完成，为完善场镇功能，切实改善场镇居民的生活条件，将对综合市场进行异地重建。

【基础设施建设】 通过“一事一议”项目，筹资80余万元，新建三合村、大同村、沸泉村水泥路共8公里，新修红星村提灌站1处、提灌站输水管道1500米，整治堰塘共5口，新建沼气池37口，通过农机购置补贴购置农机38台（套），进一步夯实了农业基础。

【社会事业】 沸水镇对低保进行了全面核查，2014年享受农村低保228户共338人，清退179户共247人；享受城镇低保46户共48人。享受“五保”82户共82人，比2013年减少5户共5人。每月向全镇108名重度残疾人发放护理补贴费用6990元。及时向全镇163名优抚对象足额发放优抚金额，所有优抚对象均免费享受2014年新农合。沸水镇属山丘坝兼有地区，为确保困难群众温暖过冬，对居住分散的6个山区组群众实行越冬物资分散储备到户；对丘坝区困难群众则利用应急越冬物资流动集中储备点发放越冬物资。

（罗凌菲）

清泉镇

【概况】 清泉镇位于安县西南边沿，地处二市（绵阳市、德阳市）三县（安县、高新区、罗江县）交界处，子汉路穿镇而过，距绵阳市中心30公里，距成什绵高速公路金山入口1公里，2014年，全镇辖区面积34平方公里，辖8个行政村、1个社区、114个村民小组，总人口18057人。全镇实现农业总产值18940万元，粮食总产值9629万元，固定资产投资（含技改投资）完成7100万元，完成招商引资3610万元，农民人均纯收入11406元。荣获四川省2013年度“量服”示范乡镇，省2013年度“保护超特高压平安乡镇”创建一等奖，省档案工作规范化管理三级标准。荣获绵阳市安全社区、市2014年农村小额保险先进乡镇称号。

【“现代农业示范园”建设初具规模】 全年新建成以林木和金银花套种的林木园区及中药材基地1000余亩；新发展占地15亩肉兔养殖场一个，设计年出栏量20万只。示范区已初步形成有6家规模养殖场为主的生态畜牧园，千亩林木园及近4000亩中药材基地。

【“种养循环示范基地”建设取得实效】 结合现代畜牧业示范县建设项目的实施，以金泉牧业为龙头的养殖企业安装排污管网6000余米，建4个总容积1500立方米调节池和1口100立方米储粪池，实现养殖业沼渣沼液管道排灌，还田施肥，农业现代化、生态化建设步伐加快。中药材和优质稻轮种套种，“种养循环、粮经复合”的产业模式已见成效。

【招商引资成绩斐然】 新引进绿植农业公司合作推广发展万亩无公害杂粮基地，建设绿植杂粮生产示范基地200亩，农产品展示厅一个。新引进绵阳沪川牧业投资5000万元新建饲料加工企业，将带动周边100余群众常年就业。新引进重庆企业家投资1000余万元兴办旺门农业有限公司实现无公害泡菜生产，将带动本地建成蔬菜基地2000至3000亩。此外，“清泉乡”杂粮、安州牌泡菜、沪川饲料等一批农副产品品牌将逐步面市，品牌农业特色也将成为我镇新的发展方向。

【基础设施改善有力】 通过向上争取，投资近200万元实施了涉及2村6组老百姓盼望多年的民生工程金泉排洪排污沟硬化整治。完成了投资100余万元的口粮田改造项目及大埝村村道建设等大、中型建设工程。通过挂包帮及我镇“百姓提案”活动，总投资300余万元，开展实施了金泉、白果饮水工程及覆盖全镇各村的水利、沟渠等基础设施建设，共解决入组入户道路修建扩建3.5公里、整修山坪塘14处、整修沟渠3.6公里，新解决1000余人饮水问题。

【民生工作有力推进】 血防工作扎实开展，10月份代表县上通过省血防阻断达表验收。开办残疾人养殖技术培训班2期，为残疾人赠送化肥、提供就业指导等帮扶。2014年11月实施完成清泉敬老院整修改造，2014年10月正式建成社区日间照料中心，大力开展老年人帮扶关爱工作。

【加大城乡环境综合治理】 对场镇边角脏乱、荒弃地带进行了绿化，建设街头绿化点；打造清泉门户形象；制作完善10余处道路指示标牌；4次组织机关干部开展清除杂草、整治牛皮癣等义务活动。

【社会管理增添新举措】 加强“三小”工程建设和管理（小光亮、小警岗、小天网），全镇单位和商家有视频头65个（包括村委会），在本镇双星村、金塔村、古井村等边界村安装了视屏监控系统。

（尹经波）

乐兴镇

【概况】 位于安县中部，与黄土、兴仁、桑枣、秀水、塔水及北川县永昌镇、安昌镇相邻，属典型丘陵地貌。镇内交通四通八达，安（昌）罗（江）路横贯其中，辽安大道、桑（枣）河（边）路穿境而过，距安县县城（花荄镇）20公里，距北川新县城、黄土、秀水、塔水等镇10公里左右。全镇辖区面积41平方公里，辖11个村、106个村民小组，1个社区。总户数6629户（其中：农村6457户、场镇172户），总人口21439人（其中农业人口20960人、城镇人口479人）。全镇共有耕地20395亩，林地8000余亩，属纯农业乡镇。2014年，地区生产总值达59363万元，粮食总产量达到14351吨；完成国税6万元；完成地税22.3万元；农民人均纯收入实现11374元，较上年增加1199元；农业总产值实现18350万元，比上年增加285万元。招商引资目标任务完成4401万元，协议引资1580万元，完成率达158%，完成固定资产投资12369万元，完成率达103%。

【基础设施建设】 整合“美丽乡村”、一事一议、财政支农等项目资金700万元，建设“猕猴桃走廊”二期产业道路7.17公里，园区生产道路6.315公里，维修塘堰10口，建设集雨池6口，硬化沟渠3074米。“猕猴桃走廊”二期产业道路的开工建设，实现了与猕猴桃走廊一期产业园区、安县大学生创业园与七里村桃花大道、兴仁乡长沟村养殖产业园的有效连接，有效扩大产业发展空间创造了良好条件。大力实施扶贫项目、土地整理项目，平整土地200.36亩，建设入户路9.68公里、水渠8000米、塘埝26口、提灌站5处。继续推进莲花拆迁安置工作，投入资金421万元，全面完成安置小区基础设施建设，签订农房拆迁协议52户，发放补偿安置费610.53万元，30余户农房已开工建设。争取和落实产业补助资金100万元，新增猕猴桃种植面积1500余亩，全镇猕猴桃种植面积达8000亩，已挂果2200余亩，年产量达2100吨、产值达3360万元。大学生创业园建设稳步推进，并荣获“四川省第五届创新创业大赛三等奖”。发展优质葡萄种植1000余亩，杂交水稻制种科研基地1个，推广测土配方施肥45100亩，大棚西瓜、水产养殖产业得到发展。樽熊木业全面建成并顺利投产，新增尚农、铁木等科技型小微企业2家；“云水轩”、“青龙湾”农家乐年接待客人达到3万人次，乡村旅游得到蓬勃发展。

【民生工作扎实推进】 新农合参合18885人，参合率达到100%，新农保参保9105人，城镇居民医疗保险参保296人，实现了新农合、城乡居民养老保险“应保尽保”，发放“4050”灵活就业人员补贴资金10630元，小额保险工作超额完成任务。全年发放粮食综合补贴245.76万元、粮食直补25.46万元，发放良种补贴57万元、种粮大户补贴1.8819万元，落实农机购置补贴56.32万元。发放扶贫资金4.63万元，确保135户425人全面脱贫，完成森林保险9626.9亩。土地确权颁证和农房确权颁证工作有序推进。全镇清退农村低保50人，新增低保户54户105人，新增五保户8人，全年累计发放低保、“五保”、重大疾病和困难救助等资金125.93万元、双拥优抚金53.3万元，帮困助学2人。社区日间照料中心投入运行，残疾人培训工作得到有力推进。

【社会事业加快发展】 加强项目资金管理，开展公共服务运行维护工作，村级公共服务功能日趋完善。建立“三资”代管中心，进一步规范农村“三资”管理，全面推进村级党务、村务、财务、依法治理“四务公开”工作。进一步规范公益性岗位使用和管理，促进“4050”等就业困难群体再就业22人。秸秆生态还田达12000余亩，产业种植户回收4000余亩，集中堆放1000余亩，秸秆禁烧和综合利用工作效果良好。大力发展卫生事业，新建村级卫生站2个，在建村级卫生站6个，公共疾病防疫力度进一步加大。卫生信息化建设统筹推进，镇卫生院顺利通过中医创建工作验收，血吸虫病防治圆满完成阻断达标任务。大力宣传贯彻“单独”二孩生育政策，全镇符合计划生育政策生育率83.88%，人口自然增长率控制在2.1‰以内，“三金”、“免费孕前优生健康检查”等计生惠民政策得到全面落实，其他工作成效明显。

（刘小军）

晓坝镇

【概况】 晓坝镇位于安县西南，东北与桑枣镇相邻，南连沸水镇，西北接千佛镇，西南接高川乡。地处千佛山、罗浮山、白水湖黄金旅游三角区枢纽位置，距绵阳市区57公里、距县城25公里。全镇辖区面积56平方公里，辖7个行政村和1个社区，人口9670人，是川西北有名的枣皮之乡，境内有原中共绵安（绵竹、安县）中心县委遗址、肖前鹏烈士墓等爱国主义教育基地，“三基地一窗口”，省级名胜——姊妹桥和已建成的中国院子一期“徽派院子”等观光景点。

2014年全镇国内生产总值7969万元，同比增长5%；粮食总产量1580吨；地税任务100万元，实际完成127万元，同比增长127%；国税任务37万元，守铖40万元，同比增长108%。人口自然增长3%，农民人均纯收入9012元，增加1374元。

【基础设施建设】 全镇累计整合各类资金500余万元，主要用于道路、排洪沟等基础设施建设。争取财政专项扶贫资金210万元，新修泥碎路6公里，硬化道路6.15公里，建小平桥一座；争取“一事一议”财政奖补资金50万元，新修泥碎路2公里，硬化道路5.23公里；新农村建设项目补助10万元，新修排污沟640米，新建公共厕所1处；两河2组、3组自发集资40余万元，硬化道路2.8公里；争取100万元洪灾资金修复“6·18”“7·9”洪灾损毁道路、河堤、漫水桥等；投入20余万元对新场镇排洪工程及黄羊村2、8组山洪沟进行修复治理；对关心村6、7、10、15组农村电网进行了改造升级。

【产业结构】 新增家庭农场1户；组建莲藕种植专业合作社1个，发展莲藕达100余亩；无花果种植专业合作社农户增加到26户，种植面积达到70余亩；新增重蝼种植600余亩，黄连种植300亩，细莘200亩；组建鳟鱼特色种养殖场一处，养殖面积10亩，年产成品鱼5500余尾，产值达到150万元；增养山地土鸡5000余只。以春泉茶厂和关心银杏叶茶厂为依托，收购加工鲜叶4000吨、干叶1100吨，实现产值2090万元；年加工芋角600吨，产值1560万元。

【乡村旅游】 对齐心村蝴蝶谷风景区、五福姊妹桥休闲度假区、场镇国学广场进行了规划，基本形成了“三点两线”的旅游发展布局，镇国学广场雏形基本建成。围绕晓坝旅游发展，重点推出山腊肉、坝坝鸡、野菜等特色产业，做好农家乐上档升级，2014年有3家具备一定接待能力；推进乡村旅游与现代农业的深度融合，巩固了五福300亩“道地”中药材展示园的建设，在场镇周边种植向日葵300余亩、荷花100亩、庭院无花果70亩；引进观光农业、养老、休闲等投资项目，四川天源恒丰安县晓坝养老中心项目已经进入商定用地协议阶段，五福水上漂流休闲项目签约后推进顺利。

【民生工作】　对全镇6个贫困村（其中省级贫困村4个，县级贫困村2个），341户，1014人落实了扶贫开发建档立卡工作，落实民生帮扶资金1万元；挂包帮单位——市地震局为钟福村制定产业发展规划，引进“南江黄羊”种羊12头；完成“7·9”洪灾地质灾害搬迁安置119户；城乡居民养老保险缴费达到3962人，完成目标任务数的104%；计划生育成效明显，全镇共出生73人，政策生育率90.41%，自然增长率-0.2‰。

（邱光伟）

千佛镇

【概况】　千佛镇（原茶坪乡）位于龙门山脉断裂带中段，毗邻北川、与安县高川乡、晓坝镇、茂县、北川羌族自治县接壤，辖区面积156平方公里，平均海拔在1200米以上，通公路。全镇森林覆盖率达84%以上，风景怡人、四季分明。镇辖10个村及茶坪社区，89个村民小组，8891人。2014年地区生产总值1.3亿元；人均纯收入8949元；国税入库15.8万元；地税49.3万元；财政预算收入588.02万元；固定资产投资6140万元；招商引资1100万元。

【镇域经济】　通过整村连片扶贫项目的带动，由“千佛山中药材专业合作社”提供技术支持，带动群众发展中药材6500余亩，东益、白果坪、德胜中药材种植实现规模化；千佛村茶叶种植初具规模，万佛村、宝藏村、东益村魔芋和高山蔬菜种植有序推进，川心天麻种植规模继续扩大，2/3的村实现了一村一品。林下中药材种植面积815亩；森林蔬菜种植2800亩；有害生物防治3750亩；一般造林1000亩，中幼林抚育13000亩。加强林政资源管理，严格砍伐审批程序，全年砍伐商品林2465.5立方米。

【基础设施建设】　茶坪到北川的公路（茶北路）修建顺利进行，一标段路面已全面铺设完毕，二标段路面初见雏形。列入2014年扶贫村的千佛、川心、双电、万佛四个村新建泥碎路6公里，硬化道路10.2公里，恢复水毁村组道路63公里，硬化村组道路22公里，新修泥碎路19公里。

【社会事业】　完成低保复查。全年共救助264户，发放自然灾害救助金18.6万元；为46名重度残疾人申请护理补贴；走访慰问贫困户276户，发放食用油1190公斤、大米3490公斤。认真落实农村义务教育政策，做好“两免一补”审核工作，中小学适龄儿童入学率100%。新农合参合人数6431人，全年统筹报账90余万元，群众看病难、看病贵得到有效解决。年出生人口58人，政策生育率94.8%，人口自然增长率0.34‰；免费孕前优生健康检查，参加检查30对。与保险公司协调，根据山区实际简化办事流程，群众参保积极性大大提高，年参保人数3021人，参保率100.7%，全年理赔27件，理赔金额5.9万元。完成城乡居民养老保险3288人，60岁以上待遇领取1167人，全年发放养老金84万元。

【环境治理】　加大城乡环境综合治理，添置设置设备，新增垃圾桶40个、果皮箱15个，拆除乱搭乱建1处，整改私自加盖雨棚2处，排查乱搭乱建14处，整改8处。2014年，千佛镇被四川省爱卫会评为卫生乡镇。

【防洪救灾】　完善镇、村、组、监测员防汛防灾“四级”应急体系。科学编制《防洪度汛预案》，5月配合省防洪办开展全省防洪度汛应急演练，并结合全镇实际开展应急演练90余次。在全镇设置5个卡点，由镇村干部联合值班，预警后实行进出登记，全面掌握山上人员情况，早落实、早转移，全年共转移群众3600余人次。“7·9”洪灾重建安置按照集中安置和分散安置相结合全面完成，在镇内、桑枣、晓坝集中安置72户，秀水幸福小区购房82户，通过分散安置等方式重建近100户。年实施地质灾害治理工程26处，疏通河道3处，完善“四级预警”机制，扎实做好转移安置工作，实现汛期“零伤亡”。

【旅游发展】　邀请四川师范大学规划了千佛镇生态农业与乡村旅游未来（2015—2020）五年发展战略，利用得天独厚的区位优势、森林资源、农家庭院优势，以开发阳光休闲度假旅游、乡村休闲度假旅游等发展旅游产品，倡导发展特色的农家乐和农家客栈。以千佛山战役指挥所的恢复和茶北路建成设通车为契机，加强宣传，集聚人气，着力打造红色旅游文化产业。

（王　公）

迎新乡

【概况】 迎新乡位于安县西南边缘，距县城32公里，西南与绵竹拱星镇连界，北与雎水镇相邻，东与秀水镇隔河相望，南与河清镇接壤。干河子、白溪河分别从南北两侧流经。明清两座古城遗址坐落在乡境内的卧龙和月峰两村。全乡辖区面积22平方公里，辖7个村、1个社区，总人口14301人。2014年，全乡实现国内生产总值6.64亿元；实现规模以上工业总产值3.3亿元；利润总额完成787万元；实现农业总产值1.28亿元；完成固定资产投资1.22亿元；实现国地税收入65万元；粮食总产量达13301吨，生猪出栏2.62万余头，母猪存栏2012头；农民人均纯收入较2013年增加1045元，达到9902元。

【工业建设】 总投资2.3亿元的天捷能源公司，7600万元一期工程已完成固定资产投资4200万元，占基建工程总量的55%；总投资8000万元的仁智油服公司，已完成土地征用、青苗赔偿和红线放置工作；川银公司力克市场低迷和融资渠道紧缩的双重压力，通过加强内部精细化管理和拓展外部营销渠道等有力措施，公司生产和经营有序推进；路林公司实现主营业务工业总产值1.23亿元，与四川川煤水泥股份有限公司签订年处理废渣7万吨的再利用项目，为企业新增利润400余万元。

【农业建设】 投资100万元对4800米长的"铁骑堰"中堰和边堰进行了硬化处理；投资95万元对皇觉、七一等5个村的组道路或入户路进行了硬化处理；投资7.2万元对皇觉和马灵两村的塘堰和沟渠进行硬化处理；投资34万元新建了铜锣五组桥梁；投资22万元对境内的白溪河河段实施了河道清淤和堤防加固工程。全乡集中流转土地2500余亩，集约化种植经营面积达3000余亩，形成了700余亩水稻制种基地、2500余亩蔬菜种植基地、200余亩莲藕种植基地。

【民生保障】 全乡出生人口154人，政策生育率为87.6%，人口自然增长率为3‰，全年落实节育措施2762例；为贫困住校生解决生活补助7.7万元；新增农村部分计生家庭奖励扶助168人；民政直发定补定抚资金48.30万元，五保直发40.81万元，发放城市低保金18.05万元，农村低保金34.82万元；参合人数13213人，其中民政统筹解决487人，参合资金118.91万元，报销医疗费用213.67万元，新农保参保人员6949人，参保率达100%；查螺灭螺61处，面积5.5万平方米，灭螺面积4.4万平方米；完成410户1267人的精准扶贫工作，协助省级贫困村七一村建立起700亩蔬菜种植基地和年出栏3000头的生猪养殖基地，硬化入组道路3公里；城乡环境综合整治工作，投入人力200余人次、投入资金3万余元；完成垃圾中转站、污水处理厂和场镇绿化带建设工程。

【社会维稳工作】 全年共排查矛盾67起，调解66起，成功率98.5%，共收集信访4起，处置4起，发现不稳定因素15件，成功化解8件，7件处于稳控和处置过程中；顺利实施"六五"普法教育，共开展法制宣传10次，受教育达到1200余人次，发放法制宣传资料1000余份。

（冉忻鹭）

兴仁乡

【概况】 兴仁乡地处安县县城（花荄）西南面，东与花荄镇、东和南与涪城区河边镇连界，西与乐兴镇、塔水镇接壤、南与清泉镇相邻、北与黄土镇交界。距县城8千米，距绵阳市高新区12千米。辖区面积33.5平方公里，辖6个村、1个社区、74个村民小组，人口11932人。一级公路辽安路东西向穿境而过，连接县城。二级公路桑河路南北向贯境而过，连接绵阳市高新区。2014年，实现农业总产值3亿元；实现农民人均纯收入10982元，增长1691元；完成固定资产投资14300万元；实现财政总收入464.2万元。

【基础设施不断完善】 全面完成覆盖全乡6个村，总投资2239万元的安县2013年财政现代农业发展项目的建设；启动覆盖4个村的千亿斤粮食项目建设。完成土地整理3040亩、沟渠整治7500米、塘堰整治28口；新建田间道路5.4公里；硬化村组道路6.5公里。

【城乡产业加快发展】 蛋鸡、蛋鸭、渔业养殖效益逐步好转，山地土鸡养殖合作社完成品牌建设，蛋鸭养殖合作社正在建设皮蛋加工基地，蛋鸡养殖合作社取得绿色有机认证，晋毓大学生创业园引进黑猪品种、渔业养殖合作社引进高端乌鱼品种。特色种植产业加快发展，引入200亩的无公害农产品种植项目、120亩的火龙果种植项目、100亩的大棚黑提种植项目，建成1500亩核桃、苗木、林下中药材种植基地。新引进乡村旅游农家乐2家。工业经济强势突破，中信集团安泰消防公司一期于2014年9月正式投产，一期完成总投资1.2亿元，吸纳乡内劳动力210人就业，二期工程以予2014年启动，预计投资1.38亿元。安泰消防公司实现产值8000万元，创利税1200万元。新注册成立3家“科技型”中小企业。

【民生事业】 安县特殊学校于5月正式揭牌。新型农村合作医疗保险、新型农村养老保险实施顺利。落实城乡环境综合治理工作责任，加大环境整治力度。完成农村土地确权颁证工作，严格按照程序完成城乡低保复查工作。发放低保、“五保”、民政优抚资金103.23万元，完成扶贫转化52户、130人。计划生育政策生育率87.5%，人口自然增长率0.85‰，发放计生奖扶资金36.3万元。深入推进依法治乡工作，启动实施网格化服务管理工作，成立了“红袖标”义务巡防队。

（袁　龙）

高川乡

【概况】 高川乡位于安县西北部，地处龙门山中段，距县城花荄53公里，西与绵竹市清平乡相连，东南与睢水、沸水、千佛镇连界，北与茂县土门乡接壤。全乡辖区面积173平方公里，辖7个村、1个社区，共有1922户5935人。2014年，全乡规模企业总产值3100万元，利润100余万元，新增固投17000万元，招商引资1700万元；社消零企业1个，新增科技型企业2家，占目标任务的100%。农民人均纯收入增加1120元达到了9110元，计划生育率为100%，出生率为10.37‰，自然增长率3.18‰。

【安全生产工作】 以“百日安全专项督查行动”“安全生产月”“六打六治专项整治”等各项安全宣传活动为载体，多形式、多渠道广泛深入宣传安全生产的有关法律法规，全年共出动宣传车辆60台（次），制作和悬挂永久性标语80余幅，粘贴大小标语120余条，办安全生产法制宣传专栏25版，发放宣传资料5000余份；深入排查梳理，确保整改到位，乡境内成兰铁路五处隧道开工建设，施工人员近1000人，对此我们主要检查其是否按照隧道施工九条标准进行施工，重点检查其通风、有毒有害气体检测、特种人员持证上岗、人员培训等情况，一年来，共对其检查60余次，查出隐患80余处，均整改落实到位；加大道路交通安全办公室和队伍建设，建立了一支15人的道路交通安全综合整治队伍，聘请了一名专职道路安全检查人员每天对道路进行巡检，及时发现问题，整治隐患；加强安全教育，强化安全意识，在安全宣传上设有交通安全宣传栏8个，道路交通安全警示牌130余个，书写固定宣传标语6幅，群众宣传普及和受教育率超过95%，9.5公里通乡公路全程设置了安全护栏、防撞墩等安全设施；13公里的高川村村道进行了堡坎护坡和道路扩宽，7.6公里的高清路也增加了相应的安全防撞墩等安全设施，极大地提高了道路安全等级；对超限超载车辆及时教育，处罚源头；对火山轮、摩托车会同派出所一起组织上户、办证、进行道路安全知识宣讲，提高驾驶员农村道路上的安全意识。

【产业发展工作】 加强对23家工业企业的管理，特别是安全生产、私拉盗采、胡乱排放的管理，规范矿山生产操作规程，加大安全生产管理力度和超限超载的惩治力度；配合县上机构认真抓好了煤矿关停的善后工作，退职职工的处理有序进行，职工情绪稳定；进一步规范专业合作社，取缔1个机制和经营不健全的合作社，规范中药材种植、养殖共7个专业合作社。在专业合作社的带动下，全乡黄连种植面积达到10000余亩，重楼种植面积已达到5000余亩；建立专职护林员队伍，提升森林资源管护水平，落实天保国家重点公益林管护1.8万亩，兑付公益林补偿金25万余元；加强森林防火和乱砍滥伐，管护森林面积187410亩；完成退耕还林14300亩自查验收工作，积极兑现政策补助178万余元；完成退耕还林巩固退耕还林后续产业丰产措施任务共计6015亩；加大对乱捕乱猎行为的打击，保护野生动植物资源；抓好植树造林、保险、农房建设等工作。在林业生产上，育苗120亩，一般造林3000亩，义务植树9.5万株，四旁植树11万株；农业政策性保险，小额人身保险全面完成；农房重建贷款及贫困户建房贷款回收率分别达到83.7%、89.2%。财政收入、支出及财经纪律均接受了审计、财政、纪委的检查。

【成兰铁路征地拆迁】 成兰铁路CLZQ－5标段位于高川境内，包括：柿子园隧道、高川站四线大桥、跃龙门隧道等工程。涉及全乡8个村（社区）中的6个，涉及二郎村、泉水村、高川村、甘沟村的148户、472人，拆迁任务十分繁重。截至12月26日已完成148户的征地拆迁任务，安置等工作正在有序开展。

【民生保障工作】 开展计划生育优质服务，组织开展计生政策法规知识宣传、咨询活动14场，召开座谈会16次，发放各类宣传资料7650余份；组织对育龄妇女和流动人口育龄妇女免费进行了生殖健康检查，辖区内计划生育率达到97.05%，社会抚育费征收率100%，超额完成了上级下达的计划生育各项指标；抓好食品安全工作，每个月邀请工商所组织对学校食堂、学校周边及场镇涉食单位和个体经营户进行食品安全检查。配合相关执法部门查处利用过期粮食、食品生产销售案件2件，未发生一例食品安全事故；抓好扶贫攻坚工作，按照“因地制宜，科学规划，合理布局，发展产业，促农增收”的原则，加大对林下中药材种植、林下养殖及山野菜绿色产品等特色优势产业的扶持，引导贫困农户走发展产业化扶贫路子；抓好环境整治工作，坚持原有机制不变，管好环境卫生，维修垃圾池18个，购置垃圾桶、果皮箱45个，购置垃圾三轮车3辆，把环境整治工作纳入各单位的工作目标考核。

【灾害防治】 2月初组织拉网式排查，排查沿河险工险段和地质隐患点159处；投入460余万元对辖区内的河道进行机械清淤，总清淤40万余立方米；2月底完成加固、恢复和新建河堤12处；发放和张贴防洪明白卡、地质灾害避险明白卡3000余份，配合县上完成了县上的防洪预演，各村完成了防洪演练，累计出动人员2000余人次、车辆30余台、大型机械30余台；建立了一支108人的义务监测员队伍，定期对地质灾害隐患点进行排查，遇降雨通知群众安全转移；建立救灾物资储备站1个——高川乡救灾物资储备站，设立村级储备点1个——高川村救灾物资储备点，确保在发生自然灾害后群众基本生活保障。

（张　璇）

领导名录和先进

组织机构与领导名录

中共安县十一届委员会

廖雪梅　书记
胡德兵　副书记、县长
李昊天　副书记（挂职）
钟思亮　副书记
党海燕　常委、人民政府副县长
朱元光　常委、县政法委书记
陈本志　常委
胡　斌　常委、组织部部长
赵　奎　常委、纪委书记
刘胜军　常委、总工会主席
任晓军　常委、工业园党工委副书记、管委会常务副主任
王　刚　常委、宣传部部长
吴秦川　常委、人武部部长

安县第十七届人民代表大会常务委员会

梁　建　主任、党组书记
王勇军　副主任、党组副书记
唐　坚　副主任、党组成员
彭明礼　副主任、党组成员
于功春　副主任、工商联主席

安县第十七届人民政府

胡德兵　县长
党海燕　副县长
詹勇为　副县长
衡国钰　副县长
岳　兵　副县长
任文治　副县长
许　红　副县长
邓金华　副县长（2014年7月任）

政协安县第十三届委员会

张忠贵　主席
李　凯　副主席、统战部部长
金　红　副主席
邓德元　副主席
唐　虎　副主席

县纪委监察局

赵　奎　县委常委、纪委书记
胡志辉　县纪委副书记、监察局局长
余　建　县纪委副书记
吴明明　县纪委常委、监察局副局长
杨　柳　县纪委常委、监察局副局长
王兴贵　县纪委常委、信访室主任
高建勇　纪委常委、办公室主任、干部室主任
向元平　纪检监察室主任
何　萍　党风政风监督室主任
龙凌云　效能执法室主任
陈　平　审理法规室主任
周　丹　宣教和预防腐败室主任

安县人民武装部

吴秦川　县委常委、部长
刘海平　政治委员（2014年12月任）
谢　锐　副部长兼军事科长
伍亚军　政工科科长（2014年3月任）
钟铁军　后勤科长

县人民法院

陶　毅　院长
尹　伟　副院长
骆志军　副院长
李　强　副院长
廖锡斌　纪检组长
张洪国　政治处主任
廖小东　执行局局长
李涛涛　司调中心专职副主任兼办公室主任
王　从　党总支专职副书记
欧　建　审委会专职委员、刑事审判庭庭长

李锐锋　审委会专职委员、民事审判第一庭庭长
杨雪波　桑枣法庭庭长
杨　宁　秀水法庭庭长
陈　刚　塔水法庭庭长（12 月离）

县人民检察院

张　涛　党组书记、检察长
张绍平　党组副书记、副检察长
向　皓　党组成员、副检察长
余海荣　党组成员、副检察长
黄　尧　政治部主任
严　华　纪检组长
颜登勇　县反贪局局长
唐成剑　县反渎职局局长
杨晓冬　专职检查委员会委员
向　理　专职检查委员会委员
陈　俊　县反贪局教导员
曾　军　机关党总支专职副书记

安县工业园区

任晓军　县委常委、园区党工委副书记、管委会常务副主任（4 月任）
杜礼尧　园区纪工委书记
王　森　管委会副主任（9 月任）、花荄镇党委书记（2 月任）
杨　旭　园区经发局局长
龙廷川　园区综合办主任
张　力　园区财政局局长（11 月任）
董　林　园区财政局局长（11 月离）
刘知先　园区建设和环境保护局局长（11 月任）
涂　江　园区综合办副主任（11 月任）
敬　刚　园区经发局副局长（11 月任）
陈文娟　园区财政局副局长（11 月任）
夏　娟　园区建设和环境保护局副局长（11 月任）

县地管处

杨建新　党工委书记
姜　蓉　副主任
陈泽军　副主任
王　鲲　办公室主任
冯广明　建设科科长
宋　玲　招商科科长
江　磊　旅游科科长

县委办

刘云相　县委办主任
谢流贵　县委办副主任、信访群工局局长
朱国建　县委办副主任、县防邪办主任
杨　丹　县委办副主任、接待办主任
李　笛　县委办副主任、县督查办主任
杨　军　县委办副主任
陈世勇　县委办副主任
朱　玲　县委办副主任
徐　红　县委办纪检员
林　涛　县委办党总支专职副书记
刘江涛　县委政策研究室主任
夏桂林　督查办副主任
张盖宽　机察局局长、信息办主任
王春云　信息办副主任
席加强　密码管理局总工程师

县委组织部

胡　斌　县委常委、组织部部长
唐京生　常务副部长
陈小平　副部长、人社局局长
陈　华　副部长、编办主任
廖　容　副部长、老干局局长
姜　伟　副部长（11 月离）
唐　宾　党建办主任
汪朝义　两新工委书记
罗　宇　部务委员、办公室主任
贾　伟　部务委员、干部股股长
刘　放　纪检员、人才工作股股长
侯炎学　党建办副主任、组织股股长
邓　莉　党员教育中心主任
钟媛媛　党代表联络办公室主任、党管股股长（10 月离）
王　勇　两新工委副书记

县委宣传部

王　刚　县委常委、宣传部部长
席珍奎　常务副部长、社科联主席
王　娟　副部长（2014 年 2 月任）
林建国　副部长（2014 年 9 月任）
周　丽　纪检员（2014 年 9 月任）
张祖强　安县新闻宣传中心主任（2014 年 9 月任）
钟卫东　社科联专职副主席
张　涛　安县互联网信息办公室主任（2014 年 9 月任）
钟述强　安县新闻宣传中心副主任（2014 年 9 月任）

县委统战部

李　凯　县政协副主席、统战部部长
李坤堂　常务副部长、县民宗局局长
易显林　县委统战部副部长、县台办主任
罗　义　县民宗局副局长
刘芙蓉　县委统战部纪检员

县委政法委

朱元光　县委常委、政法委书记
李永根　政法委副书记
王略锋　政法委副书记
林　彬　政法委副书记
谢　冰　县委维稳办主任
杨　浩　县综治办主任
苏仕全　纪工委书记
刘云中　政治处主任
李道春　大调解中心副主任

县人民政府办公室

王　森　主　任（2014 年 2 月离）
姜永斌　主　任（2014 年 4 月任）
何　超　副主任（2014 年 4 月离）
汪　平　副主任、县扶贫移民局局长
张加林　党组成员、外桥办主任
马　勇　副主任、投控公司总经理
杨　勇　副主任
李　勇　副主任
谢　丽　副主任
蒋　勇　副主任
宋　军　副主任、县城市管理局局长
陈　丽　纪检组长
尹星强　党总支专职副书记
黄蓉琴　法制办主任
魏曙兰　法制办副主任
李远强　法制办副主任（2014 年 9 月任）
胡声志　金融办主任
何志高　金融办副主任
李　贺　应急办主任

县人大常委会办公室

李广荣　秘书长
詹世勇　办公室主任
黄上剑　法工委主任
严功伟　教科文卫委主任
任德俊　财经委主任
马琼瑶　代联处主任
伍朝霞　农工委主任
陈毅铧　代工委主任
余致强　办公室副主任
饶　辉　办公室纪检员
林　中　法工委副主任
李　西　代工委副主任
李成培　教科文卫委副主任
王景艳　财经委副主任
朱孝军　代联处副主任
蒋　斌　农工委副主任

县政协办公室

董　键　秘书长
唐建平　办公室主任
易晓玲　经济贸易委员会主任
易吉果　提案委主任
钟思友　提案委副主任（11 月任）
陈　跃　学习文史委主任
许　萍　教科文卫委员会主任
游志强　社法联谊委主任
王玉兰　政协办纪检员（2014 年 11 月任）

肖　礼　办公室副主任
杨恩权　教科文卫委副主任
雷世全　学习文史委副主任（4 月任）
蒋和国　经贸委副主任
李　萍　联谊委副主任

县总工会

刘胜军　县委常委、主席
张　平　党组书记、常务副主席
刘　强　副主席
黄昌云　纪检员

县直机关工委

夏兰平　副书记（主持工作）
王　芳　工委专职委员
唐　骏　纪工委书记

县精神文明办公室

李大勇　主任
崔恩义　副主任

县保密局

王国辉　局长

县委机构编制委员会办公室

陈　华　县委组织部副部长、编办主任
李昌鸿　县委编办副主任
陈小琴　县委编办副主任
倪薇薇　县委编办纪检员
白若飞　县事业单位登记管理局局长

县委党史研究室、县地方志办公室

何　超　主　任（2014 年 4 月离）
田世荣　副主任
郭　娟　纪检员

县老干部局

廖　容　组织部副部长、老干部局局长
杨奥枫　副局长

县委党校（行政学校）

胡　斌　县委常委、组织部部长、党校校长
党海燕　县委常委、副县长、行政学校校长
王乐正　常务副校长
李祖全　副校长
张开荣　校务委员
杨　籼　校务委员
夏丽鹏　纪检组长
胡　斌　校务委员（2014 年 9 月任）

县人社局

陈小平　县委组织部副部长、局党组书记、局长、机关党委书记
金　红　县政协副主席、副局长、社保局局长
张兴玉　党组成员、常务副局长
张朝容　党组成员、副局长、就业局局长
林启斌　党组副书记
付　强　党组成员、副局长
敬　丰　党组成员、副局长
潘林林　党组成员、纪检组长（9 月任）
刘　怡　党组成员、社保局副局长
张　宁　党组成员、就业局副局长
张能静　军转办主任
陈先芳　人事劳动监察大队大队长
杨建平　机关党委专职副书记
周　斌　人才服务中心主任
周佑斌　城乡居民养老保险服务中心主任
蔡加全　安县劳动人事争议仲裁院院长（2014 年 11 月任）

安县信访和群众工作局

谢流贵　县委办副主任、局长
薛祯祥　副局长、县“大调解”协调中心主任（2014 年 4 月任）
胡长群　副局长
王兴军　纪检员
陈继旭　群众来访接待中心主任

县档案局

顾德军　局　长

李英蓉 副局长
张　平 副局长
张　蓉 纪检员

县投资促进服务局

彭茂华 局党组书记、局长，招商引资服务中心主任（兼）
贺　松 局党组成员、副局长，招商引资服务中心常务副主任（2014 年 11 月任）（兼）
雷　刚 副局长（11 月任）
唐全英 县投促局副局长（2014 年 9 月离）
陶　桃 招商引资服务中心副主任
李灵芝 招商引资服务中心副主任（2014 年 11 月任）
廖　亮 驻成渝招商引资办事处主任（2014 年 11 月任）
李　宇 驻上海招商引资办事处主任（11 月任）
王　浩 驻辽宁招商引资办事处主任（11 月任）
周　超 驻广州招商引资办事处主任（11 月任）
江　涛 驻成渝招商引资办事处主任（2014 年 9 月离）
王朝圣 驻广州招商引资办事处主任（2014 年 11 月离）

县政务服务中心管委会

胥晓勇 主任
董健波 副主任
贺　伦 纪检员

安县公共资源交易服务中心

尹　彬 主任

县防震减灾局

何廷超 局长
赵刚福 副局长（4 月任）
高　炯 总工程师（9 月任）

县气象局

熊学彬 局长（2014 年 6 月离）
张远扬 局长（2014 年 6 月任，12 月离）
向国彪 局长（2014 年 12 月任）
刘宇峰 副局长

县妇联

成蛟龙 妇联主席
唐全英 妇联副主席（9 月任）
卿　瑜 妇联纪检员

县红十字会

陈晓红 常务副会长
高　强 副会长

安州通讯社

赵漫春 社长
尹全鸿 副社长

县工商联

陈　浩 党组书记、副主席
朱述全 副主席
许启剑 纪检组长

县司法局

冯德强 党组书记、局长
陈　玲 党组成员、副局长
蒋岷江 副局长
窦　勇 党组成员、纪检组长
洪　菠 党组成员、县人民调解指导中心副主任
刘　斌 党组成员、县法建办副主任

县公安局

岳　兵 副县长、局长
张良聪 政委
张小良 常务副局长（4 月任）
李　文 副局长
曾维平 副局长
李　勇 党委副书记、政治处主任
古大军 纪委书记
李玉蓉 治安大队　大队长

马　俊　刑事侦查大队　大队长（2014 年 4 月任职）
林　剑　刑事侦查大队　教导员
林　勇　国保大队　大队长（2014 年 4 月任职）
王　伦　国保大队　教导员
王晓宏　治安大队　教导员（2014 年 2 月任职）
邹建新　交警大队　大队长
杨德刚　交警大队　教导员
杨清勇　巡特警大队　大队长（2014 年 4 月任职）
刘期军　巡特警大队　教导员（2014 年 4 月任职）
肖友荣　情报信息大队　大队长（2014 年 4 月任职）
杨兴国　情报信息大队　教导员（2014 年 2 月任职）
任　涌　指挥中心　主任（2014 年 4 月任职）
罗　岗　指挥中心　教导员（2014 年 2 月任职）
王凯斌　网安大队　大队长（2014 年 4 月任职）
王　媛　出入境大队　大队长（2014 年 4 月任职）
杨　丽　法制大队　大队长（2014 年 4 月任职）
李小燕　警务督察大队　大队长（2014 年 4 月任职）
罗　义　禁毒缉毒大队　大队长（2014 年 4 月任职）
佘映斌　禁毒缉毒大队　教导员（2014 年 2 月任职）
王孝均　经济犯罪侦查大队　大队长（2014 年 4 月任职）
杨胜强　经济犯罪侦查大队　教导员（2014 年 2 月任职）
杨建波　花荄派出所　所长（2014 年 4 月任职）
陈普兴　花荄派出所　教导员（2014 年 2 月任职）
谢志建　塔水派出所　所长（2014 年 4 月任职）
梁　林　塔水派出所　教导员（2014 年 2 月任职）
林　安　秀水派出所　所长（2014 年 4 月任职）
陈天全　秀水派出所　教导员（2014 年 2 月任职）
易　伟　黄土派出所　所长（2014 年 4 月任职）
赵　平　黄土派出所　教导员（2014 年 2 月任职）
杨金高　工业园区派出所　所长
胡　勇　工业园区派出所　教导员
谢　军　安县看守所所长（2014 年 4 月任职）
孙晓东　安县看守所教导员（2014 年 2 月任职）

县公安消防大队

杨周通　政治教导员　正团
吴晓洪　大队长　副团
郑　帅　参谋　副营
赵毓高　参谋　副团（2014 年 7 月离）
雷广伟　参谋　副营（2014 年 7 月任）

县工业和信息化局

蒋志勇　局长
卢　敏　副局长
黄定拥　副局长
高　峰　副局长
史正义　副局长
刘　怡　纪检组组长

县委农办

刘昌军　主任
李长青　副主任
雷光平　纪检员
刘海洋　副主任

县农业局

柳跃才　党委书记、局长
何　毅　副局长
童学军　副局长
崔建恩　党委副书记
孙祖德　副局长
刘维翠　纪委书记
张万林　党委委员、监理站长
周　林　党委委员、农能办主任（12 月任）
陈　锐　党委委员、总农艺师

县林业局

姜永斌　党委书记、局长（4 月离）
何　超　党委书记、局长（4 月任）
罗玉涛　党委副书记
唐华东　党委委员、副局长
马传荣　党委委员、纪委书记

刘　刚　党委委员、副局长
吴明富　党委委员、副局长
李　轶　总工程师
颜永碧　县千佛山自然保护区管理处主任
唐　波　县天保与退耕还林中心主任
傅道成　县森林防火指挥部办公室主任
陈　斌　县森林公安局局长
尹　平　县森林公安局教导员

县水务局

唐　鸿　局党委书记、局长
冯华云　党委副书记
梁　泽　党委委员、副局长
邓武建　党委委员、副局长
孙雄昌　党委委员、副局长
刘胜辉　党委委员、白水湖管理局局长
林正勇　党委委员、防汛办主任
赵琳娜　党委委员、纪委书记
胡良喜　党委委员、总工程师
陈祥全　党委委员、城区河道管理中心主任

县白水湖管理局

刘胜辉　局长
张燕平　副局长
佘小红　纪检员

县畜牧兽医局

王定友　党组书记、局长
蒋万明　党组成员、副局长
王晓忠　党组成员、副局长
朱明春　党组成员、纪检组长

县交通运输局

向云刚　党委书记、局长
高　劲　党委副书记
淳　涛　党委委员、副局长
张　驰　党委委员、副局长（9 月离）
吴　芳　党委委员、副局长
杨兆光　党委委员、纪委书记
李　敏　总工程师
张　华　党委委员、运管所所长
巩　军　党委委员、路政大队大队长
廖　斌　党委委员、公管所所长
温进忠　安县农村公路建设管理领导小组办公室主任（9 月任）

县邮政局

吴　强　党支部书记、局长
杜　毅　副局长、工会主席

县商务局

范琼强　党组书记、局长
陶明刚　党组成员、副局长
王艳霞　党组成员、副局长
任长江　党组成员、纪检组长

县粮食局

吴德明　局长
周永鑫　副局长
李举友　副局长
付　刚　纪检组长

盐业总公司安县支公司

刘　清　经理兼书记
赵晓红　副经理

县烟草专卖局（分公司）

陈　军　局长、经理
雷　波　副经理
杨　宇　副局长

县供销社联合社

赵刚友　党委书记、理事会主任
蒋　林　党委副书记
龚　强　副主任
王　芳　副主任
刘继才　纪委书记

工商银行安县支行

陈　蓉　行长

韩小红 副行长
叶海荣 副行长（2 月任）

农业银行股份有限公司安县支行

吴良栋 党委书记、行长（8 月离）
梅远鸿 党委书记、行长（8 月任）

中国银行股份有限公司安县支行

汪永波 行长（7 月任）
张治林 副行长（11 月任）
马跃兵 副行长

农业发展银行安县支行

刘 耀 行长

绵阳市商业银行安县支行

苗 旺 行长
王 平 副行长

中国邮政储蓄银行安县支行

陈 武 支行长

安县农村信用合作联社

张宗冠 党委书记、理事长
廖显江 党委委员、主任
何春平 党委委员、纪委书记、监事长
刘洪坤 党委委员、副主任
史健康 党委委员、副主任

中国人民财产保险股份有限公司安县支公司

王 健 经理
谢竹华 副经理

中国电信股份有限公司安县分公司

刘承东 总经理（3 月离）
李佳倩 总经理（3 月任）
朱 涛 副总经理
文 辉 副总经理

中国移动通信集团四川有限公司安县分公司

邓晓蓉 总经理
张婷婷 总经理助理

县财政局

邓德元 县政协副主席、县财政局局长、党组书记、国资办主任
齐桂芳 常务副局长、党组成员
金志荣 副局长、党组成员
赵昌万 副局长、党组成员
谌晓红 纪检组长、党组成员
邹建明 县农业开发办公室主任、党组成员
马 勇 县投控公司总经理、党组成员（11 月离）
陈 果 县财政国库支付中心主任、党组成员（11 月离）
林献明 总会计师
肖 锋 县国有资产监督管理办公室副主任、党组成员
吴怀林 县非税财政收入管理办公室主任、党组成员
阳 丽 县财政监督局局长、党组成员
尹 恒 县国有资产监督管理办公室副主任、党组成员
张 涛 党组成员、机关党委专职副书记（11 月离）

县投控公司

邓德元 董事长（11 月离）
马 勇 总经理（11 月离）
肖 棱 董事长（11 月任）
陈 果 总经理（11 月任）
阳 辉 副总经理
陈晓东 副总经理
周学东 副总经理
赖园园 副总经理（11 月任）

县国税局

阚 仪 党组书记、局长
杨远斌 党组成员、副局长
李华锐 党组成员、副局长

张健国　党组成员、副局长
高　翱　党组成员、副局长
罗　辉　党组成员、纪检组长

县地税局

熊　军　局党组书记、局长（2 月离）
赵晓明　局党组书记、局长（2 月任）
薛　彪　局党组成员、副局长
徐　兴　局党组成员、副局长
唐德安　局党组成员、机关党委书记
雷　磊　局党组成员、纪检组长

安县审计局

傅　军　党组书记、局长
魏世奎　党组成员、副局长
林基胜　党组成员、副局长
魏　艳　党组成员、副局长
李晓东　党组成员、纪检组长
杨　平　党组成员、总审计师
李　智　审计信息中心主任

县国土资源局

杨　鳌　党组书记、局长
裴小东　党组副书记、副局长（1 月离）
贾　平　党组副书记、副局长（6 月任）
阮　涛　党组成员、副局长
蒋学军　党组成员、副局长（6 月任）
吴　刚　党组成员
苟运军　党组成员、纪检组长（2014 年 12 月任）

县统计局

张志勇　局长
许　敏　副局长
王华章　副局长
范琼蓉　纪检组长
高　霞　总统计师
王正泉　调查队长、普查中心主任

县食药监局

周全国　党组书记、局长（11 月离）
林　鹏　党组副书记、副局长
蒋世辉　党组成员、副局长
张万密　党组成员、副局长
罗文斌　党组成员、副局长
刘昌平　党组成员、纪检组长
陈迎清　党组成员、稽查大队长

县工商局

杨　敏　局长、党组书记
杨　德　副局长、党组成员
邱　平　纪检组长、党组成员
张新明　副局长、党组成员
蒋世瑜　副局长
余　虹　纪检组长、党组成员（1 月离）

县质量技术监督局

赵丽君　党组书记、局长
谢忠彦　党组成员、副局长
刘维兵　党组成员、副局长

县环保局

杨　斌　局长
冯素蓉　副局长
蒋治忠　副局长
陈俊华　纪检组长（4 月任）
何金国　总工程师
张　平　纪检组长（4 月离）

县住建局

邓文平　党委书记、局长
姚旭川　党委副书记、纪委书记
阳邵富　党委委员、副局长
鲜青松　党委委员、副局长
严　昆　党委委员、副局长
史建军　党委委员、副局长（12 月任）
康　妍　总工程师
刘清华　人防办专职副主任

县城市管理局

宋　军　县政府副主任、局长

周　建　副局长
李　文　副局长
李　波　副局长
王虹琳　党总支专职副书记
蒋永建　城市联合管理大队大队长

县科学技术局

李晓强　局长
蒙　一　副局长
唐　茜　副局长
毛世美　纪检组长

县科学技术协会

陈昌彬　副主席
张志强　科协纪检员

县教体局

张旭辉　党委书记、局长
张盛明　党委副书记、纪委书记
张春文　党委委员、副局长
黄清龙　党委委员、副局长
邓　诚　党委委员、副局长
叶昌银　招办主任

县文广新旅局

崔　强　党组书记、局长
唐　虎　副局长
马婷婷　党组成员、副局长
江云全　党组成员、副局长
赵　伟　党组成员、纪检组长
张　玉　副局长
王　剑　党组成员、副局长
张　淼　党组成员、博物馆馆长

县卫生局

李建强　党委书记、局长
王　涛　副局长
黄丁丁　副局长
付作举　副局长
季咏梅　党委副书记
何　阳　农合中心主任
何健修　县爱卫办主任
刘　庚　纪委书记
钟小兵　疾控中心主任

县惠民帮扶中心

易吉伟　主任
代　娟　副主任

民政局

杨宝童　党组书记、局长
毛世永　党组成员、副局长
廖朝安　党组成员、副局长
陈　峰　党组成员、纪检组长
王　琳　党组成员、县老龄委副主任
卢春华　党组成员、社团工委副书记
张发洪　县慈善总会办公室主任
莫代军　敬老院和福利院服务中心主任
杨贵萍　党总支专职副书记

县人口和计划生育局

黄　英　党组书记、局长
孙福敬　党组成员、副局长
胡志敏　党组成员、副局长
杨　明　党组成员、纪委书记
黄华伦　党组成员、计生协会专职副会长

县住房公积金管理处

谷德军　主任
何　春　纪检员

县民宗局

李坤堂　县委统战部常务副部长、县民宗局局长
罗　义　县民宗局副局长

县扶贫和移民局

汪　平　县政府办副主任、局长
黄　俊　副局长
荣　林　副局长

周福兰　纪检员

县残联

何荣斌　理事长
张登泉　支部书记、纪检员

发改局

曾　淘　局长、物价局局长
巩　政　副局长
董　林　副局长（9 月任）
王　冬　副局长（9 月任）
谢成刚　纪检组长
钟思齐　物价局副局长
周　江　总支专职副书记

团县委

江　涛　书记（9 月任）
李　蕾　副书记
吴维维　纪检员（9 月任）

驻蓉办

何宇函　主任

安监局

朱东平　局长
张福茂　副局长
李　纲　副局长
刘　芳　纪检组长
覃晓安　安全执法大队副大队长

土地统征办

杨　鳌　主任
杨光荣　副主任

富腾公司

周全国　董事长
王廷刚　总经理
张淦钦　副总经理

花荄镇

王　森　党委书记
赵九州　党委副书记、镇长
杨天智　镇人大主席
林世贵　党委副书记
陈　翔　党委副书记
黄楷峻　副镇长
肖　霄　副镇长
冯　斌　副镇长

桑枣镇

刘　斌　党委书记
何江军　党委副书记、镇长
陈天富　党委委员、人大主席
邱春平　党委副书记、纪委书记
巩映奎　党委副书记
张德华　党委委员、武装部部长、副镇长
夏　平　党委委员、副镇长
唐桂平　党委委员、副镇长

塔水镇

陈　刚　党委书记
万　强　党委副书记、镇长
陈发亮　党委委员、镇人大主席
王晓芹　党委副书记、纪委书记
崔行富　党委副书记
王青龙　党委委员、副镇长
林小兰　党委委员、副镇长
康　潇　党委委员、武装部部长、副镇长

秀水镇

王庭洪　党委书记
文　川　党委副书记、镇长
杨启荣　党委委员、人大主席
魏广明　党委副书记、纪委书记
赵伦福　党委副书记
谭冬梅　党委委员、副镇长
陈道彬　党委委员、副镇长、武装部部长
李　超　党委委员、副镇长
夏　春　党委委员、副镇长

清泉镇

董正红　党委书记
严　明　党委副书记、镇长
王　煦　党委委员、人大主席
陈　旸　党委副书记、纪委书记
李光涛　党委副书记
侯建中　党委委员、副镇长
涂　萍　党委委员、副镇长

河清镇

庞　军　党委书记
陈　刚　党委副书记、镇长
曹良洪　党委委员、人大主席
潘林林　党委副书记、纪委书记（9 月离）
刘益俊　党委副书记
韩代碧　党委委员、武装部部长、副镇长
涂　江　党委委员、副镇长（11 月离）
钟媛媛　党委副书记、纪委书记（9 月任）

宝林镇

钟思友　党委书记（11 月离）
姜　伟　党委书记（11 月任）
王　娟　党委副书记、镇长（3 月离）
陈志辉　党委副书记、镇长（3 月任）
张正龙　人大主席
宁小刚　党委副书记、纪委书记
张　雯　党委副书记
李加成　党委委员、武装部部长、副镇长
冯胜国　党委委员、副镇长

沸水镇

高银兵　党委书记（4 月任）
赵刚福　党委书记（4 月离）
周　林　镇长（12 月离）
王　健　人大主席
陈建春　党委副书记、纪委书记
李　凌　党委副书记（2014 年 4 月任）
刘运洲　副镇长、武装部部长
谢　飞　副镇长

界牌镇

张　兵　党委书记
李　强　党委副书记、镇长
刘运平　大主席
刘　智　党委副书记、纪委书记
张　弛　党委副书记
邓山鹰　党委委员、副镇长、武装部部长
杨　林　党委委员、副镇长

乐兴镇

刘　军　党委书记
李玉琼　党委副书记、镇长
石　军　党委委员、人大主席
赵明媚　党委副书记、纪委书记
李　军　党委副书记
胡亿宾　党委委员、武装部部长、副镇长
尚贵洪　党委委员、副镇长

晓坝镇

韩忠辉　党委书记
张琳琳　党委副书记、镇长
李茂友　党委委员、人大主席
龙尧华　党委副书记、纪委书记
周立新　党委副书记
陈　阳　党委委员、副镇长、武装部部长
李晓玲　党委委员、副镇长（10 月任）
周　丽　党委委员、副镇长（10 月离）

黄土镇

刘　辉　党委书记
廖　波　党委副书记、镇长
贾　凡　党委委员、人大主席
刘贵兵　党委副书记、纪委书记
李贵伦　党委副书记
安　旭　党委委员、副镇长
姜家宝　党委委员、武装部部长、副镇长
黄小辉　党委委员、副镇长

雎水镇

杨小海　党委书记

李天成　党委副书记、镇长
唐国春　党委委员、人大主席
邓　忠　党委副书记、纪委书记
杨　兵　党委副书记
赵述国　党委委员、副镇长
杨道勋　党委委员、武装部部长、副镇长

永河镇

蒋　波　党委书记
蔡　玮　党委副书记、镇长
陈俊华　人大主席（4月离）
江　涛　党委副书记、纪委书记（4月离）
李远强　党委副书记（9月离）
殷　华　党委副书记、纪委书记（9月任）
罗诗涵　副镇长（9月任）

高川乡

赵安辉　党委书记
代廷超　党委副书记、乡长
雷世泉　人大主席（4月离）
左　强　党委副书记
肖代军　党委副书记
梁　军　副乡长
周黎阳　副乡长

兴仁乡

潘　军　党委书记
谢　刚　党委副书记、乡长
王　成　党委委员、人大主席
吴开银　党委副书记
张家贵　党委副书记、纪委书记（4月任）
蒋　青　党委委员、副乡长
周煜恩　党委委员、武装部部长、副乡长（9月任）
李晓玲　党委委员、副乡长（9月离）

千佛镇

薛远超　党委书记
高银兵　党委副书记、镇长（4月离）
田　原　党委副书记、镇长（4月任）
王友强　人大主席
肖　洪　党委副书记、纪委书记
刘　杰　党委副书记
庞　锐　党委委员、副镇长、人武部部长
王燕青　副镇长

迎新乡

范鹏林　党委书记
汪　敏　党委副书记、乡长
邹章保　人大主席
胡　斌　党委副书记、纪委书记（9月离）
李太和　党委副书记
陈　东　党委副书记、纪委书记　（9月任）
周志国　党委委员、副乡长
罗　明　党委委员、副乡长

先进集体和先进个人

安县荣获国家、省、市表彰的先进集体

获奖单位	获奖名称	授奖单位
四川省安县千佛山	四川省千佛山国家级自然保护区	国务院
县民政局	国家 AAA 婚姻登记机关	民政部
安县农业局	在2014年油菜新品种、新技术试验示范工作中成绩显著	国家油菜产业技术体系绵阳综合试验站、绵阳市农科院
安县农业局	在2014年国家水稻产业技术试验示范推广工作中成绩突出	国家水稻产业技术体系绵阳综合试验站、绵阳市农科院
银河化学	2012—2014 全国卓越绩效模式先进企业特别奖	中国质量协会
银河化学	2014 全国卓越绩效模式先进企业	中国质量协会
银河化学	“守合同重信用”企业	国家工商总局
安县安全生产监督管理局	全国安全生产领域“打非治违”知识竞赛优胜单位奖	安监总局政法司
县民政局	2014 年中国社会报民政宣传工作先进单位	民政部中国社会报社
桑枣镇	全国重点镇	住建部、国家发改委
千佛镇茶坪社区	全国综合减灾示范社区	国家减灾委员会民政部
安县	第四届中国诗歌节中华经典诵读二等奖	第四届中国诗歌节执委会
安县	第四届中国诗歌节组织奖	第四届中国诗歌节执委会
安县社科联	全国先进社科组织	全国社科会议主席团
安县县委宣传部	第二十一届全国青少年爱国主义读书教育活动组织优秀奖	组委会
安县水务局	全国休闲渔业示范基地	农业部
安县水务局	全国水产技术推广示范站	农业部
安县水务局	国家农业综合开发水土保持项目建设管理工作肯定	水利部
安县农业局	2014 年全国休闲农业创意精品推介活动安县被评为景观创意奖	农业部农产品加工局
安县妇女儿童活动中心	“童心共筑中国梦　改革奋进我同行”全国少年儿童主题教育活动优秀集体	全国“双有”主题教育活动组委会
安县教育体育局	“童心共筑中国梦　改革奋进我同行”全国少年儿童主题教育活动优秀集体	全国“双有”主题教育活动组委会
安县乐兴镇小学校	“童心共筑中国梦　改革奋进我同行”全国少年儿童主题教育活动优秀集体	全国“双有”主题教育活动组委会
安县河清镇小学校	“童心共筑中国梦　改革奋进我同行”全国少年儿童主题教育活动优秀集体	全国“双有”主题教育活动组委会
安县	全国六五普法中期工作先进县	全国普及法律知识办公室
安县司法局	人民调解宣传工作先进集体	中华全国人民调解员协会
安县水务局	防洪减灾先进集体	四川省人民政府

续表

获奖单位	获奖名称	授奖单位
安县水务局	全省水土保持工作先进集体	四川省人社厅、省水利厅
安县水务局	承办 2014 年国家农业综合开发水保项目技术培训会	四川省水保局
安县水务局	水利资金管理先进单位	四川省水利厅
安县水务局	全国小型农田水利建设重点县	四川省水利厅、省财政厅
安县水务局	省级血吸虫病传播阻断达标考核先进县	四川省人民政府防血办
安县老干部活动中心	全省老干部学习活动阵地规范化建设示范单位	四川省委组织部、省委老干部局
县人大	2014 年度宣传人民代表大会制度特等奖	四川省人大常委会人民权利报社
县人大	2014 年度宣传民主法制建设特等奖	四川省人大常委会民主法制建设杂志社
安县地方志办公室	“汶川特大地震四川抗震救灾志编纂工作”先进集体	四川省人社厅与省地方志编纂委员会
安县驻上海招商引资办事处	2014 年度投资促进协作工作先进单位	四川省人民政府驻上海办事处
安县防震减灾局（地震台）	2014 年四川省区域台测震系统运行优秀奖	四川省地震局
安县防震减灾局（地震台）	2014 年四川省区域台测震资料分析优秀奖	四川省地震局
县政协	全省政协新闻宣传工作先进单位	四川省政协
安县妇联	四川省“平安家庭”创建工作先进集体	四川省妇联、四川省综治办、团省委、省公安厅
安县国家税务局纳税服务科	四川省巾帼文明岗	四川省妇联
县委政法委	四川省党委政法委先进集体	四川省委政法委、省人社厅、中共安县县委
政法委员会	优秀党委政法委	四川省人社厅、四川省委政法委
安县公安局	2014 年度全省公安机关执法质量优秀单位	四川省公安厅
安县公安局	全省公安机关“一标三实”工作先进县级公安机关	四川省公安厅
县委组织部	全省老干部学习活动阵地规范化建设示范单位	四川省委组织部
秀水法庭	全省法院优秀人民法庭	四川省高院
安县人民法院	全省法院系统第十六届学术讨论会单位组织先进特别奖	四川省高院
刑事审判庭	全省法院刑事审判工作先进集体称号	四川省高院
安县武装部	践行强军目标先进单位	四川省军区
安县人民政府	农民增收先进县	中共四川省委农村工作领导小组
安县农业局	推荐的新农农机专业合作社机手刘舜获得全国农机手大赛 100 强	农民日报社
安县农业局	推荐的安县巴蜀渔都、安县猫儿沟农庄被评为四川省省级示范休闲农庄	四川日报社
安县农业局	农村土地承包经营权确权登记颁证工作突出单位	四川省农业厅
安县农业局	全省农业行政处罚优秀案卷	四川省农业厅

续表

获奖单位	获奖名称	授奖单位
安县农业局	“大禹杯”农田水利基本建设工作绩效考评农业项目二等奖	绵阳市农田水利基本建设指挥部
安县农业局	推荐的黄土永福农机专业合作社社长林启平在全省油菜技术研讨会上作交流发言	省农业厅
安县农业局	全省农产品质量安全监管示范县创建工作会经验交流	四川省食品安全委员会
安县农业局	全省现代农业产业基地景区化建设现场培训会上作交流发言	四川省农业厅
安县农业局	在绵阳市 2014 年秸秆禁烧及综合利用现场会上作经验交流	绵阳市委、市政府
安县人民政府	四川省绿化模范县	四川省绿化委员会
安县林业局	森林防火信息工作成效显著单位	四川省森林草原防火指挥部
安县森林防火指挥部	《四川省森林防火条例》宣传组织工作成效显著单位	中共四川省委宣传部、四川省森林草原防火指挥部、四川省林业厅、四川省司法厅
银河化学	中国驰名商标	国家工商行政管理总局商标局
银河化学	四川省著名商标证书（安剑、女娲）	四川省工商行政管理局
银河化学	全国五一劳动奖状	中华全国总工会
银河化学	四川省科技进步一等奖	四川省科学技术厅
银河化学	2014 年中国质量诚信企业	中国出入境检验检疫协会
银河化学	高新技术企业	四川省科学技术厅
银河化学	2014 年四川制造企业 100 强	四川省企业联合会、企业家协会
银河化学	四川百强企业（第七十位）	四川省企业联合会、企业家协会
银河化学	四川百强制造业企业（第三十四位）	四川省企业联合会、企业家协会
银河化学	四川省名牌产品称号安剑牌铬鞣剂	四川省人民政府
银河化学	四川省名牌产品称号（女娲牌普通硅酸盐水泥　安剑牌重铬酸钠、铬酸酐）	四川省人民政府
银河化学	全国石油和化工行业责任关怀最佳实践单位	中国石油化学工业联合会
安县供销社	2014 年度扩权县会计基础工作优胜单位	四川省供销合作社联合社
安县	财政厅关于 2014 年度财政支出绩效评价工作考核表扬	四川省财政厅
安县	四川省 2014 年度农业综合开发项目统计工作获奖	四川省农业综合开发领导小组办公室
安县	四川省绿化模范县	四川省绿化委员会
安县	安县集体林权制度改革工作汇报获国家林改司领导批示表扬	国家林业局林改司
安县	关于下达 2014 年度市级财政央省支农项目奖补资金	绵阳市财政局
安县	农村土地承包经营权确权登记颁证工作	四川省农业厅
安县	义务教育均衡发展评估达标	四川省人民政府教育督导团

续表

获奖单位	获奖名称	授奖单位
四川省地质灾害防治工作先进集体	安县国土资源局	四川省人力资源和社会保障厅、四川省国土资源厅
安县统计局	第三次全国经济普查先进集体	四川省统计局，省人社厅，省经普办
安县安全生产监督管理局	2014 年全省“安全生产月”活动先进单位	四川省政府安全生产委员会办公室
安县城乡规划建设和住房保障局	四川省卫生单位	四川省爱国卫生运动委员会
安县城乡规划建设和住房保障局	四川省房地产业协会优秀联络处	四川省房地产协会
安县城乡规划建设和住房保障局	建设信息学会先进会员单位	四川省城乡建设信息学会
安县科学技术局	四川省科普工作先进集体	四川省科技厅、省委宣传部、省科协
安县科学技术协会	2014 年度生产力促进中心先进集体	四川省生产力促进中心
安县教育体育局	2010 年—2014 年度四川省群众体育先进单位	四川省体育局
安县教育体育局	组织参加“全国青少年五好小公民‘美丽中国 我的中国梦’主题教育读书活动”的先进集体	四川省教育厅关心下一代工作委员会
安县教育体育局	2014 年四川省广场健身操（舞）交流展示比赛自选套路（中老年组）一等奖	四川省体育局四川省体育总会
安县教育体育局	2014 年四川省广场健身操（舞）交流展示比赛优秀组织奖	四川省体育局四川省体育总会
安县教育体育局	2014 年四川省广场健身操（舞）交流展示比赛规定套路（中老年组）二等奖	四川省体育局四川省体育总会
安县教育体育局	“赛思特杯”第二届防震减灾知识暨四川省第四届中小学校安全知识网络有奖竞赛活动中获县（市、区）先进集体奖	四川省教体厅等
安县教育体育局	2014 年度先进工作集体	四川省扶贫基金会
安县教育体育局	2014 年“童心共筑中国梦 改革奋进我同行”全国少年儿童“双有”主题教育活动荣获优秀集体奖	四川省儿童活动中心
安县业余体校	2010 年—2014 年度四川省群众体育先进单位和先进个人	四川省体育局
安县沙汀中学	关于组织参加“全国青少年五好小公民‘美丽中国 我的中国梦’主题教育读书活动”的先进集体	四川省教育厅关心下一代工作委员会
安县沙汀中学	荣获第二十二届少年百科知识竞赛优秀集体奖	四川省教育厅
安县乐兴小学	2014 年“童心共筑中国梦 改革奋进我同行”全国少年儿童“双有”主题教育活动荣获优秀集体奖	四川省儿童活动中心
安县河清小学	2014 年“童心共筑中国梦 改革奋进我同行”全国少年儿童“双有”主题教育活动荣获优秀集体奖	四川省儿童活动中心
安县黄土小学	四川省中小学生综合素质竞赛集体奖	四川省教育厅
安县七一实验小学	四川省优秀少先队集体	中共四川省委宣传部四川省人力资源和社会保障厅四川省精神文明建设办公室
获奖单位	获奖名称	授奖单位

续表

安县河清小学	全国少年儿童“双有”主题教育活动“优秀集体奖”	全国少年儿童“双有”组委会
安县河清小学	四川省中小学生综合素质竞赛集体奖	四川省中小学生综合素质竞赛组委会
安县泸州老窖永盛学校	四川省“爱粮节粮”征文活动“优秀组织奖”	四川省教厅四川省粮食厅
安县泸州老窖永盛学校	四川省“赛斯特杯”安全知识竞赛“学校优秀组织奖”	四川省教厅、四川省地震局、四川省人民政府安全生产办公室
县民政局	四川省退役士兵安置工作先进集体	四川省退伍军人和军队离休退休干部安置领导小组
县民政局	平安边界线	四川省社会管理综合治理委员会办公室　四川省民政厅
安县残疾人联合会	四川省残疾人监测先进县	四川省残疾人联合会
安县工业园	四川省知识产权试点园区	四川省经济和信息化委员会四川省知识产权局
花荄镇	四川省安全社区	四川省政府安委会
花荄镇	四川省乡村旅游示范镇	四川旅游标准评定委员会
花荄镇	绵阳市第三次全国经济普查先进集体名单	绵阳市人民政府办公室
花荄镇巴蜀鱼都	四川省省级示范休闲农庄	四川省农业厅
花荄镇猫儿沟农庄	四川省省级示范休闲农庄	四川省农业厅
联丰村	四川省文明村	中共四川省委办公厅、四川省人民政府办公厅
桑枣镇	四川省“十二五”旅游型重点镇	四川省发展和改革委员会
桑枣镇	四川省第二批百镇建设试点镇	领导小组办公室
睢水镇	命名2014年度四川省绿化模范单位	四川省绿化委员会
睢水镇	国家血吸虫病防治工作传播阻断达标	四川省人民政府血吸虫病防治工作领导小组办公室
睢水镇	关于命名2014—2016年“四川省民间文化艺术之乡”的决定	四川省文化厅
安县清泉镇	2014年度“量服”示范乡镇	四川省残疾人联合会
清泉镇金塔村	2014年度“量服”示范村	四川省残疾人联合会
安县清泉镇	2014年“保护超特高压平安乡镇”一等奖	四川省综治委“三电”设施安全保护工作领导小组暨省级会议联系会议
安县清泉镇	国家血吸虫病防治工作传播阻断达标	四川省人民政府血吸虫病防治工作领导小组办公室
安县清泉镇	四川省档案工作规范化管理三级标准	四川省档案局
安县晓坝镇	四川省乡村旅游示范乡镇	四川旅游标准评定委员会
安县晓坝镇人民政府	四川省绿化模范单位	四川省绿化委员会
安县晓坝镇中心村	四川省绿化模范村	四川省绿化委员会
安县晓坝镇人民政府	国家血吸虫病防治工作传播阻断达标	四川省人民政府血吸虫病防治工作领导小组办公室
安县千佛镇	卫生乡镇	四川省爱卫会

续表

获奖单位	获奖名称	授奖单位
安县兴仁乡人民政府	国家血吸虫病防治工作传播阻断达标	省人民政府血吸虫病防治工作领导小组办公室
安县发改局	2013—2014 年度价格信息服务工作先进单位、先进个人	四川省发改委
安县社科联	2014 年全省先进县（市区）社科联	省社科联
安县信用联社	2014 年度安全保卫工作先进单位	四川省农村信用社
安县秀水镇	2014 年“百镇建设试点行动”名单	四川省人民政府办公厅
安县秀水镇	教育均衡发展	省政府教育督导团
安县人民检察院控申举报接待室	全省检察机关省级“文明接待室”	四川省人民检察院
安县人民检察院驻县看守所检察室	第四届全省检察机关派驻监管场所二级规范化检察室	四川省人民检察院
黄土镇人民政府	血防阻断达标	四川省人民政府
黄土镇人民政府	四川省安全社区	四川省政府安委会
黄土镇人民政府	血防阻断达标	四川省政府
中医院	四川省文明单位	四川省委办公厅、四川省人民政府办公厅
中医院	四川省文明单位	四川省委办公厅、四川省人民政府办公厅
卫生局	廉洁行医　拒绝红包——安县开展创建“无红包医院”活动	中共四川省纪委　四川省监察厅（网站）
卫生局	国家血吸虫病防治工作传播阻断达标。	四川省人民政府血吸虫病防治工作领导小组办公室
卫生局	廉洁行医　拒绝红包——安县开展创建“无红包医院”活动	中共四川省纪委、四川省监察厅（网站）
安县粮食局	信访综合工作先进集体	中共绵阳市委、绵阳市人民政府
安县工信局	2014 年度工业经济发展先进集体优胜单位	中共绵阳市委、绵阳市人民政府
安县民生办	表彰安县“建设美丽新村、打造幸福家园”项目获得“2014 年绵阳市十大优秀民生工程项目”称号	中共绵阳市委、绵阳市人民政府
桑枣镇	绵阳市小城镇建设试点镇、示范镇	中共绵阳市委、绵阳市人民政府
安县科学技术局	第二届中国（绵阳）科技城国际科技博会和 2014 四（绵阳）电子商务博会暨第三届“绵阳造”精品展销会先进集体	中共绵阳市委
安县秀水镇	绵阳市第三次全国经济普查先进集体	绵阳市人民政府办公室
安县司法局	第二批市级法治单位	中共绵阳市委
安县人民政府办公室	2014 年全市政府系统办公室工作绩效评价表扬单位	绵阳市人民政府办公室
安县	绵阳市首届职业技能大赛团体三等奖	绵阳市人民政府
安县	绵阳市首届职业技能大赛优秀组织奖	绵阳市人民政府

续表

获奖单位	获奖名称	授奖单位
花荄镇	2013 年度招商引资工作新增一般开工项目引荐奖	中共安县县委、安县人民政府
县委组织部	县级部门综合考核一等奖	中共安县县委、安县人民政府
安县农业局	县级部门综合考核一等奖	中共安县县委、安县人民政府
安县农业局	固定资产投资工作三等奖	中共安县县委、安县人民政府
安县农业局	“三农”及农民增收工作一等奖	中共安县县委、安县人民政府
安县农业局	安全生产工作二等奖	中共安县县委、安县人民政府
县民政局	县级部门综合考核一等奖	中共安县县委、安县人民政府
县民政局	发展服务业先进单位	中共安县县委、安县人民政府
县民政局	民生工作先进集体	中共安县县委、安县人民政府
县民政局	人口和计划生育工作先进集体	中共安县县委、安县人民政府
安县工业园	县级部门综合考核一等奖	中共安县县委、安县人民政府
安县工业园	招商引资服务先进单位	中共安县县委、安县人民政府
安县工业园	固定资产投资工作一等奖	中共安县县委、安县人民政府
花荄镇	武装工作先进单位	中共安县县委、安县人民政府、安县人民武装部
花荄镇	工业类乡镇综合考核一等奖	中共安县县委、安县人民政府
花荄镇	固定资产投资工作一等奖	中共安县县委、安县人民政府
花荄镇	“三农”及农民增收工作先进集体一等奖	中共安县县委、安县人民政府
花荄镇	民生工作先进集体	中共安县县委、安县人民政府
花荄镇	人口和计划生育工作先进集体	中共安县县委、安县人民政府
花荄镇	安全生产工作二等奖	中共安县县委、安县人民政府
花荄镇四海香餐饮店	新增社消零限上企业将	中共安县县委、安县人民政府
桑枣镇	安县扩权强镇试点镇	中共安县县委、安县人民政府

续表

获奖单位	获奖名称	授奖单位
黄土镇人民政府	民营经济类乡镇考核二等奖	中共安县县委、安县人民政府
黄土镇人民政府	“三农”及农民增收工作先进集体一等奖	中共安县县委、安县人民政府
黄土镇人民政府	农民生产“丰收杯”奖	中共安县县委、安县人民政府
黄土镇人民政府	人口和计划生育先进集体	中共安县县委、安县人民政府
黄土镇人民政府	安全生产工作一等奖	中共安县县委、安县人民政府
卫生局	民生工作先进单位	中共安县县委、安县人民政府
卫生局	民生工作先进单位	中共安县县委、安县人民政府
县委组织部	党风廉政建设及惩防体系建设工作先进集体	中共安县县委
县委组织部	宣传思想政治工作先进集体	中共安县县委
县委组织部	政法、信访、防邪工作一等奖	中共安县县委
安县农业局	“领导挂点、部门包村、干部帮户”活动先进集体	中共安县县委
安县农业局	宣传思想政治工作先进集体	中共安县县委
安县农业局	政法（综治、维稳、大调解）、信访、防邪工作二等奖	中共安县县委
安县农业局	行政效能建设工作先进集体	中共安县县委
县民政局	创“学习好、团结好、勤政好、廉洁好”班子活动先进集体	中共安县县委
县民政局	“领导挂点、部门包村、干部帮户”活动先进集体	中共安县县委
县民政局	党风廉政建设及体系建设工作先进集体	中共安县县委
县民政局	精神文明建设和未成年人思想道德建设工作先进集体	中共安县县委
县民政局	政法、信访、防邪工作一等奖	中共安县县委
县民政局	行政效能建设工作先进集体	中共安县县委
安县工业园	创“学习好、团结好、勤政好、廉洁好”班子活动先进集体	中共安县县委
安县工业园	党风廉政建设及惩防体系建设工作先进集体	中共安县县委
安县工业园	宣传思想政治工作先进集体	中共安县县委
安县工业园	精神文明建设和未成年人思想道德建设工作先进集体	中共安县县委
安县工业园	政法（综治、维稳、大调解）、信访、防邪工作一等奖	中共安县县委
安县工业园	行政效能建设工作先进集体	中共安县县委
花荄镇	创“学习好、团结好、勤政好、廉洁好”班子活动先进集体	中共安县县委
花荄镇	党风廉政建设及惩防体系建设工作先进集体	中共安县县委
花荄镇	文化工作先进集体	中共安县县委
花荄镇	政法（综治、维稳、大调解）、信访、防邪工作一等奖	中共安县县委

续表

获奖单位	获奖名称	授奖单位
花荄镇人大主席团	人大工作先进集体	中共安县县委
花荄、黄土联络组	政协工作优秀政协联络组	中共安县县委
安县秀水镇	“三农”及农民增收工作先进集体三等奖	中共安县县委
安县秀水镇	人口和计划生育工作先进集体	中共安县县委
安县秀水镇	工业类乡镇综合考核一等奖	中共安县县委
安县秀水镇	党风廉政建设及惩防体系建设工作	中共安县县委
安县秀水镇	文化工作先进集体	中共安县县委
安县秀水镇	政法（综治、维稳、大调解）工作一等奖	中共安县县委
安县秀水镇	信访工作一等奖	中共安县县委
安县秀水镇	防邪工作一等奖	中共安县县委
黄土镇人民政府	“四好”班子先进集体	中共安县县委
黄土镇人民政府	党风廉政建设及惩防体系建设工作	中共安县县委
黄土镇人民政府	宣传思想政治工作先进集体	中共安县县委
黄土镇人民政府	政法、信访、防邪工作一等奖	中共安县县委
黄土镇人民政府	人大工作先进集体	中共安县县委
黄土镇人民政府	优秀政协联络组	中共安县县委
卫生局	创“学习好、团结好、勤政好、廉洁好”班子活动先进单位	中共安县县委
卫生局	“领导挂点、部门包村、干部帮户”活动先进单位	中共安县县委
卫生局	党风廉政建设及惩防体系建设工作先进单位	中共安县县委
卫生局	宣传思想政治工作先进集体	中共安县县委
卫生局	政法、信访、放邪工作二等奖	中共安县县委
卫生局	行政效能建设工作先进集体	中共安县县委
卫生局	优秀政协联络组	中共安县县委
卫生局	创“学习好、团结好、勤政好、廉洁好”班子活动先进单位	中共安县县委
卫生局	“领导挂点、部门包村、干部帮户”活动先进单位	中共安县县委
卫生局	党风廉政建设及惩防体系建设工作先进单位	中共安县县委
卫生局	宣传思想政治工作先进集体	中共安县县委
卫生局	政法、信访、放邪工作二等奖	中共安县县委
卫生局	行政效能建设工作先进集体	中共安县县委
卫生局	优秀政协联络组	中共安县县委
卫生局	创“学习好、团结好、勤政好、廉洁好”班子活动先进单位	中共安县县委
卫生局	“领导挂点、部门包村、干部帮户”活动先进单位	中共安县县委
卫生局	党风廉政建设及惩防体系建设工作先进单位	中共安县县委
卫生局	宣传思想政治工作先进集体	中共安县县委
卫生局	政法、信访、放邪工作二等奖	中共安县县委
卫生局	行政效能建设工作先进集体	中共安县县委
卫生局	优秀政协联络组	中共安县县委

安县荣获国家、省、市表彰的先进个人

姓名	工作单位	获奖名称	授奖单位
蒋卓君	兴仁乡团委	全国优秀共青团干部	共青团中央
叶义英	安县河清小学	指导教师奖	教育部关心下一代工作委员会
肖　华	安县妇女儿童活动中心	“童心共筑中国梦　改革奋进我同行”全国少年儿童主题教育活动先进个人	全国“双有”主题教育活动组委会
董岚灵	安县乐兴镇小学校	“童心共筑中国梦　改革奋进我同行”全国少年儿童主题教育活动先进个人	全国“双有”主题教育活动组委会
张保林	安县乐兴镇小学校 3 年级	“乐享童年　畅想未来”全国少年儿童图文创作大赛一等奖	全国“双有”主题教育活动组委会
贺曼琪	安县乐兴镇小学校 3 年级	“乐享童年　畅想未来”全国少年儿童图文创作大赛二等奖	全国“双有”主题教育活动组委会
刘庆描	安县乐兴镇小学校 4 年级	“乐享童年　畅想未来”全国少年儿童图文创作大赛三等奖	全国“双有”主题教育活动组委会
肖　礼	县政协	获《四川政协报》优秀通讯员	四川省政协
谢流贵	安县信访和群众工作局	记一等功公务员	中共四川省委、四川省人民政府
眭红梅	安县信访和群众工作局	四川省信访工作先进个人	四川省人力资源和社会保障厅、四川省信访局
肖　华	安县妇女儿童活动中心主任	四川省家庭教育工作先进个人	四川省妇联、四川省教育厅、四川省精神文明建设办公室
李道春	安县矛盾纠纷“大调解”协调中心副主任	四川省“平安家庭”创建工作先进个人	四川省妇联、四川省综治办、团省委、省公安厅
林兴聪	安县高川乡甘沟村	四川省最美家庭	省委宣传部、省文明办、省互联网信息办、省妇联
李道春	安县政法委	四川省“平安家庭”创建工作先进个人	四川省平安家庭创建工作领导小组
罗　义	安县公安局禁毒缉毒大队	肃毒害、创平安先进个人（嘉奖）	四川省公安厅
陈　斌	安县森林公安局	《四川省森林公安局关于对攀枝花市森林公安局等 5 个集体和戴娟等 34 名个人记功嘉奖的命令》（川森公奖〔2014〕1 号）	四川省森林公安局
李先荣	银河化学	省科学技术完成者：高效自循环湿法连续制备红矾钠关键技术开发及产业化	四川省科学技术厅
谢友才	银河化学	四川省爱岗敬业好人	四川省精神文明办公室
姜　楠	安县国土局	四川省地质灾害防治工作先进个人	四川省人力资源和社会保障厅、省国土资源厅
孙　春	统计局	第三次全国经济普查四川省先进个人	四川省统计局、省人社厅、省经普办
陈唯一	安县城乡规划建设和住房保障局	2014 年度四川省房地产行业协会先进个人	四川省房地产协会
陈唯一	安县城乡规划建设和住房保障局	2014 年度新闻宣传优秀通讯员	中国建设报四川记者站、四川房地产网
赵漫春	安州通讯社	绵阳市三八红旗手	

续表

姓名	工作单位	获奖名称	授奖单位
蒙　一	安县科学技术局	2014 年科技博览会工作先进个人	2014 科博会指挥部办公室
刘　英	安县业余体校	2010—2014 年四川省群众体育先进个人	四川省体育局
董岚灵	安县乐兴小学	2014 年“童心共筑中国梦　改革奋进我同行”全国少年儿童“双有”主题教育活动荣获先进个人奖	四川省儿童活动中心
何　玲	安县七一实验小学	四川省德育优秀成果评选一等奖	四川省教育科学研究所
郭正恩	安县泸州老窖永盛学校	四川省“赛斯特杯”安全知识竞赛“优秀校长”	四川省教厅、四川省地震局、四川省人民政府安全生产办公室
杨　兵	雎水镇	四川省维护稳定先进个人	四川省委政法委、省维护社会稳定领导小组、省人社厅
严　明	安县清泉镇	四川省驻闽办事处招商引资先进个人	四川省驻闽办事处
姜　静	安县晓坝镇	四川省党建网优秀网评员	四川党建网
薛远超	千佛镇人民政府	优秀党委书记	中共四川省委
汪　平	安县检察院	2014 年度全省检察机关司法警察练兵先进个人	四川省人民检察院
赵　明	安县驻辽宁招商引资办事处	第二届中国（绵阳）科技城国际科技博览会先进个人	中共绵阳市委、绵阳市人民政府
廖　亮	安县驻辽宁招商引资办事处	驻外招商工作先进个人	绵阳市人民政府
谢玉伟	柏杨村	公民道德模范奖	中共安县县委
奉其勇	文星社区	公民道德模范奖	中共安县县委
蒋学勇	花荄镇	粮油种植大户	中共安县县委、安县人民政府
谭小燕	花荄镇	粮油种植大户	中共安县县委、安县人民政府
王远兴	花荄镇	特色多经产业种植大户	中共安县县委、安县人民政府

补录 2013 年先进集体

获奖单位	奖项	授奖单位
安县高川乡接龙社区	全国综合减灾示范社区	国家减灾委员会、民政部
安县	科技部关于公布 2013 年全国县市科技进步考核先进县市先进个人和优秀组织单位名单的通知	科技部
安县	科技部关于印发 2013 年全国县市科技进步考核结果的通知	科技部
安县	科技部关于公布 2013 年全国县市科技进步考核先进县市先进个人和优秀组织单位名单的通知	科技部
安县	科技部关于印发 2013 年全国县市科技进步考核结果的通知	科技部
安县林业局	2012—2013 年“中国林业产业突出贡献奖”	中国林业产业联合会

续表

获奖单位	奖项	授奖单位
黄土镇人民政府	四川省安全社区	四川省政府安委会
安县	教育投入保障有力，教育工作成绩突出	四川省人民政府
安县兴仁乡	全国农村基层团建示范乡镇	团中央农村青年工作部
安县	安县2013年度土地治理项目报表编报工作	四川省农业综合开发领导小组办公室
安县	安县2013年竣工统计报表编报工作	四川省农业综合开发领导小组办公室
安县	扩权试点县（市）财政部门良好单位	四川省财政厅
安县财政局	2013年省财政厅对县级支农资金整合绩效考评	四川省财政厅
安县环保局	2013年度环境污染责任保险试点工作先进单位	四川省环保厅
安县	安县2013年竣工统计报表编报工作	四川省农业综合开发领导小组办公室
安县	扩权试点县（市）财政部门良好单位	四川省财政厅
安县财政局	2013年省财政厅对县级支农资金整合绩效考评	四川省财政厅
安县环保局	2013年度环境污染责任保险试点工作先进单位	四川省环保厅
花荄镇巴蜀鱼都	四川省省级示范休闲农庄	四川省农业厅
花荄镇猫儿沟农庄	四川省省级示范休闲农庄	四川省农业厅
花荄镇	四川省安全社区	四川省政府安委会
桑枣镇	四川省环境优美示范乡镇	四川省城乡环境综合治理工作领导小组
卫生局	2013年四川省卫生县城、乡镇、卫生村、卫生单位	四川省爱国卫生运动委员会
安县爱国卫生运动	2013年四川省卫生县城、乡镇、卫生村、卫生单位	四川省爱国卫生运动委员会
卫生局	2013年四川省卫生乡镇、卫生村、卫生单位	四川省爱国卫生运动委员会
银河化学	2013年四川省“五化五强”班组	四川省劳动竞赛委员会
安县安全生产监督管理局	2013年度全省安全生产宣传工作优秀单位	四川省政府安全生产委员会办公室
乐兴镇	全省2013年度“保护超特高压平安乡镇”创建活动先进集体一等奖	川综治三电组〔2013〕18号
安县财政局	中共绵阳市委、绵阳市人民政府关于命名首批市级法治县（市、区）、法治乡镇（街道）、法治单位、法治学校、法治企业、法治村（社区）的决定	中共绵阳市委
安县水务局	2013年度“大禹杯”绩效考评综合三等奖	中共绵阳市委
安县科学技术局	2013年度发展科技型中小企业工作先进集体	中共绵阳市委
安县秀水镇	2013年度征兵工作基层先进单位	绵阳市人民政府
安县投资促进服务局	2013年度投资促进工作先进单位	绵阳市人民政府
安县人民政府办公室	2013年度全市优秀政务调研成果三等奖	绵阳市人民政府办公室
安县发改局	2013年度全市固定资产投资工作先进单位	绵阳市人民政府、中共安县县委
安县人民政府	2013年度信访综合工作先进集体	中共绵阳市委办公室、绵阳市人民政府办公室、中共安县县委

续表

获奖单位	奖项	授奖单位
安县人民政府	2013 年度驻京驻蓉信访工作先进集体	中共绵阳市委办公室、绵阳市人民政府办公室
安县森林公安局	2013 年度全市森林公安综合考评先进单位	绵阳市林业局
安县工业园	2013 年培育新增规模企业所在乡镇、园区	中共安县县委、安县人民政府
卫生局	2013 年县级部门综合考核一等奖	中共安县县委、安县人民政府
卫生局	2013 年工业服务先进单位	中共安县县委、安县人民政府
卫生局	民生工作先进单位	安县县委、安县人民政府
卫生局	2013 年县级部门综合考核一等奖	安县县委、安县人民政府
卫生局	2013 年工业服务先进单位	安县县委、安县人民政府
卫生局	2013 年县级部门综合考核一等奖	安县县委、安县人民政府
卫生局	2013 年工业服务先进单位	安县县委　安县人民政府
安县财政局	中共安县县委经济社会发展工作县级部门综合考核先进集体	中共安县县委
安县财政局	中共安县县委经济社会发展工作招商引资服务奖先进集体	中共安县县委
安县财政局	中共安县县委经济社会发展工作“三农”工作先进集体	中共安县县委
安县财政局	中共安县县委经济社会发展工作民生工作先进集体	中共安县县委
安县秀水镇	2013 年度人大工作先进集体	中共安县县委
安县秀水镇	2013 年度优秀政协联络组	中共安县县委
安县发改局	2013 年度县级部门综合考核一等奖	中共安县县委
安县发改局	2013 年新增一般开式项目引荐奖	中共安县县委
安县发改局	2013 年招商引资服务先进单位	中共安县县委
安县发改局	2013 年固定资产投资工作先进单位	中共安县县委
安县发改局	2013 年度党建、宣传、人大、政协及维护社会稳定工作先进集体和先进个人	中共安县县委
安县秀水镇	2013 年度创“学习好、团结好、勤政好、廉洁好”班子活动先进集体	中共安县县委
安县秀水镇	2013 年度农业生产“丰收杯”奖	中共安县县委
安县秀水镇	2013 年度安全生产工作二等奖	中共安县县委

补录2013年先进个人

姓名	工作单位	获奖名称	授奖单位
王潇嵘	绵阳市沙汀实验中学	“心中有祖国　心中有他人”全国少年儿童主题教育活动先进个人	全国“双有”主题教育活动组委会
张　清	安县乐兴镇小学校3年级	“爱我家乡　爱我中华”全国少年儿童图文创作大赛一等奖	全国“双有”主题教育活动组委会
李春娣 薛　家	安县河清镇小学校6年级	“爱我家乡　爱我中华”全国少年儿童图文创作大赛一等奖	全国“双有”主题教育活动组委会
刘　蓉	安县河清镇小学校6年级	“爱我家乡　爱我中华”全国少年儿童图文创作大赛二等奖	全国“双有”主题教育活动组委会
朱子明 张秀琼 廖红霞 易　斌 谭祯清	安县进修校	2013年度四川省优秀教学成果三等奖	四川省人民政府
郝红梅	安县河清小学	指导教师奖	四川省中小学生综合素质竞赛组委会
李建强	卫生局	《行草条幅》入选2013“畅想中国梦　展示新四川”全省群星璀璨美术书法摄影优秀作品展	四川省文化厅
江涛	安县驻成渝招商引资办事处	绵阳市2013年度招商引资工作先进个人	绵阳市人民政府
周超	安县驻广州招商引资办事处	绵阳市2013年度招商引资工作先进个人	绵阳市人民政府

中共安县县委、县政府表彰的先进集体和先进个人

一、年度目标考核

（一）重点建设发展类乡镇年度目标考核

一等奖（3个）

塔水镇　桑枣镇　花荄镇

二等奖（4个）

秀水镇　黄土镇　睢水镇　河清镇

三等奖（1个）

界牌镇

（二）农村经济发展类乡镇年度目标考核

一等奖（2个）

清泉镇　兴仁乡

二等奖（3个）

乐兴镇　迎新乡　永河镇

三等奖（1个）

宝林镇

（三）生态功能类乡镇年度目标考核

一等奖（1个）

沸水镇

二等奖（2个）

千佛镇　晓坝镇

三等奖（1个）

高川乡

（四）县级部门年度目标考核

一等奖（3　1个）

政协办　人大办　组织部　县委办　政府办　宣传部　纪委监察局　督查办　政法委　妇联　总工会　县委农办　林业局　水务局　农业局　财政局　住建局　统计局　交通运输局　国土局　发改局　公安局　司法局　安监局　检察院　法院　人社局　文广新旅局　教体局　民政局　卫生局

二等奖（34个）

统战部　县直机关工委　信访群工局　防邪办　工商联　惠民中心　县委党校　县委编办　团县委　档案局　精神文明办　安州通讯社　政务中心　人武部　工业园区　工信局　商务局　科技局　供销联社　投促局　地税局　畜牧局　国税局　粮食局　审计局　环保局　工商局　技术监督局　城管局　防震减灾局　扶贫移民局　计生局　残联　住房公积金管理处

三等奖（6个）

红十字会　史志办　地管处　白水湖管理局　食药监局　气象局

二、工业发展工作

（一）2014年度企业贡献奖

1. 纳税5000万元以上企业（1个）

四川省银河化学股份有限公司

2. 纳税3000－5000万元企业（2个）

四川好医生药业集团有限公司

安县中联水泥有限公司

3. 纳税2000－3000万元企业（2个）

国网安县供电公司

绵阳启明星磷化工有限公司

4. 纳税1000－2000万元企业（1个）

四川新阜建材有限公司

5. 纳税100一1000万元企业（21个）

四川汇利纸业有限公司

四川朗迪塑胶电器有限公司

绵阳得润电子有限公司

四川科伦发豪包装有限公司

绵阳市腾晖建材有限公司

绵阳市万欣汽车配件有限公司

绵阳市博媛建材有限公司

四川长虹电子部品有限公司

绵阳启明星电力设备有限公司

绵阳恒安冶金炉料有限公司

绵阳诗兰姆汽车零部件有限公司

绵阳朗迪新材料有限公司

绵阳市阳晨汽车零部件有限公司

绵阳瑞晨汽车零部件有限公司

富卓华祥汽车零部件（绵阳）有限公司

四川省绿植农业有限责任公司

绵阳秦川恒远汽车电器有限公司
四川创翔电源有限公司
安县实创建材有限公司
绵阳德虹电器有限责任公司
陈氏植物油脂有限责任公司

（二）2014 年度企业上台阶奖

1. 营业收入首次过 10 亿元（1 个）
绵阳华祥机械制造有限公司
2. 营业收入首次过 5 亿元（1 个）
安县中联水泥有限公司

（三）2014 年培育新增规模企业奖

1. 2014 年新增规模企业（9 个）
绵阳市能士光宝电子有限公司
四川自胜机电设备有限责任公司
安县长城机械制造有限公司
四川魔力科技有限公司
绵阳市众兴特种玻璃有限公司
四川创翔电源有限公司
绵阳蓝奥重型机械制造有限公司
安县绿源精米厂
绵阳市欧克饲料有限公司
2. 2014 年培育新增规模企业所在乡镇（2 个）
界牌镇人民政府
花荄镇人民政府

（四）企业新增项目投资奖（3 个）

四川省银河化学股份有限公司——电化学法处理含铬废水工程项目

安县川磷化工有限公司——年产 1.5 万吨精细磷酸盐生产工艺综合生产线技改扩建项目

四川好医生药业集团有限公司——年产 3000 万袋抗病毒小儿解表颗粒生产线建设项目

（五）企业协作配套奖（4 个）

安县茂森化工有限公司
绵阳市腾晖建材有限公司
四川长虹电子部品有限公司
四川朗迪塑胶电器有限公司

（六）技术创新奖

1. 企业品牌争创奖（5 个）
四川好医生药业集团有限公司
四川英志新能源股份有限公司
绵阳启明星电力设备有限公司
安县辉达油脂化工有限责任公司
四川省绿植农业有限责任公司
2. 企业技术中心创建奖（2 个）
四川省银河化学股份有限公司
四川好医生药业集团有限公司
3. 标准化管理奖（1 个）
四川省银河化学股份有限公司

（七）2014 年度工业服务及要素保障先进单位

1. 要素保障先进单位（5 个）
国土局
国网安县供电公司
中国电信安县分公司
中国联通安县分公司
中国移动安县分公司
2. 服务工业先进单位（15 个）
县委办 人大办 政府办 政协办 工信局
政法委 纪委监察局 司法局 督查办
总工会 民政局 统计局 教体局 国税局
地税局

（八）发展服务业先进集体（9 个）

商务局 工信局 科技局 民政局 环保局
教体局 卫生局 林业局 统计局

（九）新增限上企业奖（60 个，由县商务局具体进行表扬，具体奖励名单详见附件 1）

三、招商引资工作

（一）重大产业项目引荐奖（7 个）

江阴天江药业有限公司、四川天雄药业有限公司——年提取中药材 10000p 屯及 5000 亩中药材种植基地建设项目（四川天雄药业有限公司）

天津远逸建筑工程有限公司——润滑油再生循环项目（市投促局驻青岛分局）

绵阳市沪川牧场——年产 20 万吨饲料加工生产线项目（清泉镇）

九州通医药集团股份有限公司——绵阳九州通医药有限公司现代医药物流中心项目（市食药局）

福建纳川管材科技股份有限公司——新型管材生产建设项目（福建四川商会）

四川绵竹市龙安玻陶有限公司——建设年产 3 万吨玻陶釉料熔块项目（绵阳启明星磷化工有限公司）

绵阳市宏宇汽车零部件有限公司——年产200万件飞轮智能浇铸生产项目（绵阳市阳晨汽车零部件有限公司）

（二）重大产业项目信息奖（9个）

广东四川商会家具分会——西部家博产业城项目（四川省政府驻广办经合处陈建）

上海明悦集团——欧式精品酒店项目（市投促局驻上海分局王峰）

苏州瑞可达连接系统有限公司——连接器项目（市投促局驻上海分局王峰）

广东科光集团——LED模组背板及机械加工项目（绵阳浙江商会魏建能）

福州素天下食品有限公司——魔芋系列食品生产、精粉深加工及其他农副产品生产项目（安县都乐魔芋彭颖）

陕西中联电讯信息产业有限公司/四川英志新能源股份有限公司——大容量锂离子动力及储能电池产业化生产项目（四川英志新能源股份有限公司）

中集车辆集团——绵阳汽车文化产业园项目（绵阳市统计局赵华果）

成都博大金点生物技术有限公司——兽药、疫苗研发项目（鼎创基业张茜）

天津鑫茂科技集团有限公司——鑫茂科技园区开发项目（绵阳市投促局青岛分局李泽）

（三）招商引资先进单位及重要保障服务部门（18个）

县委办　人大办　政府办　政协办　工业园区
地管处　组织部　宣传部　县委农办　发改局
投促局　财政局　住建局　国土局　环保局
迎新乡　清泉镇　河清镇

四、固定资产投资工作（18个）

一等奖（8个）

发改局　工信局　统计局　住建局　工业园区
水务局　花荄镇塔水镇

二等奖（5个）

林业局　农业局　宝林镇　高川乡　睢水镇

三等奖（5个）

商务局　永河镇　黄土镇　秀水镇　界牌镇

五、金融支持地方经济发展奖（10个）

安县农村信用联社
农业银行安县支行
工商银行安县支行
建设银行安县支行
绵阳市商业银行安县支行
农业发展银行安县支行
中国银行安县支行
邮储银行安县支行
人民银行北川支行
安县银监办

六、农村工作

（一）“三农”工作先进单位（30个）

一等奖（20个）

县委农办　统计局　农业局　林业局
水务局　国土局　计生局　畜牧局
扶贫移民局　交通运输局　花荄镇
乐兴镇　桑枣镇　永河镇　清泉镇
睢水镇　秀水镇　塔水镇　高川乡
黄土镇

二等奖（5个）

农发办　供销联社　千佛镇　晓坝镇　兴仁乡

三等奖（5个）

界牌镇　迎新乡　河清镇　宝林镇　沸水镇

（二）农民增收工作先进单位（20个）

县委办　政府办　县委农办　统计局　农业局
水务局　供销联社　人社局　商务局　工信局
扶贫移民局　花荄镇　黄土镇　桑枣镇
秀水镇　塔水镇　河清镇　睢水镇　清泉镇
永河镇

（三）粮食“丰收杯”奖（5个）

桑枣镇　花荄镇　塔水镇　宝林镇　乐兴镇

（四）粮油生产新型经营主体（10个）

1. 种粮大户（6个）

秀水镇：贺显兵、蒋永强、颜登义、周　刚
花荄镇：蒋学勇
河清镇：黄文明

2. 专业合作社（3个）

秀水龙腾农机服务专业合作社
安县百草园中药材种植专业合作社
安县黄土永福农机专业合作社

3. 家庭农场（1 个）

安县黄土镇兴强家庭农场

（五）特色经济作物种植大户（10 个）

高川乡：李远顺

千佛镇：舒从耀

乐兴镇：金　华

塔水镇：钟建平

沸水镇：唐兴明

黄土镇：唐显明

花荄镇：刘万斌　雷　浩

迎新乡：刘清波

清泉镇：钟世能

（六）重点养殖专业合作社（9 个）

安县农联生猪养殖合作社

安县绿源生态猪专业合作社

安县勇发养殖猪专业合作社

安县杰康生态养鸡专业合作社

四川圣康蛋鸡养殖专业合作社安县金华养殖专业合作社

安县敏宏肉牛养殖专业合作社安县森泰养鸡专业合作社

安县兴仁山地土鸡专业合作社

（七）扶贫开发工作先进集体（40 个）

1. 县级部门（28 个）

县委办（督查办、防邪办）　人大办　政府办

政协办　组织部　纪委监察局　检察院

宣传部（精神文明办）　县直机关工委　教体局

财政局　扶贫移民局　公安局　县委农办

农业局　水务局　人社局　审计局　惠民中心

林业局　国土局　交通运输局　民政局

司法局　县委编办　信用联社　文广新旅局

住房公积金管理处

2. 乡镇（12 个）

千佛镇　桑枣镇　秀水镇　乐兴镇　晓坝镇

花荄镇　高川乡　黄土镇　塔水镇　雎水镇

沸水镇　清泉镇

七、创业扶持和科技创新工作

（一）2014 年获高新技术企业认定（5 个）

四川魔力科技有限公司

四川省银河化学股份有限公司

绵阳铁牛科技有限公司

四川英志新能源股份有限公司

绵阳市能士光宝电子有限公司

（二）2014 年获省科技项目立项（7 个）

魔芋飞粉中神经酰胺提取纯化及生产项目（四川魔力科技有限公司）

新型双靶向抗耐药金黄色葡萄球菌一类新药研发（四川好医生药业集团有限公司）

毛叶山桐子生物柴油产业链关键技术集成研究与产业化示范（四川志宇生物能源科技股份有限公司）

新型水性金属防锈漆（绵阳麦思威尔科技有限公司）

优良品种川藏黑猪配套系养殖技术集成与应用（绵阳神雨生态养殖有限公司）

环境友好的魔芋葡甘露聚糖热塑改性新材料产业化关键技术研究（绵阳豪茂魔芋食品有限公司）

基于弧光检测的新型输配电网快速保护系统（四川博威能源技术有限公司）

（三）科技创新工作（2 个）

二等奖（1 个）

挥发油高效提取技术服务（四川九渊医药科技有限公司）

三等奖（1 个）

年产 900 吨改性魔芋葡甘露聚糖生产线（绵阳豪茂魔芋食品有限公司）

（四）知识产权先进单位（1 个）

绵阳安智圣达科技有限公司

（五）2014 年知识产权奖励 206 项（含专利申请 155 项，专利授权 14 项，软件著作权 4 项，具体奖励名单详见附件 2）

八、民生工作

先进集体（30 个）

县委办　人大办　政府办　政协办　宣传部

督查办　财政局　人社局　教体局　住建局

文广新旅局　总工会　水务局　团县委　残联

民政局卫生局　交通运输局　林业局　国土局

扶贫移民局　妇联　惠民帮扶中心　司法局

畜牧局　农业局　环保局　塔水镇　秀水镇

迎新乡

九、人口和计划生育工作

先进集体（2　0个）

公安局　计生局　花荄镇　睢水镇　塔水镇
乐兴镇　桑枣镇　宝林镇　界牌镇　千佛镇
永河镇　黄土镇　沸水镇　清泉镇　秀水镇
河清镇　晓坝镇　兴仁乡　高川乡　迎新乡

十、安全生产工作

一等奖（10个）

公安局　教体局　睢水镇　沸水镇　黄土镇
河清镇　迎新乡　桑枣镇　晓坝镇
四川省银河化学股份有限公司

二等奖（10个）

工业园区　农业局　界牌镇　千佛镇
宝林镇　清泉镇　安监局　水务局
国网安县供电公司
四川好医生药业集团有限公司

三等奖（10个）

地管处　文广新旅局　交警大队　兴仁乡
乐兴镇　永河镇　国土局
绵阳市通力汽车运输有限公司安县公司
安县日杂废旧棉麻公司
绵阳启明星磷化工有限公司

十一、特色重点工作奖

（一）清理腾退办公用房和创建创业服务中心（主办单位：县委办、政府办、工业园区、纪委监察局、督查办、国资办、创业服务中心；协作单位：计生局、畜牧局、粮食局、林业局、工信局、科技局、投促局、投控公司、富腾公司）

（二）成兰铁路（安县段）国有土地房屋征收攻坚圆满完成（主办单位：政府办〈铁建办、法制办〉、国土局〈统征办〉、政法委、公安局、高川乡；协作单位：政协办、林业局、农业局、工商联、供销联社、信访群工局、司法局、教体局、交通运输局、住建局、睢水镇、秀水镇）

（三）提升公路行政等级，加快构建安县交通新体系，成功申报县、乡道升国、省道项目（交通运输局）

（四）开展村“三资”管理助推农村经济发展（农业局）

（五）抢抓机遇乘势而上，七里村示范片及猕猴桃走廊建设成效显著（主办单位：县委办、农委办、住建局、塔水镇、乐兴镇；协作单位：农业局、水务局、国土局、城管局、林业局、督查办、扶贫开发局、交通运输局、财政局）

（六）成功创建四川省农产品质量安全监管示范县（农业局）

（七）积极争取国家开发银行危旧房改造贷款资金（主办单位：政府办、住建局；协作单位：发改局、投控公司、财政局、国土局、花荄镇）

（八）安县科级领导班子和领导干部综合考核评价机制的探索与实践（主办单位：组织部；协作单位：纪委监察局、督查办、人社局）

（九）党风廉政建设责任制个性化考核（纪委监察局）

（十）社区警务和网格服务管理“一体化”建设（政法委、公安局）

希望受到表扬的先进单位和个人珍惜荣誉，发扬成绩，戒骄戒躁，瞄准新目标，再创新业绩。全县各级各部门要以先进为榜样，按照“坚定一个目标，把握两个机遇，突出三个重点，加快四化同步”的工作思路，更加注重统筹城乡、创新驱动，进一步。

新增限上企业奖表扬名单（共60个）

四川川香油脂销售有限公司
绵阳保康林大药房连锁有限责任公司
安县创越汽车销售服务有限公司
安县永发汽车贸易有限公司
安县宏达商贸有限公司乐兴加油站
安县沸水加油站
安县桑枣阳光休闲庄
安县花荄仟姿纺服装店
安县花荄镇盛玛特购物中心
安县花荄爱恋珠宝行
安县花荄全友家私生活馆
安县佳佳林休闲山庄
安县黄土道远家电经营部
安县黄土明月村拾憾轩土菜馆
安县塔水谢氏家私城
绵阳市华蜀物资有限公司安县塔水广客隆加盟店
安县秀水国宁电器经营部
安县秀水金缘珠宝经营店
安县秀水新桥购物中心
安县秀水镇美逸佳商贸城
安县界牌镇水泊梁山农家乐
安县睢水关饭店
安县睢水怡家商务酒店
安县清泉秦达摩托车行
安县白水湖杨氏农家乐
安县晓坝大发饭店
安县晓坝魏氏电器
安县云水轩休闲庄
安县高川乡高川饭店
安县宝林金厦建材公司
安县霁云商贸有限公司
绵阳诚懋药业有限责任公司
安县荣升汽车销售有限公司
安县桑枣镇晓平加油站
安县塔水镇大坟坝李雪英加油站
安县汇鑫农业开发有限公司
安县桑枣私家菜园
安县花荄镇柴火鸡中餐馆
安县花荄正典家居城
安县花荄掌上明珠家具店
安县时新巴蜀鱼都
安县黄土朱艳宴宾楼
安县黄土羌韵味酒楼
安县黄土佳禾生态园
绵阳华蜀连锁超市安县兴仁乡级农家店
四川省绵阳市华蜀物资有限公司安县塔水永汇加盟店
安县秀水镇天福超市
安县秀水利群商场
安县秀水镇金和缘珠宝经营店
安县河清永立家电经营部
安县永河金法万家乐超市
安县睢水新亚超市
安县睢水镇围湖山庄
安县清泉萧家电器城
安县晓坝奇奇电器商行
安县永顺源酒店
安县青龙湾农家乐
安县兴仁万加福超市
安县迎新乡清海副食店
安县千佛绵阳聚龙商贸有限公司

2014年知识产权奖励名单（共206项）

（一）专利申请155项

序号	专利名称	申请号	申请单位（或个人）	申请人类别	专利种类
1	一种A402生化污水处理系	201420643973.2	绵阳科勤环保科技有限公司	企业	实用新型
2	一种污水净化过滤器	201420644786.6	绵阳科勤环保科技有限公司	企业	实用新型
3	噁唑烷酮类化合物及其用途	CN201410457710.7	四川好医生药业集团有限公司	企业	发明专利
4	一种用于创面修复的环二肽	CN201410592162.9	四川好医生药业集团有限公司	企业	发明专利
5	六个用于创面修复的环二肽	CN201410592605.4	四川好医生药业集团有限公司	企业	发明专利
6	聂个用干创面修复的环二肽	CN201410592789.4；	四川好医生药业集团有限公司	企业	发明专利
7	一种唑烷酮类抗菌要磷酸盐及其制备方法	CN201410629252.0	四川好医生药业集团有限公司	企业	发明专利
8	一种用铬酸钠制备六水三氯化铬的方法	201410433325.9	四川省银河化学股份有限公司	企业	发明
9	一种佛手蜜茶及其制备方法	201410637032.2	四川省金佛手农业科技开发有限公司	企业	发明专利
10	ABC干粉灭火剂专用磷酸铵盐及其生产方法	201410213324.3	钟　敏	个人	发明专利
11	动力户外配电箱	20142037722.4	张　敏	个人	实用新型
12	防护式动力户外配电箱	201420377331.2	张　敏	个人	实用新型
13	GGD型交流低压配电柜	201420377394.8	张　敏	个人	实用新型
14	一种锅型充电器	201420494672.8	绵阳安智圣达创意科技有限公司	企业	实用新型
15	一种折叠充气拖鞋	201420494687.4	绵阳安智圣达创意科技有限公司	企业	实用新型
16	蚕用散石灰粉器	201420494693.X	绵阳安智圣达创意科技有限公司	企业	实用新型
17	一种可以清洗的蚕台	201420494698.2	绵阳安智圣达创意科技有限公司	企业	实用新型
18	一种保温瓶底盖	201420494703.X	绵阳安智圣达创意科技有限公司	企业	实用新型
19	一种带水体检测器的水杯	201420494705.9	绵阳安智圣达创意科技有限公司	企业	实用新型
20	一种多功能防噪耳罩	201420494707.8	绵阳安智圣达创意科技有限公司	企业	实用新型
21	一种汽车唾觉装置	201420494709.7	绵阳安智圣达创意科技有限公司	企业	实用新型
22	一种数据线筒	201420494714.8	绵阳安智圣达创意科技有限公司	企业	实用新型
23	一种新型戒指	201420494753.8	绵阳安智圣达创意科技有限公司	企业	实用新型
24	一种出行鞋套	201420494757.6	绵阳安智圣达创意科技有限公司	企业	实用新型
25	多功能眼镜盒	201420498688.6	绵阳安智圣达创意科技有限公司	企业	实用新型
26	多功能桌子	201420498781.7	绵阳安智圣达创意科技有限公司	企业	实用新型
27	感应收餐车	201420498751.6	绵阳安智圣达创意科技有限公司	企业	实用新型

续表

序号	专利名称	申请号	申请单位 （或个人）	申请人类别	专利种类
28	能性可伸缩高低电脑桌	201420498753.5	绵阳安智圣达创意科技有限公司	企业	实用新型
29	旅行箱	201420498805.9	绵阳安智圣达创意科技有限公司	企业	实用新型
30	一种便利袋	201420498795.9	绵阳安智圣达创意科技有限公司	企业	实用新型
31	一种创意粉笔盒	201420498797.8	绵阳安智圣达创意科技有限公司	企业	实用新型
32	一种带储物盒的挂钩	201420498791.0	绵阳安智圣达创意科技有限公司	企业	实用新型
33	一种带盖椭圆形插板	201420498736.1	绵阳安智圣达创意科技有限公司	企业	实用新型
34	一种带盖子的插板	201420498742.7	绵阳安智圣达创意科技有限公司	企业	实用新型
35	一种带海绵鼠标垫	201420498739.5	绵阳安智圣达创意科技有限公司	企业	实用新型
36	抽拉式双层床	201420498743.1	绵阳安智圣达创意科技有限公司	企业	实用新型
37	串联饮料瓶	201420498750.1	绵阳安智圣达创意科技有限公司	企业	实用新型
38	夹书器	201420498738.0	绵阳安智圣达创意科技有限公司	企业	实用新型
39	实用性电子备忘器	201420500026.8	绵阳安智圣达创意科技有限公司	企业	实用新型
40	新型清洁用品收纳盒	201420500010.7	绵阳安智圣达创意科技有限公司	企业	实用新型
41	置物型公交车座凳	201420500053.5	绵阳安智圣达创意科技有限公司	企业	实用新型
42	一种粘贴剪刀	201420500110.x	绵阳安智圣达创意科技有限公司	企业	实用新型
43	蚊香燃烧装置盒	201420504551.7	绵阳安智圣达创意科技有限公司	企业	实用新型
44	新型多功能隔热垫	201420504473.0	绵阳安智圣达创意科技有限公司	企业	实用新型
45	扇形烧烤棍	201420504765.5	绵阳安智圣达创意科技有限公司	企业	实用新型
46	汽车坐垫	201420504999.9	绵阳安智圣达创意科技有限公司	企业	实用新型
47	汽车坐垫套	201420504989.5	绵阳安智圣达创意科技有限公司	企业	实用新型
48	一种后备箱	201420504927.4	绵阳安智圣达创意科技有限公司	企业	实用新型
49	双横杆衣架	201420504710.3	绵阳安智圣达创意科技有限公司	企业	实用新型
50	一种防身雨伞	201420500366.0	绵阳安智圣达创意科技有限公司	企业	实用新型
51	一种伸缩式遮阳布	201420517318.2	绵阳安智圣达创意科技有限公司	企业	实用新型
52	充气式手机支架	201420520271.5	绵阳安智圣达创意科技有限公司	企业	实用新型
53	创意相框	201420520348.9	绵阳安智圣达创意科技有限公司	企业	实用新型
54	气球打气筒	201420522742.6	绵阳安智圣达创意科技有限公司	企业	实用新型
55	一种可调节角度的杯刷	201420522830.6	绵阳安智圣达创意科技有限公司	企业	实用新型
56	一种烧烤夹	201420522298.8	绵阳安智圣达创意科技有限公司	企业	实用新型
57	DIY 毛巾架	201420524066.6	绵阳安智圣达创意科技有限公司	企业	实用新型
58	凉水杯	201420524085.9	绵阳安智圣达创意科技有限公司	企业	实用新型

续表

序号	专利名称	申请号	申请单位（或个人）	申请人类别	专利种类
59	一种 USB 风扇多用盒	201420523939.1	绵阳安智圣达创意科技有限公司	企业	实用新型
60	一种药酒瓶	201420523955.0	绵阳安智圣达创意科技有限公司	企业	实用新型
61	种环保纸盒	201420524071.7	绵阳安智圣达创意科技有限公司	企业	实用新型
62	一种新型野外游泳圈	201420524069.X	绵阳安智圣达创意科技有限公司	企业	实用新型
63	多功能茶杯	201420524048.8	绵阳安智圣达创意科技有限公司	企业	实用新型
64	便携式充气板凳	201420524030.8	绵阳安智圣达创意科技有限公司	企业	实用新型
65	多功能筷子	201420524055.8	绵阳安智圣达创意科技有限公司	企业	实用新型
66	弹力鼠标	201420524041.6	绵阳安智圣达创意科技有限公司	企业	实用新型
67	案板	201420524029.5	绵阳安智圣达创意科技有限公司	企业	实用新型
68	一种安全指甲剪	201420520437.3	绵阳安智圣达创意科技有限公司	企业	实用新型
69	折叠桌子	201420520381.1	绵阳安智圣达创意科技有限公司	企业	实用新型
70	新型电脑包	201420520329.6	绵阳安智圣达创意科技有限公司	企业	实用新型
71	一种滑轮杯子	201420520369.0	绵阳安智圣达创意科技有限公司	企业	实用新型
72	一种补水坛盖	201420520382.6	绵阳安智圣达创意科技有限公司	企业	实用新型
73	一种新型柜子	201420520423.1	绵阳安智圣达创意科技有限公司	企业	实用新型
74	金身衣架	201420520404.9	绵阳安智圣达创意科技有限公司	企业	实用新型
75	行李箱坐凳	201420520401.5	绵阳安智圣达创意科技有限公司	企业	实用新型
76	多用画椅	201420540485.9	绵阳安智圣达创意科技有限公司	企业	实用新型
77	滚筒式行李箱	201420540506.7	绵阳安智圣达创意科技有限公司	企业	实用新型
78	烘干筷篓	201420540922.7	绵阳安智圣达创意科技有限公司	企业	实用新型
79	多功能牙刷	201420540510.3	绵阳安智圣达创意科技有限公司	企业	实用新型
80	活动课桌	201420540924.6	绵阳安智圣达创意科技有限公司	企业	实用新型
81	机读卡批改器	201420540926.5	绵阳安智圣达创意科技有限公司	企业	实用新型
82	可固定手机外壳	201420540929.9	绵阳安智圣达创意科技有限公司	企业	实用新型
83	机械可控承载量式吸盘挂	201420682255.6	绵阳安智圣达创意科技有限公司	企业	实用新型
84	多用药瓶	201410574205.0	绵阳安智圣达创意科技有限公司	企业	发明
85	遥控飞车	201410574065.7	绵阳安智圣达创意科技有限公司	企业	发明
86	儿童舀水器	201410578110.6	绵阳安智圣达创意科技有限公司	企业	发明
87	密码 U 盘	201410577794.8	绵阳安智圣达创意科技有限公司	企业	发明
88	新式点火炮器	201410576009.7	绵阳安智圣达创意科技有限公司	企业	发明
89	新型多方向座扇	201410576227.0	绵阳安智圣达创意科技有限公司	企业	发明

续表

序号	专利名称	申请号	申请单位（或个人）	申请人类别	专利种类
90	除雾刷	201410577148.1	绵阳安智圣达创意科技有限公司	企业	发明
91	公交车投币箱	201410581011.3	绵阳安智圣达创意科技有限公司	企业	发明
92	儿童电动牙刷	201410577432.9	绵阳安智圣达创意科技有限公司	企业	发明
93	家用花生摘果剪	201410576006.3	绵阳安智圣达创意科技有限公司	企业	发明
94	饮水机	201410577974.6	绵阳安智圣达创意科技有限公司	企业	发明
95	出租车高效打车系统	201410611568.7	绵阳安智圣达创意科技有限公司	企业	发明
96	基于高分子聚合材料的鼠标制冷膜	201410611518.9	绵阳安智圣达创意科技有限公司	企业	发明
97	断电式着电加热型饮水机	201410613195.7	绵阳安智圣达创意科技有限公司	企业	发明
98	适应插孔式手机充电器	201410612519.5	绵阳安智圣达创意科技有限公司	企业	发明
99	手机信息接听型安全头盔	201410612539.2	绵阳安智圣达创意科技有限公司	企业	发明
100	智能式凉风头部保健枕具	201410612812.1	绵阳安智圣达创意科技有限公司	企业	发明
101	压气型360度旋转式杯具清洗器	201410611597.3	绵阳安智圣达创意科技有限公司	企业	发明
102	机械移动防护式花草植物种植器	201410612794.7	绵阳安智圣达创意科技有限公司	企业	发明
103	自动发光式厕所管道垃圾抓取工具	201410611575.7	绵阳安智圣达创意科技有限公司	企业	发明
104	太阳能智能野外节能锅	201410611525.9	绵阳安智圣达创意科技有限公司	企业	发明
105	机械可控承载量式吸盘挂钩	201410646353.9	绵阳安智圣达创意科技有限公司	企业	发明
106	安全电压发热围脖	201420561780.2	赵晓江	个人	实用新型
107	一种螺旋式黄磷污水离心沉降分离器	201420570709.0	绵阳启明星磷化工有限公司	企业	实用新型
108	一种黄磷污水一次分离用离心沉降分离器	201420570685.9	绵阳启明星磷化工有限公司	企业	实用新型
109	黄磷污水一次分离用离心沉降分离器	201410516287.3	绵阳启明星磷化工有限公司	企业	发明专利
110	一种晶体硅太阳能电池用铝导电浆料及其制备方法	201410640308.2	四川银河星源科技有限公司	企业	发明专利
111	一种桑姜浸膏及其制备工艺和应用	CN2014100159592	四川好医生药业	企业	发明专利
112	一种噁唑烷酮类抗菌化合物的中间体及其制备方法	CN201410039908.3	四川好医生药业	企业	发明专利
113	噁唑烷酮类化合物抗生物膜用途	CN201410073627.X	四川好医生药业	企业	发明专利
114	一种噁唑烷酮类化合物	CN201410351091.3	四川援建药业	企业	发明专利
115	脉冲点火器	201420429271.4	四川长虹电子部品有限公司	企业	实用新型
116	遥控器（5）	201430068873.7	四川长虹电子部品有限公司	企业	外观设计
117	节能灯	201430068995.6	四川长虹电子部品有限公司	企业	外观设计

续表

序号	专利名称	申请号	申请单位（或个人）	申请人类别	专利种类
118	球泡灯	201430084311.1	四川长虹电子部品有限公司	企业	外观设计
119	脉冲点火器	201420413641.5	四川长虹电子部品有限公司	企业	实用新型
120	路由器（迷你器）	201430263459.1	四川长虹电子部品有限公司	企业	外观设计
121	一种注射器针头	201420338843.8	绵阳安智圣达科技有限公司	企业	实用新型
122	新型多方向壁扇	201420339232.5	绵阳安智圣达科技有限公司	企业	实用新型
123	一种分层筛子	201420339059.9	绵阳安智圣达科技有限公司	企业	实用新型
124	一种多通道阀门	201420338825.X	绵阳安智圣达科技有限公司	企业	实用新型
125	一种发射式鱼竿	201420338834.9	绵阳安智圣达科技有限公司	企业	实用新型
126	一种开瓶器	201420339145.X	绵阳安智圣达科技有限公司	企业	实用新型
127	一种新型公交车投币箱	201420339052.7	绵阳安智圣达科技有限公司	企业	实用新型
128	一种自锁双拉链	201420338898.9	绵阳安智圣达科技有限公司	企业	实用新型
129	一种双头笔	201420338467.2	绵阳安智圣达科技有限公司	企业	实用新型
130	一种带丁字尺的绘图板	201420338388.1	绵阳安智圣达科技有限公司	企业	实用新型
131	夹子式拉手	201420377598.1	绵阳安智圣达科技有限公司	企业	实用新型
132	可升降保险路灯	201420377621.7	绵阳安智圣达科技有限公司	企业	实用新型
133	新型蜜蜂喂水器	201420377611.3	绵阳安智圣达科技有限公司	企业	实用新型
134	农村谷物晾晒台	201410334100.8	绵阳安智圣达科技有限公司	企业	发明
135	农村谷物晾晒台	201420387662.4	绵阳安智圣达科技有限公司	企业	实用新型
136	一种羌族纪念品	201420388148.2	绵阳安智圣达科技有限公司	企业	实用新型
137	左右翻页式鼠标	201420387980.0	绵阳安智圣达科技有限公司	企业	实用新型
138	发酵香肠和发酵香肠制作方法一	201410119637.2	四川魔力科技有限公司	企业	发明
139	种荞麦粉丝及其制备工艺	201410119678.1	四川魔力科技有限公司	企业	发明
140	一种富含膳食纤维果冻及制作方法	201410119665.4	四川魔力科技有限公司	企业	发明
141	酿酱油用组合物及酱油曲的制作方法	20141012389.1	四川魔力科技有限公司	企业	发明
142	一种猪肥膘替代物及其制作方法	201410119652.7	四川魔力科技有限公司	企业	发明
143	一种硫酸法制备红矾钠工艺中得到高纯度钠的方法	20141.186007.7	四川银河化学股份有限公司	企业	发明
144	一种硫酸副产铁渣做无钙焙烧填弃料制备铬酸钠的方法	201410299115.5	四川银河化学股份有限公司	企业	发明
145	一种碳化法制备红矾钠后尾气的处理装置	2014520324596.6	四川银河化学股份有限公司	企业	实用新型
146	新型电解槽	201420351422.9	四川银河化学股份有限公司	企业	实用新型

续表

序号	专利名称	申请号	申请单位（或个人）	申请人类别	专利种类
147	选粉机（双分级选粉机）	201430184697.3	绵阳蓝奥重型机械制造公司	企业	外观设计
148	选粉机（双分级选粉机）	201430155669.9	绵阳蓝奥重型机械制造公司	企业	外观设计
149	选粉机（双分级选粉机）	201430230009.2	绵阳蓝奥重型机械制造公司	企业	外观设计
150	一种新型双分级高效选粉机	201420196523.3	绵阳蓝奥重型机械制造公司	企业	实用新型
151	选粉机（xR 精细选粉机）	201430155765.3	绵阳蓝奥重型机械制造限公司	企业	外观设计
152	选粉机	201430099026.7	绵阳蓝奥重型机械制造限公司	企业	外观设计
153	新型双分离节能高效选粉	201420319203.2	绵阳蓝奥重型机械制造限公司	企业	实用新型
154	新型双传动环保节能高效选粉机	201410266590.2	绵阳蓝奥重型机械制造限公司	企业	发明
155	新型双传动环保节能高效方选粉机	201420319187.7	绵阳蓝奥重型机械制造限公司	企业	实用新型

（二）专利授权47项

序号	专利名称	申请号	申请单位（或个人）	申请人类别	专利种类
1	一种红矾钠的制备方法	201110240964.X	四川省银河化学股企业有限公司	企业	发明
2	一种制备铬酸钠的方法	201210482808.9	四川省银河化学股企业有限公司	企业	发明
3	一种碳化法制备红矾钠后尾气的处理装置	201420324596.6	四川省银河化学股企业有限公司	企业	实用新型
4	一种处理黄磷污水的装置	201420159659.7	绵阳启明星磷化工有限公司	企业	实用新型
5	一种浓缩稀磷酸制多聚磷酸的装置	201420060267.5	绵阳启明星磷化工有限公司	企业	实用新型
6	大容量水系磷酸铁锂电池	201320572320.5	四川英志新能源股份有限公司	企业	实用新型
7	一种电池盒外形修理刀	201420085988.1	四川英志新能源股份有限公司	企业	实用新型
8	一种锂动力电池塑料外壳	201420099900.1	四川英志新能源股份有限公司	企业	实用新型
9	一种电池电芯短路返修台	201420085888.9	四川英志新能源股份有限公司	企业	实用新型
10	一种电池极性	201420085776.3	四川英志新能源股份有限公司	企业	实用新型
11	一种魔芋膳食纤维营养强	201310376725.6	四川魔力科技有限公司	企业	发明
12	一种多通道阀门	201420338825.X	绵阳安智圣达创意科技有限公司	企业	实用新型
13	一种自锁双拉链	201420338898.9	绵阳安智圣达创意科技有限公司	企业	实用新型
14	一种新型公交车投币箱	201420339052.7	绵阳安智圣达创意科技有限公司	企业	实用新型
15	一种发射式鱼竿	201420338834.9	绵阳安智圣达创意科技有限公司	企业	实用新型
16	夹子式拉手	201420377598.1	绵阳安智圣达创意科技有限公司	企业	实用新型
17	新型蜜蜂喂水器	201420377611.3	绵阳安智圣达创意科技有限公司	企业	实用新型
18	新型清洁用品收纳盒	201420500010.7	绵阳安智圣达创意科技有限公司	企业	实用新型

续表

序号	专利名称	申请号	申请单位（或个人）	申请人类别	专利种类
19	实用性电子备忘器	201420500026.8	绵阳安智圣达创意科技有限公司	企业	实用新型
20	一种伸缩式遮阳布	201420517318.2	绵阳安智圣达创意科技有限公司	企业	实用新型
21	一种汽车睡觉装置	201420494709.7	绵阳安智圣达创意科技有限公司	企业	实用新型
22	蚊香燃烧装置盒	201420504551.7	绵阳安智圣达创意科技有限公司	企业	实用新型
23	一种新型戒指	201420494753.8	绵阳安智圣达创意科技有限公司	企业	实用新型
24	感应收餐车	201420498751.6	绵阳安智圣达创意科技有限公司	企业	实用新型
25	一种锅型充电器	201420494672.8	绵阳安智圣达创意科技有限公司	企业	实用新型
26	全身衣架	201420520404.9	绵阳安智圣达创意科技有限公司	企业	实用新型
27	一种双头笔	201420338467.2	绵阳安智圣达创意科技有限公司	企业	实用新型
28	动力户外配电箱	201420377232.4	张　敏	个人	实用新型
29	防护式动力户外配电箱	201420377331.2	张　敏	个人	实用新型
30	GGD 型交流低压配电柜	201420377394.8	张　敏	个人	实用新型
31	电磁螺线管（1）	201330424524.X	四川长虹电子部品	企业	外观设计
32	电磁螺线管（2）	201330424427.0	四川长虹电子部品	企业	外观设计
33	电磁螺线管（3）	201330424428.5	四川长虹电子部品	企业	外观设计
34	电磁螺线管（4）	201330424243.I	四川长虹电子部品有限公司	企业	外观设计
35	小功率电源适配器	201320524619.3	四川长虹电子部品有限公司	企业	实用新型
36	节能电源适配器	201320524813.1	四川长虹电子部品有限公司	企业	实用新型
37	带式烘干机	201320639985.3	四川银河化学股份有限公司	企业	实用新型
38	一种铬铁矿的熔融液相焙烧方法	201110153036.X	四川银河化学股份有限公司	企业	发明
39	利用硫酸法生产铬酸酐的副产物废酸泥生产硫酸氢钠和/或其水合物的方法	201210338633.4	四川银河化学股份有限公司	企业	发明
40	一种红矾钠的制备方法	201110240965.4	四川银河化学股份有限公司	企业	发明
41	一种对铬铁矿或铬铁焙烧盐进行液相浸取的方法	201210358574.7	四川银河化学股份有限公司	企业	发明
42	用于输送熔融料液的溜槽	201320707882.6	四川银河化学股份有限公司	企业	实用新型
43	LED 射灯	201330455091.4	绵阳能士光宝电子有限公司	企业	外观设计
44	LED 射灯	201320690357.8	绵阳能士光宝电子有限公司	企业	实用新型
45	LED 灯	201320692329.X	绵阳能士光宝电子有限公司	企业	实用新型
46	散热器些及使用该散热器的 LED 灯	20132068890.0	绵阳能士光宝电子有限公司	企业	实用新型
47	选粉机（二）	201430118571.6	绵阳蓝奥重型机械制造公司	企业	外观设计

（三）软件著作权 4 项

序号	软件著作权名称	登记号	申请单位（或个人）	申请人类别	证书号
1	铁牛三维面扫描系统［简称 TNS］V4.0	2014SR118523	绵阳铁牛科技有限公司	企业	0787766
2	铁牛飞行物三维测量及反演系统［简称 TNDMS］V3.0	2014SR118459	绵阳铁牛科技有限公司	企业	0787702
3	全自动三维光学测量系统［简称 TN3DAMS］V1.0	2014SR118462	绵阳铁牛科技有限公司	企业	0787705
4	铁牛特征点拍照测量系统［简称 TNFP］V4.0	2014SR118460	绵阳铁牛科技有限公司	企业	0787703

2014 年度见义勇为先进人员名单

一、见义勇为公民

李见廷，男，汉族，中共党员，生于 1963 年 5 月，家住安县宝林镇调元社区，现系社区党支部书记，奖金 10 000 元。

蒋金瀚，男，汉族，生于 1986 年 4 月，家住安县黄土镇北真村 2 组，个体户，奖金 10 000 元。

李文贵，男，汉族，生于 1967 年 12 月，家住安县秀水镇火光村 6 组，个体户，奖金 10 000 元。

陈明富，男，汉族，生于 1953 年 6 月，家住安县塔水镇三泉村 4 组，农民，奖金 10 000 元，抚恤补助 5 7.11 万元。

二、见义勇为先进个人

唐纪伦，男，汉族，中共党员，生于 1963 年 10 月，家住安县河清镇年丰村 6 组，系年丰村党支部书记，奖金 300 0 元。

林祯富，男，汉族，生于 1 9 4 9 年 5 月，家住安县睢水镇罐滩村 8 组，农民，奖金 300 0 元。

李长清，男，汉族，生于 1 9 5 2 年 4 月，家住安县河清镇大西街，富乐社区居民，奖金 300 0 元。

三、见义勇为先进群体

谢民红，男，汉族，生于 1968 年 7 月，家住安县宝林镇桂林村 3 组，农民，奖金 1000 元。

杨玉红，男，汉族，生于 1979 年 6 月，家住安县宝林镇三桥村 1 组，农民，奖金 1000 元。

阳 刚，男，汉族，生于 1979 年 9 月，家住安县宝林镇龙溪村 4 组，农民，奖金 1000 元。

中共安县县委表彰奖励2014年党建、宣传、人大、政协、效能、信访防邪、维护社会稳定工作及公民道德模范等先进集体与先进个人

一、基层党建工作

（一）创“学习好、团结好、勤政好、廉洁好”班子活动先进集体（34个）

县委办　人大机关　政协机关　纪委监察局
组织部　宣传部　政法委　工业园区党工委
公安局党委　农业局党委　水务局党委
教体局党委　林业局党委　财政局党组
人社局党组　安监局党组　文广新旅局党组
国税局党组　地税局党组　国土局党组
司法局党组　花荄镇党委　秀水镇党委
桑枣镇党委　黄土镇党委　河清镇党委
清泉镇党委　沸水镇党委　乐兴镇党委
永河镇党委　晓坝镇党委　兴仁乡党委
千佛镇党委　迎新乡党委

（二）“双联”工作先进集体（40个）

县委办（督查办、防邪办）　人大办　政府办
政协办　纪委监察局　组织部　宣传部
政法委　统战部　检察院　工业园区
县直机关工委　县委编办　县委农办
扶贫移民局　总工会　工商联　妇　联
安州通讯社　公安局　财政局　人社局
国土局　国税局　城管局　交通运输局
民政局　农业局　住建局　地税局
司法局　林业局　水务局　发改局
信用联社　供销联社　审计局　教体局
投控公司　卫生局

二、党风廉政建设及惩防体系建设工作

先进集体（40个）

总工会　审计局　人大办　农业局　统战部
政协办　人社局　检察院　纪委监察局
县委党校　组织部　财政局　工商联　宣传部
交通运输局　商务局　政法委　科技局
教体局　公安局　工业园区　县直机关工委
文广新旅局　投促局　城管局　民政局
安监局　住房公积金管理处　安州通讯社
妇联　住建局　发改局　乐兴镇　永河镇
清泉镇　兴仁乡　迎新乡　千佛镇　高川乡
花荄镇

三、宣传思想文化工作

（一）宣传思想政治工诈先进集体（20个）

县委办　人大办　政协办　纪委监察局
组织部　工业园区　财政局　公安趴　教体局
交通局　人社局　花荄镇　黄土镇　千佛镇
桑枣镇　塔水镇　晓坝镇　界牌镇　睢水镇
乐兴镇

（二）文化工作先进集体（10个）

总工会　文广新旅局　司法局　卫生局
计生局　安州通讯社　秀水镇　清泉镇
永河镇　高川乡

（三）精神文明建设和未成年人思想道德建设立作先进集体（10个）

县直机关工委　团县委　妇　联　城管局
供销联社　精神文明办　红十字会　河清镇
兴仁乡　迎鹲

四、政法、信访、防邪工作先进集体（40个）

（一）县级部门（26个）

组织部　宣传部　地管处　工业园区　法院
检察院　公安局　司法局　总工会　民政局
信访群工局　教体局　人社局　水务局
文广新旅局　财政局　林业局　国土局
住建局　交通运输局　工信局　安监局
卫生局　农业局　环保局　供销联社

（二）乡镇（14个）

桑枣镇　河清镇　花荄镇　黄土镇　清泉镇
睢水镇　晓坝镇　迎新乡　沸水镇　乐兴镇
千佛镇　秀水镇　永河镇　兴仁乡

五、行政效能建设工作

先进集体（25个）

县政府办　国税局　工商局　技术监督局
残联　农业局　水务局　司法局　教体局
林业局　环保局　供销联社　档案局
扶贫移民局　史志办　政务中心　信访群工局

统计局　监察局　督查办　人社局　财政局

交通运输局　秀水镇　黄土镇

六、人大工作

先进集体（10个）

桑枣镇人大主席团　黄土镇人大主席团

沸水镇人大主席团　宝林镇人大主席团

秀水镇人大主席团　清泉镇人大主席团

塔水镇人大主席团　花荄镇人大主席团

乐兴镇人大主席团　晓坝镇人大主席团

七、政协工作

优秀政协联络组（10个）

党群联络组　政府机关联络组

政协机关联络组　工商联联络组

财贸口联络组　农口、交通联络组

教文体、新闻联络组　医卫联络组

科技联络组　花荄联络组

八、公民道德模范奖（17人）

（一）爱岗敬业类（4人）

国网安县供电公司：何国建

千佛镇德胜村：袁帮全

安县城管局：黄官玉

安县人民医院：尚晓蓉

（二）助人为乐类（9人）

桑枣镇大竹村：赵阳国

塔水镇：蔡　岗

沸水镇桥木村：周似光　杜德风

黄土镇北真村：董少茂

花荄泸州永盛小学：陈　竹

安县工商局：唐　鲲

沸水镇儿童友好家园：唐晓萍

四川省壤塘县邮政局：周邦贵

（三）孝老爱亲类（3人）

安县农业局：李明蓉

晓坝镇敬老院：文　英

迎新乡皇觉村：廖登金

（四）诚实守信类（1人）

绵阳市通力汽车运输有限公司安县公交分公司：邓云建

希望受到表扬的先进单位和个人珍惜荣誉，戒骄戒躁，再接再励。

附　录

安县统计局
2014年全县经济和社会发展统计公报

2014年，在县委、县政府的领导下，安县深入贯彻落实党的十八大和十八届三中全会精神，围绕“坚定一个目标，推进四化同步，加强五项建设，实施七项要务”的工作思路，积极解放思想，深化改革，努力改善民生，夯实基础，扎实推进经济发展建设，人民生活持续改善。

一、国民经济核算

国民经济平稳较快发展。2014年，全县地区生产总值达到102.47亿元，按可比价计算，比上年增长9.20%。其中，第一产业实现增加值25.75亿元，同比增长4.10%；第二产业实现增加值53.22亿元，增长11.30%，工业化率达到43.9%；第三产业实现增加值23.49亿元，增长9.70%。三次产业结构进一步优化为25.1：52.0：22.9。全县人均GDP达到26502.0元，比上年增长9.00%。

二、农业

农业生产稳步上升。全年实现农业总产值42.40亿元，同比增长4.30%。其中，种植业产值22.01亿元，增长4.82%；林业产值1.17亿元，增长5.20%；牧业产值17.01亿元，增长3.50%，渔业产值1.45亿元，增长3.09%；农林牧渔服务业产值0.74亿元，增长5.09%

全年农作物播种面积96.87万亩，同比增长0.44%。粮食作物播种面积60.49万亩，同比下降0.10%，其中稻谷种植面积31.25万亩，增长0.02%；小麦种植面积12.00万亩，下降2.50%。经济作物种植面积32.73万亩，增长2.40%。

全年粮食总产量24.68万吨，增长0.98%，其中稻谷产量16.75万吨，增长0.01%；小麦产量3.30万吨，下降1.46%。全年肉类总产量3.78万吨，同比增长10.08%。生猪出栏40.70万头，生猪存栏25.70万头。家禽出栏858.80万羽，同比持平。水产品产量21021吨，增长0.10%。

三、工业和建筑业

工业生产稳步发展。2014年，全县全年共新增规模以上工业企业（年主营业务收入达到2000万以上）13户，截至年底共有规模以上工业企业90户。规模以上工业企业实现工业总产值172.82亿元，同比增长19.52%；实现规模以上工业销售产值167.94亿元，同比增长22.89%，产销率达到97.18%。全年共实现规模以上工业增加值增速13%。

2014年，全部建筑业增加值达到8.27亿元，同比增长15.0%。共有资质以内建筑业企业13户，资质以上建筑业实现总产值8.25亿元，同比增长37.05%。

四、固定资产投资和房地产业

2014年，全县完成全社会固定资产投资93.10亿元，同比增长6.10%。分产业看，第一产业完成投资8.35亿元，同比增长33%；第二产业完成投资37.66亿元，同比增长15.80%；第三产业完成投资47.09亿元，同比下降3.70%。按性质看，基本建设投资完成44.29亿元，同比增长2.45%；更新改造投资完成32.46亿元，同比增长8.30%；房地产开发投资完成13.25亿元，同比增长65.20%，完成商品房销售21.64万平方米，同比增长42.70%。

五、国内贸易

城乡市场繁荣活跃。全县实现社会消费品零售总额48.03亿元，同比增长13.30%。按销售地区分，城镇消费品零售总额23.52亿元，同比增长15.00%；农村消费品零售总额24.51亿元，同比增长11.80%。按行业分，批发业零售额2.78亿元，同比增长36.30%；零售业零售额36.53亿元，同比增长12.80%；住宿业零售额1.84亿元，同比增长8.00%；餐饮业零售额6.87亿元，同比增长10.20%。

六、招商引资和对外贸易

招商引资工作成效明显。全年共到位国内省外资金37.5亿元，同比增长21.0%。全县实现外贸出口2845万美元，同比增长5.00%。

七、交通、邮电和旅游

交通基础设施建设不断完善，邮电、旅游产业快速发展。2014年年末境内公路里程2144.3公里，同比增长0.33%。2014年全年公路货物运输量达到349.46万吨，同比下降29.53%；公路货物周转量44809.7万吨公里，同比下降3.36%；公路客运量达到337.15万人，同比下降31.09%；公路旅客周转量15668.27万人公里，下降22.63%。

全县邮电主营业务收入达到2.12亿元，其中，邮政业务共计0.28亿元。年末本地固定电话用户41598户；移动电话用户276821户，计算机互联网用户45117户。

全县共有星级饭店3个，星级饭店总房数为371间。全年共有旅游者人数368.2万人次，比上年增长22.12%。旅游总收入31.06亿元，增长41.18%。

八、财政、金融和保险

财政收入快速增长。全县实现财政总收入14.03亿元，同比增加7.37%。其中，地方公共预算收入4.81亿元，同比增长8.22%，地方公共预算收入中，税收收入3.89亿元，同比增长8.57%。全年财政总支出24.32亿元，同比下降2.04%。其中，地方公共预算支出18.44亿元，同比下降1.65%。

金融业发展稳健。年末，全县金融机构各项存款余额132.62亿元，比年初增长6.92%。其中，城乡居民储蓄存款余额94.80亿元，比年初增长14.17%。全县金融机构各项贷款余额79.98亿元，比年初增长10.97%。

2014年，县内具有支公司资格的4家保险公司（中国人寿保险安县支公司、中国人保财险安县支公司、泰康人寿保险安县支公司、中国人保寿险安县支公司）共计收入各种保费20975万元，比上年同期增加8.52%。其中：中国人寿保险为7603万元，同比增加2.38%；人保财险为5642万元，同比增加8.71%；人保寿险为2153万元，同比增加24.31%；泰康人寿为5577万元，同比减少11.99%。各种理赔9784件，理赔金额3899万元。

九、教育、文化和卫生事业

教育事业保持较快发展。年末拥有各类学校49所，其中：中等职业技术学校1所，普通中学17所（含九年一贯制学校4所），小学30所，特殊教育学校1所。全县现有教职工2663人。在校学生共有37138人，其中小学20456人，初中9679人，普通高中6180人，职业学校772人，特殊教育学校51人。

全面推动文化事业发展。全县有图书馆、博物馆、文化馆各1个，其中县文化馆为国家一级馆，县图书馆为国家一级馆。图书馆现有藏书16万余册，电子图书22万种。有线电视实现了全覆盖，村通率达到90.0%，组通率达到82.0%，农村广播实现了县、乡、村三级联控联播，有效覆盖全县98%以上地区和人群。

卫生事业健康发展。至年末，拥有医疗卫生机构24个，其中等级医院3个，实有床位1809张，各类卫生技术人员1278人，其中执业（含执业助理）医师为524人，注册护士为449人。

十、人口、人民生活

据公安年报统计，2014年年末，安县总户数为190221户，户籍总人口为447744人，其中农业人口371007人，非农业人口76737人。在总人口中，男性人口227441人，女性人口220303人，分别占总人口的50.80%和49.20%。全县人口出生率为9.31‰；人口死亡率为6.65‰；全年人口自然增长率为2.66‰。全县常住人口达到38.7万人，城镇化率达到43.17%。

2014年，城镇居民人均可支配收入23089元，同比增长9.7%，农村人均纯收入10901元，同比增长13.3%。

截至2014年年末，企业养老保险参保52386人，城乡居民养老保险参保249486人；城镇职工医疗保险参保职工22440人，城镇居民医疗保险参保人数33160人；城镇登记失业率为3.92%，失业保险参保人数1.05万人；全县新农合参保农民达377926人。

备注：

1. 本公报所列数据为初步统计数。

2. 地区生产总值和各产业增加值指标按当年价格计算，增长速度按可比价格计算。

3. 总人口为公安部门年报数据，出生人口、死亡人口、自然增长率按人口计生局提供的统计年报数据。

《四川羌族通志·安县篇》

概 述

安县，位于四川盆地西北部，地处巍峨雄伟的龙门山脉南麓，与成都平原连接。安县属绵阳市辖区，是中国唯一的科技城绵阳的核心发展区域。县政府驻地花荄镇。2014 年，全县总面积 1189 平方公里，总人口 447744 人，其中农业人口为 371007 人。全县人口主要以汉族为主，占总人口的 98.8%，其他有羌族、回族、藏族、苗族、满族、蒙古族、瑶族、壮族、土家族、维吾尔族 10 个少数民族。全县少数民族中，羌族人口位居第一，为 3942 人，占全县总人口的 0.88%，其次为回族。

安县境内建县至 2014 年已有 1667 年，改设安县已有 640 年历史。在漫漫的历史长河中，羌族人最先来到安县这片肥沃而富饶的土地上，他们在这里繁衍生息，历经风云变幻。但终因战乱频繁，瘟疫肆起，居民稀少，土地荒芜，已经到了“弥望千里，绝无人烟”的地步。从明末清初起，湖南、湖北、陕西、广东、江西、福建等地人民在明、清政府的号召和强制下，陆续到安县开垦定居，至 1816 年，全县居民已达 26846 户、127311 人。由于汉族人口的不断增长，本地羌人与清政府的战事不断，因而本地羌人长期受到歧视和打击，纷纷逃离家园，躲进西部深山老林。有的羌人改名换姓，融入汉族；有的羌族人与汉族人通婚，后代都为汉族人。到 1985 年年底，安县统计数据显示羌族人口只有 2 人。改革开放后，安县建立了民族宗教机构，党和政府对少数民族的政策进一步优惠。随着安县经济的快速发展，人民生活水平的不断改善，从北川、平武、茂县、汶川、松潘等地，迁移、通婚来安县定居的羌族人口快速增加，到 2000 年年底，全县羌族人口已达 2961 人。2008 年 5 月汶川特大地震后，安县又增加了一批羌族人口。到 2014 年年底，全县有羌族 2756 户 3942 人。

安县羌族人口主要散居在全县农村，以农民为主。改革开放前，高川、茶坪等沿山乡镇羌族人口居多，到 2014 年全县 15 镇 3 乡都有羌族人口居住。凡是经济越发达的平坝乡镇，羌族人口越多；反之，山区乡镇羌族人口减少。羌族人民的政治地位不断提高，生活也不断得到改善。2011 年，全县农村羌族农民人均纯收入达到全县农民人均纯收入水平。2014 年，全县农村羌族农民人均纯收入已实现 10901 元，比上年增长 13.3%。同时，安县羌族人民的住房、卫生、教育等条件不断改善，使整个生活发生了巨大变化，过上了安居乐业、丰衣足食的生活。

安县现在的羌族人是被汉化后的羌族人，他们早已将本民族的文化与本地汉族文化相融，过上汉族人生活，过去被称为“蛮夷”“羌蛮子”的历史已不复存在。在安县这个大家庭里，羌汉团结，和谐相处。羌族人民用聪明的智慧、勤劳朴实的双手，在这片美丽富饶的大地上，辛勤耕耘，正在绘制着自己的蓝图，为实现自己的美好梦想而奋斗。

地理位置

安县，位于四川盆地西北部，地处龙门山脉南麓，与成都平原接壤。地理座标为：北纬 31°32′—31°47′，东经 104°05′—104°38′。安县属绵阳市辖区，位于绵阳市西南部，东北与江油市交界，东南与绵阳高新技术开发区毗连，南端与德阳市罗江县接壤，西南与绵竹市为邻，西北与阿坝藏族羌族自治州茂县相连，北部与北川羌族自治县相依。

安县是中国唯一的科技城绵阳的核心发展区域，处于成都、重庆、西安西部经济金三角之内。县城 2002 年 4 月 16 日由安昌镇迁至花荄镇，新县城地处安昌河畔，中心位置为：北纬 31°32′，东经 104°33′。

安县县城距四川省会成都110公里，距绵阳科技城区、绵阳火车站、绵阳南郊机场仅10余公里，紧靠成（都）绵（阳）广（元）高速、108国道、绵（阳）渝（重庆）高速等三条高等级公里，成绵高速复线途径安县并设有双向出入口，成（都）兰（州）铁路穿境而过，在安县睢水镇设客、货车站。

2014年12月，安县辖18个乡镇、234个村、25个社区，全县总人口447744人，其中农业人口371007人，辖区面积1189平方公里。

建置与境域

【建制沿革】 公元前，安县属冉駹国地。在秦末汉初安县为蜀郡地，东汉时期为涪县辖地。境内设县始于东晋永和三年（347年），侨置晋兴、益昌、西充国三县，属巴西郡。义熙九年（413年），设置西浦县，属梓潼郡，梁代撤销西浦县，设置益昌、晋兴二县。武陵王天正元年（551年），撤销西充国，新置平川县（又称平州县）。益昌、晋兴、平川三县均属巴西梓潼郡。西魏平蜀后，平川县迁至西浦县故城址，改属万安郡；晋兴县撤销并入益昌县，改属巴西郡。北周天和六年（571年）撤销平川县，在晋兴县故城新置金山县，属安城郡，益昌县改属万安郡。

隋开皇三年（583年），益昌县撤销并入金山县。开皇六年（586年），在平川县故城新置神泉县。金山、神泉二县均属绵州。隋大业三年（607年）改州为郡，绵州改称金山郡，金山县撤销并入神泉县。唐武德三年（620年）在金山县故城新置龙安县；永淳元年（682年），在益昌县故城新置西昌县。龙安、西昌、神泉三县均属绵州。北宋熙宁五年（1072年），西昌县撤销并入龙安县。龙安、神泉二县属绵州巴西郡。北宋政和七年（1117年），割绵州神泉、龙安与茂州辖之石泉县设置石泉军，隶属成都府路。宣和七年（1125年）恢复石泉军，辖石泉、神泉、龙安三县。元中统五年（1264年），升石泉军为安州，龙安、神泉二县被撤销，地域由州直辖，安州仍辖石泉县。安州属成都府路。

明洪武七年（1374年），降安州为安县，属成都府。清雍正五年（1727年）绵州升为直隶州，安县属绵州辖地。民国2年（1913年）绵州改设四川省第十三行政督察区。1949年12月25日，安县和平解放。1950年，安县属川西行署区绵阳专区。1952年撤销川西、川东、川南、川北行署区设置四川省，安县属四川省绵阳专区。1968年，改专区为地区，安县属四川省绵阳地区。1985年2月，撤销绵阳地区，建置绵阳市，安县属四川省绵阳市辖。

【行政区划】 清康熙前期，安县无行政区划记载。清康熙时期安县设6乡，雍正十三年（1735年）改6乡为东、西、南、北4乡，宣统二年（1910年）设7乡：武安乡、浮泉乡、西昌乡、神泉乡、秀水乡、河清乡、上关乡。民国元年至24年（1912—1935年），安县共设18个场区。民国24年（1935年）12月，全县设3个区，18个联保，364保、3652甲。民国29年，改联保为乡镇。民国37年（1940年），全县辖3个行政区，19个乡镇，355保，3686甲。

1950年5月，安县设5个行政区，辖19个乡镇。1953年，全县仍设5个区，设1个县属镇、4个区属镇、1个乡属镇，26个乡，303个村。1958年9月，区和乡镇全部被撤销，成立政社合一的8个人民公社，1959年调整为18个人民公社。1964年5月，恢复4个区建制。1983年撤销4个建制区，县直辖5个镇、27个人民公社。1986年，安县辖7个镇、13个乡。2002年12月，安县辖16个镇、4个乡，274个行政村，51个街道居民委员会，2700个村民小组。2008年5月汶川特大地震后，根据中央和省、地、市安排，决定在安县的安昌、黄土镇境内新建北川县城。2009年4月，安昌镇、永安镇和黄土镇6个村划入北川羌族自治县。2014年12月，安县辖：花荄、秀水、河清、塔水、桑枣、黄土、睢水、永河、界牌、宝林、清泉、沸水、乐兴、晓坝、千佛15个镇，兴仁、高川、迎新3个乡，234个行政村、25个社区，2330个村民小组。

【境域】 清代安县境域东西距60公里，南北距65公里。以县城安昌镇为中心，东界抵绵州之台子山30公里，南界抵绵州之高岩子30公里，西界抵绵竹县之拱星场30公里，北界抵石泉县之大水湾30公里。东南抵绵州之河村场30公里，西南界抵绵竹县之石碑镇35公里，东北界抵彰明县之大悲寺20

公里，西北界抵茂州之高川50公里。安县境内有彰明县飞地数处。

1932年，安县境域东西距52.5公里，南北距55公里。东至界牌场外石牌坊与绵阳县交界，距县城（安昌镇）25.5公里；至方水场，上与彰明县交界，下与绵阳县交界，距县城39公里。南至河坝场外无极观山脚，与绵竹县交界，距县城42.5公里。东南至绵阳县河村场与绵阳、罗江两县交界，距县城32.5公里，西北至茶坪场外千佛山分水岭与茂县交界，距县城45公里。西南至绵竹县拱星场交界，距县城40公里；至睢水场外月耳门与茂县交界，距县城40公里。西北至茂县高川交界，距县城55公里。北至曲山场与北川县交界，距县城30公里。境内仍有彰明县飞地数处。

1998年县界勘定，绵竹市与安县边界长54.8公里，罗江县与安县边界线长41.34公里。1999年县界勘定，从涪城区青义镇长梁村一组、安县界牌乡石岭村九组、江油市方水乡白玉村九组的三交点起，由北向西南转西再向东南到德阳市罗江县金山镇镰沟村一组、绵阳市涪城区河边镇穿心店村六组、安县清泉乡古井村三组的三交点止，全长42.77公里。安县与江油市界线起点位于安县、北川、江油市三交点的大立口岸上，由北向南沿山脊至涪城区、安县、江油三交点的江油市方水乡白玉村一组，边界线全长48.2公里。安县与阿坝藏族羌族自治州茂县边界，自西向东从绵竹、安县、茂县三县（市）交会点3162高地起，至安县、北川、茂县边界线交会点的白龙池起，向东至安县、北川、江油三县（市）边界线交会点的大垭口止，边界线全长72.86公里。全县境域方围总长为270.42公里。

2009年，安昌、永安镇和黄土镇6个村划入北川羌族自治县，安县北面边界发生了变化。2014年年底，安县东西长54.9公里，南北宽43公里，境域方围总长为217.9公里。

自然环境

【山脉】 龙门山脉，位于县城（花荄镇）西部50公里。龙门山脉东北接摩天岭，西南止岷江边，绵延200多公里。安县茶坪（现千佛镇）、高川乡就坐落在龙门山脉中段。大光包是龙门山脉中段安县境内最高山峰，海拔3047米。境内山峦起伏，群山重叠，纵横交错。安县千佛山属于龙门山脉的一部分，主峰在茶坪境内，海拔2942.2米，县境内山岭东西长32公里，南北宽20公里。面积122平方公里。

【河流】 安县境内有主要河流5条，汇集溪沟116条。茶坪河，发源于千佛山南华岭西侧，河道全长45.1公里。安昌河，由茶坪河、北川苏包河在安昌镇西南汇流后得名，流经安县黄土、花荄、界牌乡镇汇入绵阳涪江，河道全长76.24公里。睢水河（干河子），发源于安县高川乡大光包、横梁子，河道全长67.5公里。秀水河，发源于睢水镇黄帽山和沸水镇白岩，流经安县秀水、塔水、宝林镇汇入凯江，河道长46.5公里。白溪河，发源于绵竹市拱星场外白溪口，经睢水镇宝元村、迎新乡铜锣、马灵村、河清镇桂花、年丰、白马村在永河镇两河口处，再与睢水河（干河子）合流，河道长24.3公里。全县河道总长达232.7公里，流域面积1320平方公里。

【土壤】 安县境内土壤主要以：黄壤、山地黄棕壤、紫色土、冲积土、水稻土类为主。黄壤土分为老冲积黄壤及山地黄壤两个亚类，分布于县境中部丘陵及西北部山地，耕地面积占全县耕地面积的17.35%，占土地面积的5.07%。山地黄棕壤土，分布于县西北部山地，属非耕地，占全县土地面积10.76%。紫色土，主要分布在安昌河、睢水河（干河子）、秀水河、白溪河两岸平坝，安县粮油主产区，占全县耕地面积的8.42%。水稻土，主要分布在全县14个镇、2个乡的平坝和丘陵地区的塝、支冲漕沟范围内，是县境内面积最大的一个土壤，占全县耕地面积的63.67%。

【气候】 安县属中亚热带湿润季风气候区，干湿季节分明。全年气候温和，雨量充沛，日照较足，无霜期长；冬季微寒，春来较早，夏长秋短，四季分明，年平均气温16.3℃。常年总降水量1260毫米，常年日照时数1058小时，常年无霜期300天。县境内山地、丘陵、平坝气候差异比较显著。多年各月平均相对湿度大多在70%—80%。空气质量常年达国家二级标准。

【地质灾害】 安县境内主要地质灾害为：山体滑坡和崩塌、地震。在高川、茶坪山区及晓坝、沸水、睢水、桑枣等沿山乡镇山势陡峻，遇暴雨洪汛和地震期容易发生山体滑坡和崩塌。安县境内历史上发生的地震绝大多数都是受外地地震的波及，县境内发生地震不多，均未造成重大破坏，但在1999年9月14日在高川泉水村发生5.0级地震，同年11月30日，在安县高川与绵竹之间发生5.0级地震。两次地震，造成个别地区山体滑坡、地陷和崩塌，居民房屋和学校受到破坏。2008年5月12日汶川大地震对安县破坏较大，全县死亡2640人，受伤88623人，失踪655人；全县房屋垮塌50%，剩下的有80%成为危房不能居住。此次地震全县有47万人受灾，直接经济损失430.4亿元以上，被国务院列为四川特大地震10个极重灾区县（市）之一，列第7位。

【自然资源】 安县自然资源丰富，开发潜力巨大。有水泥石灰石、磷矿、煤、硫铁矿、重晶石、铝土矿、砂金矿、铝锌矿以及石油、天然气等矿产资源29种，矿产地100余处，储量丰富；有动物资源948种，其中大熊猫、金丝猴、中华大鲵（娃娃鱼）、绿尾虹雉（贝母鸡）等国家一、二级保护动物77种；有植物资源814种，其中银杏、红豆杉、珙桐等国家一级珍稀植物以及枣皮、杜仲、乌药（附片）等中药材资源100多种。全县有森林面积64625公顷，森林覆盖率为38%。水资源十分丰富，县境内水资源储量16亿立方米，人均占有水资源量为2440立方米。桑枣镇浮山下温泉、沸水镇的沸泉，储水量十分丰富，现已开发利用。

羌族人口

【人口发展】 羌是中国最古老的民族，是中华民族的起源始祖之一。远古时期的安县属冉駹国境地，战乱频繁，居民稀少，土地荒芜。从明末清初起，湖南、陕西、江西、广东、湖北、福建等地大批移民陆续来到安县开垦定居。据清嘉庆二十一年（1816年）统计，全县居民有26846户，127311人。以后，由于受战争、瘟疫、自然灾害等影响，人口不断下降。安县汉族人口的不断增加，本地羌族人受到清政府的歧视和打击，纷纷逃离家园，躲进西部深山老林；有的羌族人改名换姓，过上汉族人生活；有的羌族人与汉族人通婚，不愿承认是羌族人。据新中国成立后历次人口普查和人口统计，1954年全县有少数民族3个，到1964年增至6个，其中有羌族3人。1982年统计，全县少数民族上升为8个，有羌族4人。1985年年底，全县共有汉族、回族、藏族、苗族、满族、瑶族、壮族、土族、羌族9个民族，少数民族人口占全县总人口的0.21%，羌族只有2人。

党的十一届三中全会召开后，党和政府对少数民族的政策进一步优惠，安县也建立了民族宗教机构。随着改革开放的进一步深入，安县经济的快速发展，人民生活的不断改善，迁移、通婚来安县定居的羌族不断增加，另外一部分安县边远山区早期的羌族人不再为汉族改回了羌族，并且后代都以羌族为荣。到2000年年底，全县羌族人口为2961人。2008年5月12日汶川大地震后，陆续从北川、汶川、茂县、平武等地，投亲靠友、迁移、通婚、工作调动等来安县定居。到2014年12月，全县有羌族2756户，占全县总户数的1.44%；有羌族3942人，占全县总人口的0.88%。

【人口分布】 中华人民共和国成立前，安县的羌族主要分布在县城西部沿山地区，如高川乡原为阿坝藏族羌族自治州茂县所辖，当时羌族居民有1500人左右，主要集中在高川、泉水、天池、茅香、甘沟、二郎等村。1951年10月，高川划归安县。随后，羌族居民陆续向安县平坝乡镇迁移，使高川羌族人口逐年减少。迄止2014年年底，安县羌族人口分布在全县15个镇、3个乡。分布的趋势大体是：经济越发达的平坝乡镇，羌族人口分布越多。羌族人口最多的是秀水镇780人、花荄镇595人、塔水镇409人，其次河清镇358人、桑枣镇334人，反之原来羌族人口最多的高川、千佛（茶坪）镇现在羌族人口最少，高川乡46人，千佛镇（茶坪）21人。

安县羌族人口分布统计表

乡镇名称	户数	人数	乡镇名称	户数	人数
花荄镇	439	595	宝林镇	37	50
秀水镇	591	780	黄土镇	271	335
桑枣镇	254	334	清泉镇	72	100
睢水镇	74	93	沸水镇	80	108
永河镇	81	101	晓坝镇	26	40
河清镇	106	358	千佛镇	18	21
塔水镇	275	409	高川乡	29	46
乐兴镇	131	187	兴仁乡	26	30
界牌镇	166	257	迎新乡	80	98
全县羌族总户数：2756 户　全县羌族总人数：3942 人					

【人口结构】 据2014 年 12 月安县各乡镇统计数据显示：全县羌族人口男女性别上，女多男少，男性为 1882 人、女性为 2060 人。如塔水镇 409 人中，女性为 213 人；河清镇 358 人中，女性为 187 人；界牌镇 257 人中，女性为 147 人；桑枣镇 334 人中，女性为 219 人；黄土镇 335 人中，女性为 182 人；沸水镇 108 人中，女性为 73 人。全县绝大部分是女多男少，只有县城花荄镇 595 人中，男性为 303 人，女性为 292 人，男性略多于女性。

全县羌族年龄结构上，不满周岁—15 岁为 1480 人，占羌族人口的 37.54%；15—25 岁为 989 人，占羌族人口的 25.08%；25—60 岁为 1012 人，占羌族人口的 25.67%；60 岁以上的老年为 461 人，占羌族人口的 11.69%。由于近十几年中，结婚到安县的羌族女性大幅增加，不少羌族妇女按政策规定生育了二孩，使全县羌族儿童和青少年所占比例增大。

全县羌族文化程度上，据 2014 年 12 月调查资料显示：具有小学文化程度的为 1583 人，占羌族人口的 40.15%，具有初中以上文化程度的为 1214 人，占羌族人口的 30.79%；具有大学文化程度和在校大学生，仅占羌族人口的 0.85%；其他为初识字和个别文盲。

全县羌族从业人员 1912 人，占羌族人口的 48.5%。其中从事农业的占 21%，在外地打工的占 18%，从事工业、商业、服务业等行业的占 7.5%，其余为公务人员和其他行业。

【生育状况】 60 年代以前，国家未实行计划生育，安县妇女平均生育孩子大都在 3 个以上。70 年代后期，多胎生育开始受到人们的关注。1979 年，四川省人民政府 14 号文件规定：凡 1977 年 1 月 1 日以来，生育的第三个孩子均属多胎。安县人民政府规定对包产到户、包干到户的队所承包任务时，凡 1977 年 11 月 1 日以来，生三胎以上的按超购粮价分粮，并多交包产指标 20%—30% 的提留粮等办法限制生育。1983 年，全县杜绝了三胎以上生育。1979 年 7 月起，安县提倡一对夫妇只生一个孩子，在高川、茶坪等乡羌族居住的山区也是同样政策。1987 年《四川省计划生育条例》颁布以后，1989 年 2 月绵阳市人民政府发文，同意安县山势陡峭、交通不便、居住分散、劳少地多的山区继续提倡生一胎、放宽条件照顾生二胎。安县对生二胎的大山地区进行了审定，如高川乡有天池、二郎、甘沟、茅香、新桥、泉水、高川村可生二胎，茶坪乡的千佛、川心、老望沟、德胜、东益、白果坪、宝藏、金溪、双电、万福村可生二胎，睢水乡的道喜、灌滩村可生二胎，晓坝、桑枣、沸水乡部分山区村组可生二胎，允许生二胎的乡村大部分都是有羌族居住的地方。因此，羌族妇女从此可生二胎。2013 年，生育政策放宽后，生活在平坝地区的羌族妇女也开始生育二胎。同时，安县的羌族也十分注重优生优育，并加强对子女的培养和教育。

【姓氏】 安县现在的汉族人，绝大多数是明末清初，特别是清康熙、雍正、乾隆年间“湖广填四川”时移民的后裔，土著人（羌人）极少。据2014年12月调查统计，安县现有的羌族人口98%以上，是在不同时期、不同年代从茂县、北川、汶川、松潘、平武等地，通过户口迁移、通婚（嫁人、入赘）、工作调动等方式到安县的。她们在安县繁衍生息，女子随父、随母，民族都选择为羌族，享受党和政府对少数民族的优惠政策。在高川乡的天池、二郎、茅香、甘沟、高川、泉水村以及茶坪（千佛镇）、睢水、晓坝、沸水等乡镇的山区部分羌族也是早年从外地迁入。高川乡原属阿坝藏族自治州茂县管辖，1951年划入安县管辖。茶坪原属安县辖地，1952年划入北川县管辖，1958年6月复归安县。因此，居住在安县的羌族人姓氏较多，达203个姓，其中200人以上的大姓有6姓。王姓居首，为319人，占羌族人口的8.09%；李姓第二，为296人，占羌族人口的7.51%；刘姓第三，为263人，占羌族人口的6.67%；杨姓第四，为257人，占羌族人口的6.52%；张姓第五，为229人，占羌族人口的5.81%；陈姓第六，为202人，占羌族人口的5.12%。

203个姓中，以姓氏多少为序则为：

王 李 刘 杨 张 陈 唐 何 邓 罗
周 吴 任 田 蒋 赵 胡 何 董 林 肖
彭 魏 梁 文 钟 秦 侯 朱 袁 孙 姜
贾 阳 杜 金 卿 左 颜 戴 徐 余 祝
熊 宋 景 经 马 赖 傅 冯 常 曹 古
姚 许 巫 曾 龙 万 牛 石 戎 纪 韩
郭 龚 邝 钱 廖 段 席 雍 郑 银 漆
佘 高 桂 申 薛 舒 蔡 卢 邹 尹 邱
汪 白 夏 龙 樊 苏 严 易 况 吕 牟
敬 鲁 范 崔 武 伍 谷 卞 殷 蒲 柳
欧 方 蹇 汤 朝 谌 冷 莫 聂 米 谢
贺 母 潘 谭 柴 沈 官 叶 甘 康 车
丁 齐 孟 凃 冉 加 毛 叙 邵 苟 尚
史 仇 陶 盛 兰 喻 庞 雷 乔 庄 饶
黎 晏 恁 计 裴 梅 岳 陆 窦 童 巩
安 凌 甯 成 程 韦 危 剪 吉 向 容
鲜 衡 荣 末 顾 章 帅 管 勾 庹 权
褚 洪 谈 邢 午 昌 税 欧阳 杜 龚 张
简 邹 张 高 张 褚 刘 郑 鲁 佘 任
彭 杨 张 李

在203姓中，除“欧阳”是原有的“百家姓”中复姓外，新造有：杜龚、张简、邹张、高张、郑鲁、褚刘、佘任、彭杨、张李9个复姓。

姓氏分布聚居情况，居于首位的大姓有：

秀水镇，120个姓中，李姓为77人，王姓为62人，张姓为60人。

花荄镇，104个姓中，王姓为55人，杨姓为47人，刘姓为43人。

黄土镇，84个姓中，刘姓为32人，王姓为28人，杨姓为27人，张姓为25人。

塔水镇，83个姓中，王姓为35人，杨姓为31人。

桑枣镇，73个姓中，杨姓为32人，李姓为29人，陈姓为24人，刘姓为23人，王姓为22人。

经济生活

【经济发展状况】 改革开放前，羌族聚居较多的高川、茶坪等山区乡镇，经济发展缓慢，粮油产量较低。粮食作物主要靠种玉米、土豆、荞麦等解决全年口粮问题，经济作物主要靠茶叶、药材、木材、养蜂和采摘山货来维持家庭开支。改革开放后，山区羌族人民思想逐步得到解放，积极找门路、挖潜力，寻求发家致富路子，利用当地山区自然资源，搞种植业、养殖业、开采矿产等。1995年，高川、茶坪、晓坝、沸水、睢水和桑枣山区乡镇种茶2425亩，产茶叶31300公斤，高川、沸水、睢水养牛1555头，高川、睢水养羊640头。高川乡利用本地资源，办起了磷矿粉厂、泉水发电厂、二郎村硅矿厂、茅香村钙矿厂、新桥村酒厂和泉五磷矿厂、天池铝钛矿厂，全年乡村两级企业总产值实现2563.9万元。茶坪乡种植三木药材，建设白果等中药材商品基地，新种植三木药材2736亩、栽种白果树6000亩，并与川源公司合作，实现产、供、销一条龙。晓坝乡利用本地丰富的木材、矿石、黄泥等资源，开办矿场6个、办木材加工厂3个、预制构件厂1个、黏土厂1个，设魔芋加工点35个，年加工芋角2500吨，创收398万元。沸水乡发展药材五倍子500亩、白果675亩、乌药（附片）400亩以及蔬菜

500亩，全年实现工农业产值5859万元，其中工业产值实现3859万元，农民纯收入比上年增加282元，达到1218元。睢水镇大力发展乡镇企业，年底乡镇企业总产值实现5亿元，比上年增长45.7%。同时，不少劳动力到县外、省外打工挣钱，有的挣钱后，又回本地发展经济。

2010年，安县地区生产总值55.89亿元，比上年增长14.7%。全县人均生产总值实现13507元，财政收入7.1亿元。2014年，安县地区生产总值实现102.47亿元，比上年增长9.2%，人均地区生产总值22886元。地方公共财政收入实现4.81亿元，比上年增长8.19%。

【羌民生活】 安县羌族主要聚居在农村，以农民为主。改革开放前，经济发展缓慢，羌民收入较低。如1980年，全县农民人均纯收入仅106元，山区羌族农民人均纯收入低于全县农民平均水平。1990年，全县羌族农民人均纯收入基本达到全县农民人均纯收入613元的水平。1995年以后，山区羌族人口减少，坝区羌族人口不断增加，全县羌族人均纯收入也不断上升，1995年为1445元，到2000年达到2258元，2005年为3398元。2011年，全县农村羌族农民人均纯收入达到全县农民人均纯收入水平，为7081元，比2010年增加924元。2014年，全县农村羌族农民人均纯收入实现10901元，比上年增长13.3%。

安县各乡镇羌族农民人均纯收入统计表

单位：年/元

乡镇 \ 年份	1990	1995	2000	2005	2011	2014
高川乡	547	1375	2153	2850	5351	9110
千佛镇（茶坪）	468	1161	1920	3078	5349	8949
睢水镇	585	1279	2030	2808	6409	10951
晓坝镇	553	1251	2012	2898	5575	9012
沸水镇	519	1218	2415	2573	5225	10146
清泉镇	579	1450	2179	3117	6496	11406
桑枣镇	584	1335	2040	3329	6690	10964
秀水镇	604	1328	2146	2819	6076	9980
花荄镇	653	1445	2260	3083	7717	12672
塔水镇	559	1440	2127	2847	6505	12047
黄土镇	614	1460	2214	3267	7061	12644
永河镇	648	1407	2135	2825	6555	11088
河清镇	641	1422	2177	2839	6758	11450
界牌镇	625	1422	2282	3420	8118	13694
宝林镇	640	1418	2148	2899	6302	10719
乐兴镇	613	1312	2063	3100	6953	11374
兴仁乡	636	1398	2110	3086	8016	10982
迎新乡	580	1304	1994	2940	5621	9902

2000年以前，安县羌族居民消费水平较低，如1995年人均生活消费支出为1248元，其中食品支出813元、衣着支出86元、居住支出134元，其他为教育、医疗等支出。到2000年，全县农村羌族居民人平生活消费支出1994元，其中食品消费支出1279元、衣着消费支出118元、居住消费支出241元、医疗保健支出53元、文教娱乐支出152元、交通通信支出59元、其他商品和服务支出18元。2006年，全县农村羌族居民人均纯收入3691元，人均生活消费支出2556元。2010年，全县农村羌族居

民人均纯收入 5919 元，人均生活性消费支出 4368 元。据 2013 年统计资料显示，全县农村羌族居民家庭总收入 22170 元，其中可支配收入 21307 元，消费支出 15474 元，其中食品消费支出 5909 元、衣着消费支出 1784 元、居住消费支出 1126 元、医疗保健支出 768 元、教育文化娱乐服务支出 2297 元、交通和通信支出 1920 元、家庭设备用品及服务支出 1016 元。

改革开放后，随着经济的不断发展，安县羌族居民的生活条件不断得到改善，住房条件越来越好。2008 年 5 月 12 日汶川大地震，安县羌族居民住房 90% 倒塌或破损，在党和政府的关心帮助下，在辽宁省的援建支持下，通过全县羌族人民奋发努力，用自己勤劳的双手，重建家园，在三年内一栋栋楼房拔地而起，家家户户建了新房，农村人均居住面积 35 平方米以上。

【羌医羌药】 在 2 世纪初期，羌族人民就懂得用羚羊角、鹿胎、麝香、鸡胆等治疗疾病。羌族没有自己的文字，只有自己的语言，因此羌医羌药不能以书籍的形式流传后人，只有以家传或师承方式，通过言传、口授、药方对换等方法传授。在安县的羌族中，没有专业的羌医，但年纪长的羌人都懂得一些常用的治疗疾病方法，如按摩、刮痧、拔火罐、挑刺、放血、针灸、推拿等。什么疾病采用哪种方式治疗，全凭个人的经验积累，善用单方、验方、秘方治疗疾病。在药物使用上，基本是本地野生药物，采用水熬制口服和捣烂外敷，具有新鲜、味浓、效快等治疗特点。现在安县羌族人民除个别山区年长者还坚持用本地土方治病外，绝大多数羌人生病到医院治疗。

安县山区羌族人民对药材的种植积累了一整套经验。在高川、茶坪、睢水、晓坝、沸水等沿山地区的村组种植有：黄檗、杜仲、黄芪、羌活、独活、大黄、当归、白果、乌药（附片）、五倍子、细辛等中药材。近二十年来，在省、市、县科技部门的指导下，沸水等乡镇还新建了白果基地、附片基地。1991 年，沸水两河村发展五倍子林地 400 余公顷。2001 年年底，全县羌族地区种植山茱萸（枣皮）树 70 余万株，每年产商品山茱萸 30 吨以上，晓坝镇被授于“枣皮之乡”荣誉。在茶坪、晓坝、沸水等沿山地区还大量推广天麻人工栽培技术、杜仲剥皮再生技术，使产量大幅增加。

【羌族教育】 在安县历史上，没有设立专门的羌族学校。中华人民共和国成立前，安县羌族人民的文化和科学知识教育，基本是一张白纸，只有极个别富家子弟走出大山到外面吸收了一些教育，而后离开了故土。新中国成立后，人民当家做主，乡村办起了学校以及夜校班、扫盲班，不少青壮年脱了盲。但是偏远山区不少孩子辍学，大一点就帮大人做事。改革开放后，山区羌族人民认识到知识的重要性，为了子女纷纷迁移到平坝乡镇，有的把孩子送到条件好的县城或绵阳市学校读书。在高川、茶坪、睢水等山区乡镇都办有幼儿园，对儿童进行学前教育。同时，安县羌族人民十分注重家庭教育，从小教育孩子“诚实”“吃苦”“热爱家乡”，养成好的习惯。

风俗礼仪

【挂红礼俗】 挂羌红，又称“挂红”，是羌族的一种传统礼俗。安县高川乡、千佛镇（原茶坪乡）、桑枣镇、晓坝镇、沸水镇、睢水镇等沿山乡镇羌族人民至今还保留着挂羌红的传统习俗。挂羌红是羌族传统的最高礼仪，亦是最具羌民族特色的一种文化。凡应邀做客的贵宾、喜结连理的新人、胜利归来的英雄、管辖一方的头领都要挂羌红。给老人生日祝寿时，贺者也要给寿星挂羌红。羌红一般为 6 尺长的红布或红绸条。挂法是男左女右，男从左肩斜挂于右肋下方并挽一小结，女的则相反。喜庆节日，安县羌族要在门上挂羌红。

【婚姻礼俗】 羌族的婚姻制为一夫一妻制。新中国成立前，婚姻由父母包办，妇女地位低，在安县的羌族人中，盛行入赘、指腹为婚、订娃娃亲等。羌语称婚礼为“舌得布”，在羌族的人生礼仪中，婚姻被视为十分重要，从说媒到结婚须经一系列复杂的程序，安县的羌族绝大多数都保留着婚姻礼仪习俗。当男孩或女孩成人（16—18 岁）后，就有媒人向父母提亲。在安县把媒人称为“红爷”，通过红爷介绍双方家庭和经济情况后，双方若无意见，并表示同意这门婚事，约定好时间，由红爷带女方母亲和女方主要亲戚4—6人到男方家了解情况，男家设宴款待，这叫“取同意”。通过取同意仪式经男女双方同意后，当女方一行饭后离开时，男家给女方送衣料两节（做衣用）、头绳、鞋子和日用化妆品；凡到男家的客人每人打发（赠送）礼品，手绢或毛巾一条；因父亲不能参加取同意仪式，男方要给女方父亲准备腊连蹄膀一支、糖一封、挂面两把或大米一升（5—6斤）。取同意后，男女两家相互往来。经过半年的往来，加深相互了解后，男方父母、长辈3—5人，带上礼品，去拜访女方亲戚伯伯、婶婶、舅舅、舅母、姑父、孃孃等，称之为“认亲”。再过半年或一年，由男家选吉日确定婚期。然后，红爷和男家人到女家“报期”，即通报拟定的婚期，报期时男家要送聘礼。婚礼前一晚，男方家人举行给新郎挂红仪式，称“开挂”；女方家举行“花夜”，女家摆干盘子，附近院子的姑娘们到新娘家给新娘送上自己挑绣的围腰或其他礼物，姑娘们吃、喝、唱欢喜闹一夜。婚礼当天，新娘穿一身红衣裳、红鞋子，接亲和送亲的姑娘、妇女也是红衣打扮。新娘到男家先“拜堂”，新郎身穿黑色或蓝色长衫，头戴博士帽，帽两侧插锦鸡羽或鲜花，身挂羌红，新娘搭红盖头，在司仪（押礼先生）的唱诵中拜天地、拜父母、夫妻对拜，新郎揭开新娘的红盖头之后入洞房，洞房也用红色装点，红的被面、红的枕头等。婚礼结束后，要谢红爷，送给红爷腊猪肉、瓶装酒和新娘做的鞋子等。在安县沿山地区至今还流传着一首骂红爷们的歌谣：

拿起板凳拖三拖，郎客舅子你请坐。
慢吃茶，细听歌，你听小女把话说：
红爷是条撵山狗，这头吃了哪头走，
桌子高头吃不够，桌子底下啃骨头。
谢你红爷一双鞋，拿起回去陡棺材；
谢你红爷一道红，拿起回去搭灵棚；
谢你红爷一刀肉，拿起回去做刀头；
谢你红爷一杯酒，拿起回去做净酒。

结婚操办喜事，前后热闹三至五天。在女到男家的第三天，新郎要陪新娘回娘家，称为“回门”。娘家要准备好“回门酒”，女家亲友要向新婚夫妇馈赠礼物，并致词祝福新娘新郎幸福美满、早生贵子、白头到老。

在高川、茶坪等山区乡镇羌族民间有“逗新郎”的习俗。即在回门酒的宴席上，娘家人要给新郎用油竹做的二尺长的筷子，夹不起菜就要罚酒，兄弟姊妹要给新郎敬饭、敬酒、敬菜，要使新郎出丑，大家哄堂大笑，增添喜庆气氛。

21世纪后，安县羌族的婚姻礼俗已简化，绝大多数为自由恋爱，婚礼仪式与汉族人相同。

【生育习俗】 在安县的羌族中还保留着：催生、报喜、坐月子、洗三、吃满月酒、开荤、抓周（抓岁）等生育习俗。孕妇分娩前夕，娘家母亲提着鸡蛋和一只公鸡、一只母鸡以及婴儿衣裤去看望孕妇，称为“催生”。婴儿降生是家庭人丁兴旺的表现，是一件大喜事。因此婴儿生下来以后，做父亲的要提着礼品到岳父岳母家报告这一好消息，这项礼仪叫“报喜”。产妇在生产后的40天内不做重活、不出门，叫“坐月子”。产妇坐月子的房间叫月房，有忌外人入月房的习俗。生孩子一般忌客3—7天，生男孩在屋门挂一副枷单，生女孩则挂一个背篼，表示忌客入内，也有告诉别人是男是女之意。婴儿出生第三天，用陈艾等草药熬水洗澡，净身除病，称为“洗三”。产妇坐月子期满时，娘家人及其他亲戚送礼祝贺，主人办酒席招待，称为“吃满月酒”。婴儿半岁左右时，用葱子蘸荤菜在婴儿嘴唇上抹几下，称为“开荤”。婴儿满一周岁时，亲戚朋友前来祝贺。中午在堂屋祭祖，在桌上摆放糖果、玩具、纸和笔、银钱及常用生活品，让幼儿随意抓拿，看他抓住什么，以此来预测他的前途，称为“抓周”，又叫“抓岁”。

【饮食习俗】 早期来到安县的羌族人，主要居住在高川、茶坪和晓坝、睢水、沸水、桑枣等乡镇山区，气温较低，山高坡陡，土瘠民贫。粮食作物以玉米、洋芋、小麦、红苕、荞麦和各种豆类为主，而且产量低。蔬菜主要有青菜、油菜苗、白菜、萝卜等。肉食主要以猪肉为主。每年农历冬月起，家家户户都要杀年猪，将猪肉割成大块，抹上食盐，腌上一个星期左右，再放在火塘上熏炕一段时间，然后挂在通风地方，称为“猪膘”，随吃随取，供全年食用。猪油也是在杀猪之后，取下猪板油、脚油抹上食盐，包成圆团压成饼，称为“油坨”。通过熏炕后，再放在通风处，随吃随取。猪的瘦肉一般用作灌香肠。在高川、茶坪、睢水等乡镇羌族人民在宰杀年猪时，将猪血、瘦肉、豆腐、花生米或黄豆等充填到洗净的猪小肠内，煮熟后称为血肠，是宴客吃酒时的一道上等佳肴。有的还将猪血与荞麦面或玉米面混合在一起，做成馍馍蒸熟食用，称为“血馍馍”。有的还把刚宰杀的猪肉加盐、花椒等放进猪肚，把口扎紧、风干，做成“瓤肚”，久存不坏。

安县山区羌族人民在21世纪前，主食大都离不开“面蒸蒸”。经常食用的面蒸蒸是将玉米粉放在甑子内蒸成颗粒状，当饭食用。有时将玉米粉拌到大米中蒸，称为“金裹银”。用小麦面、玉米面混合做成馍放入火塘上烤熟，也是羌族日常主要食品之一。高川等地羌族人还喜欢食用玉米面加推豆花的连浆水发酵，蒸成豆泡子馍馍，或将嫩玉米磨碎做成的水粑馍馍。用沸水加玉米面煮成糊状，称为“面汤”，如果继续加玉米面搅稠，以筷子可拈起为度，称为“搅团”。在吃搅团时，要同时吃用白菜、青菜、油菜苗等泡成的酸菜做的酸菜汤，或用大蒜、花椒、海椒做成调味，称为“沾水”，这种食法能开胃、除湿、驱寒。过去山区羌族人民因吃鲜菜的时间只有几个月，常年多食用白菜、青菜、油菜苗做的泡酸菜，以及青菜、萝卜做成的腌菜，春天食用竹笋、鹿耳韭等野菜。现在可到集市购买各种鲜菜，但安县少数羌民仍然保留原来的生活习惯。过去一般饮用咂酒，羌语称“日麦希”，意为羌人酒。羌族人饮咂酒不用酒具，而是将酒坛开封，用铁丝打通一根细竹管，再用炭火烤弯，做成吸管，放入酒坛咂吸。咂饮时以长幼为序，轮流咂饮，并不断地注入凉开水，直到味淡为止。而现在的安县羌民很少饮咂酒，而同汉族人一样喝粮食酿的散装或瓶装酒。在高川乡一带，羌族人过去使用的日常灶具很有特点，常在火塘上支起一个铁三脚，做饭时将铁锅放在上面加热，或烤制食品，冬天用“鼎锅”烧开水、炖腊肉，一家人围坐在火塘边烤馍馍、吃炖菜，其乐融融。

安县羌族无论年节或待客，都以“九”为吉，宴席都要摆九大碗，菜肴与川菜相同，但具有浓郁的地方特色。

【年节庆典】　羌历年是羌族人民最为隆重的节日之一，每年农历十月初一举行，一般五天至十天。古老的羌历是十月太阳历，每年十月初一为新的一年开始，收获已毕，皆杀猪宰羊庆祝丰收。而安县的羌族一般同汉族过春节，虽然春节不是本民族传统节日，但羌族把羌年节的内容移入春节，使其别具特色。正月初一这天相邻羌族早饭后各家自备酒肉、鞭炮、祭祀品等到固定的聚会地点会合，共同娱乐、欢宴，枪炮声不断，直至黄昏鸣枪放炮归家。从初二开始，相互轮流请吃饭，叫请春桌。端午节也是羌族的传统节日，每年农历五月初五举行。这天，男女老少都要饮雄黄酒，并将雄黄酒擦一点在耳、鼻、额头上，撒一点在房门前和窗前，以防蚊虫、蛇及秽气进入，保佑家人无恙。在高川乡的天池、高川、泉水、二郎、茅香等村，七八十年代前，还保留着节庆期间跳羌舞的习俗。男人穿羊皮卦子，女人穿绣花衣服，头戴饰品，脚穿云云鞋，男人敲羊皮鼓，同女人边敲边跳边唱，热闹非凡。

在安县高川、茶坪等地羌族仍然保留着一些庆典习俗。如修房造屋，在建新房上大梁时，由掌墨师祭祀主人家神，然后提一只大红鸡公灌醉酒放在大梁上，并将鸡毛蘸鸡冠血贴在大梁上，给梁挂红，鸣放边炮，同时，从大梁上撒下铜钱或硬币、糖果、五谷杂粮，地面上帮忙的和邻居男女老少抢捡。整个过程称为“上梁”。上梁这天，亲友、邻居要送红、送炮等礼物前来恭贺，主人家要设宴招待。另外在安县羌族中，乔迁新居、开店办厂，学生考上大学等，亲朋好友、邻居都要前来祝贺，并挂红、放炮，大摆酒宴庆贺。

【丧葬习俗】　丧葬是人生最后归宿的重要仪礼。当一个人死了之后，人们都会以最隆重、最庄严、最肃穆、最严格的表现方式去完成丧葬习俗中的每一个程序，借以表达生者对逝者的哀思。生活在安县的羌族也是这样，按程序完成每一步要求。老人临终前夕，子孙日夜守候，直至咽气，称为“送终”。老人咽气时，子女在其床前立刻烧三斤六两纸钱，称为“烧倒头纸”，又叫“落气钱”；同时燃放一串鞭炮，称为“放落气炮”。烧倒头纸、放落气炮后，立刻把帐子撤下，意思是人死不能再受网罗束缚。接着把屋顶上的瓦揭去一匹，草房则戳个洞，称为“出煞”。撤帐子和出煞后，给死者剔头，如果死者为女性，只把头发剪短，梳理整齐；接着用热水把死者身体擦干净，但是不洗手和脚，不剪指甲。然后，给死者穿上衣服，过去死者装殓以白衣（麻布）为多，现在麻布缺少，就随便一些，但一定要穿新衣。死者入殓衣服大都取单数，如三、五、七、九套。穿老衣后，在堂屋里放两条长凳，长凳上铺木板或门板，把死者抬上去停放在上面，称为“停户”。接着让死者口里含茶叶，嘴巴和鼻孔处搭上喷过水的旱烟叶。同时，在死者脚下方点一盏菜油灯，称为“点路灯”，又叫“点水灯”。晚上，子女轮流守候在灵前，称为“守灵”。老人去世后，晚辈披麻戴孝到亲友家通知老人去世的消息和安葬时间，称为“报丧”。人死后第二天起请端公（汉语称“端公”，羌语称“许”，安县羌人同汉人称呼）念经超度死者，男性念太平经，女性念大小血盆经。整个过程称为“超度亡灵”。在办丧事时，亲戚邻居分别带上祭祀品、礼品：有的背萝卜、青菜，有的背一磨豆腐或一磨魔芋豆腐，有的送一升洋豆子和纸钱等前来死者家，称为“吊丧”或“奔丧”。当主要亲人到齐后，先在棺材内撒一层草木灰或者石灰，接着用小茶碗印圆圈，有多少岁印多个，然后把死者抬入其间安放，称为“入殓”。棺材里还要放入死者生前的心爱之物，称为“陪葬”。超度亡灵后，端公对死者的一生艰难困苦、勤劳、善良等进行追述，教育在场的所有人，在场奔丧的所有人深感悲痛，放声大哭，跪在棺材前一边哭，一边燃烧纸钱，称为“哭丧”。入殓后，死者家人请端公选择墓地，称之为“看地”。看地后，选择日期和时辰在灵柩上挂着羌红，放一只公鸡送至葬地，称之为“出丧”。出丧，由长子端灵牌，犯冲的不能参加出丧，妻子不参加出丧。安葬完后，从当天晚上起子女要到死者墓地送火，从家里带一个烧过的木柴红火材头送到墓地，一连七天。在丧事结束的等七天要为死者做“回煞”。羌人认为，人死入土以后还会从自己生前走过的地方回来，到自己的坟山上去。人死以后会阴魂不散，要回家，羌人称为“回煞气”。从死者去世之日起，每七天举行一次焚香烧纸祭祀的礼仪，称之为“烧七”。在烧七中，以五七最重要，通常是每个七都要到坟前祭祀，除了烧七，还要为死者“过百期”。百日守灵尽孝，古人恪守遵循。

【信仰习俗】　在安县部分羌族中，有在住房门前放白石头，崇拜白石的习俗。羌人的白石信仰，源于羌族历史上的神话传说。据说羌人为了争夺居地，与戈基人发生了一次战争，羌人由于受神点化，用白石作为攻敌武器，最终战胜戈基人，取而代之成为岷江上游的主要居民。另一个传说羌人在这次战役中，屡战屡败，羌人始祖木姐珠投下三块白石变成三座大雪山，挡住了戈基人的追击而得幸免。从此，羌人为了感谢始祖与神相助，羌人开始崇拜白石，白石也因此成为天神的象征。现在安县高川、茶坪、睢水、晓坝等乡镇农村羌人中还保留着腊月三十在外边捡一块鹅蛋大小的白石头或圆石头，先藏在龙门内，正月初一凌晨拿白石或圆石进屋，象征进宝、招财。

安县羌族中保留着农历年腊月底，给祖先垒坟的祭祀习俗。在农历腊月二十八、九或三十天，全家吃团圆饭（称为“团年”）前夕，晚辈们携带酒、刀头（熟肉）、水果以及香蜡、纸钱等，供祭在祖先、亲人墓前，点燃香蜡纸钱，再给坟上添些新土，将“坟飘子”挂在坟前，叩头作揖祭拜，然后燃放一串鞭炮。很多羌人至今都有供神的习俗，在堂屋对着大门的墙上设置神龛，正中供奉“天地君亲师”和历代先祖及与主人职业相对应的神。还有祭灶的习俗，在农历腊月二十三，晚上点燃锅灯，就是在锅里点一盏菜油灯，在灶前点香蜡、烧钱纸，以此祭祀灶神。

同时，安县羌族中也保留一些禁忌习俗。如“忌门”，家人生病，忌生人（外人）进病房，特别忌外来女人入病房。说女人属阴，会引鬼入室，病人不易康复。妇人分娩时，忌孕妇（俗称四眼人）和身上带有铜钱、铜钥匙的人入病房，说是会采了奶子（无奶水）。平时忌外人来家哭泣，认为会带来霉运。“忌日”，农历正月初一忌动土、扫地、吃药，正月初一不能坐门槛。大年初一和每天早晨（吃早饭前）忌说不吉利的话，忌骂人。农历二月二日忌动土，传说“二月二龙抬头”，动了就破了龙头。农历初七忌出远门，初八忌归家，有“七不出门，八不归家”之说。

安县羌族在信仰习俗中也保留一些巫术。如："打保符"，患者久病不愈，家人请来端公化符，挂在贴身的衣服上，驱邪避恶，以求早日康复。同时还要举行比较复杂的仪式，请神、念经、问卦，从傍晚闹到凌晨。"立水碗"，人突然生病，认为是死去的人找到了，家人或请神婆来立水碗，用三根吃饭用的竹筷子捏成一束，在盛水的碗边念念有词，念到谁时，筷子立稳了，就认为是谁"找到了"，又叫"问到了"，就到这个去世人的坟前烧香蜡钱纸，以求保佑平安。

民间手工技艺

【羌绣】 20世纪80年代前，安县高川、茶坪等山区，还有穿着民族服装的羌族人，她们的衣服、鞋子上，绣着漂亮的图案，这些图案大多为手工刺绣。羌族刺绣在历史上可源远流长，但现在安县的羌族人大部分已汉化，只有极少数偏远山区的个别老年人还有穿戴民族服饰的习惯。羌族刺绣，简称"羌绣"，是羌族地区妇女在劳动间隙完成的民间手工艺品。羌族刺绣中，最具代表性的工艺品是：云云鞋、绣花围腰，其他还有帽子、挎包、壁挂、鞋垫等。

云云鞋，鞋型貌似小船，鞋尖微翘，鞋底较厚，鞋帮上绣有云彩图案及波纹，被称为"云鞋""花鞋"或"勾尖布鞋"，十分别致，羌民在喜庆的日子都喜欢穿云云鞋。羌绣云云鞋工艺借助密密麻麻的针脚，将各色锦线织绣于鞋身易磨损部位，增强鞋子的耐磨性能，并且五颜六色，十分好看，使鞋身不但具有实用价值，而且具有相当高的艺术观赏价值。羌绣拘花围腰，一般绣杜鹃花，刺绣工艺精湛，既增加了耐磨性，又朴实大方，艺术性较强。现在安县羌人穿"云云鞋"和做"云云鞋"的极少，绝大部分羌人穿戴同本地汉族人。

【羌族服饰】 羌族人心灵手巧，自制的羌族服饰朴素而华丽。早期高川、茶坪等地羌族男人喜包青色或白色头帕，穿自制的麻布长衫，外套一件无袖子的羊皮褂子，可用来防寒、挡雨、垫背。脚穿布鞋或用棕做的"满耳子草鞋"（即羌族鞋子），在脚上裹用牛、羊毛制的毡子绑腿，绑腿有保温和护腿的作用，行走方便，可防蚊虫、蛇叮咬。羌族妇女服饰比较鲜艳，多穿蓝色或绿色的花边长衫，腰系绣花围裙和飘带，包白头帕，也有包青色头帕的。脚穿"云云鞋"，也要扎绑腿，年轻女子还在绑腿上缠红脚带子。青年妇女常常头包绣有各色图案的头帕或用瓦状的绣花青布叠顶在头上，用两根发辫盘绕作髻。在高川、茶坪等边远地区有少数老年妇女冬季包四方头巾，上绣各色图案；春秋季包绣花头帕，身穿花边衣衫，衣领及袖口上镶排梅花形银饰，腰系绣花头帕，系有花边的绣花飘带；有的还喜戴银牌、领花、银耳环、银圈子（手镯）和银戒等饰物。

【羌酒】 羌酒的历史可以追溯到4000年前的大禹时期，从酿酒祖师仪狄至今，羌人世代传承着用燕麦、荞麦、青稞、玉米等，配以高山清泉酿制出醇香、甘冽的羌酒的神秘工艺。在安县高川乡和茶坪乡的羌族居民，过去都能酿出美味的羌酒。在众多羌酒之中，咂酒是羌族人民饮用最普遍的一种酒，其味醇，是接待宾朋、祭祀及各种场合羌民饮用之佳品。

高川地区咂酒的酿制方法是：用燕麦、荞麦、玉米等，按一定比例将原料混合，通过高山清泉水浸泡，上锅蒸熟，然后拌入酒药发酵，晾晒一下散热，略喷水，然后装入陶坛中，封口放在火旁发酵。一天一夜后，已由酸变甜，然后放于阴凉处贮存待用。饮用时，将坛子口打开，兑入温开水，然后插入打通节的小竹管吮吸。饮咂酒时，由年长者先饮，再从左至右，依次轮转。酒汁吸完后可再加温开水，直至淡而无味时为止。咂酒一经开坛，剩酒无论浓淡，均不能再用。咂酒含有较丰富的糖分、氨基酸、酯、甘油等物质，有一定的营养价值，并可增进食欲，帮助消化，有消除疲劳作用。

【砌石墙】 在安县高川乡高川村和茶坪（现千佛镇）靠近茂县的边远山区，还保留有羌人用石片砌的房屋。羌人用石片砌成的平房呈方形，冬暖夏凉。在安县桑枣浮山山腰有羌人用石块、石片砌成的山寨遗址，现存有石门4道、囤粮小城堡1处，工艺精湛。并在羌寨下面用条石人工筑砌而成的城垣，高4米、厚3米、长960米。

【架索桥】 早期生活在安县高川、茶坪、睢水、沸水、晓坝等大山区的羌族人，为了生存，用聪明的智慧与自然环境做斗争，他们逢山开道，遇水架桥。在两岸山边建石砌洞门，门内立大柱，柱上挂胳膊粗的竹绳，少则七八根，多则数十根，在竹绳上铺木板，两旁设高出桥面1米的竹绳扶手。还修栈道，有木栈道、石栈道两种。木栈道一般建于密林之中，铺木为路。石栈道施于绝壁悬崖，缘岩凿孔，插木为桥。

浮山羌寨遗址

浮山羌寨遗址，位于安县县城花荄镇之西，距县城25公里，距绵阳42公里，坐落在安县桑枣镇西南侧的浮山山腰。羌寨遗址现保存有羌人建的石门4道、囤粮小城堡一处；寨内开两道石门，西侧门极为隐蔽，当属间道机关；寨内大石上面有瓢瓜大小的凹陷，十分光滑，像是羌人用来舂药或生活用品之用；寨内有点将台、练兵场、火药碾、石营门等军事和生活设施遗址多处。羌寨四周有城垣环绕，东西城垣以条石人工筑砌而成，高4米、厚3米、长960米；南、北、西三面以浮山十二峰背面石壁为垒，石壁最高处约30米，最低处10米以上。羌寨遗址城垣周长10520米，面积1平方公里，东西寨门遗址清晰可见。

羌寨遗址，地处龙门山脉中南段之千佛山东麓的浮山，西北濒茶坪河，东南面临成都平原，属四川盆地边缘，海拔620—862米。浮山，是1.5亿年前地壳变动从海底浮起的一座系喀斯特地地貌的孤山，占地面积4平方公里。其山体全系石灰质砾石裸岩出露，略呈南北走向，一线弯曲，为山前与平原之间的一道天然屏障。浮山，山势峭拔，层峦叠嶂，太乙、凌霄、挂衣、驾鹤等十二峰拔地而起，直插云天；山间林木参天，四季常青，奇石遍布，清幽绝尘。自古以来，浮山就有“小西天”“甲巴蜀”“浮山叠翠”之美誉。

安县，古代属古羌故地，据清嘉庆《安县志》载：古羌人旧国之地。以后，羌人虽然逐渐退到松潘、茂县，但仍长期为羌汉各族频繁接触的边际地带。至明代中叶，据史料记载，由于汉族地方官吏歧视、欺压山区羌民，致使羌民下山攻掠为患。松州、茂州所属白草坝一带羌民“屡冠安县、石泉”，战事不断，烽火连绵，延续达半个多世纪。

据清同治《石泉县志》记载：明正德二年(1507年)，茂州所属静州土官及陇木头土舍率羌兵操小道突击睢水关，进达安绵二县，浮山山寨为羌人所拔。于是羌人占据山头。重固城垒，经营山寨数十年之久。尔后，山寨废弃，民间用于寨防。

又据清同治《安县志》载，清咸丰十一年(1861年)李永和、蓝朝鼎起义军入川，当地禀生徐畅率乡人复修山寨，以为防御，后人又称浮山羌寨为“徐家城”。不久，李蓝起义军攻克安县，徐家城被毁于一旦。

改革开放后，安县利用浮山的自然资源，现已开发成为省级旅游度假区。新建有羌王城南门城楼、碉楼、古羌先圣祠、羌山醉民族风情酒寨，古朴雄伟新颖。同时，配合旅游，新修有状元鼓楼、平安钟楼、高空滑索、射猎、高空绝技表演等人文景观和娱乐设施，使景区生机与魅力无限。

附：民间传说故事

诸葛亮神箭退蛮夷

安县、北川等地，很早是蛮夷（本地人对少数民族的称呼，这里指羌族）之地，相传后来诸葛亮用计把他们退到松潘上面去了。

三国时候，蜀国丞相诸葛亮为了安定边界，带领大军与西北夷族交战。消息传出，今安县、北川一带的夷族部落首领马上召集人马，赶到涪城（今绵阳）抵挡汉军。

诸葛亮听说蛮夷兵马到了涪城，晓得他们已有准备，硬打不好，便想出一条妙计。诸葛亮叫来个偏将，要他装扮成蛮子（羌人），拿上三支箭连夜赶到松潘，射在路边显眼的大树上。诸葛亮又叫来两个小兵，叫他们当晚去藏在城外黄坭包的一棵大树旁边，等到明天我的箭射来，你们捡起就跑，不能叫人发觉。

第二天，天刚麻麻亮，诸葛亮就领着队伍出城。这时，蛮兵也摆好阵势。两军相对，诸葛亮劝蛮兵首领投降，蛮兵首领不答应。诸葛亮又说，这是奉汉王的命令西征，如果你蛮夷部落能退一箭之地，从今以后就划地为界，永结盟约。

蛮夷首领听了觉得不要紧，他想到诸葛亮是个书生，一箭射去最多两三百步远，退这么点根本无妨，就答应了。

双方当即写了文书，画了押。文书大意是：诸葛亮一箭射到哪里，蛮夷就退到哪里，以后各守疆界，永结弟兄。

双方拿到文书后，诸葛亮对蛮夷首领说："我这三箭射好远，你们就要退好远。"诸葛亮说完后，马上拿出三支箭，装着念咒语，搭箭拉弓，对着黄坭包的大树方向射去。

箭射出后，诸葛亮对蛮夷首领说："我这种神箭至少射在几百里远的树上，现叫张飞带兵同你们一齐去找。"蛮夷首领觉得三支小箭能飞几百里，很不相信，但又无它法，只得同汉兵一齐去找箭。

大队人马走过安县，又走过北川，没看到箭，众蛮兵都认为找不到箭，心里暗暗高兴。他又往前走，到了松潘地界。

一天，汉兵有意把蛮兵引到路边一片大树林前。突然，一个蛮兵大叫："箭，箭在这里！"众人随着叫声拥到一棵大树前，只见树干半中腰钉了三支箭，箭头陷在树干上一寸多深。蛮兵取下箭来看，正是诸葛亮所射之箭。

这时，张飞说道："箭在这里，你们就退到这里。"蛮夷无话可说，只好从安县、北川一带陆续退到茂汶、松潘一带定居，直到今天。

（来源：《中国民间文学集成〈安县资料集〉》）

哲学与社会科学作品选

推进安县文化繁荣发展的研究与思考

席珍奎

党的十八大报告，将发展文化产业与发展文化事业相提并论，涵盖了文化的基本内容和整体趋向，具有深刻的社会意义与时代内涵。其中蕴涵着丰富的社会内容和鲜明的时代精神，主要是赋予了文化以物质含义与经济内容，并从这个特定的角度使文化在原有的思想、精神、道德、情操、智慧、学识的价值基础上又增添了新的价值，即物质价值与经济价值。通过对安县文化事业和文化产业的调研，我们的确感到，现代社会中，文化不仅是软实力，也是第三产业发展的重要支撑，经济社会发展的硬资源，只有通过产业发展的积极因素，来提升文化软实力，让文化为经济社会发展增添活力。文化事业与文化产业相互渗透、相互配合、相互促进，以其特有的方式构建文化的发展脉络与文化的有机整体，使文化既作为经济发展和社会进步的精神引导与智能支撑，又成为经济发展和社会进步的融合参与和具体体现。

一、对发展我县文化产业的几点思考

（一）安县文化与文化产业发展的比较优势和相对劣势

安县具有丰厚的历史文化底蕴，有丰富的历史文化遗产；是清代旷世才子李调元的桑梓，现代著名作家沙汀的故里；是生态文明优美县，自然生态文化丰厚。总体来说，我县文化事业与文化产业发展取得了一定的成绩，但起点低，基础差，特色不明显，目前仍处于培育和发展阶段，还存在一些主要问题和差距。

1. 从文化事业发展的比较优势和相对劣势看：安县文化事业尤其是在2008年以来，随着灾后重建全面完成，全县文化事业得到了长足发展。公共文化服务设施进一步完善，县级图书馆、文化馆、博物馆、乡镇文化站、村级农家书屋、社区书屋、农村文化大院、文化广场等基础设施全面提升，文化信息资源共享、公益电影放映、广播电视村村通等工程基本实现全覆盖，所有硬件设施在周边县级层面属于领先水平。但是，在软件方面仍然存在不足。一是与人民基本文化需求相适应的管理体系和服务机制没跟上，人员配置、运行经费缺乏保障力；二是服务效率不高，内容个单一、形式和手段针对性不强，与基层群众需求之间还存在错位现象；三是没有去探索与市场运作互动的有效方式方法。四是公共文化运行经费严重不足。新建三馆及乡镇文化站面积大、功能齐、活动多，所需水电费、维护费等大幅增加，财政原有预算无法继续正常运行，免费开放的配套资金尚未落实，每年缺口高达100多万元。社区、村文化活动、农家大院无经费来源，农家书屋只有建设经费，无运行经费。

2. 从文化产业发展的比较优势和相对劣势看：安县文化产业总体规模在全市居于中间位置。但是，安县文化产业在核心竞争力方面还是处于相对劣势明显。业态上看，90%以上的文化产业法人单位归属于服务业，生产企业主要包括文化用品、文化专用设备、文化辅助产品、景区游览等服务业。而在文化创意和设计、文化信息传输、文化艺术服务、工艺美术产品开发等业态中，还处于负增长，在全市文化产业的排位还有些靠后。

3. 从历史人文等文化资源开发利用的比较优势和相对劣势看：安县共有各级地面不可移动文物保护单位25处。其中省级文保单位5处，市级文物保护单位3处，县级文物保护单位17处。在第三次文物普查中，新增351处文物点。古遗址、古墓葬、古建筑占85%以上。5处省级文物保护单位灾后修缮基本完成。县馆藏文物1800余件。其中一级藏品2件，二级藏品9件，三级藏品322件。非物质文化遗产项目已达150个，公布项目61项。公布项目包括省级非遗名录1个，市级非遗名录21个，县级非遗名录39个，传承人26人。安县睢水春社踩桥会，便是全国闻名的民俗活动，也是安县唯一一个省级非物质文化遗产。自古以来，安县积淀了汉羌文化、川西北民俗文化等丰富的历史文化，也孕育了李调元、沙汀等杰出的人文资源，留下了一批非常宝贵的民俗文化遗产。从类型特点来看，有属于文化型的特色的街坊、寺庙、祠堂等大型古建筑和名人故居等，还有在生态环境方面独具一格，人文景观与自然风光有机地融合在一起，蕴藏着丰厚历史文化资源，展现出异彩纷呈的文化现象与人文景观，是一批非常重要的文化旅游资源。但是，在整体开发利用上基本处于单打独斗层次，表现形式单一，没有融入现代科技等手段，无法产生强大的吸引力和感染力。非遗传承人无补助经费；文物保护、古籍保护未纳入预算。

4. 从区域民俗民间文化挖掘和提升的比较优势和相对劣势看：安县民俗文化丰富多彩，群众认可度高。有全国唯一的春社睢水踩桥等大众文化活动源远流长，吸引方圆百里的游客祭拜，成为川西北独特的一道风景线。以罗浮山温泉及飞鸣禅院、羌王城为代表的特色景区，集吃、住、游、娱为一体，满足了人们领略安县民俗文化、感受风土民情的所有需求。千百年来，流传至今的安县民俗文化内容主要有民间文学、民间艺术、民间工艺、民俗风情等几个方面。民间文学包括如谚语、歌谣、故事，特别是以茶坪、高川、睢水等地的山歌（包括情歌、栽秧歌、采茶歌、哭嫁歌、哭丧歌等），数量多、流传广、质量高，是川西北地区民间文学最具艺术魅力的精品之一。民间艺术包括如狮灯、龙灯、采莲船、走高跷、霸王鞭、蚌壳舞、蛾蛾舞、金钱板、曲艺、杂耍、唤蛇术、音乐和民间静态性的审视艺术，如书画、美术、剪纸、坛罐画、灶台画、十字绣、刺绣鞋帮鞋垫等。民间工艺包括安县群众在最初生产生活中制造一些实用物件，如背架子、打火筒、鸡公车、土烧泥碗、土烧坛罐陶器、吊鼎锅等，以及草编席子、草编虫鸟玩具、草鞋，竹编晒席、簸箕、床垫、斗笠、筛子、烘笼等，表现一种低智能的粗糙美，那时人类创造这些东西，只不过都是为了实用。在生产力得到不断发展，物质材料与制作工具不断有了进步时，人们的审美意识不断得到提高，于是，创造了一种别致的、高雅的专供自己玩赏的工艺品，来满足人们的审美需要。如安县出土的汉代“摇钱树”、木雕九龙杯以及穿斗架、吊脚楼、石凳等民房和木雕窗户、神台、房檐等装饰用品。还有就是与人们生活密切相关的食品工艺，如红酥、谷花糖、张包蛋、水糖画、焦鸭子、马记牛肉等制作工艺。民俗风情包括反映各民族、各群体在劳动生产和生活中形成的风俗礼仪，诸如宗教信仰、祭祀祈祷、婚丧嫁娶、造房上梁、节日庆贺、岁时、拜干爹、竞技游艺等民俗文化事项，是安县民间文化极丰富又极具地域特色的一大内容。尤其是“睢水春社踩桥”，是安县的劳动群众，在这种特殊的地理环境中和特别的历史背景下，创造了一整套生产的、生活的、精神的文化模式，几百年来，这种文化模式不断地得到“修订”和完善，最后凝固在这块黄土地上，成为安县独特的文化风情景观，再加上这里奇异的地貌山势和安县秀丽的自然风光，成为民族文化优秀代表之一。如今，以花城果乡、香草园为代表的乡村生态文化蓬勃发展，广受群众喜爱。但是，在商业化、业态化、常态化的挖掘、展示上过于依赖于自由式，商品化、产品化的运行体制机制尚未建立健全。

5. 从科技文化挖掘和提升的比较优势和相对劣势看：安县具有科技文化的基础，有一些文化产业资源优势。但是，在科技文化转化为现实生产力和文化产品的核心竞争力上还没具有独特的文化产业优势，产值增速有待提升。

安县总体文化事业和文化产业仍然表现出缺乏对文化资源的深入挖掘和研究，文化产业定位不准；文化产业、城市建设和管理有待进一步加强；政府对文化产业投入不够；民俗文化、风土民情、民间工艺与文化产业融合不够；招商引资力度不够，旅游文化市场占有率不高等问题。

（二）对安县文化事业和文化产业发展的建议和措施

1. 加强调研研究，确定发展定位，制定科学的发展规划。

文化是我们民族的血脉，是我们的精神家园。发展文化事业和文化产业，一方面要坚持社会主义先进文化前进方向，始终把社会效益放在首位；另一方面，要处理好精神和物质的关系、事业和产业的关系。要大力推进文化事业与文化产业的发展，把其放在增强区域竞争力、打造国民经济支柱产业的高度来谋划、来统筹、来推进。按照中共安县县委《关于加快文化改革发展推进文化大发展大繁荣的决定》精神，结合县情，组织专家，对文化资源存量、开发利用、文化产业发展方向性深入调研，听取多方意见，尽快编制《安县文化事业与文化产业发展规划》，优化文化产业布局。要努力构建文化产业科学发展路径，坚持政府主导、规划引领、突出重点、市场运作、企业主体、多元投入、民众参与，大力实施规划统筹、产业带动、企业带动、顶尖人才带动、中心区域带动、科技带动“六大战略”，推动安县特色文化产业和文化事业加快发展，扎实推动文化强县建设。

2. 搞好规划管理，注重点线串联，确保规范有序建设与发展。

结合安县文化事业和文化产业发展现状，制定符合实际的规划管理措施，严格文化项目规划和审批工作，加大文化产业企业监督。规范有序地实施好文化产业发展工程，推进现代传媒产业、文化旅游产业、文艺演出产业、艺术品展销产业“四大文化产业集群”；建设以调元文化、沙汀文化、羌文化为代表的历史文化产业带；以地震重建区为代表的重建文化产业带；打造以新型工业化、新型城镇化、新农村文化基地。发展壮大印刷包装、广告、演艺、娱乐、会展、出版、文体赛事、电影院线、影视制作等传统文化产业，引进发展文化创意、数字出版、移动多媒体、动漫等新兴文化产业，推进文化产业结构调整，打造一批有影响的文化企业集团。推动文化产业与科技、旅游、体育、电子、信息、物流、建筑等产业融合发展。鼓励和扶持发展文化中介机构，积极拓展文化营销服务。

3. 加强城市文化建设管理。

城市文化建设既是城市化发展进程中的重要组成部分，也是城市化发展的重要保障力量，要建设现代化的城市，文化是不可缺少的，没有文化的城市是没有品位的城市，是没有发展前途的城市。一是要在加快城市建设发展上，主动融入科技城军民融合集中发展区扩张提速上档，让城市面貌日新月异。二是要在文化载体方面，完善文化体育广场、站、馆、室和影剧院等，尤其是博物馆、纪念馆、“三基地一窗口”抗震救灾和灾后恢复重建陈列室的有效利用。三是文化景观方面需要提升，对李调元、沙汀等历史人文景观软件的建设和内涵的提升；四是要从精神成果方面上，提炼“滨水安县、美丽花城”以及“争创省级、全国文明城市”城市名片的深刻内涵和外在表现形式。五是要在文化特色方面，打造一批点线相连、互为补充集镇文化、历史人文文化、民俗文化、自然生态文化、旅游景区文化、感恩文化特色，进一步增强安县对外社会影响力。六是要在文化教育方面，通过引入各类高校建设和发展，提升安县各阶段教育水平，打造地方校园文化特色。七是在制度文化方面，要加强法制安县建设，制定城乡管理规范，加强公民道德建设，使维护社会稳定、促进社会和谐融入广大人民群众的生产生活中，转化为推动安县发展的强大动力。七是加速文化联动发展，积极探索文化与教育、体育、卫生、旅游、商贸、科技、农业等产业与联动发展有效途径。同时将城乡公共文化、旅游服务设施建设和发展文化产业纳入县域建设规划，把安县的特色文化元素巧妙地融入城乡建设的各个方面，大力实施城乡“绿化、亮化、美化”工程，打造文化特色鲜明的城乡。

4. 加大政策支撑和政府投入。

牢牢把握正确方向，加大文化事业与文化产业政策支撑和政府投入，进一步深化文化体制改革，创新公益性文化事业运行机制，加快推进文化产业发展。一是制定财政扶持政策。设立市级文化事业和文化产业发展专项资金用于产业发展、文化旅游产品开发和扶持，并随财政收入增长而逐年增加。对文化事业和产业集聚区建设和发展具有重大影响力并对地方财政具有重大贡献的项目，采取“一事一议”，单独研究扶持政策。二是制定税收扶持政策。可以研究对文化事业和产业发生的符合条件的广告费和业务宣传费支出，不超过当年销售（营业）收入一定比例的部分，在企业所得税前准予扣除；超过部分准予在以后纳税年度结转。对文化事业和产业集聚区内文化产业企业的创意产品和高新技术产品的出口按照国家现行税法规定享受出口退（免）税政策。三是制定金融扶持政策。引导和鼓励各类资本发起设立文化旅游创业投资、产业投资发展基金和文化旅游投资公司。四是制定国土扶持政策。抓好文化事业和产业项目用地的早期介入，优先保障条件成熟的文化事业和产业重大项目用地。以出让方式取得土地使用权的，可以依法转让、出租和抵押。五是制定政府奖励政策。对文化事业和产业企业，根据其发展规模、税收贡献、社会影响力等综合指标，每年度评定经营规模大、经济效益好、市场信誉高的龙头企业，授予荣誉牌和表彰奖励。鼓励理论社科研究、文学艺术创作和文化产业创意作品、优秀剧目。六是制定企业发展政策。可实行文化事业和产业用电与一般工业用电价格并轨，对省、市及县以上政府确定的重点扶持的文化事业和产业的优惠价。投资上规模的文化事业和产业企业，直接修建用于生产环节的设施，免收城市基础设施配套费等各项行政事业性规费。七是制定人才激励政策。引进一批规划建设、遗产保护、文化博览、旅游营销、旅游管理、科技开发、理论社科研究、文学艺术创作等方面的高层次人才或人才团队，实行组团式引进团队服务；加强文化事业和产业基础性人才培养，建立实用性人才培养基地。民营文化事业和产业企业或个人在产品成果评奖、职称评定等方面与国有文旅企业同等对待。

5. 发展民族文化，建设文化产业，壮大文化企业集团。

组织挖掘、整理、提升我县民间传统文化，精心策划包装，形成独特的文化品牌，转化为现实生产力。同时，鼓励本地哲学社会科学研究、文学艺术创作，建立哲学社会科学研究成果评奖、沙汀文学艺术成果评奖的机制和体制。使更多更好的区域经济、政治、文化、社会、生态文明战略性研究和地方人文研究成果，更多的反映和展现我县风土人情、民族特色的文艺作品走向全国，走向世界。扶持社会文化团体，加强文化产业发展，产业支持文化建设。坚持以国有和民营多种所有制共同以展，坚持以产业发展促进事业繁荣的要求，培育重点文旅经营性、资源性、产品生产企业，发展综合性文化产业企业集团。培育安县文化产业投资发展相应有限公司和文化产业发展集团有限责任公司，培育县域工业类代表性的文化龙头企业，打造文化产业市场化运作的主导平台。鼓励民营资金投资创办、领办、合办文化企业，促进以股份制为代表的文化公司或企业群体发展壮大，增强文化产业的整体实力和市场竞争力。支持组建民营文化产业投资集团，整合文化产业各行业和区域优势资源，加快民营文化企业集聚集群发展。鼓励科技型中小民营文化企业发挥机制灵活、市场反应快、专业性强的特点，打造特色文化产品和实施文化精品工程。

6. 发展现代农业文化和乡村旅文化产业。

在挖掘和研究传统农耕文化、民俗文化、民间工艺、乡村美食等同时，结合现代农业文化和乡村旅游文化，在生产、加工与营销文化产品的过程中融入文化创意元素，创造独特的现代农业经营模式，将农业的产前、产中和产后诸环节联结为完整的产业链条，将农产品与农村文化、艺术创意结合，以实现资源优化配置，从而产生更高的附加值。随着城乡一体化进程的推进，安县的农业产业正在逐步实现由传统的单一生产功能向生活、生态、体验、示范等多种功能融合发展的转变。一是要发展乡村文化创意农产品，提高农业产业附加值。针对安县乡村大量的魔芋、蔬菜、水果、花卉等农产品产业园，要主动加入和贴上文化艺术标签，通过乡村文化创意，真正形成安县特有魔芋、蔬菜、水果、花卉文化产品，把农产品变成艺术品，提高产品品位，提高附加值。二是要发展乡村文化创意农业园区，打造现代农业新兴业态。围绕传统农业向都市型现代农业转变，在农业园区的发展中，附加文化活动、农事体验、餐饮、休闲娱乐、养生康复等产业，使农业园区转变为拥有丰富产品与多种产业形态的

“乡村文化创意庄园”。向城市人提供包括农事劳作、观光休闲、网络营销、采摘体验等多种特色园区，可供游客尽情地畅游、观看、享受、采摘和品尝。三是要发展乡村文化创意活动，提升乡村幸福指数。坚持“以人为本，普遍均等，惠及全民”的原则，创新乡村文化内容，以“农村、农时、农事”等设计包装节会，大力开展乡村文化活动，发展乡村节会经济。

7. 加快文化市场建设发展，扩大文化消费。

创新文化产品和服务，提高文化消费意识，拓展大众文化消费市场，提供个性化、多样化的文化产品和服务。引导文化企业投资兴建更多适合群众需求的文化消费场所，提升安县企业，特别是餐饮、休闲、娱乐等方面的文化含量。加强文化遗产保护和合理开发利用，促进文化遗产保护传承与旅游相结合，强化景区景点的文化塑造，发挥旅游对文化消费的促进作用。积极推动农村文化消费市场建设，关注困难群众和农村群众文化消费需求，降低商业演出、电影放映、网络文化服务等行业的消费门槛。

总之，文化资源是文化产业的灵魂和生命力，没有文化的产业必将是短暂的、不可行的。文化产业的发展和升级，必将以对文化资源的研究为导向，从不同的文化层面不断地丰富、提升文化产业的内涵，推动我市文化产业大发展。

（课题牵头领导：县委常委、宣传部部长王刚，牵头部门：县委宣传部，参与单位：安县哲学社会科学界联合会，执笔：县委宣传部常务副部长、社科联主席席珍奎）

安州人物

真歇清了禅师

一、生平

真歇清了（1088－1151），安县人，北宋弘扬默照禅的重要人物。与宏智正觉、慧照庆预等嗣法于丹霞子淳。真歇清了是宋朝曹洞宗复兴的重要人物，提倡劫外宗风，与宏智同时弘扬默照禅，两人友善，相互欣赏。默照禅在佛教中的地位，主要是他们共同努力的结果。

真歇清了生于北宋元佑三年（1088），是蜀左绵安昌镇（今属四川省绵阳市安县）人，俗姓雍。十一岁童真出家，剃度师是位于今安县花荄镇圣果寺（解放后建校拆毁）的清俊。出家后真歇清了修学《法华经》。十八岁试经得度，翌年受大戒。在成都大慈寺学《圆觉经》、《金刚经》、《起信论》等。之后出外作云水和尚，到峨嵋山礼普贤菩萨。后离开四川渡泸水，当时郡守正建崇宁寺，要挽留他住下来。真歇清了回答：“鲲鹏时节，讵草草耶！”可见其志气之不凡。

接着他到邓州（今属河南省南阳邓州市）参丹霞子淳。丹霞子淳（1064－1117）俗姓贾，四川梓潼人。他20岁出家后四处行脚，遍访天下高僧大德，最后在芙蓉道楷禅师那里获得大彻大悟，嗣其法，为曹洞宗传人。出住河南邓州丹霞山，世称“丹霞子淳”。他举扬曹洞宗禅风，法席隆盛，弟子达千人之多，盛冠禅林，在当时具有很大的影响。

真歇清了参丹霞的机缘，在他所著的《劫外录》有详细的记载：

师初见丹霞。霞问：“作么生是空劫已前自己?”师拟对。霞云：“你闹，且去。”一日登钵盂峰，豁尔契悟。径归见霞。方侍立，霞劈耳便掌云：“将谓你知有。”师忻然礼拜。

来日，霞上堂云：“日照孤峰翠，月临溪水寒；祖师玄妙诀，莫向寸心安。”便下座。师云：“今日陛座，更瞒我不得也。”霞云：“你试举我今日陛座看。”师良久。霞云：“将谓不瞥地。”师抽身便出。

霞一日在方丈后坐，师问讯。霞见来不顾。师云：“维摩道个什么，文殊便生赞叹?”霞微笑，师礼拜。霞云：“你不待我为你说?”师云：“我又不是患聋。”

这年真歇清了二十一岁。丹霞的“空劫以前”与令他开悟的一掌，使他受用终生，出世树立威音那畔空劫以前消息的宗风，著作也用《劫外录》和《一掌录》为名。

开悟之后，真歇清了登五台山礼文殊菩萨。又参访了石门元易、枯木法成、深州和尚、保宁圆寂玑、智海佛鉴、法云佛照、云盖守智、长芦祖照、佛眼、佛果等。

二十六岁，真歇清了参见真州（江苏省淮扬道仪征县）长芦寺的祖照禅师。

两人见面时，祖照问：“什么处僧?”真歇清了答：“川僧。”祖照问：“年多少?”真歇清了答：“二十六。”祖照道：“犹自乱走在。”真歇清了撼禅林云：“只在这里!”祖照便喝。真歇清了即礼拜。

随后真歇清了留下当侍者。后来祖照病重，命真歇清了为首座。

在三十五岁那年，真歇清了正式出世，住持长芦寺。时寺中有一千七百多众。同年邀请宏智过来担任首座，宏智在此一年才离开。

六年后真歇清了退位，由宏智补席。

离开长芦，真歇清了即往普陀山礼拜观世音菩萨。他在普陀山宝陀寺后山结庵，提额曰“海岸孤绝处”。郡守向朝廷奏请，命真歇清了住持宝陀寺（今普济禅寺），真歇清了把律寺改为禅寺，成为普陀山禅宗开山。一时间禅林英秀，皆来依附。他在此劝化当地渔家，结果有七百多户放弃捕鱼改其他行业维生，普陀山遂成佛教净土。

期间，宏智来普陀山朝礼观世音菩萨，同时拜访真歇清了。写下〈航海之宝陀访真歇清了师兄〉一诗：

至人亲见古观音，化迹今居海上岑。
烟机外分青嶂骨，水天中见白云心。
潮痕拥岸棱棱雪，月魄浮波烂烂金。
根境一如能所断，圆通游践法门深。
来寻真歇清了兄，孤舟扬楫顺潮行。
重联断雁云中字，远赴闲鸥沙上盟。
新味清油爊紫菜，古方淳蜜渍黄菁。
海山只个供盘筋，一段家风不世情。

真歇清了四十三岁时与宏智禅师一起结夏。之后受请入主福建雪峰崇圣寺，为第十六代住持。他大事改革，云水僧来聚，比长芦寺还多。绍兴四年（1134），大慧宗杲来访，正好山上办菩提法会，真歇清了请大慧普说。大慧在会上赞真歇清了“尔看他真歇清了说禅，都不计较。据学人问处，信口便说。更无滞碍，自然如风吹水。只为他实见实说，如普贤菩萨从佛华庄严三昧起，普慧菩萨如云兴致二百问，普贤菩萨如瓶泻以二千酬。又何曾思量计较来？盖得法自在，称法性说。”鼓励大众“奉劝诸人，明眼宗师难逢难遇。既得遭逢，如靠一座须弥山相似，直须退步，放下许多人我无明，从前册子上记持学得底，拨置一边，不要强作主宰。他时异日阎罗老子打鬼骨臀，便是打这般强作主宰底。不是云门谩尔诸人，这话有分付处。面前顿却一千五百人善知识，为尔作证。不向这里说，更向何处说？”最后赞叹真歇清了“此是明眼宗师，可以依附，堪为法式”。从这里可看出大慧对真歇清了的评价非常之高。

大约在这段期间大慧也开始批评“默照邪禅”。不知道是否批评真歇清了，然从内容上看，是批评错误教导默照禅者。对于此，如净的弟子无外义远认为真歇清了所著的《信心铭拈古》是针对大慧的批评而作，而题〈跋〉曰：

当绍兴间，妙喜（按：即大慧）正统东山，诋訾默照。寂庵（按：即真歇清了）是举，可谓入其室，操其戈，取其矛，击其盾。览者当自得之。

真歇清了在雪峰七年才退位。

四十九岁，真歇清了受请去四明阿育王山广利寺。此前广利寺已没落，负债累累，近二十万。真歇清了到来，大受欢迎，附近的居民扶老携幼到来，使得原来的债务，补偿十之八九。

广利寺之后，真歇清了也住持过温州龙翔禅院，在这里升堂弘法。《华严无尽灯记》、《证道歌》即这时期的作品。他也大兴土木，筑堤防潮水，掘井解决常住水源匮缺问题，建三门大殿、双塔，整修方丈室。并绘图呈上朝廷，因此而受赐六百多亩田。使僧供得以解决。

期间宏智到访，留下偈颂〈访真歇清了禅师〉：

幻成楼阁倚枞枞，采毳安排明月窗。空劫中人连断线，法身边事问枯桩。

灯寒夜半东西塔，月白湖平南北江。能费阿师多少力，相看笑展翠眉双。

后来真歇清了又住持临安府径山禅寺，时五十八岁。绍兴二十一年（1151），奉慈宁太后之命，建崇先禅院。在这里，慈宁太后前来聆听开示，当时真歇清了抱病为太后开堂说法，后来太后赐金襕袈裟予真歇清了。病稍愈办水陆法会。病情加剧。

这年十月一日，太后遣派中使宣医来问候，真歇清了从容与之告别，然后对侍者说：“吾今行矣！”即瞑目跏趺而逝。八日后葬于院西桃花。敕谥悟空禅师，塔名静照，宏智禅师为之撰《崇先真歇清了了禪師塔銘》。

真歇清了世寿六十二，僧腊四十五，宏化二十九年。主要弘法的道场有长芦寺、普陀山、雪峰山、广利寺、龙翔寺、径山和崇先寺等七处。度弟子四百多人。嗣法者三十多人，其中有慧悟、宗珏、传卿、得明、义初、兴誉、法通、寿崇、祖卿、道晖、了谅、德初、道新等。著作有《劫外录》、《一掌录》、《信心铭拈古》、《真歇清了了禅师语》、《证道歌》、《华严无尽灯记》、《净土宗要》、《戒杀文》等。

二、主要著作

宏智正觉于《崇先真歇清了禅师塔铭》中称清了有“语录两集行于世。”这两集语录，即《劫外录》和《一掌录》。

（一）《劫外录》

1.《劫外录》概况：

《劫外录》全称《真州长芦了和尚劫外录》，为其侍者德初、义初编辑，记录的是清了在真州长芦寺住持时的上堂等法语。之所以取名《劫外录》，乃是依据清了的一段开悟因缘。《劫外录》之“机缘”云：

师初见丹霞。霞问：“作么生是空劫已前自己？”师拟对，霞云：“你闹，且去！”一日登钵盂峰，豁尔契悟。迳归见霞，方侍立，霞劈耳便掌云：“将谓你知有。”师忻然礼拜。来日，霞上堂，云：“日照孤峰翠，月临溪水寒。祖师玄妙诀，莫向寸心安。”便下座。师云：“今日升座，更瞒我不得也。”霞云：“你试举我今日升座看。”师良久。霞云：“将谓不瞥地。”师抽身便出。霞一日在方丈后坐，师问讯，霞见来不顾。师云：“维摩道个甚么，文殊便生赞叹？”霞微笑，师礼拜。霞云：“你不待我为你说？”师云：“我又不是患聋。”

所谓空劫，本指经成、住、坏三个时期后，人类生活的欲界已坏灭，色界也仅存第四禅天。四禅天以下，二十中劫呈虚空状态，故称空劫。又指世界形成以前而万物未生之时期。后来禅宗用“空劫已前”表示天地未开以前、父母未生以前，用以形容一切计度分别对待之情识尚未形成以前的状态，即喻指自己的本来面目、众生本具的清净佛性。与父母未生以前、空王以前、空王那畔、朕兆未萌以前等语意思相同。参什么是“空劫已前自己”，本来在宗下运用极多，而丹霞子淳更喜用之。子淳接引清了是这么一句，接引宏智正觉也是这么一句。宋乾道二年（1166），左朝奉大夫侍御史王伯庠所撰的《敕谥宏智禅师行业记》称：

丹霞淳禅师，道价方盛，师乃造焉。霞问：如何是空劫已前自己？师曰：井底虾蟆吞却月，三更不借夜明帘。霞曰：未在，更道。师拟议，霞打一拂子云：又道不借。师忽悟作礼，霞云：何不道取一句子？师云：某甲今日失钱遭罪。霞云：未暇得打尔，且去。时二十三岁矣。

清了以“劫外”为语录名，乃自谓所发明之理，均为空劫以外之事，足见其对自己证悟境界的自信。在禅学造诣上，清了的境界，也深为当时的名宿大慧宗杲认可，尽管宗杲曾一度激烈抨击清了、正觉所传，乃“默照邪禅”。宗杲曾评价说：

尔看他真歇清了说禅，都不计较。据学人问处，信口便说，更无滞碍，自然如风吹水。只为他实见实说，如普贤菩萨从佛华庄严三昧起，普慧菩萨如云兴致二百问，普贤菩萨如瓶泻以二千酬，又何曾思量计较来。盖得法自在，称法性说。

编者义初，生平不详。宋·正受编《嘉泰普灯录》卷十三称其为“福州龟山义初禅师”，列于“长芦真歇清了禅师法嗣”，并收录其一则上堂法语，颇似乃师声口。从“福州龟山”可以推测，义初可能从真州一直追随清了到福建，最后在福州生活。德初则生平事迹无考。

此书编定刊行的年代不详，根据相关资料，可以推断大体在北宋末。《劫外录》一书在最后，收录了清了自撰的《宣和癸卯宴堂自赞》，云：

三十六年作怪，撞入者个皮袋。一千七百衲僧，被你热瞒忒煞。如今坐断舌头，直下大千俱坏。劫外迢迢晓未萌，莫把虚空妆五彩。

宣和癸卯乃宋徽宗宣和五年，即1123年。清了生年为宋哲宗元祐四年，即1089年，到1123年，共计35年，按照中国人的算法，虚岁正好是三十六岁。可见，《劫外录》的编辑年代，应该在1123年前后。

2. 吴敏与《劫外录序》

《劫外录》前，有署名“中桥居士吴敏”所作的《序》：

长芦了禅师，芙蓉之孙，丹霞之子。得法于钵盂峰上，以无所得而得；说法于一苇江边，以无所说而说。云行水止，从而问法者，常千七百人，以无所闻而闻。余尝造其室，窅然空然，温伯雪子之忘言、净名居士之杜口，余亦莫能知也。观其抱美玉于空山，混银河之秋月，视之不见，言之莫及。时时顾堂上之草深，怜户外之屦满。于是万金良药，湔肠易骨，斯须之间，病者起走；人人轻安，得未尝病。又如雷雨既作，草木萌动，顷刻霁止，了无痕迹；天清物春，雨已无用。虽然，岂直如是而已哉！木鸡啼霜，石虎啸云，鸟鸣山幽，蝉噪林寂。世有望角知牛、闻嘶知马者，其庶几历其藩乎！师语盖上堂、法要、偈颂、机缘，凡若干篇。中桥居士吴敏序。

吴敏，真州人，字元中。大观二年（1108）辟雍私试首选，至哲宗时累迁少宰。吴敏在徽、钦二朝是比较重要的宰辅大臣。他举荐李纲，劝说徽宗禅位，见识确有超乎常人之处。其政治生涯的一个重要转戾点，乃是在靖康元年（1126）参与企图策反辽朝降金的耶律伊都一事。耶律伊都时任金朝元帅右都监，在金强宋弱的形势下，策反之计为金军再次攻宋提供了另一个口实。而此事的主要策划者，就是宋钦宗和宰相徐处仁、吴敏。金军南侵之际，吴敏在朝中属主和派，与太宰徐处仁议不合，加之耿南仲的挑拨，二人俱被罢相。其后屡改任，绍兴初任广西湖南宣抚使，绍兴二年（1132）十一月，卒于官。《宋史》有传。宋·李心传《建炎以来系年要录》卷六十称：

甲申，资政殿学士、提举临安府洞霄宫吴敏薨。辍朝二日，赠观文殿学士。

由吴敏卒年可知，此序的年代下限，在绍兴二年。《卍续藏经》本署作“绍兴二十八年正月旦，中桥居士吴敏序”。石井修道先生认为乃是面山瑞方的臆测，是否面山所加，疏于考证，不敢遽断，但这显然是后人的臆增。吴敏绍兴二年即卒，言其于绍兴二十八年（1158）再作此序，确乎有点白日见鬼的意味。幸亏此序尚有数种版本存世，否则，因此句之伪，极有可能令人怀疑整个序言之真了。

另外，日本驹泽大学图书馆藏宽永七年（1630）刊本《真州长芦了和尚劫外录》在“中桥居士吴敏序”后有“师之法嗣三十七人，为僧四十五夏，出世三十六年”20字，显然也是后人妄增。前文据宏智正觉之《塔铭》已经明确“清了享年六十三，僧腊四十五夏，开堂说法三十年。”则此20字所述，显然是清了身后之事。清了示寂于绍兴二十一年（1151），此时，距吴敏去世已经十九年了。

清了为什么请吴敏作序？考察其原因，当有三点：第一，吴敏是真州人，且此时在朝地位颇高。第二，吴敏全家笃信佛教，他的弟弟吴叙曾弃官为僧，可见吴敏当与佛教界人士过从甚密。第三，吴敏亦有较深的佛学素养。吴叙弃官为僧事，见于李心传《建炎以来系年要录》卷六十：

敏弟儒林郎叙，宣和末弃官为僧。至是，敏祖母韩氏言于朝，乃复令出仕。（叙出仕，在明年六月乙亥，今并书之。）

宣和仅7年，宣和末，或指宣和七年（1125），距清了撰“自赞”仅二年的时间。清了在真州长芦寺开堂说法，吴叙弃官出家，都发生在1123年至1125年前后，吴敏为《劫外录》撰序，会不会和这个时期有著紧密的联系呢？清了在长芦弘化长达七年多，其法语开示，不会只有今天《劫外录》保存的105则这样少。

根据推测，《劫外录》当时清了在长芦开堂初年的说法记录稿，综合相关资料考虑，《劫外录》的编定刊刻，时间应该在宣和五至六年。?

清了对吴敏的学佛经历，或多或少有所影响。吴敏自称“余尝造其室”，则其不仅见过清了，更有可能从清了请益过禅法，“造其室”实乃一语双关。所以后面接著说，“窅然空然，温伯雪子之忘言、净名居士之杜口，余亦莫能知也”。吴敏对佛教的研习情况，因缺乏文献记载，尚未能知其详。不过，清·彭际清编撰之《居士传》说：

同时，吴元中敏与伯纪先后柄政，以恢复为己任，而先后皆远窜。数遗书往复，皆切劘大义，慷慨痛激，自拟申胥。既以欲自效无由，则发愤求出世法，研佛书。

彭际清的说法，是切实有据的。吴敏、李纲在左迁后，始终保持良好的私谊。在李纲的《梁溪集》中，保存了吴敏回复李纲的一封书信，可以说是“以恢复为己任”、“慷慨痛激，自拟申胥”等语的注脚：

得罪以来，念王室之变故，痛二帝之行役，悼素志之零落，叹生民之流离，每一念至，不如无生。事既已矣，无所效，唯端居净虑，以尽洗其四十一年之非。虽然有不可解于心者，无所逃于天地之间，如水之湿、火之热性也，亦命也！昔申包胥闻伍员覆楚之志，则曰：我必存之。楚大国也，当是时，楚之敌国君臣相与谋楚者，未必敢有是言，而申包胥以一夫言于野如此。其后哭秦庭乞师，卒如其志。诸葛孔明与先主论天下于南阳，是时曹氏已擅汉，孙氏已盗江表三世矣，孔明之言无不仇者。海内鼎裂，犹为刘氏宗臣。张柬之之语武氏于荆南江中，卒复唐祚垂祀三百。此数子者，皆论国家于江湖草莽之间，而国卒赖以复兴。由是以谈，虽曰天数，亦人为也。一夫发志其烈如此，倘办诸心，必有以合天人之愿者矣。敏固罪废，倘得饭疏饮水，生为宋民，死卧宋土，夫复何恨！

吴敏是不是因为“欲自效无由”，才“发愤求出世法，研佛书”？从清了请吴敏作序可知，此时的吴敏，对佛教绝非一无所知。而且，他在左迁后，留心佛法，曾要求李纲读《华严》，并与李纲反复讨论《周易》与《华严》之异同（详下文），信知其佛学修养，并非泛泛。吴敏晚年多结交方外，且为无疾而终，颇有一些传奇色彩。据李纲“与潘子贱龙图书”云：

吴元中无疾，一夕而逝。先是妙应师预言其不能过中冬，自桂如郴见之，劝其屏绝人事，专意内观。俟其如期长往而复还，亦一段奇事也。妙应欲自此过浙东，询国佐可知其详。

吴敏能够听从妙应法师之劝告，“屏绝人事，专意内观”，并能“如期长往”，则颇有生死自在的意味。

有关《劫外录》的存世版本情况，下文将专题论述，此不具述。

（二）《一掌录》

1.《一掌录》概况

《一掌录》全称《雪峰真歇清了禅师一掌录》，编者不详，记录的是清了在福建雪峰寺住持时的上堂等法语，此书今已不传，仅有宋·李纲所撰《雪峰真歇清了了禅师一掌录序》保存在其《梁溪集》中：

自达磨流通正法眼藏，如一灯分百千灯，以心传心。虽法无南北，而机有差别，其归一也。雪峰了禅师，得法于丹霞淳，淳得法于芙蓉楷，传曹洞宗旨。门风孤峭，壁立千仞，有所施设，皆被上机，非中下根器所能窥测。了公自号真歇清了，昔演法于长芦，今开席于雪峰，学徒云集从之者，常千五百余众。丛林之盛，所未曾有。随机提令，应病施方。有作者之钤锤，真良医之药石。一言一句，皆示空劫中眼目，非苟然也。其徒集机缘语句，为《一掌录》，以初得法由一掌故，录成以示梁溪病叟。病叟赞叹，为说偈言。其一曰：真歇清了颊边遭一掌，大愚肋下筑三拳。自从默契宗风后，颠倒纵横总是禅。其二曰：正令全提上上机，学人到此莫惊疑。直须吼裂野干脑，始是金毛狮子儿。

说偈毕，以其《录》归之，因书其语置篇首云。绍兴四年岁次甲寅二月朔序。

从李纲此序中，我们可以窥见《一掌录》的一些大致情况。同《劫外录》一样，《一掌录》也是得名于清了的开悟因缘，即前文所揭丹霞子淳的那“劈耳”一掌。对于这一掌，清了是十分受用的。他在上堂时说：

上堂。曰：我于先师一掌下，伎俩俱尽，觅个开口处不可得。如今还有恁么快活不彻底汉么？若无，衔铁负鞍，各自著便。

宏智正觉在《塔铭》中亦云：

一日入室，霞问：“如何是空劫以前自己？”师拟进语，霞与一掌，师豁然开悟。翌日，霞示妙密，诘其证诣，犹珠之影随，谷之响答也。

后文之“力回万夫，香酬一掌”，也是说的这个事情。故李纲序中亦称“其徒集机缘语句，为《一掌录》，以初得法由一掌故”。

十分遗憾的是，清了的《一掌录》已经佚失。从现存资料分析，收录在宋·师明编辑的《续古尊宿语要》卷二中的“真歇清了了禅师语”，应该就是从《一掌录》中选录出来的。其中有四处，清了都以“雪峰”自称：

撼拄杖云：“看，看。三千大千世界，一时摇动。云门大师即得，雪峰即不然。”卓拄杖云：“三千大千世界，向甚么处去？还会么？不得重梅雨，秧苗争见青。”

又如：

“久默斯要，不务速说。释迦老子也待要款曲卖弄，争奈未出母胎，已被人觑破。且道，觑破个甚么？”良久，云：“瞒雪峰不得。”

与《劫外录》之自称“长芦”相对应，基本可以确定乃是住持雪峰时的开示。《续古尊宿语要》

共收录法语 17 则，“七佛偈赞”7 篇，均不见于《劫外录》。从清了行年来看，他绍兴五年（1135）即在雪峰退居，而六年（1136）七月又奉旨入主四明阿育王山广利寺，说这些法语乃是从绍兴四年编定的《一掌录》中抄出，似不为过。只是《一掌录》的完璧，不知人间尚存否？

另外，宋·正受编辑的《嘉泰普灯录》卷九，也收录了清了的 10 则法语，其中有 5 则（6 至 10 则）见于《劫外录》，另外 5 则（1 至 5 则）不详出处。但是从内容分析，前 5 则法语，或当亦出自《一掌录》。“久默斯要，不务速说”这一则，见于《嘉泰普灯录》之第三则。31 如果能够确定，加上《续古尊宿语要》所收，剔除重复的一则，那么，《一掌录》之法语今存则。可惜缺少文献参证，只能作为一种推测罢了。

2. 李纲与《一掌录序》

李纲，字伯纪，号梁溪，福建邵武人。政和二年（1112）进士，宣和七年（1125）为太常少卿。金兵南侵时，李纲刺臂血上疏，请宋徽宗禅位太子，以号召天下。钦宗继位后，李纲以一介书生得任兵部侍郎，坚决主战，并积极备战，后迫使金兵撤退。建炎元年（1127），官拜尚书右仆射兼中书侍郎，旋被解职。绍兴十年（1140），李纲卒于福州，年五十八。《宋史》有传。

绍兴四年（1134）春，李纲以提举西京嵩山崇福宫寓居长乐，并且自称“梁溪病叟”，宋高宗亦言“纲去国数年，无一字到朝廷”，这种状况，折射出的，是那种报国无门的悲愤与孤寂。清了请李纲作序的原因有三：第一，因为李纲乃福建人，此时正寓居福州。第二，李纲与清了曾通过书信有所接触。第三，李纲对佛学造诣颇深。

李纲与清了的交游情况，可从《梁溪集》中找到一些线索。据李纲“赠峤南琮师”一诗的小序称：

峤南僧罕遵戒律，况向上事。独琮师隐居湖岩，绝不至城市，超然拔俗。闻余来，策杖见过，与语可人，知为饱参衲子也。询其所见，盖尝从长芦了游。了居长芦，聚徒至千五百众，道价籍甚江淮间。余虽不之识，然声气相合，心期自亲。尝辱贻问，今见琮益知了之门风孤峻，真楷老儿孙也。退处天台，琮将浮海访之。因赋诗赠琮，且简了公。异时得归，决须相随。于石桥侧，可以握手一笑。梁溪居士云。

清了游天台在建炎四年（1130），五月间，天台国清寺曾三请，清了三辞。李纲称见到琮禅师的时候，清了“退处天台”，则李纲此诗当作于建炎四年初。在李纲为《一掌录》作序之前，他们并未谋面。但是，清了在长芦开堂的时候，曾经与李纲有过书信来往，故云清了“尝辱贻问”。建炎四年的十一月，清了即受福唐雪峰请，入主雪峰寺。虽然不排除他们有在福建会晤的可能，但尚未见明确的文字记载。从李纲所谓“余虽不之识，然声气相合，心期自亲”，见到琮禅师后，更加认为“了之门风孤峻，真楷老儿孙也”等语可知，李纲对清了始终是尊重而且钦佩的。38 这当是促成《一掌录序》创作的一个很重要的因素。

李纲对佛学造诣颇深，曾出入圆悟克勤、芙蓉道楷等门下，并精通华严学。更重要的，李纲的学佛，始终和忠义报国的志向联系在一起。清·彭际清编撰之《居士传》说：

政和二年，伯纪登进士第，历官中外，事徽宗、钦宗、高宗，三居相位，孤忠信于朝野，伟略盖世。俄顷指顾间，慑强敌、持危邦，士庶恃之以为命。蔽于佥邪，屡振屡绌。出入险阻，中心浩然。同时，吴元中敏与伯纪先后柄政，以恢复为己任，而先后皆远窜。数遗书往复，皆切劘大义，慷慨痛激，自拟申胥。既以欲自效无由，则发愤求出世法，研佛书。闻伯纪通《易》、《华严》二经，遗书雷阳，问二经同别。伯纪复之，其略曰：《易》立象以尽意，《华严》托事以表法，本无二理。世间、出世间亦无二道。何以言之？天地万物之情无不总摄于八卦，引而申之，而其象至于无穷，此即《华严》法界互相摄入也。（后略）

李纲之学佛甚早，而且他父亲李夔（官至龙图待制）曾从建州大中寺庆余禅师交游，给李纲留下极深的印象。据李纲介绍，庆余禅师乃是建州大中寺住持，与其父友善。李纲之父曾作“庆余长老开堂疏”，李纲在绍兴五年八月访得此文，曾专门为之作“跋尾”一篇。可见李纲的学佛，乃是有家学渊源的。而且，李纲的学佛，并非如普通士大夫之抱有好感，乃是付诸实践。他早在宣和二年（1120）就曾经阅藏经、持八关斋戒，并专门作《持八斋文》以记之：

余自今夏观阅藏教，以酬宿志，始持八斋，凡遇朔望、三日八日必斋。虽于肉食未能一切断去，庶几有进无退，至于永断而后乃已。因为文识之，以记岁月，使异日无负斯言，有所考焉。时宣和二年四月十五日梁溪居士云。

而左迁后，他曾“与一二禅老结看经社”，并遵吴敏之嘱读《华严经》。其“郁林与吴元中书”云：

承谕日读《华严》，此书广博微奥，难得其指归。游心之久，当有深契而自得者，愿垂诲一二，发药幸甚。忧患中观《易》，妄有所见。世谓《易》类佛书之《圆觉》，虽大指如此，然立象尽意，正类《华严》。以种种表法，其含容无尽，一也。《易》论世间法，《华严》论出世间法，唯知世间、出世间等无二法，则知二书无差别矣。近世学《易》者，以王弼筌蹄之论捐象数，故多失圣人之意。殊不知得鱼兔然后可以忘筌蹄，未得之间，岂可遽忘哉。唯因象数以求意，而不泥则得之矣。离群索居，深恨不得讲贯之益也。见仲古言公随行有崧老《易》书，果尔，告就黄守处借一介送示。年运既往矣，庶几以此洗心。会晤无期，惟坐进此道为望。

收到李纲信后，吴敏曾于八月二十五日复信，阐明自己对此问题的看法。显然，李纲对吴敏的某些观点并不赞同。他进而在“雷阳与吴元中书”中以较长的篇幅对《周易》与《华严经》之相同处予以阐发：

蒙诲谕《华严》宗旨，所以与《易》同别者，久逃虚空，而闻昆弟亲戚之謦欬，慰可量也。然则书窃谓《易》象正类《华严》，以种种表法含容无尽，世间、出世间等无差别，与来诲有未合者，试毕其说。（后略）

纵观整个《梁溪集》，用如此大的篇幅（近五千字）讨论佛教义理，是绝无仅有的。而且，吴敏也是李纲深入讨论佛教义理的唯一对象。由此也可以反证吴敏佛学修养之深。只是吴敏复信似已不存，所持观点也就无从得知了。

不过，李纲的深入研究佛法，并没有变成一种所谓的遁世。他明确说：“《易》者，忧患之书。学于忧患之中，乃能有得。正犹诗之穷然后工也。”在比较《易》与《华严》同异之后，他明确说：“所以处世间者，所以出世间者，儒释之术一也，夫何疑哉！”将这样“儒释之术一也”的思想推广开来，则参禅学佛与报效国家，根本不存在矛盾。弄明白了这样的政治理念，就可以理解为什么清了特意请李纲作序，就能理解为什么清了在住持雪峰的时候，特意将游闽的大慧宗杲请到雪峰上堂说法。也更能理解清了、正觉倡导的“默照禅”与宗杲倡导的“看话禅”为什么在禅学思想上有著水火冰炭的对立，而三人私交如此深厚。

（三）其他著作

除《劫外录》、《一掌录》之外，清了尚有其他几种重要的著作存世。一是《信心铭拈古》，附录在日本·面山端方编辑的《真州长芦了禅师劫外录》后。面山端方说：

太凡洞家祖承言句，皆有来由贯穿宗旨，但乏遗录。真歇清了祖仅遗《拈古》，今可宝重者，《宏智禅师广录》耳。

《信心铭拈古》乃是清了为了回应宗杲对“默照禅”的抨击而作的，故其后有南宋曹洞宗门下天童如净（1163－1228）的法嗣义远的一篇跋：

当绍兴间，妙喜正统东山，诋訾默照。寂庵是举，可谓入其室操其戈、取其矛击其盾。觉者当自得之。（义远）敬跋。

面山端方亦云：

所谓妙喜是大慧也，寂庵是真歇清了也。由此考之，妙喜昔时不通我宗，妄加诋訾，以为默照邪禅，其语多见其录。真歇清了者，如利剑之出匣，冷光凛凛。此个有英气汉，专要其为儿孙拣异辨魔，故忍俊不禁，拈个《信心铭》，骑贼马逐贼，所谓取其矛击其盾者可睹。

宗杲号妙喜，他对默照禅的抨击，乃在绍兴四年游闽后。故此《信心铭拈古》的著作时间，不会早于《一掌录》。可惜国内无《信心铭拈古》存世，倒是日本，除《卍续藏经》收录的面山端方本外，尚保存有宽永年间之刻本。

清了著作佚失比较严重，今天仅能从一些相关资料中了解一些线索。比如，宏智正觉的《宏智禅师广录》卷第八中，收录了“次韵真歇清了和尚圆觉经颂一十四首”的偈颂，既然题为次韵，即依次用所和诗中的韵作诗，则清了另有“圆觉经颂”无疑，而且也为当为十四首。不过此颂今已不存。

（安县地方志办公室辑）

文学作品精选

森元的树（小说）

林 黎

（一）

森元搬出小桌子在门前的树下吃晚饭，很冷的天气里，他也会这样，如果遇见狂风大雨，森元就会坐在屋内打开门，要看着树，他才吃得下饭。雀儿今年4岁，是个招人喜欢的小女孩。他们家还有一只半大的狗狗，是森元收养的。

森元在梦里总是会看见穿蓝色长裙的妈妈，妈妈笑起来温柔慈爱，有时候对森元很严厉：“森元！这么简单的事情你也会错，动动脑子想想！”妈妈有时会打森元：“真是个笨孩子。”妈妈也会不依不饶地护着他：“谁再敢欺负我们家森元，我奉陪！”

雀儿的眼神清澈如遍洒净水后的菩提树叶，生命在一点一滴的蒸腾里面消失，妈妈也会消失，如此在生生死死之间显现平等。

森元捧着杯子坐在树下喝水，在杯子里他看见一个九岁多的小男孩坐在教室里面上课的情景，老师讲了几位英雄人物的故事，然后总结“拥有勇敢的情怀的人都可能成为英雄”。小男孩用力点点头表示记住了。森元接着看见放学后小男孩背着书包走出校门，很多同学要穿过马路回家，大家都遵守交通规则，小男孩一直也遵守，可是今天不同了，小男孩深深被英雄的故事打动，一直在思索要做些什么，要做些什么？于是在过马路回家时，小男孩走出队伍，独自跑到马路另一方，面对着一辆驶过来的大货车，咬牙皱眉闭着眼伸开了瘦长的双臂，小男孩在心里对狂喊：“勇敢！要勇敢！要勇敢！”他的耳朵在听心里面的话，却不知道眼睛外面的路上刹车声老师同学的尖叫声货物掉在地上的声音已乱成一片，小男孩骨瘦如柴的身体是怎么被人拉到路边的，小男孩记不得了，睁开紧闭的双眼就看见老师焦急发怒含泪的脸。老师看着小男孩，深深叹口气，什么也没说，拉着小男孩的手要将他送回到妈妈手里。妈妈从老师手里接过孩子的手，弓着腰赔着笑对老师表示万分感激与抱歉，目送老师远去，小男孩仰头望着妈妈等待着被妈妈赞许为英雄的行为，谁知妈妈关上门呵斥小男孩放下书包去屋子中间老实跪好！小男孩老实跪好对妈妈交代为什么要拦去汽车——“因为我要做个勇敢的孩子！”

妈妈知道很多事情是没有办法对森元讲道理的，就算讲了道理森元未必能明白能谨记，所以就用很干脆的方法让他知道拦汽车的后果，妈妈咬紧牙关一言不发，细竹条一下一下结结实实打在小男孩肩膀上、背上、屁股上、腿上、小男孩疼得哇哇大哭，眼泪鼻涕口水混成一片，爸爸下班回家楼梯上就听见小男孩勇猛大哭，叹着气推开门放下东西对妈妈说：“你歇会儿，我来教训他。”妈妈的眼泪也掉下来，将竹条塞在爸爸手中。

“爸爸！”雀儿走到森元背后叫道，森元没有听见，小女孩又叫了声：“爸爸！”

森元从水杯里小男孩的景象中回过神，转头看见女儿：“雀儿，你叫我干什么？”

雀儿说：“我饿了。”

森元看看手表：“吃晚饭的时间没到，茶几上还有块蛋糕，你自己去吃。”

雀儿摇摇头："没有了，我找过，没有找到。"

森元对女儿说："那你先去买个馒头吃，我把钱给你。"

森元慢腾腾放下杯子，他做什么都是慢腾腾的，即使他的灵魂急得发火，外在的身体也怎么都快不起来，从小就这样。

森元拿了五毛钱，雀儿接过钱要去隔壁的隔壁的隔壁小餐馆时，森元又叫住了她："雀儿，我再给你五毛钱，你多买一个，我吃一半，给狗狗吃一半。"

四岁的雀儿可以做很多事情了，雀儿去小餐馆买馒头，老板娘问她："雀儿，你外婆来看过你没有？"

雀儿点点头："前天外婆来幼儿园看我，还给我买了蛋糕。"

老板娘将两个馒头装在食品袋里递给雀儿，雀儿提着袋子蹦蹦跳跳回家。老板娘摇摇头："这么乖的女儿，当妈的怎么忍得下心就跑了呢？"

雀儿将食品袋递给坐在家门前树下的森元："爸爸！"雀儿又去屋里叫："狗狗！狗狗！"半大的红色卷毛狗从楼梯上跑下来，对着雀儿摇尾巴，跟着雀儿来到门前树下。

森元递给雀儿一个馒头，剩下一个森元撕下一半递给狗狗，狗狗张开嘴含住，跑进屋跳上半新的沙发，森元收养的这只流浪狗从不吃直接放在地面上的食物。雀儿也进屋按开电视坐在狗狗身边，津津有味吃着馒头，一面看电视一面还帮爸爸看着店里面的鞋子，有人来问价格，雀儿就会叫："爸爸，来顾客了！"

森元咬了一口馒头，还试着想再次进入小男孩的景象，可是这一次却没有刚才的幸运，没有一个完整点的片段，只是闪过了小男孩几个零星的表情：嘿嘿地笑、多吃了一口就哇地吐得老高老远、睡觉前又挨打在哭。

天渐渐暗下来，气温又低了些，森元掏出纸巾擦掉冷风吹出来的鼻涕，起身回到屋里将用过的纸巾仍在屋角的垃圾桶里。森元打开灯，森元家的房子2008年年底就整修加固了，老宅基不足120平方米，一楼是做成店面与一个小库房，二楼是爸爸妈妈住，森元住三楼，楼上的平台搭了小棚子，放着洗衣机和一些杂物，露天处放着几个铁架子，架子上横着竹竿，是用来晒晾衣被。

大地震中，森元失去了爸爸妈妈两位亲人，剩下他与1岁零3个月的女儿雀儿。森元的房屋加固时，部队帮了大忙，邻居帮忙带着雀儿，森元做的饭他们都不吃，大冷的天，年轻的军人们卷着衣袖汗流满面，森元的汗水与眼泪常混在一块儿，军人们反倒让森元节省下体力要带好孩子，雀儿的牛奶与衣物是社区、民政发放的救灾捐献品，送得多了森元还让邻居帮忙送给其他孩子，说雀儿用不了这么多浪费了可惜。房屋加固好了，部队还送了很多吃的用的给森元。

住帐篷的日子，很多人担心森元带不活女儿，时常有人提醒他该怎么喂孩子、该带孩子去指定地点打预防针接种了，森元后来就去周围帮别人干些活，请别人家的女人帮着带几天雀儿。雀儿从一家女人的怀里抱到另一家女人的怀里，森元干活慢却是很用心很用力在干，他的女儿也被带得很尽心，有时得了湿疹或者感冒什么的，不等森元开口，就会有人带雀儿去设在县城中学操场救灾的军队医院免费看病拿药。

房子加固后，大伙从帐篷搬回家里，森元想着如果妈妈在，妈妈会干什么？他就计划着做什么。森元从小挨打，妈妈就会说："你笨、你做得慢，但是你要坚持做，这样你才不会饿死！"从小挨的打，森元一百个指头都记不完这数目，每次妈妈都会这样教训他，现在妈妈不在了，这话却刻进了森元骨子里。

森元将地震前店里的鞋子依次整理好清洁、整理好价格、排在架子上，不大的店不多的货物，森元足足用了几个月时间。

雀儿从幼儿园回家，有时会拿出小本子写写画画，森元就会在一边说："你笨、你做得慢，但是你要坚持做。"雀儿就会抬头对森元说："爸爸，我不笨，老师夸我是个聪明的小女孩。"森元又说："你不笨，但是你要坚持做。"雀儿点点头，她小，她却能听懂爸爸的话。

梦如一张温柔的网轻轻如如飞落进森元的日子里，森元住在二楼，雀儿住在三楼，狗狗时常趴在二楼的大窗台上睡觉，也常会坐在窗台前隔着纱窗看楼下人来人往，一看就是好长时间，它是一只孤独的狗狗，脖子上吊着不锈钢狗牌，上面的电话号码却被磨损得不完整了，森元没有办法帮它找主人。

森元认为这只狗狗也是会做梦的，狗狗在梦里会看见他以前的主人。森元希望它的主人在大地震中还活着，狗狗有时半夜会坐在窗台前长啸，森元就会起身陪狗狗坐一会儿："狗狗，你又在想主人了？我下次梦见妈妈，就请妈妈帮忙让你找到主人。"狗狗的眼睛里好像有泪水，它用头蹭森元的手臂。

2010年的冬季，晴朗的日子居多，即使温度降低、冷风加紧吹，中午的天空仍然看得见蓝天与各种形状的白云。花荄的变化太大了，森元觉得如果自己再不去花荄四处走走，会认不得路。这两年他守在店里卖鞋、做饭，坐在门前树下做白日梦发愣时，就看见自己眼前的房屋、马路、绿化带、路灯、行人的态度不停地变着，象在直播电视剧；才两年不到的功夫，花荄就从大地震前的农村城镇变成电视里那种优雅的绿色小城市了，雀儿上学的实验幼儿园才漂亮呢，幼儿园的食堂清一色不锈钢厨具，地面一点残渣也无，森元想：北京的幼儿园就是这样的吧。

从小森元就瘦，怎么吃也不会长胖一些，小时候多吃几口就会哇地全吐出来。现在37岁了，森元的心里岁月不算什么，每一天好像也不算什么，35岁之前的日子真是放心坦荡，因为生活里有妈妈在。妈妈的喜怒哀乐就是森元的生命，爸爸外面上班、回家做饭、辅导森元的功课，妈妈则忙着做生意，她是个精明的女人，她要挣下足够森元下半辈子用的钱。妈妈用自己的方法教育森元，为了让森元长记性不至于将来笨死，就狠下心打过森元。妈妈还在家里找了个放贵重物品的秘密点，她对森元说："我放的贵重东西，就算是个特工，没有1个月功夫，他也不可能找到！"妈妈给森元找过女朋友，每当女朋友趁着妈妈不在场悄悄问森元，森元就会说："我妈妈放贵重东西的地方，就算是个特工，没有1个月功夫，他也不可能找到！"当那些年轻的、年长的女朋友离开森元时，妈妈就会给森元做一桌子好菜："我们森元这么优秀，她们走了是因为她们不够好，好的女人在前面！儿子，要对未来有信心！"

吃了妈妈这些好饭菜，还有饭后甜点，什么女朋友走了森元都不会伤心了，他相信妈妈的话，他对未来有信心。

可是，未来是什么？37岁的森元就是35岁森元的未来，未来已经来临了，森元却觉得这是现在，未来还没有到；森元掰着指头算："我40岁的时候，女儿就7岁了，那个时候的我，是现在还是未来呢？"按这样算，岂不是没有未来？又岂不是没有现在？

森元敲敲头，这个事情让他头疼。他想雀儿是有未来的，雀儿不笨，雀儿的妈妈回来了，雀儿的未来也就到了。狗狗也是这样，找到未来的狗狗会不会不再掉眼泪？

森元在手机里设置了很多闹铃，第一道是早上叫醒自己的闹铃，森元怕冷，冬季的电热毯通宵开着中档，床边凳子上闹铃一响，森元就从被窝里伸出手按停铃声以免吵醒楼上的女儿。森元慢腾腾穿好衣服去洗手间倒热水洗手洗脸，狗狗就一直跟在他身后，森元自己洗完脸就取下半旧的蓝色毛巾用盆里的热水将毛巾淋湿透，森元转身对狗狗说："狗狗，该你洗脸了。"狗狗立起，摇着短短的尾巴，将两只前腿搭在森元大腿上，抬着头看森元，森元一只手摸着狗狗头上卷卷的毛一只手拿着蓝毛巾在狗狗脸上抹了抹算是给狗狗洗了脸。

早餐差不多做好时，手机里第二道闹铃响了，森元从裤兜里摸出手机看看时间再关掉铃声，他上楼去叫女儿起床，狗狗早就跑上去搭起两只前腿在女儿床头用头蹭着雀儿的被子。雀儿醒了，森元拂开狗狗，将雀儿的衣服放在被子上，冬季孩子穿的衣服多，一层层的还有外面的防尘罩衣，森元慢腾腾地指挥女儿伸手伸脚，被窝外的冷空气让雀儿瑟瑟发抖，穿好衣服鞋子好一会儿了雀儿脸蛋才恢复红润。森元想到了什么，让女儿坐在沙发上，森元又脱掉女儿的鞋子，他用手指摸摸女儿鞋子里面，觉得有点湿润，就对女儿说："爸爸给你换一双。"雀儿坐在沙发上等森元给她换上另一双雪地短靴，这是救灾捐献品，雀儿有好些衣服、鞋子、书本都是各地捐的救灾品，震后2年多了，对孩子的资助还是不断有人送来。

刷牙后，雀儿要自己洗脸，森元不让：“你要把袖口打湿，天气冷，打湿了会感冒，夏天到了你就可以自己洗脸。”森元说着，感觉自己的鼻涕要掉下来，他掏出纸巾擦擦，将纸巾仍在垃圾桶里。

厨房在森元住的二楼，吃饭时森元将取暖的天然气炉子打开，炉子上有安全罩，森元将早餐从厨房一样样端出来，雀儿将餐具与餐巾纸摆好，父女俩坐在火炉前的小餐桌前，狗狗嘴里低声呜呜叫，雀儿说：“爸爸，狗狗饿了。”

森元对狗狗说：“我怎么忘了”

森元起身将狗狗的碗放在炉子边，将做的饭与菜给狗狗拨了大半碗。

雀儿说：“狗狗快吃饭饭。”

森元说：“你管好自己就行了，快吃饭，吃了就送你去幼儿园。”

饭吃到一半时，手机闹铃又响了，这是提醒自己女儿上学的时间要到了，森元一面加快吃饭一面对女儿说：“晚上睡觉前你要提醒爸爸用干鞋器，你看，穿了鞋子又换鞋子浪费时间。”

关好取暖器送女儿去幼儿园回来，森元就打开店门，生意再不好森元也要坚持做，他认为这样才不会因为无钱而挨饿。店里的鞋子很普通，真皮的与人造革的分开摆放，有几张字迹过于嫩的价格牌是雀儿写的，每当有客人讲价时，森元就会说：“我每双鞋只会赚一些辛苦费。”后来他将这句话写在鞋盒子背面摆在店里，实在有计较价格的客人，森元就会少1元或者2元，森元最大的容忍度是5元。每次进货后，森元会用几乎一个通宵的时间来给他店里的鞋子计划价格，除去运费他的鞋每双赚10元钱，真皮与人造革都是最高10元的利润。最大让利5元之后，森元只有安慰自己“我有房子，不用付房租，这样，我还是在赚钱啊!”他自己叽里咕噜着。

森元有房子，但是身边没有老婆，于是就有来说媒的。妈妈不在了，森元从不敢想象自己要为这样的人生大事拿主意，他对媒人摇头：“我要听妈妈的。”无论媒人怎么对森元解释去世的人是没法为活着的人出主意，森元都摇头说：“妈妈会给我出主意的，我听得见，我晓得。”他对妈妈会给他出主意的看法如金刚山一般坚信，有的媒人后来总结说：“半辈子媒人营生，差点就要崩溃在森大爷手里了。”

花荄隔天就是一个赶集日，森元鞋店的生意赶集日里会好一些，有人买森元的鞋就冲着他实话实说、利润看得低。赶集的日子，森元上午十点以后就会有生意上门，然后断断续续卖几双鞋子，直到下午3点过后，基本上就没什么人来买鞋了。有些赶集的日子，森元会卖掉12双鞋，如果哪天卖掉了20双鞋，森元就会说“今天是正财位”。晚上在树底下吃饭他就会叽里咕噜给妈妈汇报。生意不好的时候，森元一天只有1双鞋子的生意，老是不见客人上门，森元就坐在树下的板凳上，靠着一边肩膀，坐着坐着就打起盹儿来。

正在迷迷糊糊间，有人在推着森元的胳膊：“森元！森元！醒醒！”

森元睁开眼，看见一张60岁的妇人的脸，一双略带浑浊的眼睛正看着自己，森元叫了声：“曾大娘!”

曾大娘嗔怪森元：“现在怎么这么叫我？怎么不叫妈妈!”

森元说：“你女儿又不在，我为什么叫你妈妈?”

曾大娘叹口气：“真是个倔强的孩子，雀儿是我的亲外孙女，你不该叫我妈妈?”

森元说：“你女儿都不要雀儿了。”

曾大娘叹口气：“怎么说话呢?!”她敲了一下森元的胳膊：“大上午的怎么就在树底下坐着打瞌睡?”

森元慢吞吞站起身子，两步走回店里，曾大娘跟在森元后面进了店门：“森元!”

森元没有理她，自己拿了杯子去里间倒了杯开水，将杯子放在店脚边小桌子上，再拿了茶叶筒打开，右手伸进三根指头抓了一些茶叶放在滚烫的开水杯里，合上茶叶筒，然后看着杯子冒出来的热气，看得入了迷。

曾大娘说：“先放了茶叶再倒水，你怎么还是改不掉这个习惯，怎么有你这样的怪人？你可不要这样教雀儿!”

森元说：“雀儿跟你有什么关系?”

曾大娘说：“你又犯迷糊了？雀儿不是我的亲

外孙女吗?”

森元问曾大娘:“你有什么证据吗?”

曾大娘说:“这还要证据?雀儿的妈妈就是我的女儿凤儿,这不就是证据!”

森元说:“凤儿呢?”

曾大娘语塞,看着森元,她想说的话并没有冲口而出。

森元说:“你看吧,你拿不出这个证据。”

森元端着水杯子坐在桌子旁半新的沙发里,他开始摇着头一点一点吹开浮在水面的茶叶,曾大娘也坐下来,坐在森元身旁;曾大娘外貌比实际年龄要大一些,应该是生活操劳所致,短头发已经花白了一多半,皮肤偏黑干干的。

曾大娘对森元说:“凤儿爸爸地震时腿被砸断了,这个你知道吧?”

森元说:“不是医好了吗?”

曾大娘说:“可惜落了残疾,现在走一步也得用拐杖。”

森元说:“残疾了,但人还在。”

曾大娘点点头,想了想,眼泪就掉下来,抹着眼泪说:“也是,只要人在,人在比什么都强,可惜了我的两个亲家,死得那么可怜。”

森元听见这话,就低着头看手中的杯子,看着看着,眼泪鼻涕一起掉进杯子里。

曾大娘见了,连忙起身拿过杯子放在桌子上,在桌子上半盒纸巾里麻利地抽出几张,弯着腰替森元擦掉眼泪鼻涕,换了好些纸巾才擦干净。

森元哭的时候,眼角的细纹会变得明显得多,好不容易让自己不哭了,森元就起身去端过桌子上的茶杯,要想喝口水。曾大娘赶紧地抢过来:“傻女婿!这水还能喝吗?又是眼泪又是鼻涕的,我去洗了杯子重新给你倒。”

曾大娘在里间用力地洗干净了水杯,重新泡了杯茶放在森元手心,森元看看她,说:“你也泡杯茶喝。”

曾大娘赶紧答应着:“嗳!女婿不说我都忘了,我就是口渴了!”

她给自己倒了杯白开水,重新坐到森元身边,她是有话要对森元讲的。

“凤儿嫁给你的时候,她才20岁,多水灵的孩子,谁不喜欢?”

森元没有答话,听着。

曾大娘说:“那年,你33岁吧,你看,这都4年多了,时间一晃就过去了,那个时候,你的妈妈也还显得年轻,皮肤也好,又会打扮,看上去就更显年轻。”

曾大娘知道森元对母亲的感情,她要提说亲家,森元才会有耐心听她说话。曾大娘喝一口水,接着说:“你妈妈又会做生意,人缘也好,你爸爸也是个好人。我们也是运气来了,才遇见这么好的亲家,疼凤儿就像疼自己的亲生女儿,又肯拿钱拿东西的来照顾我们,到哪里还能找到这么好的亲家?”

森元喝了一口水。

曾大娘说:“你还记得你和凤儿结婚那天?那会儿我们村的路还没有修好,你们接新娘子的小车过了先林大桥开了1个小时才到,颠颠簸簸的,把我女婿累得够呛,你本来身子骨就弱。”

(二)

森元在33岁那年,又开始对女人动心了,爸爸妈妈像前几年那般再次开始商量这事,要给森元相亲。太年轻的不现实,年长的自己看不上,条件好的不可能嫁给森元,最好是条件差一些的,只要能一条心跟着森元过就行。可是,以前就是按照这个标准找的,找了两三个,结果都没过满一年就跑了,还好没有登记结婚,要不然麻烦事更多。

随着时间推移,森元岁数一年年变大,爸爸妈妈年龄也大了,现在再给森元相亲的话,一定要谨慎,一定要长远考虑,找一个能与森元共白头的女人。爸爸妈妈并不缺钱,这么些年累死累活做生意积攒下来就是为森元后半世考虑的,爸爸妈妈不是神仙,他们也会渐渐老死,在他们老死后总要有一个女人肯照顾这个儿子,最好森元能有个孩子,将来孩子还能照顾森元。

森元自己是想不到这一层的,爸爸妈妈商量着就托了当地民间媒人帮着介绍合适的对象。晚上森元睡觉的时候,爸爸妈妈坐在他床边与他商量着如果这一次介绍的对象合适的话,就让森元正式登记结婚,好好办场婚礼,妈妈说:“森元,这次找对象，我们只看人品，不要太计较外貌，太漂亮的我们养不起，我们这样的人家，找个能够老老实实跟你过一辈子的就行。”爸爸也说：“只要人好，就算结过婚，带着个孩子来我们家，我们也能接受，只要能够对你好能够与你白头到老，我们就让一步。”

森元上中学时有一次被妈妈打，妈妈一面打一面骂森元：“教一千遍一万遍也不懂事的东西！怎么这么气人，你家叫吸烟你就吸，下一次叫你吸毒、叫你跳楼呢？你也照着学？你这样没有主见不动脑子，将来谁还看得起你？连媳妇儿也找不到！”

森元再没有敢去试着学吸烟，后来森元不会烟酒、不打麻将、不打纸牌、不参与任何赌博形式的娱乐，这也成了他找对象的一项优势，妈妈说：“你总得要有些人家看得上的优点，不能只是一味地傻。”

这话说得重，森元长大些能听得懂这话，他就会低下头使劲地让眼泪不流下来。

中学毕业后森元还读了三年技校，后来就回家跟着妈妈学做生意。读技校可以让森元多享受一些年轻人的快乐，成绩完全不重要，妈妈对学习成绩的零要求让森元整个初中、技校阶段过得开心极了。那时森元可是整个学校唯一没有丝毫学业压力的莘莘学子，什么时间什么地点他的思维都可以在宇宙间漫游，同学们低头忙作业时，深远就在本子上想写什么写什么想画什么画什么，他的书包里永远装着一大包的卫生纸用来擦他随时会掉下来的鼻涕与口水，同学们羡慕森元：还是森元好啊，一点压力没有，你的少年时代才是真正的少年时代！

森元就看着他们嘿嘿地笑，口水要掉下来了，赶紧地从书包里摸出纸巾擦掉。森元也是得过奖的学生，他画的树得过市上青少年美术大赛二等奖。是一颗画在纸中央的树，树围不大，笔直地挺立在绿草地上，树的枝叶没有太过向四周展开，倒是树下的青草，一点点地长高长长，向树身上轻柔长着长着，如一个孩子撒着娇抱着树妈妈，仰着脸看着树妈妈。

森元上小学就想画一幅关于妈妈和自己的画，可画人物对森元来讲太困难了些，他就画树，一颗长势温柔能干的女树就是妈妈，树底下渐渐长大的草就是自己，在森元得奖的画里，草已经长得很高了，乖乖地抱着树妈妈。这是一幅森元一直在作业本上画的画，被无意间翻看作业本的美术老师发现，美术老师似乎读懂了森元的意思，他鼓励森元参加比赛，让他在美术纸上画。

听说儿子的画好，还要参赛，森元妈妈逢人就说“我儿子的画，老师直夸，马上就要参赛了，是市上的青少年美术大赛哦！市上的！级别高！”

那段时间，妈妈一点也没有打骂森元，放学回家就问森元画好了没有？森元在家画的时候，妈妈给他端咖啡喝，还指点该怎么画，又让爸爸去买些补品，邻居的小猫小狗也不许来影响森元，森元紧张了，握笔的手还没有画就开始发抖，作业本纸换成挺括的美术纸森元一下笔掌握不了轻重，总之，上阵前的森元懵了。

美术老师最后想了个办法，一张张的在一大沓素描纸上全部打上细长的格子，就像作业本里面的格子那样，再将这些纸装订成一个超级大的作业本，让森元带着去教室里，上课的时候想怎么画就怎么画，也不要带回家去。

这一招很灵，不到两个星期，美术老师就在一大沓画里找出了几张，再将这几张装订成作业本，将颜料递给森元：你就在上面着色，涂上你心里最喜欢的颜色就行。

森元在课堂上面给画着色，来上课的各科老师会指着用心画画的森元，现场教育其他学生：“你们做什么事情都要一门心思认真了去做，看看森元！两耳不闻窗外声，一心只做手头事！”同学们哈哈笑起来，森元也没有听见这笑声，他一心一意在完成参赛的画。

美术老师请森元妈妈来学校，让她找工匠装好森元的画，老师对森元：“该给这幅画取个名字了。”

森元说：“妈妈树。”

老师点点头：“这是个很好的名字，森元很棒。”

妈妈却说：“这个名字不好，妈妈树，我看不如叫《森元的树》。这样，别人一下就知道这是森元画的画了？”

老师没有回答妈妈，只是问森元：“森元，这是你的作品，画名也由你自己定。”

森元看看妈妈，嘿嘿笑了：“我听妈妈的。”

妈妈顺心地摸摸森元的脑袋：“乖，妈妈马上就找店装画。”

妈妈找了县城装裱书画最好的美工师给森元装画，美工师傅忙活的时候，等候在一旁的妈妈不停地说森元是怎么喜欢画画，这个儿子从小是怎么爱妈妈听妈妈的话，森元从不打架等等。

森元在一旁认真看美工师傅一举一动，妈妈说什么他听得不是很明白，这没有什么关系，只要在妈妈身旁就行，有妈妈的地方就是天堂。

森元的画得了奖，妈妈亲自去学校看森元上台领奖，回来把奖状用镜框装好，挂得老高，差点就挂哈达开喜宴了。

这件事妈妈说了好几年，有时还拉着爸爸的手看看：“说不准我们森元有遗传影响。”

爸爸原本很会写字画画，后来有了森元，再后来发现了森元的情况，爸爸毅然丢开这一特长，下班后就专心帮着妈妈忙生意上的事情，退休后就一门心思做妈妈的副手，努力挣钱为森元存着。

森元瘦瘦的个头，1.65 米左右，33 岁那年头上已出现了一根白发，媒人来看了森元，就进屋与森元妈妈交谈许久，不到半个月，媒人又开始来森元家，每来一次，就带来一两个姑娘的消息。

第一位姑娘自己在做移动通信的生意，不但在县城花荄有店面，在绵阳也开了店面，年龄 27 岁，1.75 米的个头，挺会挣钱挺会打扮的……妈妈张着惊讶的嘴听完媒人的介绍，赶紧回答：“这个我们高攀不起，高攀不起！”媒人说：“你们家境也不错。”妈妈说：“森元配不上人家。”

第二位女士 30 岁，没有结过婚，女方希望结婚后搬去福建，因为父母与哥哥姐姐都在福建落地生根了。妈妈说：“这个也不行，森元离开家不知道要吃什么样的亏受什么样的罪？森元的情况你们也知道，这种情况的不适合。”

第三位女士 38 岁，离异，有一 10 岁男孩，希望找一个可靠地对象能过一辈子。妈妈爸爸说这个对象可以考虑。

第四位姑娘叫凤儿，刚满 20 岁，在一家餐厅打工，家就在花荄先林桥那边的村子里，家境一般，希望找一个城里的家境好的对象。爸爸妈妈说这个可以考虑，可就是太年轻了。

第五位、第六七八九十位，媒人接连着介绍了很多他们觉得可以相亲的女人，森元一家商量后，决定先见几个自身条件一般、家境也一般的对象，森元对妈妈说：“还有凤儿，我也想和凤儿相亲。”

相亲的时候，妈妈让森元换上了衬衫西服皮鞋，镜子里面的森元只要敢将眼神直视对方，他真的就会是一个讨人喜欢老实勤恳的男人。

因为托的是民间媒人，费用比红娘公司便宜，不过未相亲前只能通过平面照片看对方一个大概外貌。媒人手心里小照片中，凤儿大大的眼睛浅浅笑着，森元一看便再不能忘记。

好不容易等到与凤儿相亲的日子，不用妈妈提醒，森元早将衣服穿得整整齐齐，鞋子上面一点灰尘没有。

曾大娘脸上的皱纹已经不少了，眼睛浑浊应该是有些毛病，她带着凤儿在茶楼里等，桌子上还没有点茶与水果，要等媒人带了男方来，这茶钱可是该男方付的。

媒人带森元与妈妈来茶楼，森元跟妈妈身后，看见曾大娘身边的女孩时，森元认出了是照片里面的凤儿，怎么凤儿这么年轻又这么漂亮呢！妈妈也喜欢凤儿但她很平静地等着媒人给双方介绍完毕，媒人走后，妈妈与曾大娘开始拉些家常，凤儿坐在旁边看森元，森元却不敢将眼睛看过去。

凤儿扎着马尾将蛋园的脸清清爽爽露出来，白底粉色碎花的衬衫，深蓝色牛仔裤白色运动鞋，适中的身材，妈妈与曾大娘说话时会不时看看凤儿，问凤儿一句两句的凤儿就回答，凤儿多看森元几眼森元的眼睛就不知道该扫向茶楼哪个角落了。妈妈在心底叹口气：看来，儿子是喜欢这个姑娘。

曾大娘对森元一点偏见没有，带凤儿回家后，曾大娘对女儿说：“这个森元，倒是老老实实的，都说老实人吃亏，但是也未必。不过，女儿，将来的日子是你在过，说到底这个对象还是得你满意才行。”

凤儿对她妈妈说：“我还是觉得他太傻气了。”

曾大娘说：“女儿啊，妈是想着给你选个可靠的女婿，你想想，我们家境不好，你也没有上大学，平凡人就找个平凡人，日子才踏实。”

凤儿没有回答。

曾大娘说：“看得出来森元是中意你的，你没有正式工作，只要你对森元好，他们家就不会亏待你，如果男方不喜欢你，你一个女人没有收入，伸手要钱的日子那可就不好过。”

凤儿说：“我又不懒，我会干活养活自己。”

曾大娘问女儿：“你打算在外面一直做零活儿？”

凤儿说：“先做着再说，我才 20 岁，不急。”

曾大娘说：“女儿，重活你干不了，轻松钱多的活儿又轮不到你干，做生意吧，我们家是拿不出一点本钱的。”

凤儿说：“我可以去福建浙江打工，或者去其他大城市做保姆。”

曾大娘说：“打工能在外省做一辈子吗？做保姆能做一辈子吗？我们家穷，你愿意打几年工回来继续在这个穷家里活？”

“妈！”凤儿叫道：“这是我的家，我怎么会嫌自己家？”

曾大娘说：“女儿，做父母的总是希望一代比一代强，我和你爸也想你能嫁个稍微富裕的人家，将来想吃什么就做什么吃，想穿什么就买什么穿，年纪大些，身体有些什么毛病也医得起不用拖。”

曾大娘压低声音指指内屋：“你看你爸爸，如果不是我们家里穷，他一点老毛病能一拖就是十几二十年？早就去大城市医了，他身体好帮着干些活我也能轻松些。你看看森元的妈妈，比我小几岁，可站在一起我就像大她 20 岁。”

凤儿推推她妈妈手臂：“妈，你别把自己说得那么老。”

曾大娘想想自己的劳累，又开始翻说：“你上面那两个哥哥，都没有活过 15 岁，我那两个苦命孩子，一发病我背起来就往医院跑，如果路好些可以通车，如果我们家境好些可以送绵阳、成都条件好的大医院，如果我们家买得起贵的药……”

凤儿两忙给妈妈擦眼泪：“妈，你别哭，一哭眼睛就更不舒服了。”

曾大娘说：“女儿，在妈妈眼睛还没有瞎之前，我想睁着眼给你找个好人家。”

凤儿眼睛看着屋外的田，田里正在渐渐变得金黄的油菜。

曾大娘说：“女儿，漂亮的男人你能守得住吗？你读的书不多见的世面也少，能干的男人你插不上手，他有一天发达了围在身边的女人就会多，就算他不嫌弃你，也会有女人来抢你的人抢你的位置，你的日子也不会好过。你找个挣工资的吧，将来有了孩子一个人的工资就得养活 3 个人，还得买房，现在房子的是什么价格?！你不只要省吃俭用累一辈子，还不能生一点大病，两夫妻为省钱买房吵架打架的事情还见得少吗？”

曾大娘说：“森元家里有生意，他妈妈又是那么精明能干会积攒，他爸也不是刁钻人，你们相亲那天我跟她妈妈谈话，我是听得很明白，你嫁过去只要一心一意跟着森元过，你是不会吃亏的。”

凤儿低头看着家里陈旧斑驳的地面。

曾大娘说：“森元那孩子有什么不好？说他傻气吧，是有点，可他又不缺手缺脚，他们家有房子有生意有存款，也不需要他干什么苦力重活。你嫁过去了，只要对森元好，你的日子就会好过，将来再有了孩子，无论是男是女，养大了孩子，孝顺了老人，他们那份家业，你就是女主人，管钥匙的，那家业也不小！”

曾大娘想了想：“凤儿？”

凤儿说：“什么？”

曾大娘说：“森元该不会拈花惹草到处招惹女人吧？”

凤儿扑哧笑了，曾大娘也笑了，她一笑也会流眼泪，曾大娘擦着眼泪对凤儿说：“女儿啊，我去给媒人回话，说你愿意接着交往看看。”

曾大娘摸着女儿头，看着水灵灵的女儿，女儿满 18 岁后，她就开始为女儿婚事寻思。凤儿也交过男朋友，曾大娘却一点也看不上那些心气儿都还没有打磨的年轻男孩，她认为将女儿嫁给那样的男孩子让她看不见女儿的未来。

她托了媒人为女儿介绍对象，媒人介绍了森元的情况，曾大娘从森元家里看见了女儿的未来，看得很清楚，只要女儿能一心一意对森元好跟着森元过，女儿的未来就是明明白白的一条幸福路。

媒人将双方愿意交往的话带到，森元与凤儿开始约会见面，有时候森元与凤儿去街上走走，多半时候是在森元家里玩，看电视、聊天，森元妈妈忙生意，爸爸做好吃的饭菜。每次从森元家里回来，妈妈就问凤儿见面的情况，然后给凤儿讲些她认为对的道理，渐渐地凤儿听进了妈妈的话，她也觉得森元身上确实也有优点，在森元家里住着也很舒适，饭菜也好吃。有时候森元妈妈会给凤儿买一件外套什么的，也不贵，森元妈妈对凤儿说："如果你跟森元结了婚，嫁进我们家，只要你对森元好，我和森元爸爸现在积攒的将来就是森元和你的。"

春天的田里全部变得金黄时，森元妈妈开始与曾大娘商量儿女们的婚事了，婚纱照里面的森元几乎可以用"翩翩公子"来形容，森元妈妈给凤儿买了全套的铂金首饰，还有很多衣服、鞋子。

领了结婚证回家，森元妈妈就给媒人电话让她们来拿谢媒钱。

初夏的婚礼，那时还没有村村通公路，森元家接新娘的车队颠颠簸簸一个多小时才到达凤儿家，凤儿的嫁衣是红色的套裙，森元被一群亲戚拥簇着，那可是从来没有过的意气风发的模样。曾大娘是真的疼森元，她越发觉得将凤儿嫁进森元家是极美满的姻缘。

森元不会表达，但他心是极爱凤儿的，凤儿年轻漂亮，一颦一笑都会让森元着迷，婚后不久，凤儿怀孕了，森元妈妈大哭了一场，她感谢上天让他们家森元有了后。曾大娘从家里带来土方补品给凤儿，也专门给森元带了补品。森元妈妈懂曾大娘的意思，她对曾大娘说："亲家，你放心，我们会对凤儿好，只要她一心一意与森元过，她的好日子还在后头呢!"

凤儿渐渐地发现森元的一些毛病她有些忍受不了了，凤儿孕期反应重，看见森元流鼻涕她就干呕，可森元的鼻涕是动不动就会流下来的。

森元笑起来时，还会有口水留下来，凤儿看见了也要干呕。

森元干什么都快不起来，尽管森元给凤儿解释说他已经尽了全身最大的力气让自己行动麻利些，可是还是快不起来。

凤儿想找人说话，森元回答的话总是含混不清，有时要森元反复说好几次凤儿才能听清楚森元要表达什么。

森元对世界的理解完全没有感念，凤儿有时候跟他聊几句电视里面的热点，森元却不答话，凤儿狠狠捏捏森元胳膊，森元就大叫"妈妈啊，疼!"

森元妈妈是见不得任何人欺负森元的，爸爸劝妈妈：媳妇儿在孕期，所以性子变得急些，要理解。森元妈妈才忍住了没有说什么。森元妈妈对凤儿也是真心的好，衣食住行上从来没有亏待过凤儿，但她常在夜里对森元爸爸说：如果凤儿能和森元过一辈子，就是我们老两口最大的福气。森元爸爸说：现在他们有了孩子，森元的未来就多了一重保障，只要我们好好教导孩子，从小教会他孝顺，长大了孩子会孝顺森元的。

每每看着捏捏诺诺迈不开步的森元与越发水灵红润的凤儿，森元爸爸就在心里祈望，希望凤儿能看在孩子的分上不要离开森元，陪着森元过一辈子，他们会在未来的日子里渐渐给凤儿很多物质上的补偿。

凤儿在婚后渐渐懂事了很多，她对婚姻有了理解，孕期吃得很好，所有人都对她很好，每天的饭菜、水果、补品都是由厨艺好的森元爸爸亲自做，干净丰富，凤儿脸色越来越红润，可是却越来越不开心，想掉眼泪时她想到自己的妈妈，想到婚后森元妈妈给自己爸爸拿钱看病，她就不能让自己的心思在人前流露。凤儿有什么心思都吞进肚子里，肚子里的孩子渐渐长大，凤儿背着人流眼泪的时间也渐渐变多。

森元爸爸就看见过凤儿背着人流泪，森元妈妈也在无意间看见，夜里，森元爸爸妈妈又开始商量：也不知道这个媳妇儿能在家里待多久？希望孩子能顺顺利利生下来。

森元妈妈说，孩子生下来后我们可得看牢了，一眼也不要离开，不要到时候媳妇儿没了，孩子也被带走，那我们老两口活着还有什么意思？森元爸爸说，你也别想太多，说不准凤儿会跟森元过一辈子，孩子能拴住女人的腿。

凤儿原本对人事只懂了千万分之一，摸着渐渐长大的肚子，胎儿在里面动着，凤儿开始想着孩子，在她身边发生过女朋友堕胎的事，她们只是说太早带孩子是累赘，她身边没有一个年轻朋友告诉她：

堕胎的危害与人生的可贵。凤儿婚后，也有几个女朋友来森元家看望凤儿做客，她们来时森元妈妈很热情招待，但也在警惕着这些女朋友会在凤儿面前说森元什么闲话，影响森元与凤儿婚姻的稳定。渐渐地女朋友们察觉了森元妈妈的用心，凤儿更是体会得深，有个女朋友偷偷问过凤儿：现在你的婚姻是不是牢笼？凤儿摇摇头：是我自愿的，没有人强迫我，我妈妈对森元很满意。

相信这话的人不多，凤儿的疑心也多了，森元陪着凤儿散步时凤儿偶尔遇见熟人，别人多看森元几眼，凤儿就觉得眼神是在嘲讽自己为了享受竟然嫁给傻子。凤儿越是想着这些，她对婚姻的理解头绪就越多，心也就更加乱了。她最要好的表姐从福建打工回来，带着礼物来看她，表姐看见森元的情况非常惊讶。后来，表姐又来看了凤儿几次，在家里说话时森元妈妈会有意无意地听，表姐就干脆带森元与凤儿一同去散步，出门后表姐就让森元去买东西，后来表姐带着森元夫妇去茶馆，让森元自己坐在一旁看电视，自己与凤儿小声嘀咕。

姐对森元说，我教凤儿怎么保胎怎么生个聪明娃娃，你听了也没用，就看电视吧。

回家后森元妈妈问起，森元就说表姐在教凤儿怎么保胎怎么生个聪明娃娃。这个表姐很会做人，来做客时与森元妈妈拉家常帮着森元爸爸洗菜做饭。他们对凤儿的表姐很放心，她来做客就加菜招待。

凤儿越是临近产期情绪上越是低落，有时候森元夜间起来上卫生间，就看见凤儿还没睡着，半卧着掉眼泪，森元问凤儿为什么哭？凤儿说是怀孕眼睛不舒服。森元上完卫生间回到床上很快就睡着，森元睡觉时身体如果向左边侧卧，那么这一夜他都会保持这个姿势，即使放一碗水在他被盖上，这碗水在他起身下床前也是不会洒出来一滴的，凤儿看见森元睡觉的姿势渐渐有些害怕，她觉得好像一具僵尸睡在身边。

凤儿半夜起来哭的时间增多了，临盆那天凌晨凤儿也那样半卧着掉眼泪，渐渐地肚子就开始痛，开始还是半个小时痛一次，后来十五分钟、十分钟、五分钟就痛一次，凤儿用脚踢森元，森元却没有反应，凤儿只得叫："爸爸！妈妈！"

只是两三声，梦中的爸爸妈妈却是很快醒过来。

粉嘟嘟的女儿雀儿是在上午十点多出生的，凤儿是顺产，曾大娘得到消息急忙着收拾了东西赶来，一家人忙着照顾婴儿伺候凤儿的月子。

（三）

森元对曾大娘说："你怎么还不回去?"

曾大娘说："我，我是要等着雀儿的，今天我去接外孙女放学吧。"

森元说："这是上午，雀儿放学还早。"

曾大娘说："我又没有什么事，我先帮你收拾收拾屋子。"

森元没有说话，有一个顾客上门要买鞋，森元就起身去拿。

曾大娘逐层逐间打扫卫生，森元做家务很慢而且也不彻底，雀儿满月后，凤儿就跑了，连曾大娘也不知道她去了哪里？森元妈妈大气一场，后来爸爸劝：不是还有孩子吗？凤儿好歹也给我们家留了个后代，就别生气也别怪谁了，好好带大孩子吧。

雀儿除了下巴长得像森元，其他地方完全长得像凤儿，粉嫩嫩的机灵性情却是不像憨憨的森元也不像内向的凤儿。

在一本很古老的书里面是如此叙述人生难得——佛从大地上抓了一把泥土，佛看着手中的土说：得人身者犹如掌中土，失人身者犹如大地土。

整天忙碌的人并没用多少心来想生命有多宝贵？森元他有时间来想这件事，"5·12"大地震，掉下来的大块墙砖砸死了爸爸妈妈。妈妈进屋去抱床上午睡的雀儿，爸爸推开森元，邻居们帮着挖开砸在妈妈身上的墙砖与尘土，妈妈死了，妈妈脸朝下死死护着怀里的雀儿，雀儿那时才1岁零3个月，刚学会走路，雀儿脸上落满灰尘，一双眼睛忽闪忽闪看着将她从奶奶怀里抱出来的众人。爸爸推开森元，大墙砖就砸在爸爸头上；森元完全不明白发生了什么，等他傻憨憨回过神，爸爸妈妈都不能再对他说话，也不能再动一下了，他们被停放在森元家门前的树下，森元去叫妈妈起来！妈妈你起来！妈妈满脸血痕睁着眼却一点儿理也不理森元，叫爸爸，还是不理森元，森元叫累了就坐在地上哭起来，眼泪鼻涕掉了一身，后来，邻居找了块搭沙发的布替森元盖好父母遗体。

那个时候情形很乱，大家都很惊慌，雀儿一直被邻居开早餐店的女人抱着，女人说：先帮着照看几天，森元这个样子怎么照看孩子？

森元的魂掉了，他的魂在四处找妈妈，在花荄的好些地方人们看见过森元大声叫：“妈妈！妈妈！妈妈！”

再过了些天，森元又回到家里，爸爸与妈妈的亲戚已来帮着将遗体送到指定地点。曾大娘来找过森元，在邻居女人那里将雀儿抱到自己家，起初邻居女人不给，曾大娘找到居委会说清楚关系：森元与凤儿并没有离婚，自己是这个孩子的外婆，森元现在一个人是没法照看孩子的，孩子她先带回乡下，田里的防震棚已经搭好了，也可以每天给孩子熬粥煮新鲜菜吃。等森元这边整理好了就把孩子送回来。

邻居们能证实曾大娘与雀儿的关系，凤儿跑了之后，曾大娘舍不得孩子硬着头皮流着泪来看了好些回孩子。居委会主任同意了，叮嘱要她好好照看雀儿，等森元这里情况好些依旧要把孩子抱回来给森元的。

曾大娘抱着孩子一边哭一边答应着，她乡下的房子震垮了两间，粮食倒是不缺，这些天救灾的物质已经开始发到村里：牛奶、饼干、矿泉水、沙琪玛、方便面、风油精还有衣服、鞋子、电筒等等等等，有了病就去中学操场，那里有部队的临时医院，拿药是不用给钱的，只登记一个名字。凤儿爸爸的腿断了，也是在中学操场上的部队医院做的手术，曾大娘说雀儿的爷爷奶奶都遇难了，女婿没法照看孩子，就有志愿者帮着照看凤儿爸爸，曾大娘对凤儿爸爸说：老头子，你这里有医生护士还有志愿者，吃饭也有人管，我回去照看孩子还得把家慢慢收拾着，这日子不是还得过吗？凤儿爸爸点点头，他也气凤儿不懂事，当妈的怎么能扔下孩子呢？

灾难让森元也变得成熟懂事了，他要守着家等着房屋加固，5 月份的余震依然很多，上午发生大余震的可能性小些，森元就学着邻居们的样子，从家里面陆续搬出一些日常用品，有时候也进屋去拿些吃的，听着人们讲临近的北川县城灾情非常非常严重，几乎成为一座死城，森元害怕，他想着地震赶快过去，过些天他要接雀儿回家住。

那些日子幸亏与邻居们住在一起，要不然森元还不知道怎么熬过寂寞孤独。可是一旦有人提及森元爸爸妈妈或者是森元想到了爸爸妈妈，森元就会哭，一场一场地哭心都要哭得掉到地上了，后来森元在屋里找到上技校那年得奖的画，森元将画折得小小的放在妈妈的骨灰盒里，这是森元偷偷干的，亲戚们帮着在爸爸老家田旁下葬骨灰时，森元说爸爸妈妈的骨灰被他放在一起了就在这一个盒子里。其实森元偷偷将妈妈的骨灰藏了起来，森元在门前树脚旁挖了好深一个小坑，有人问他就指着放在一旁的树苗：我要种一棵树，这棵树长大了就可以陪这颗妈妈树。挖好了的那天夜里，森元一直没敢合眼，等到四周寂静得不得了了，森元将妈妈的骨灰盒包在衣服里抱出来，再偷偷埋在树旁挖好的小深坑里，两只手捧了泥土一层一层一层盖上去，再后来森元将小树苗种进去，想了想，他又拿了出来，这是妈妈树，妈妈树只能爱森元不能再爱其他的小树。

从那以后，森元就爱坐在树下，靠着树想妈妈，迷迷糊糊睡梦间梦也会梦见年轻漂亮的妈妈对着自己笑眯眯地叫“森元、森元”。森元的日子又开始有了滋味，他变得积极，学着干好些活，还说要好好养雀儿要当好爸爸。

森元又陷进回忆里，曾大娘了他好几声她才听见。

曾大娘帮着森元收拾了一上午，还做好了午饭，森元开口让曾大娘也留下来吃饭，曾大娘开心地答应着，她心里面装着事情要对森元说，吃饭前曾大娘又洗了好几件雀儿的衣服。家里的狗狗一会儿跟着曾大娘上楼下楼一会儿跟着森元在店里走来走去，一会儿狗狗又跳上店里半新的沙发里，眼睛看着外面，森元这时就会问：“狗狗，你又在想主人了？”

在店里小桌子上吃饭时，森元将狗狗的碗拿过来，将自己的饭菜拨了半碗给狗狗，又给狗狗喝水的碗里添满自来水，森元摸摸狗狗卷卷的毛毛：“狗狗，吃饭了。”

曾大娘说：“狗也念旧。”

吃饭时，森元眼睛总是看着门前的树，曾大娘一面给森元夹菜一面与路过的邻居打招呼。

快要吃完饭时，曾大娘对森元说："森元，雀儿还闹着要妈妈不?"

森元倔强地摇摇头："这个世界上有很多孩子的身边没有妈妈，这些孩子也能够成长。"

曾大娘叹口气："那是不得已的情况，如果这些孩子的妈妈愿意回来抚养孩子，那就是最好不过的事情了。"

森元怎么能听得出曾大娘的意思呢？凤儿当初扔下孩子一跑了之，她不愿意为婚姻痛苦一辈子。

凤儿到底是年轻了，还不懂得责任两个字的分量，表姐鼓励她出逃，可是后来表姐自己也离婚了，原来她所谓的称心如意的婚姻也不过如此下场，眼看着表姐离婚时为争取孩子的抚养权天翻地覆的那阵势，凤儿仿佛醒悟了一些，她开始反思表姐原先标榜的幸福婚姻与她所经历的婚姻到底区别在哪里？开始反思为什么孩子这么重要？

"5·12"大地震后，凤儿给曾大娘打过电话，曾大娘说家里还好，都还活着，凤儿一点没问森元家里孩子的生死，曾大娘也没提，凤儿说她在努力工作，挣了钱就回来要给家里盖几间新瓦房。曾大娘心底在痛：什么样的女儿？都不回家来看看父母孩子，难道嫁给森元就让她真的痛苦恨到这个份上？这世上有什么事是完全没有遗憾，自古来有哪一桩婚姻美满得没有一粒沙子？要想什么都称心如意，那就做神仙吧。

神仙怎么会长留在娑婆世界？堪忍能忍的世界里，是怎样一些不知痛苦出离的生命。

凤儿在工厂打过工，后来觉得做保姆好攒钱，又去做保姆，再后来发现照顾年老行动不便的老人工资更高，只不过累些，再累也是自愿找的。表姐离婚后，凤儿想到自己的婚姻想到表姐当初是怎么积极劝说自己逃脱，自己又是怎么丢下襁褓中的婴儿，她开始恨自己恨表姐。

凤儿离开表姐去其他地方打工，也有人见凤儿年轻漂亮追求她，越是这样，凤儿就越发不能忘记自己的婚姻，还有那个吃了一个月母乳粉嘟嘟的小婴儿，她的名字是什么？

离家这4年，逃出婚姻的凤儿并没有得到她所想要的幸福，凤儿后来想就算自己找了个称心如意的，难道以后的日子里就没有烦恼了？有身体就会有烦恼，在森元家的日子之所以让自己感觉痛不欲生，那是因为自己还没有见识过世上其他的烦恼，烦恼是变着花样在出现，生命结束的那天烦恼才会变成灰埋在地下。埋在地下的死灰等待另一次来伴随生命。对女儿不断生长出来的思念也成了凤儿的烦恼，几年来，她渐渐被思念的烦恼逼迫得不能安心。

凤儿提着行李回来时，她简直不敢相信自己的眼睛，花荄的变化太大了，出租车过了先林大桥十分钟就到达家门口，凤儿也认不出自己的家，干干净净一个小院落，几间别致小瓦房，全是新建的。曾大娘看见女儿出现在家门口，叫了声："凤儿!"跑上去提着女儿的行李把女儿拉进屋，在客厅放下行李就在凤儿身上连打了好几掌，曾大娘骂凤儿没良心。凤儿爸爸拄着拐杖一点点挪步出来看凤儿，凤儿叫着："爸！你怎么瘸了?"

凤儿爸爸拿起拐杖就要打凤儿："我打你这个不懂事的!"曾大娘扶住凤儿爸爸，凤儿跪下来："我知道错了，爸，妈，我知道错了。"

曾大娘这天来森元家就是要说凤儿想回来过日子，可是森元的性子倔强着呢，他不认同的事就很难让她转过弯。

曾大娘本来想再说些闲工夫话就对森元说凤儿要回来带女儿，在花荄住，再也不走了，但是她开不了口，午饭后曾大娘收拾了碗筷要回家了，她把森元拉到店里面悄声问："森元，你还让凤儿进家门吗?"

森元也没看曾大娘，只是盯着地面，想了半天，摇摇头："不养家，就不想了。"

曾大娘说："女婿，凤儿回来的话，你还让她带雀儿吧，她在家里带雀儿给你们做饭，一家人就团聚了！一家人团聚是天底下最好不过的事情。"

森元不会转弯，也再想不到曾大娘这些话的内涵，他摇摇头："妈妈原来就说要我别想凤儿，多想女儿多做生意，这才是正经事。"

曾大娘叹口气点点头："这话说得有理，我这个亲家考虑得这么长远。"

曾大娘回家将情形对凤儿说了，凤儿没说什么，下午帮着做些农活，晚上在新家里，凤儿想了一夜，下决心拿定了一个主意。

第二天凤儿早早做好饭，伺候爸爸吃过了，凤儿说："爸妈，我要回我的家去了。"

凤儿的脚步也很坚决，娘家现在新房子也有了，自己更应该去做女儿的妈妈，这4年欠下女儿的她会用一生的关爱去补偿，至于森元，她不爱这个男人，但这个男人毕竟是女儿的爹，连带着血缘也就是自己的亲人，对亲人好是应该的。

凤儿几乎找不到4年前的家了，花荄变化太大，凤儿是认出门前那棵树才确定粉刷雪白的三层小楼是森元的家，应该说是女儿的家。

时间还早，森元与雀儿吃过饭正开门要送雀儿去幼儿园，森元打开门，凤儿快步走进去倒让森元与雀儿吓了一跳！狗狗冲着凤儿叫起来。

这不是一只会真的咬人的狗狗，凤儿在城市里面见过有人养这种狗狗，凤儿对狗狗说："乖！乖！不叫！乖！"如此说了几次，狗狗真的不对着凤儿叫了，狗狗去趴在沙发里，看屋子里的人。

森元一直在看这个忽然进来的女人，认清楚了之后，他对凤儿说："我们家没有你这个人了，你出去吧。"

凤儿不理会森元，她蹲下身子抚摸雀儿的脸，雀儿竟然没有一点躲避，雀儿不认识凤儿，凤儿对雀儿说："你是森元的女儿吧？"

雀儿点点头，凤儿问雀儿："你知道我是谁吗？"

雀儿又摇头，凤儿抱起雀儿，她对雀儿说："外婆说她最舍不得我们雀儿了，妈妈也舍不得雀儿。"

雀儿转过头看森元，又看凤儿："爸爸说我们家不需要妈妈。"

凤儿忍住了眼泪，将雀儿放在森元怀里："你送孩子上学去吧，我在家里等你。"

森元什么也没说，将雀儿轻轻放在地上，蹲下身子给女儿整整衣服，他对雀儿说："爸爸送你去学校。"雀儿蹦蹦跳跳拉着森元走，也没有回头看凤儿。凤儿叹口气，擦去掉下来的眼泪，她去打开店门，拿了扫帚先做店内清洁，岁月真的让凤儿成熟了。

路过的邻居，凤儿认识的就叫着名字打招呼，认出凤儿的邻居说回来就好，娘回来，雀儿就享福了。

凤儿做完清洁不久，就有一位爽朗健硕的中年顾客上门，他对凤儿说："老板，我要买一双适合爬山的鞋。"

凤儿问："什么样的山？"

这客人说："我去高川要穿，也不是很高的山，现在路好走了，只有一段几十米的山路。"

凤儿先答应着："有的，请等等，马上给你拿"。凤儿一面在店里寻找合适的鞋一面问客人："这天气再冷一点的话，高川就要下雪了。"

客人说："下雪好！我是去采访，下了雪正好欣赏雪景。"

凤儿笑道："高川、茶坪的雪景是安县的名景。"

客人哈哈笑道："是的。"客人转身看见懒洋洋躺在沙发上的狗狗，看见狗狗脖子上吊的不锈钢狗牌，他走近狗狗仔细看看："我好像认知你们这只狗狗。"狗狗看着这客人，对他摇摇短尾巴。

凤儿在家里听妈妈讲了所有关于森元家的大小事情，收养狗狗的事妈妈也顺带说了。凤儿问客人："这只狗狗你还在什么地方看见过？"

客人说："花荄现在养这种贵宾犬的人不是很多，我有位朋友也养了只这么大小的红贵宾。"客人笑了一下，对凤儿说："你别误会，我们这些不养狗的人是不怎么认识狗的。"

凤儿笑道："你多心了，我们这狗狗是地震时收养的流浪狗，如果能帮它找到主人，是最好不过的事情，狗狗念旧。"

客人说："收养的吗？它脖子上面不是掉了块狗牌，上面应该有线索。"

"是吗？"凤儿说着走近狗狗，摸着狗狗的脑袋，一面取下狗狗吊的狗牌，自己看了看，在手心里擦擦灰尘递给客人。

这客人拿着狗牌两面翻看了几次，这狗牌一面刻着"请带我回家，妈妈会报答你 13990 ¤ ¤ 6909 上面有磨损，电话号码不全了；"另一面刻着"愿上天保佑诺贝尔"客人说："让我想想，让我想想……再想想……"

这客人开始想，他看着天想一想又看着地想一想，一会儿，森元送孩子去盐业公司旁的实验幼儿园后就回来了，森元正好看见这客人猛一拍掌：“想起来了！我基本上晓得这狗狗是谁的了！”

客人摸出手机翻了几个号码，拨打了两三个，最后客人对着电话说：“你快来认认，你的狗狗正趴在人家沙发上。”

森元走过去坐在狗狗身边，客人看看森元，凤儿说： “地震后，狗狗流浪到这里，就是他收养的。”

客人对着狗狗叫了一声：“诺贝尔!”

那狗狗突然就尖着耳朵跳起来，围着那客人跳得老高。看来狗狗与主人走失后就没有听见有人叫他的名字了。

森元还不清楚状况，凤儿对他说：“狗狗找到主人了。”

客人笑道：“再等几分钟，诺贝尔的主人就要来了，应该没有弄错。”

一辆出租车还没在森元店门前停稳，狗狗就激动地冲出去，嘴里发出嗯嗯嗯激动的声音，随后狗狗就开始汪汪地朝着车门大叫，猛烈地摇着短尾巴。

车上下来个年轻女人，狗狗冲进她的怀里猛地舔她的手舔她的脸，因为激动狗狗全身不停抖着，女人一面哭一面抚摸安慰狗狗：“乖，诺贝尔乖！乖！以后再不走丢了，再不离开麻麻了。”

狗狗找到主人开开心心跟在主人身后回家去了。

这天，森元一直在考虑一件事情，中午凤儿做了饭他就吃，下午接雀儿回家后，森元还在想这件事，直到晚上凤儿哄着雀儿睡着了，森元还在想，森元搬了凳子坐在树下，身子挨着树，耳朵贴着树。凤儿泡了杯茶递到森元手中让他暖暖手暖暖胃。

森元捧着杯子，一面听一面嘀咕着：“妈妈，我在等你回答。”

（《黄河文学》2014 年 10 期）

（林黎，女，安县教育和体育局干部，安县作家协会副主席、秘书长。）